逆説の日本史
28・大正混迷編
南北朝正閏論とシーメンス事件の謎

THE PARADOXICAL JAPANESE HISTORY

井沢元彦
MOTOHIKO IZAWA

小学館

逆説の日本史　[28]大正混迷編　〔目次〕

大日本帝国の確立Ⅳ
第一章／南北朝正閏論の展開──「北朝の天皇はニセモノ」という爆弾発言　7

歌人石川啄木が持っていたジャーナリスト的「嗅覚」／公開されなかった大日本帝国糾弾の文書／幸徳秋水は本当に「いまの天皇家は北朝の子孫だ」と言ったのか？／幸徳の一言でひっくり返った「南朝を一切認めない」姿勢／日本史でしか起こりえない「南北朝正閏論」という議論／徳川光圀の「異常な決断」が生んだ「悪の系譜」の評価／イデオロギーの「色眼鏡」で「極悪人」とされた足利尊氏／歴史は自らの欠点を正すための貴重な「鏡」である／『読売新聞』第一面トップ三段抜き社説に見る「明治の常識」／なぜ日本人は名君では無い者を名君にしたがるのか？／戦前から連綿と続く「尊い犠牲を無駄にするな！」という「日本教」／「国際協調・日中友好」を唱える人間は「極悪人」／戦前の朝日新聞社が部数競争に勝つべく利用した「南北朝正閏問題」／「三種の神器」はなぜ皇位の象徴とされるのか／後醍醐帝が吉野に持ち出した「剣」は果たして「ニセモノ」だったのか？／アマテラスの霊代であるが故に別格な存在の「鏡」／「南朝正統論」に異を唱えた歌人・与謝野晶子の良識に基づいた見解／幸徳発言が日本人に再認識させた「怨霊信仰」／「ニコポン」桂太郎に手玉に取られ歴史上「消えた」藤澤元造の悲運／昭和初期の国家観にも影響を与えた独善的・排他的イデオロギーの枠

大日本帝国の確立Ⅴ
第二章／「桂園時代」の実相──元老・西園寺公望の「改革」と「挫折」　81

「やんちゃ」で軍人志望だった異色の元老・西園寺公望／革命から帝政そして「王政復古」というフランス混乱史／渋澤栄一も仰天したパリの都市としての完成度／時間と空間はつながっていて「日本史」「世界史」の区別は無い／明治の日本人が常に注視し「常識」として知っていた「世界史の現場」／名君ナポレオン3世が抱えていた「戦下手」というコンプレックス／〝謀略の天才〟ビスマルクが仕掛けた「エムス電報事件」という罠／期せずして「パリ－コミューン」政権に遭遇してしまった西園寺の混

贈賄を認めた元海軍軍人・松尾の「心情」／「私利私欲に走った破廉恥漢」か？「国益に資した国士」か？／「使ってはいけない言葉」で山本を罵倒し続けた村田保とは何者か／元老でありながら「塀の向こう側に落ちかけた」二人の長州人／金剛・ビッカース事件を一大汚職事件に仕立て上げた仕掛人は誰だ？／「でっち上げと証拠隠滅の名人」平沼騏一郎と「帝人事件」／山本権兵衛が辞任の弁で指摘した新聞マスコミの重大な「問題点」／「陸軍の暴走で大日本帝国は崩壊した」というあまりに表層的な見方／その後の日本の方向性を定めることになった「最初の一葉」とは？／中国革命への強い「肩入れ」と理想主義に命を懸けた若者たち／山中峯太郎が陸大を中退し中国革命戦線に身を投じた「やむを得ぬ」事情／「極悪人」袁世凱政権の「寛大なる処置」を非難した日本の新聞報道／阿部守太郎暗殺事件で消え去った「西園寺－山本ライン」の外交政策／「軍部の妄動を制圧し平和的方法で経済的利益を伸長すべき」／「漢口事件」で先に手を出したのは日本側か？　それとも中国側か？／領土的野心を抱く人々に好都合だった「南京事件」／「カネが無くなったら殺される」という「世界の常識」／「野蛮な中国を膺懲すべし」という世論に冷水を浴びせた阿部談話／コラムで「火事場泥棒」を煽る新聞の常套手段と「バイカル博士」の主張／「支那人は弱みを見すれば際限もなくつけ上がる国民にして而も恩義を忘却する」／良識よりも商売を重んじる組織になってしまった日本の新聞社／阿部暗殺事件の影響によって起こった昭和史の分岐点とも言うべき重大事件／「犬養暗殺は正義」とする世論の完成で終止符を打った日本の政党政治／「昭和維新の歌」に込められた侵略国家へ突き進む「思想」

第四章／勃発！第一次世界大戦——そのとき日本は狂喜乱舞した　311

大日本帝国の確立Ⅶ

『明治天皇の大業』を損なう悪」とみなされ民衆から嫌われた政友会／「袁世凱と和解協調すべき」と説いた山県有朋の「良識」／なぜ「日本史」に第一次世界大戦の詳細な分析が必要なのか？／ドイツとロシアの参戦を促した「ゲルマン民族VSスラブ民族」という構図／ヴィルヘルム２世の外交的愚挙が引き起こしたドイツ帝国の「不幸」／ビスマルクも読めなかった「英・仏・露の結束」という想定外の事

態／「火事場泥棒」に大義名分を与えることになったイギリスの参戦／大戦勃発に狂喜乱舞した〝強硬派〟元老・井上馨／満洲問題の「タイムリミット」解決の「天佑神助」となった対独宣戦布告／上皇ご夫妻も慰霊に訪れた世界有数の親日国パラオ／多くの日本人が身を投げて亡くなった「バンザイクリフ」の悲劇／戦死者わずか五百人余りと完璧な勝利に終わった「青島要塞攻略戦」／言葉の真偽を疑いもせずそのまま報じる「客観報道」というマスコミの手口／日本軍の総攻撃を大幅に遅らせた「山東百年來と稱する暴風雨」／「長篠城籠城戦」を考察すればわかる軍事常識からかけ離れた新聞記事／「アメリカ人記者ブレース氏」の記事を掲載した朝日の真意はなにか？／降伏した相手にまずかつて受けた指導に対する謝意を示した日本陸軍／青島要塞陥落後に「敗軍の将」が記者に語った神尾中将への絶賛／新聞業界同様「戦争は儲かる」と味をしめてしまった出版界／ドイツという強力なライバルの没落を正確に報道したロシアの新聞／「日本は中国に領土的野心を抱いているのではないか」という米紙の懸念／「驕傲無禮」どころか至極まっとうな主張を述べていた『上海マーキュリー』紙の記事／「支那事変」を「日華事変」と言い換え歴史を改変し破壊する「差別語狩り」／「植民地獲得レース」でドイツを追い抜き「金メダル」を狙える位置につけた日本／戦勝後に変化していった神尾中将の戦略と功績に対する評価／青島要塞攻略の戦場レポートで指摘された日本軍の「幾多の欽陥」とは？／「兵站部門軽視」の帝国陸軍はなぜ「白米」にこだわったのか？／コメとは神の霊力によってもたらされた「スーパーフード」である／「輜重輸卒が兵隊ならば、チョウチョ・トンボも鳥のうち」／「軍人だけが本当の忠臣であり他はニセモノ」という恐るべき結論／「苦戦を尊ぶ」がため無謀な戦争を好んで行なうようになった帝国陸軍／戦争の効用ばかり強調し国民を洗脳した結果が招いた多くの戦死者と餓死者／映画『バルトの楽園』で描かれたドイツ人捕虜との心の交流は本当にあったのか？／日本チームが一度もゴールを奪えなかった我が国初のサッカー国際親善試合／コロニアル文化の華が開いた日本統治下の青島／青島要塞陥落後も約4年続いた第一次世界大戦の「落としどころ」

装幀／石川直美
（カメガイ・デザイン・オフィス）

第一章

南北朝正閏論の展開

大日本帝国の確立Ⅳ

「北朝の天皇はニセモノ」という爆弾発言

■歌人石川啄木が持っていたジャーナリスト的「嗅覚」

まず先に、明治《めいじ》時代の終焉《しゅうえん》から大正《たいしょう》時代の開始までの三年間に起こったことを時系列的に整理しておきたい。たとえば、前巻（『逆説の日本史　第27巻　明治終焉編』）までの記述では乃木《のぎ》希典《まれすけ》大将の殉死《じゅんし》の後に幸徳秋水《こうとくしゅうすい》の「大逆事件《たいぎゃく》」を記したが、これは内容の理解度を深めるためにそうしたのであって、実際には乃木の殉死は明治年間の「大逆事件」より後の「大正に入ってから（大正元年〈1912〉9月13日。本章に限り、一部西暦では無く元号を優先した日付表記にする）」である。また、日韓併合も実行されたのは、この「三年間」なのである。

さらに、同時期に起きた社会的あるいは文化的事件も整理しておきたい。これらは政治経済と常に連動するとは限らないが連動する場合もあるし、時代のイメージを感じ取るためにはその把握も必要だ。たとえば、この「三年間」に明治を代表する歌人石川啄木《いしかわたくぼく》が肺結核《はいけつかく》で満二十六歳の短い生涯を閉じている。その命日は明治四十五年（1912）四月十三日、大正元年は同じ年の七月三十日からだから、あと少しで「大正」だったことがわかる。言うまでも無いが、七月三十日は明治天皇の「命日」でもある。歌人啄木としての代表作は、

頰《ほ》につたふ
なみだのごはず
一握《いちあく》の砂を示しし人を忘れず

この「3年間」の年表

	政治および経済		社会および文化		世界	
明治43年（1910）			4月15日	佐久間勉艇長ら事故死		
	6月1日	幸徳秋水逮捕（大逆事件）	5月19日	ハレー彗星接近		
	8月29日	韓国併合	11月29日	白瀬矗中尉、南極へ出発		
			12月1日	石川啄木、第一詩集『一握の砂』刊行		
明治44年（1911）			1月12日	レルヒ少佐、スキー術を伝授		
	1月18日	「大逆事件」被告24名に死刑判決（24～25日に死刑執行）				
	2月1日	徳冨蘆花、一高で『謀叛論』講演				
	2月11日	明治天皇、『済生勅語』を発す				
	5月	この頃、石川啄木『'V NAROD' SERIES' A LETTER FROM PRISON』を執筆				
			9月1日	平塚らいてうが『青鞜』を刊行		
					10月10日	辛亥革命起こる
					12月29日	孫文、臨時大総統就任
明治45年・大正元年（1912）					1月1日	中華民国成立
					3月10日	袁世凱が臨時大総統に就任
	7月30日	明治天皇没、「大正」と改元	4月13日	石川啄木没		
			9月13日	乃木大将夫妻殉死		

ふるさとの山に向ひて
言ふことなし
ふるさとの山はありがたきかな

はたらけど
はたらけど猶《なお》わが生活《くらし》楽にならざり
ぢつと手を見る

たはむれに母を背負ひて
そのあまり軽《かろ》きに泣きて
三歩《さんぽ》あゆまず

友がみなわれよりえらく見ゆる日よ
花を買ひ来て
妻としたしむ

などなど枚挙にいとまは無いのだが、啄木の生前には引用した五首のうち冒頭の一首がタイトルの由来になっている第一歌集『一握の砂』が辛うじて刊行されていたものの、「人がみな　同じ方角《ほうがく》に向いて行《ゆ》く。それを横より見てゐる心」などが収録されている第二歌集『悲しき玩具《がんぐ》』

が刊行されたのは没後のことである。生きている間には間に合わなかったということだ。ちなみに、啄木の本名は石川一《はじめ》。歌人の号としての「啄木」は、病魔に悩まされ故郷岩手《いわて》に帰ったときに「ほゝけては藪《やぶ》かけめぐる啄木鳥《きつつき》のみにくきがごと我は痩《や》せにき」と自嘲したのが由来らしい。啄木鳥、つまりキツツキの木をつつく音が彼の心に響いたのだろう。

　啄木は、その短い生涯の晩年期には社会主義に関心を深めていた。生涯病魔に悩まされ経済的に困窮したのが、その直接のきっかけだろう。いわゆる「福祉」などという概念はまだ普及していない。明治十年（１８７７）の西南《せいなん》戦争をきっかけに、「敵味方の区別無く救護する」という赤十字活動の前身にあたるものが佐賀《さが》藩出身の佐野常民《さのつねたみ》によって始められた。博愛社《はくあいしゃ》と称したこの組織は、明治十九年（１８８６）に日本政府がジュネーヴ条約に調印したことにより翌明治二十年（１８８７）に日本赤十字社と改称し、いまと変わらない活動を始めていた。また、「貧民救済」つまり「富者は貧者を助けるべきだ」という欧米スタイルの慈善事業も始まっていた。じつは、明治天皇がこの「三年間」のうちの明治四十四年に「無告ノ窮民《きゅうみん》ニシテ醫薬《いやく》給セス天壽《てんじゅ》ヲ終フルコト能《あた》ハサルハ朕《ちん》カ最《もっとも》軫念《しんねん》シテ措《お》カサル所ナリ（声無き貧民が医薬を与えられずに天寿をまっとうすることが出来ないのは、朕〈明治天皇〉のもっとも懸念するところである）」という内容の『済生勅語《さいせいちょくご》』を発し、百五十万円を下賜して済生会を発足させている。明治の「小《こ》石川療養所《いしかわりょうようじょ》」とも言うべきこの組織は、現在も社会福祉法人恩賜《おんし》財団済生会として全国各地に病院を経営しその理念を継承している。「済生」とは「生命を済《すく》う」という意味だ。この勅語は同年の二月十一日、つまり紀元節《きげんせつ》の日に桂太郎《かつらたろう》首相に与えられた。きわめて印象的な日付であり、いわゆる「天皇ファン」は「やはり今上《きんじょう》陛下は名君だ」という思いを深めたことだろう。

ちなみに、すでに紹介したように明治三十年代に新聞社に勤務していた俳人正岡子規《まさおかしき》の月給は「四十円」だった（自筆墓碑銘による）。これから換算すると、下賜金はかなりの額にのぼることがわかるだろう。民間でも、社会福祉を主な目的とするキリスト教のプロテスタントの一派である救世軍《きゅうせいぐん》が山室軍平《やまむろぐんぺい》（明治5年生まれ）らによって日本でも定着し、貧民への医療救済などを行なっていたのだが、啄木の生涯を見ると病魔とそれを克服するための借金の連続で、このような団体の恩恵には一切与《あずか》っていない。社会主義に関心がいくのも当然かもしれない。

啄木は優秀な頭脳の持ち主で、いまでいうジャーナリスト的な「嗅覚《きゅうかく》」も持っていた。幸徳秋水の「大逆事件」は、当初は「無政府主義者」が「爆裂彈を密造し容易ならざる大罪」を犯そうとしたので逮捕された、と報じられた。すなわち、「大逆」の二文字は当初の報道には無かった。ところが、当時朝日新聞社《あさひしんぶんしゃ》に勤務しさまざまな部署とのコネクションを持っていた啄木は、検察が幸徳らを刑法の「第七十三條」で起訴したという情報を入手した。第七十三条は、言うまでも無く「大逆罪」を規定している。つまり、われわれが歌人として日本史のなかで記憶している石川啄木は、じつは当時の日本人のなかでいち早くこれが「大逆事件」であると気がついた、数少ない一人なのである。これまでに何度も言ったことだが、歴史はあまりに広範な情報であるので、とりあえずは政治経済、社会および文化など分類して研究し教育するのは便宜上やむを得ないが、たまにはこうして相互の「絡《から》み合い」を見ることも絶対に必要なのである。それが真の歴史という複雑で時に難解なものを理解する最大のコツの一つだ。

■公開されなかった大日本帝国糾弾の文書

啄木は、「大逆事件」の被告の弁護人を務めた平出修《ひらいでしゅう》とは友人であった。歌壇の先輩与謝野鉄《よさのてつ》幹《かん》（本名寛《ひろし》。与謝野晶子《あきこ》の夫）が雑誌『明星《みょうじょう》』を創刊するとき、弁護士資格も持っていた平出は同人として名を連ね、啄木も協力者の一人だったので、このときから二人は親交を結んでいた。その鉄幹が、平出を幸徳ら被告の弁護人に推薦したのである。裁判の状況はすべて非公開だったが、啄木は平出に裁判のすべてを聞き、幸徳の陳弁書にこれは幸徳に関しては当局のでっち上げによる冤罪《えんざい》だと結論づけた文章を書いている。『V NAROD' SERIES' A LETTER FROM PRISON』である。前半の「V NAROD（ブ・ナロード）」はロシア語で、「１８７０年代の帝政ロシアで起った社会活動家、学生、インテリゲンチアによる農民社会主義運動のスローガン。ナロードニキと呼ばれる当時の革命家たちは、人民（農民）のなかに革命的行動を組織しようと、すすんで農村に入り、社会主義の宣伝や革命の必要を説く活動を行なっていった。このときの合言葉が、「ブ・ナロード（人民のなかへ）！」（『ブリタニカ国際大百科事典』小項目事典より一部抜粋）なのだが、あとは英語だから訳すまでもあるまい。わざわざ外国語、それも冒頭の部分をロシア語にしたのは、検閲を意識してのことかもしれない。この文章は長文なので全文の引用などとてもできないが、それでも幸徳が自分の言葉で大日本帝国の不当を訴えた部分の一部を紹介しよう。

無政府主義者は決して暴力を好む者でなく、無政府主義の傳道《でんどう》は暴力の傳道ではありません。

歐米でも同主義に對しては甚《はなは》だしき誤解を抱いてゐます。或《あるい》は知つて故《ことさ》らに曲解し、讒誣《ざんぶ》、中傷してゐますが、併《しか》し日本や露國のやうに亂暴《らんぼう》な迫害を加へ、同主義者の自由、權利を總《すべ》て剝奪、蹂躙《じゆうりん》して、其《その》生活の自由まで奪ふやうなことはまだありません。歐洲の各文明國では無政府主義の新聞、雜誌は自由に發行され、其集會は自由に催されてゐます。佛國などには同主義の週刊新聞が七八種もあり、英國の如き君主國、日本の同盟國でも、英文や露文や猶太《ユダヤ》語のが發行されてゐます。そしてクロポトキンは倫敦《ロンドン》にゐて自由に其著述を公にし、現に昨年出した「露國の慘状」の一書は、英國議會の「露國事件調査委員會」から出版いたしました。私の譯《やく》した「麵麭《パン》の略取」の如きも、佛語の原書で、英、獨、露、伊、西等の諸國語に飜譯《ほんやく》され、世界的名著として重んぜられてゐるので、之を亂暴に禁止したのは、文明國中日本と露國のみなのです。

(『啄木全集　第十巻』石川啄木著　岩波書店《いわなみしょてん》刊)

クロポトキンとは、言うまでも無くアナキズム（無政府主義）の思想家ピョートル・アレクセイヴィチ・クロポトキン（1842〜1921）のことで、文中にもある『麵麭（パン）の略取』の著者としても有名だが幸徳がとくに強調しているのは、たとえ無政府主義に対する誤解や曲解がある欧米社会でも、意見の表明については完全な自由が保障されているということである。
そして啄木は、この裁判自体の評価を次のように述べている。

幸徳はこれらの企畫《きかく》(＝菅野《かんの》スガらの爆弾テロ未遂。引用者註)を早くから知つてゐたけれど、嘗て一度も贊成の意を表したことなく、指揮したことなく、ただ放任して置いた。これ蓋し彼の地位として當然《とうぜん》の事であつた。さうして幸徳及他の被告（有期懲役に處せられたる新田《にった》融《とおる》新村善兵衞《にいむらぜんべえ》の二人及奧宮健之《おくのみやけんし》を除く）の罪案は（中略）嚴正の裁判では無論無罪になるべき性質のものであつたに拘らず、政府及びその命を受けたる裁判官は、極力以上相聯絡《あいれんらく》なき三箇の罪案を打つて一丸となし、以て國内に於ける無政府主義を一擧に撲滅するの機會を作らんと努力し、しかして遂に無法にもそれに成功したのである。

（引用前掲書）

ここが蘆花徳冨健次郎《ろかとくとみけんじろう》との大きな違いで、蘆花は詳細な情報を知りうる立場にいなかったので、『謀叛論《むほんろん》』では幸徳は冤罪の可能性が高いと推測するにとどめているが、啄木は冤罪だと断じている。現代なら、この両者の間にSNSなどを介した情報共有関係が成立し、暗黒裁判の実態が白日の下に晒《さら》され政府に対する批判が展開されただろうが、この時代はこうした情報を公刊すること自体不可能だった。厳しい検閲とそれに伴う法外とも言える罰金が、自由な言論を封じていたのである。実際この啄木の『'V NAROD' SERIES' A LETTER FROM PRISON』も当時公刊されることは無く、公開されたのは戦後のことだ。それでも、啄木が生きていれば地下出版などの手段でこの文章を公開する手があったかもしれない。そうすればその後の日本の言論環境も変化し、国家の方向性も少しは修正されたかもしれない。その意味で啄木が二十六歳で夭折《ようせつ》したことは、単に日本歌壇だけで無く、日本言論界の惜しみても余りある損失だった。さて、あらためて九ページのこの「三年間」の年表をご覧いただきたい。この時期は、前年の明治四十二年（１９０９）十月に伊藤博文《いとうひろぶみ》がハルビン駅頭で安重根《あんじゅうこん》に暗殺された結果、武断的な韓国《かんこく》併合に拍車がかかっていた時代でもある。『逆説の日本史 第二十六巻 明治激闘編』で述べた、佐久間《さくま》艇長の事件、昭和《しょうわ》天皇も懐かしい思い出として記憶していたハレー彗星の接近、孫文《そんぶん》の盟友梅屋庄吉《うめやしょうきち》のところで述べた大隈重信《おおくましげのぶ》が後援した白瀬矗《しらせのぶ》中尉の南極探検隊の出発、平塚らいてう（雷鳥）が雑誌『青鞜《せいとう》』を創刊したのも、この時期だ。

また、日露《にちろ》戦争の折に講和のタイミングを誤りそうになり参謀長児玉源太郎《こだまげんたろう》に怒鳴られた参謀次長長岡外史《ながおかがいし》は、この時期新潟《にいがた》周辺を管轄とする第十三師団の師団長だったが、交換将校として来日していたオーストリア＝ハンガリー帝国陸軍のテオドール・エードラー・フォン・レルヒ少佐に依頼してスキー技術を伝授してもらっている。初めての指導は明治四十四年（１９１１）一月十二日に行なわれたので、これを記念しこの日は「スキーの日」になった。ただし、レルヒ少佐の伝えたスキー技術は「一本ストック」によるもので、その後世界では「二本ストック」が主流となったため、そのスタイルは廃《すた》れてしまった。

また、この時期の世界史上最大の事件と言えば、やはり孫文による辛亥《しんがい》革命の「成功」だろう。

しかし、あまり目立たないがその後の日本の思想の方向性を決めた大問題もこの時期に生じている。南北朝正閏《なんぼくちょうせいじゅん》問題という。室町《むろまち》の昔に対立併存していた南朝《なんちょう》と北朝《ほくちょう》のどちらが正統な天皇家であるか、という問題だ。

じつは、この大問題が起こったのは「大逆事件」での幸徳秋水の「発言」がきっかけなのである。

■幸徳秋水は本当に「いまの天皇家は北朝の子孫だ」と言ったのか？

幸徳秋水の処刑からしばらくしてのことである。幸徳が取り調べの官憲に対して、「いまの天子《てんし》は、南朝の天子を暗殺して三種の神器を奪い取った北朝の天子（の子孫）ではないか」と言った、という噂《うわさ》が流れた。「いまの天子」とは当時の今上天皇すなわち明治天皇のことだが、あくまで噂であり公式の調書や裁判記録でその発言を確認することはできない。では、そんな発言は無かったのかと言えば、あったに違いないと私は思う。いかにも古今東西の歴史に通じ反骨精神の持ち主である幸徳が口にしそうなことだ。おそらく、この言葉を聞いた取り調べ側は「あまりに畏《おそ》れ多い」とばかりに記録はしなかったが、やはりそのなかに「後世に伝えるべき」と思った人間がいたのではないか。「後世に伝えるべき」では無く、「幸徳はこんなにトンデモナイヤツだ（だから死刑は当然だ）」という意図だったかもしれないが、この発言はまったくのデタラメと切り捨てることはできない内容を含んでいる。

南北朝時代のことをこの『逆説の日本史』で書いたのは、ずいぶん前（『第7巻　中世王権編』）のことだが、覚えておられるだろうか。室町時代初期のことである。すべては後醍醐《ごだいご》天皇という我欲旺盛な人物から始まった。後醍醐は日本初と言ってもいい、権力者にして朱子学《しゅしがく》信者だった。だから「覇者《はしゃ》（武力陰謀によって天下を取った者）」に過ぎない鎌倉《かまくら》幕府が、正統な権力者である「王者《おうじゃ》（徳《とく》をもって世を治める者）」の天皇家を蔑《ないがし》ろにして日本を支配するのは許せない、と立ち上がった。いわゆる尊王斥覇《そんのうせきは》の思想である。そもそも、自分が「有徳者」だと信じて疑わないところがいかにも後醍醐なのだが、軍事政権である鎌倉幕府を倒すには軍事力がいる。

そこで、当初は朱子学の「同志」とも言える楠木正成《くすのきまさしげ》が奮戦し、後に幕府の大物である足利尊氏《あしかがたかうじ》が後醍醐陣営に加わったことにより後醍醐の倒幕は見事成功した。建武《けんむ》の新政《しんせい》である。

しかし、後醍醐はもう一つ野望を抱いていた。武士を権力からでき得る限り排除することである。鎌倉時代以降、日本の軍事・警察そして通常の行政も武士が仕切っていたから、そんなことは現実的には不可能である。それなのに後醍醐がなぜそんな野望を抱いたかと言えば、後醍醐も所詮《しょせん》は神道《しんとう》の信者であり、取り巻きの公家《くげ》と同じく「死のケガレに日常的に触れている武士は、神聖なる日本国を治めるべきではない」と考えていたからだ。天皇あるいは貴族は「ケガレ忌避《きひ》思想」の信者であるからこそ、平安京《へいあんきょう》の時代にすでに桓武《かんむ》天皇が軍事権を放棄してしまった。これが日本史最大の特徴で、天皇という権力者が軍事権を放棄したのに、その「丸腰の天皇」を天皇家以外の者が討《う》てなくなった。なぜ討てなくなったかと言えば、天皇が神の子孫であるとの信仰が完全に確立したからである。

しかし天皇家（朝廷）が軍事から手を引いたことによって、実際に軍事力を保持している人間（将軍あるいは執権《しっけん》）や組織（幕府や信長《のぶなが》・秀吉《ひでよし》の政権）が日本を実質的に統治することになった。これが武家政治である。朝廷はそもそも軍事警察などといった「ケガレ仕事」には関心が無い。それゆえ、そうした「業務」は幕府に任せ、朝廷は花鳥風月《かちょうふうげつ》を愛《め》でていればよいとの分業体制（朝幕並存）ができていたのに、後醍醐は無理やりこれを壊そうとしたのである。当然失敗する。

最初は後醍醐の意向を尊重していた足利尊氏も、ついに反旗を翻《ひるがえ》し後醍醐を追放し、新しい幕府を建てた、室町幕府である。それを絶対許せないと考えた後醍醐は、皇位の象徴である三種の神器を持ち去り吉野《よしの》に亡命政権を樹立した。これが後に南朝と呼ばれる。一方、京都《きょうと》では武士の第一人者が天皇によって征夷大将軍《せいいたいしょうぐん》に任命されたという形を取らねば幕府を開けないので、足利尊氏は反後醍醐派の皇族をかつぎ上げ、天皇に即位させた。「神器無き天皇」の朝廷、これが北朝である。その後醍醐はとうとう幕府および北朝を倒せず、吉野の山奥で深い怨念《おんねん》を抱いて死んだが、皇位と三種の神器は子孫に受け継がれた。

　三種の神器がある以上、天皇家としての正式な権威は南朝にある。力はあるが権威の無い北朝と、権威はあるが力の無い南朝、天皇家は南北朝の二つに分かれてしまった。ただし注意すべきは、これ以前に天皇家は二系統に分かれていたということだ。これは鎌倉時代中期の後嵯峨天皇が長男より次男を可愛がり、一度は長男に譲った皇位を無理やり次男に継がせたことに起因する。これ以後、持明院統《じみょういんとう》（長男の子孫）と、大覚寺統《だいかくじとう》（次男の子孫）が交互に皇位に就《つ》くことになった。これを両統迭立《りょうとうてつりつ》といい、後醍醐もその流れのなかで天皇になった。だが我欲旺盛な後醍醐は、このルールも廃止して自分の子孫だけが皇位を継げるようにしようと考えたのだ。公家のなかで後醍醐を見放す動きが出たのは、それも大きな原因だった。いずれにせよ、これは当時の「中東和平問題」で、平和を乱す原因だと誰もがみなしながら解決の道がまったく見えないという、もっとも厄介《やっかい》な政治課題であった。平和はこれで乱れに乱れた。

　なぜそんなことになるのか？　世のなかには常に派閥の対立というものがあり、勝ち組もいれば負け組もいる。通常の時代なら負け組は負けたままで終わるが、この時代は南朝に駆け込めばいい。南朝は北朝に対抗するため負け組の言い分を認めてくれる。この時代、まだ長子《ちょうし》相続制は確立していない。惣領《そうりょう》制といい、兄弟のなかで親が一番優秀だと認めた男子が跡を継げる。他の兄弟はその男子の家来になる。だが、それを不満に思った兄なり弟がいれば南朝に行けばいい。

おわかりだろう、これではいつまでたっても戦乱が治まらない。しかし、日本国の平和と安定のためにはなんとしてでもこの問題を解決しなければならない。その難題を解決したのが、室町三代目の「天皇になろうとした将軍」足利義満《よしみつ》であった。金閣寺《きんかくじ》（じつは寺では無かった。詳細は『逆説の日本史　第7巻　中世王権編』参照）を建立したことでも知られるこの怪物政治家は、この超難題をものの見事に解決した。

■幸徳の一言でひっくり返った「南朝を一切認めない」姿勢

どうやったのか？　南朝をペテンにかけたのだ。義満は軍事統率者としても優秀で、まず国内の反対勢力を次々に叩き潰し、その勢いで弱体化した南朝と本格的交渉を開始した。そして和解条件を示した。いくつかあるが、重要なのは次の三項目だ。一．まず南朝の後亀山《ごかめやま》天皇が天皇の位と三種の神器を正式に北朝の後小松《ごこまつ》天皇に譲る。二．北朝は譲位後の後亀山を正式な上皇《じょうこう》として認める。三．また北朝の後小松天皇は皇太子を南朝から選ぶ。つまり両統迭立の昔に戻す、ということだ。

これを信じて、南朝の後亀山天皇は三種の神器を持って吉野の山奥から出てきた。ところが、北朝の後小松天皇は使者を派遣して三種の神器は受け取ったものの、後亀山天皇との会見を拒否した。つまり、「盗まれていた神器が戻った」という形を取ったのである。北朝には北朝の言い分があって、この「義満調停案」を受け入れると、たしかに後小松自身は後亀山の跡を継いだ形で正式な天皇（後に確定した天皇代数で言うと、後亀山が第99代、後小松は100代）になれるが、後小松以前に五人いた北朝の天皇（そのなかには後小松の父、後円融《ごえんゆう》天皇もいる）はすべて

「ニセモノだった」ことになってしまう。問題はこの北朝の反発を誰もが事前に容易に予測できたはずなのに、義満はこれに対してなにも手を打った形跡が無いことだ。南朝も当然それは予測できるはずなのに、のこのこ出てきて「切り札中の切り札」三種の神器をまんまと巻き上げられてしまった。これは義満が「オレを信じろ」と南朝に三条件の実行を確約し、それを反古《ほご》にしたと考えればつじつまが合う。だから、「義満は南朝をペテンにかけた」と言えるのだ。もっとも、二番目の条件「後亀山を正式な上皇として認める」はかろうじて実現した。義満も少しは気が咎《とが》めたのかもしれない。猛反対する北朝に圧力をかけて押し切った。しかし、「かろうじて」というのは北朝が「上皇と認める。ただし不登極帝《ふとうぎょくてい》とする」としたからだ。この言葉は、直訳すると「即位していない帝（天皇）」になる。矛盾しているが、こういうことだ。皇位は基本的には天皇の息子が継ぐものだが、跡継ぎの男子に恵まれない場合親族の男子を後継者に選ぶことがある。その男子には当然実父がいる。その人物は現天皇の「父」であるので「不登極」ではあるが「太上《だいじょう》天皇（上皇）」とお呼びする、ということだ。古くからの読者は、宮家から皇位を継いだ光格《こうかく》天皇が実父に「上皇」の称号を贈ろうとして老中松平定信《ろうじゅうまつだいらさだのぶ》ともめた事件（「尊号一件《そんごういっけん》」。『逆説の日本史　第15巻　近世改革編』参照）、あるいは朝鮮国ではこうした立場の「実父」を大院《だいいん》君《くん》と呼んだ（『同　第23巻　明治揺籃編』参照）ことを思い出すかもしれない。いずれにせよ、北朝の言いたいことはおわかりだろう。「後亀山を正式な天皇とは認めない（南朝の天皇こそニセモノだ）」ということだ。この北朝の「南朝を一切認めない」姿勢はその後も続き、後小松天皇は実子の實仁《みひと》親王に皇位を譲った。ところが、即位した称光《しょうこう》天皇は実子を儲けず上皇となった後小松より先に亡くなってしまった。こうなれば後小松も我を折って南朝から後継者を選ぶべきなのだが、なんと後小松は宮家の親王ではあるが「遠い親戚（8親等以上離れた）」の伏見宮彦仁《ふしみのみやひこひと》を選んだ、これが後花園《ごはなぞの》天皇で、こんなに親等が離れた後継者が選ばれたのは奈良《なら》時代の末に天《てん》武《む》系の称徳《しょうとく》女帝が子無くして亡くなり、冷や飯を食わされていた天智《てんぢ》系の白壁王《しらかべおう》が即位して光仁《こうにん》天皇になって以来のことだ。

南朝の怒りは頂点に達した。後亀山が「天皇で無くなった」以後の南朝をとくに「後南朝」と呼ぶが、後南朝は実力行使をもって北朝に報復した。室町時代の一四四三年（嘉吉《かきつ》3）九月に御所《ごしょ》を夜襲した一団があった。南朝復興を唱える自称皇族の尊秀王《そんしゅうおう》（源 尊秀《みなもとのたかひで》）が首魁《しゅかい》で、天皇暗殺には失敗したが三種の神器のうち剣と璽《じ》（いわゆる天皇印では無く、玉のこと）を奪うことに成功した。朝廷（北朝）は剣の奪回には成功したが、璽は吉野の山深く持ち去られてしまった。これを禁闕《きんけつ》の変と呼ぶ。

テロにはテロ、と朝廷は考えたのだろう。幕府の承認を得て、六代将軍足利義教《よしのり》を暗殺したことで没落していた元守護大名の赤松《あかまつ》残党に、「璽を奪い返して来たら御家《おいえ》再興を認める」と約束した。そこで赤松残党は「家来にしてください」と後南朝に申し入れた。なにしろ「将軍殺し」が言うことである。後南朝では一も二も無く彼らを信用し近づけた。それが後南朝最大の悲劇を呼ぶ。南朝の正統な後継者と自任していた自天王《じてんのう》と忠義王《ちゅうぎおう》兄弟は一四五七年（長禄《ちょうろく》元）、赤松残党に殺害され璽も奪回されてしまったのだ。後南朝はここに滅亡した。これを長禄の変と呼ぶ。

長々と説明してきたが、これが幸徳の言う「いまの天子は、南朝の天子を暗殺して三種の神器を奪い取った北朝の天子ではないか」ということである。「デタラメと切り捨てられない」ことも理解していただけたと思う。幸徳自身も認めている絶対確かな事実は、「いまの天皇家は北朝の子孫だ」ということだ。ところが、もしお手元に歴史事典などがあるなら、いまの宮内庁が公開している「天皇系図」を見ていただきたい。足利尊氏が擁立した光厳《こうごん》天皇から五人を数える北朝天皇は、北朝五代（系図では「北1」などと略記）として歴代天皇からは外されている。そして北朝六代目だったはずの後小松天皇は、まさにかろうじて第一〇〇代天皇として第九十九代の後亀山天皇の「跡を継いだ」形になっている。しかも、後亀山までは後醍醐以下南朝の天皇が正式な

天皇系図（93代後伏見から103代後土御門まで。アラビア数字は代数。漢数字は在位）

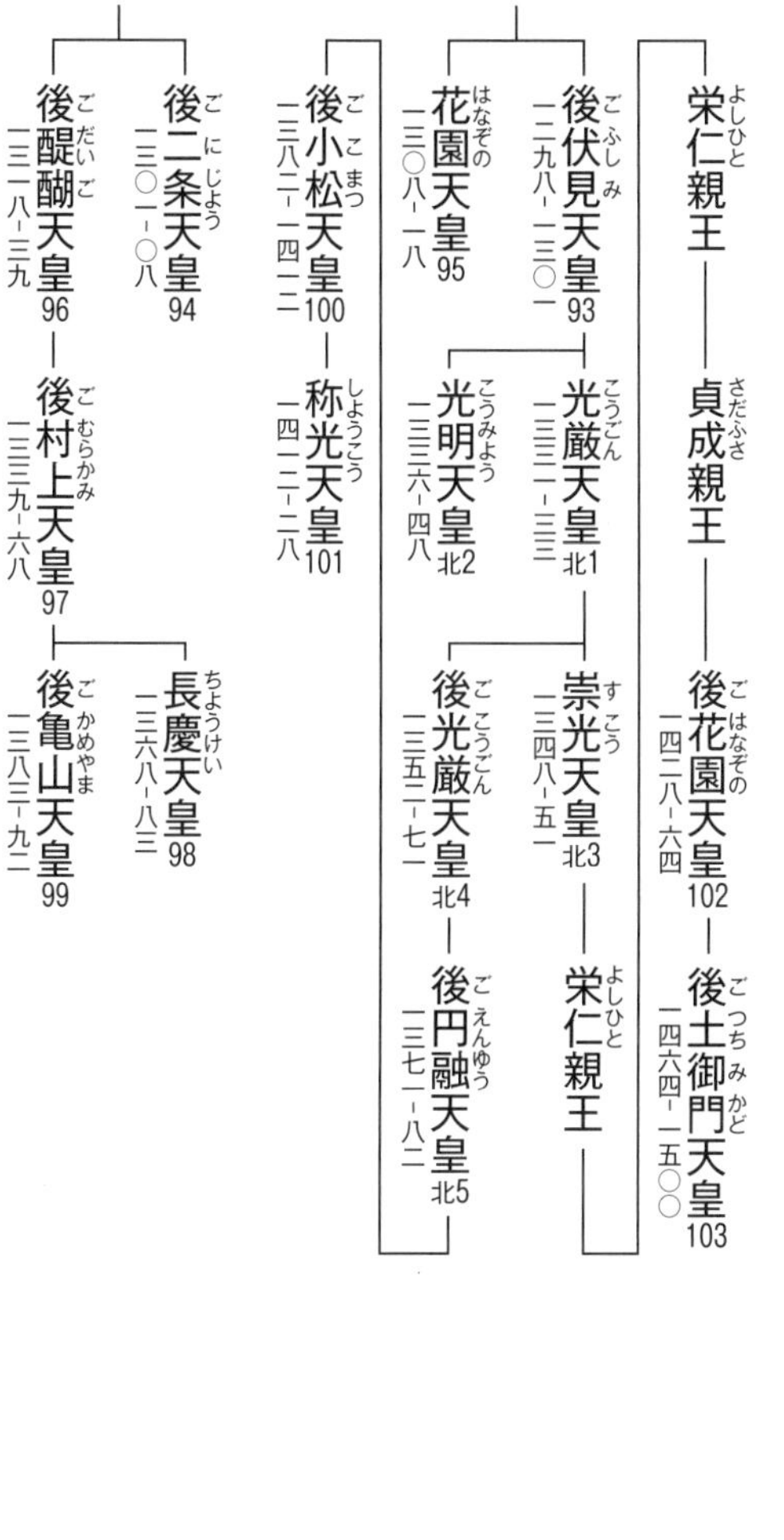

天皇とされているのだ。

これはいったい、どうしたことか？　北朝が正統なら先に述べた後小松の考えどおり「南朝はニセモノ」という立場を厳守しなければならない。だが、実際にはその真逆になっている。もし後小松がこの世に甦ってこの系図を見たら、激怒するだろう。実際、江戸《えど》時代までは後小松の主張どおり北朝天皇のほうが歴代に入り、南朝天皇は除外されていたのだ。

それが幸徳の一言でひっくり返った。

なぜ、そんなあり得ない事態が起こったのか？

■日本史でしか起こりえない「南北朝正閏論」という議論

現在の天皇家が北朝の子孫であることは、議論の余地の無い歴史的事実である。

そうである以上、「北朝をもって天皇家の正統とする」のが、日本だけで無く人類共通の常識であるはずだ。もし南朝を正統とすれば、「北朝はニセモノ」ということになってしまう。それゆえ北朝こそ天皇家の正統だと考えた後小松天皇は、跡を継がせた息子の称光天皇が二十八歳で男子を残さずに先立った後も、断固として南朝の子孫に皇位を渡そうとはしなかった。後小松は、勅命で『本朝皇胤紹運録《ほんちょうこういんじょううんろく》』という「北朝正統」の系図も作らせていた。南朝の子孫を徹底的に排除することが、後小松生涯の念願であったのである。そこで後小松は、前節では「親王」と紹介してしまったが、伏見宮家の貞成《さだふさ》親王の息子ではあったもののまだ親王宣下《せんげ》を受ける前の彦仁王を即位させた。後花園天皇である。このような場合、天皇の実父である貞成親王に「上皇」の尊号を与えることもできるが、後小松は「絶対にしてはならぬ」と遺言して亡くなった。あくまで北朝の系統が正しく「直系でつながっている」ことを強調するためだろう。

話は前後したが、先に述べた「禁闕の変」も、「長禄の変」も、後花園の治世に起こったことだ。つまり、北朝側の視点で見れば「ニセモノの子孫後南朝はめでたく滅亡し、神器もすべて戻った」というわけだ。北朝絶対の世になったので、天皇家は後小松の遺志を無視して貞成親王に「上皇(正確には出家していたので法皇《ほうおう》)」の尊号を贈った。

読者は、なぜ大正時代に入ったのにそんな昔のことを改めて述べなければならないのかと、いぶかしく思うかもしれない。しかし、じつはここは日本史の急所でもある。ヨーロッパであろうが中東であろうが、北朝は完全な勝利を収めたのだから、後花園以降「北朝と南朝のどちらが正統か」などという議論は起こるはずがないのである。しかし日本は、近代になってもそれが論争になった。日本史でしか起こらない現象である。だからこそ日本史の真髄をつかむためには、この問題を追究しなければならない。ところで、南北朝正閏論《なんぼくちょうせいじゅんろん》(問題)について、ある百科事典では次のようにまとめている。

中世の南朝と北朝のいずれが正統であるかについての論争。1911年(明治44)政治問題となった。(中略)古来から議論のあるところであったが、一般的には北朝正統説が優位で、天皇の歴代もそれに従ってきた。近世において、名分論《めいぶんろん》にたつ水戸《みと》藩の『大日本史《だいにほんし》』や頼山陽(らいさんよう)の『日本外史』などにより南朝正統説が強く主張されたが、近代になると、帝国大学の考証史学者らにより両朝併立説がとられるに至った。1903年より小学教科書は国定となったが、最初の国定教科書である『小学日本史』は併立説であり、その改訂版で09年刊の

『尋常小学日本歴史』もそれを踏襲した。ところが翌10年末から教育者間で問題視され始め、11年1月『読売新聞《よみうりしんぶん》』に両朝併立説を非難する投書が載ったことから表面化、2月衆議院議員藤沢元造《ふじさわげんぞう》が政府（第二次桂〈かつら〉太郎内閣）に質問書を提出して処決を迫り政治問題化した。藤沢らは、おりからの大逆事件（10年6月検挙開始、11年1月処刑）と関連させ、こうした事件が起こるのも文部省の歴史教育の方針が当を得ないからだと論難。進退問題に進展しかねない状況下で、桂首相は藤沢に会見して教科書の改訂を約し、これを受けて小松原英太郎《こまつばらえいたろう》文相は同教科書の使用禁止を命令、さらに執筆者の喜田貞吉（きたさだきち）文部省編修官を休職とし、教科書の改訂を強行するに至った。（以下略）

（『日本大百科全書〈ニッポニカ〉』小学館刊　項目執筆者阿部恒久）

ちなみに、正閏論の「閏」に「年」という字をくっつけると「閏年《うるうどし》」になる。つまり「正閏」とは「正統と異端」ということで、それに決着をつけようというのが正閏論である。この百科事典の記述は簡にして要を得ていてそれはそれで大変結構なのだが、歴史の問題としてもっとも重要なことは経過説明では無く、理由つまりなぜそうなったかである。繰り返すが、日本以外の国々ではそもそも南朝が正統ではないか、という議論すら起こらないのである。南朝いや後南朝の子孫が大正時代にまだ続いていて正統性を主張していたというならともかく、そんなことはまったく無いのだから議論になりようがないはずなのだ。ところが、（引用しておいてケチをつけるようで誠に恐縮なのだが）こうした「見事な説明」を読むと、なんとなく「わかったつもり」になってしまう。たしかに、日本史の論述式試験問題に「南北朝正閏論」とはなにか簡潔に述べよ、という問題が出たとして答案にこの内容を述べれば、それで百点満点だろう。しかし、この『逆説の日本史』がめざすのはその「百点満点」を超えたところにある、歴史の真理なのだ。

では、改めて考えてみよう。なぜ日本人は、滅んでしまった南朝をそれほど意識するのか？

この問題を考える大きなヒントになるのは、中世の軍記物『太平記《たいへいき》』である。これを『逆説の日本史』で詳しく分析したのは第七巻「中世王権編」で、いまから二十年以上前のことだが、古くからの愛読者はともかく私の分析に触れたことの無い読者も多数おられるだろう。そこで念のため再説すると、私の「太平記論」のもっとも重要な論点は、前半と後半で作者が違い、その思想もまったく違うということだ。前半は主役の後醍醐天皇も「信者」だった朱子学思想に貫かれており、後醍醐は本人の自覚とは裏腹に「徳の無い君主」であったため忠臣《ちゅうしん》の権化《ごんげ》のような楠木正成がいくら奮闘努力してもその政権は維持できなかった、と断を下している。しかし後半は、無念の死を遂げた後醍醐も正成も怨霊《おんりょう》として復活し世の平和を乱し続けている、という内容だ。そうした怨霊の類を信じないのが朱子学である。つまり、どう考えても、前半と後半の作者は違う。では、なぜ後半の作者が前半の物語に怨霊復活の物語を付け加えたかと言えば、そうしなければ、つまり物語のなかで活躍させることによって怨霊鎮魂を果たさねば、いつまでたっても世は太平（平和）にならない、と考えたからだろう。平安時代の『源氏物語《げんじものがたり》』も、他ならぬ源氏（賜姓《しせい》源氏）を中央政界から追放することに成功した藤原《ふじわら》氏が紫式部《むらさきしきぶ》に書かせた「源氏が勝つ」物語である。鎌倉時代の『平家《へいけ》物語』も、怨霊鎮魂にはまったく無関心な武士に対して、貴族社会の頂点にいた天台座主《てんだいざす》慈円《じえん》がプロデューサーとなって作らせた「平家讃歌」、つまり怨霊鎮魂物語である。こうした流れがあったればこそ、室町時代冒頭まずは外国思想の朱子学で書かれた

「原・太平記」に対し、これでは怨霊鎮魂にならない、怨霊が縦横無尽に活躍する物語を書き足さねばならぬ、と考えた公家文化に属する人々がいたのだろう。

つまり、滅んでしまった南朝を「形の上では勝たせてやりたい」と考える人々がいたということだ。それが「太平記・後半」を生んだ。注意すべきは、こうした形での怨霊鎮魂をめざした人々には「できるだけ多くの人にこの物語に親しんでもらいたい」という意識があったことだ。多くの人が作品に接し内容を知れば、「鎮魂効果」も高くなる。だが、近代以前の話だ。出版どころか印刷技術も無く、仮にそれがあったとしても多くの人は字が読めない。どうやって話を広めるか？　『逆説の日本史』シリーズの愛読者なら答えはご存じだろう。『平家物語』のプロデューサー慈円がやったように、「琵琶法師《びわほうし》による語り物」にすればいい。これなら字の読めない人間でも楽しめる。慈円は天才だ。この方式が『太平記』にも受け継がれた。音曲《おんぎょく》は伴わなかったが、多くの人々の前でそれを読む「太平記読み」という職業が成立した。江戸時代、これは講談《こうだん》に発展していく。そうした形で『太平記』は「大ベストセラー」になり、「南朝びいき」の人々が生まれた。しかし、いくらそうだからといっていきなり南朝復権にはならない。現実に存在する天皇家が北朝であると宣言しているからだ。では、この壁を南朝復権論者はどのように乗り越えたのか？　突破口となったのは、楠木正成であった。

■徳川光圀の「異常な決断」が生んだ「悪の系譜」の評価

楠木正成は智謀に恵まれた武将であるばかりで無く、人格も優れていた。決して徳のある君主では無かった後醍醐に最後まで忠義を尽くした、「忠臣の権化」でもある。ならば、とりあえず「大

忠臣　楠木正成」を復権させようではないか、という流れができた。その復権に最大の貢献をしたのは、江戸時代初期の大名であり思想家だった水戸黄門《みとこうもん》こと徳川光圀《とくがわみつくに》である。清《シン》に滅ぼされた明《ミン》から日本に亡命してきた朱子学者朱舜水《しゅしゅんすい》の教えを受けた光圀は、楠木正成を大忠臣として天下に喧伝《けんでん》した。それはいい、たしかに正成はそういう人物であった。しかし、ここからがまさに怨霊信仰の強い影響を受けた日本的展開と言うべきだろう。光圀は水戸藩（水戸徳川家）の公式事業として始めた『大日本史』編纂《へんさん》事業のなかで、「南朝が正統」という基本方針を定めてしまったのである。

このことも歴史事典などを見るとさらりと経過だけ書いてあるのだが、本来の朱子学の視点から見ればこんな異常な決断は無い。「原・太平記」に見られるように、後醍醐の南朝が滅んだのは後醍醐が「欠徳の君主」だったからである。だからこそ滅びたのであって、逆に言えば北朝は徳があるからこそ栄えた。ゆえに、その北朝をさしおいて「欠徳の南朝」を高く評価することなど朱子学本来の立場から言えば決してしてはならぬことなのである、しかし、光圀はそれをした。「怨霊信仰による日本的展開」というのはまさにそこのところだ。

前出の百科事典には、「名分論にたつ水戸藩」とある。名分論とは朱子学の重要な概念で、「中国哲学で、名称と分限の一致を求める伝統的思想のこと。名称は物の階級的秩序を反映しているので、名称を正すことによって階級的秩序を固定化しなければならないとする」（『デジタル大辞《だいじ》泉《せん》』）ということである。わかりやすく言えば、「右大臣　源　実朝《うだいじんみなもとのさねとも》」は「臣」という分限（分＝身分）であることを、その「右大臣」という職の名称(名)が示しているので、臣下として天皇に仕えるべきで逆らうのは許されないということで、あたり前と言えばあたり前のことだが、それは

「君主には徳が無ければならない」という朱子学のもう一つの大原則を否定する力は無い。これもわかりやすく言えば、いくら三種の神器を持ち自分は正統な天皇だと「名分論」を主張しても、「欠徳の君主は滅ぶ」という大原則は適用される、ということだ。繰り返すが、後南朝つまり「欠徳の君主後醍醐の子孫」は絶滅した。まさに朱子学から見れば「悪は滅んだ」のであり、南朝つまり「悪の系譜」を評価することなど本来は許されないはずなのに、光圀はそれをした。

つまり、ここのところが歴史の真理、日本史の真髄の部分なのである。

『大日本史』は膨大な内容であり江戸時代には出版もされなかったが、その史観の強い影響を受けしかも公刊されたことにより誰でも読めたのが、幕末の大ベストセラー『日本外史』である。読みやすく面白い、『大日本史』の見事なダイジェスト版で、注意すべきは明治維新《いしん》を達成した志士たちは皆このベストセラーの愛読者だったことだ。字の読めない人間でも中身を教わることはできる。桂太郎も志士の末席に連なる人間だった。ましてや西郷隆盛《さいごうたかもり》、大久保利通《おおくぼとしみち》、木戸孝允《きどたかよし》といった大物の心のなかにも「南朝正統論」が焼き付けられていたということだ。きわめて重要な点なので再度繰り返すが、外国ならこうした考えは絶対悪とされる。「ライバルを倒した王朝に仕えていながら、そのライバルを正しいと認める」わけだから、仕えている王朝に対する「裏切り」になるわけだ。だが日本では、藤原氏に仕えていた紫式部が「ライバルの源氏が勝つ」物語を書いても非難されるどころか賞賛される。このことがわかっていてこそ南朝正統論が復権し、しかも明治の終わりから大正にかけて大きな政治問題になったという、外国では絶対あり得ない現象も理解できるだろう。

■イデオロギーの「色眼鏡」で「極悪人」とされた足利尊氏

一九一一年（明治44）一月十九日、読売新聞は当日発行紙に「南北朝對立問題（國定教科書の失態）」と題した社説を、第一面トップに三段抜きで掲載した。まずは、この日付にご注目願いたい。「大逆事件」の「犯人」とされた幸徳秋水らに対する死刑判決は、前日の一月十八日のことなのだ。この時代はまだ夕刊が無いので、死刑判決の内容は翌十九日付の「朝刊」で各紙も報道した。まさに、その日の一面にこの社説は載せられていた。

署名は「牛嶺子」というペンネームになっているが、「第一面トップ三段抜き」という扱いから見ても、「読売新聞の総意」であることは間違いあるまい。また、新しい情報では無く社説であるからいつでも掲載可能だったのに、わざわざこの日に掲載したのはインパクトを強めるタイミングを計ってのことだろう。そこから考えるに、例の「いまの天子は、南朝の天子を殺して三種の神器を奪い取った北朝の天子（の子孫）ではないか」という「幸徳発言」は、噂としてかなり世間に広まっていたのではないかと推察される。というのは、この社説には幸徳発言も「大逆」という言葉も一切出てこないが、内容から見てそれを踏まえた「提言」であるとしか思えないからだ。以下原文を引用しつつ、その内容を紹介する（一部、旧漢字旧カナを改めた）。まず、書き出しは次のようなものである。

明治維新は足利尊氏の再興《さいこう》したる武門政治《ぶもんせいじ》の顚覆《てんぷく》にして、又《また》北朝の憑拠《ひょうきょ》したる征夷大将軍の断《だん》絶《ぜつ》なり。

おそらく、いま「明治維新とはなにか、述べよ」という問いを発したとして、この種の答えが戻ってくることはまずあるまい。多くの人は、なぜ足利尊氏が突然出てくるのか、首をかしげるかもしれない。だが、あの「南北朝時代」を思い出していただければ、後醍醐天皇と対立した足利尊氏が幕府を開設するにあたって、絶対に必要な「天皇による征夷大将軍任命」を実現するため傀儡《かいらい》の天皇を担いだこと、それが後に「北朝」と呼ばれることになったことは、事実として理解できるはずである。そして年配の人間なら、いまでは「建武の新政」と呼ばれている後醍醐天皇の親政（直接政治）も、かなりの長期間（いわゆる戦後になっても）「建武の中興《ちゆうこう》」と呼ばれていたことも思い出すかもしれない。

これは明治期に確立した歴史観に基づくものである。簡単に言えば、次のようなものだ。「古代においては天皇が親政を行なっていたのに、いつの間にか関白《かんぱく》とか将軍とか名乗る連中が天皇の大権を犯すようになった。誠に不届きな話だが、その日本本来の政治形式である天皇親政を一時的に回復（中興）したのが後醍醐天皇である。だから後醍醐は名君だ。しかし、その壮挙も足利尊氏という朝敵（＝極悪人）が後醍醐を裏切り、北朝というニセモノの天皇家をでっち上げて自らを征夷大将軍に任命させることによって崩壊した。その後数百年、その北朝に憑拠した（根拠を置いた）将軍の政治（幕府政治）が続いたが、王政復古《おうせいふっこ》の大号令《だいごうれい》つまり『古代の天皇親政の政体に戻す』という明治天皇のご命令によって将軍職も廃止され、明治維新が成立した」

なぜ、維「新」をするのに「復古（昔に戻す）」が必要なのか？　こんな重大なことも従来の歴史書では理解がしにくいが、この『逆説の日本史』では宗教、思想、イデオロギーが時代を動かす大きな要因であることを強く意識して歴史を記述している。もちろん、それは思想やイデオロギーの「色眼鏡」で歴史を見るのとはまったく違う。

たとえば、足利尊氏は極悪人どころか「育ちのよいおぼっちゃん」で性格もよかった。ただ、日本史に三人いる「幕府の開設者」（他に源頼朝《よりとも》と徳川家康《いえやす》）のなかでは、もっとも決断力に欠けた人物であった。じつは「人がいい」からそうなので、頼朝が上総広常《かずさひろつね》や弟の義経《よしつね》を粛清し、家康が六男忠輝《ただてる》を義絶しライバルの豊臣《とよとみ》家を滅亡させたような非情の決断ができない。これに対して後醍醐天皇は、はっきり言おう、人間としては最低の人物であった。そのことは『逆説の日本史　第七巻　中世王権編』で詳しく解説したので、ここでは繰り返さない。興味ある方はそちらをご覧いただきたい。

そんな時間は無い、という人のために簡潔にその内容を述べれば、「後醍醐は最低の人格で、尊氏は人格者だった。だから当時の日本人は尊氏を日本のリーダーに選んだ。ただし、尊氏は非情の決断ができない男であった。北朝を建てるにあたって最大の障害となる後醍醐を隠岐島《おきのしま》あたりに『流して』おけばすべて丸く収まったのに、それができずに吉野に逃してしまい、南北朝時代という日本史上最悪の混乱時代を招いてしまった」ということだ。

ところが、イデオロギーという魔物に取り憑《つ》かれると人物評価が歴史上の事実と真逆になるから面白い、いや恐ろしい。この場合は「後醍醐は名君、尊氏は極悪人」になるということだ。だから、この読売社説では歴史上の人物の中島錫胤《なかじまますたね》、三輪田元綱《みわだもとつな》を賞賛している。「えっ、それ誰？」というのが多くの現代人の反応だろうが、「等持院《とうじいん》に闖入《ちんにゅう》して尊氏の木像《もくぞう》を斬《き》り、これを市《いち》に梟《きょう》したる快挙《かいきょ》」（引用前出記事）をなした人々である。なぜかこの記事には「元治《げんじ》元年五月」とあるが、彼らが洛北《らくほく》の等持院に「闖入」したのは一八六三年つまり文久《ぶんきゅう》三年の二月二十二日である。等持院は足利将軍家の菩提寺《ぼだいじ》であり、歴代将軍の座像《ざぞう》(木製)が安置されている。彼らは初代尊氏、二代義詮《よしあきら》、三代義満の木像から首を引き抜き、三条河原《さんじょうがわら》に「晒し首」にした。現代の歴史書ではこの事件を当時の徳川将軍(14代家茂《いえもち》)に対する「あてこすり」だとする解説が多い。倒幕つまり徳川将軍の首を取ると「宣言」したものだ、というのだ。もちろん、そういう意図もあったには違いないが、幕末は、いやその後の明治時代にも「最大の朝敵は足利尊氏」であったし、南朝の天皇を蔑ろにした三代義満も極悪人とされていたという事実を見逃してはいけない。三代義満についても客観的に見れば、「日本の中東和平問題」とも言える南北朝対立を見事に解決した名君であり、日本に貨幣経済を定着させたという大きな功績もあるのだが、まったく無視されてしまった。その後、一九二一年(大正10)に当時の商工大臣中島久万吉《なかじまくまきち》が、過去に雑誌に寄稿した尊氏の功績を再評価する文章が右翼に問題視され、総攻撃を受け大臣を辞任するという事件も起こった。この問題

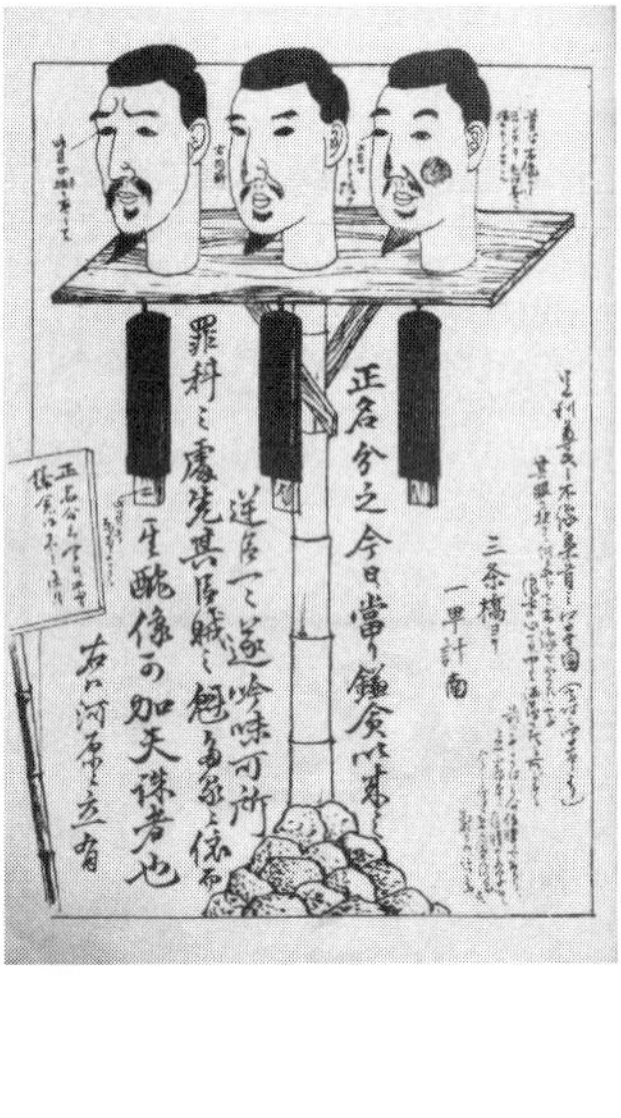

京の等持院から持ち出された足利尊氏、義詮、義満の木像の首と位牌が三条河原に晒された事件は、当時の瓦版などで盛んに報じられた(『江戸と東京風俗野史 いろは引. 巻之1』国立国会図書館蔵)

についてもすでに紹介した（『逆説の日本史 第7巻 中世王権編』参照）が、また大正時代のところで触れることになるだろう。

■歴史は自らの欠点を正すための貴重な「鏡」である

とにかく、現代ではかつて足利尊氏、義満らが極悪人とされていたことが忘れ去られている。この社説がそうされていたことを示すなによりの証拠なのだが、ではなぜそうなのか。実際の歴史とは正反対の評価を下すイデオロギーとはなにか。先に紹介した名分論である。この社説にも次のようにある。

斯《こ》の大業《たいごう》を誘致《ゆうち》したる唯一《ゆいいつ》の導火線《どうかせん》は、水戸侯源光圀、頼山陽、其他幾多《そのたいくた》の学者が、南朝を宗《そう》としたる尊王論《そんのうろん》の深く天下《てんか》の人心《じんしん》を刺激《しげき》したるに在《あ》り。

先ほどの解説と併せて読んでいただければ、この部分の解説は不要だろう。「水戸侯源光圀」とは、もちろん水戸黄門こと徳川光圀のことである。名分論では無く「尊王論」と書いてあるじゃないかと疑問を抱く読者はいないと思うが、念のために言えば、そもそも朱子学の名分論によって「三種の神器を保持していた南朝こそ正統」という概念が確定し、だからこそその南朝から正当な手続きで天皇の位を譲位された後花園天皇は北朝の子孫ではあるが、やはり正統な天皇である。そして天皇とは真の「王者（主君）」であるから、君主ではあるが「王者」には劣る「覇者」に過ぎない徳川将軍家では無く天皇家に忠義を尽くさねばならない、という論理になる。これが尊王論である。

何度も述べたとおり、私は明治維新とは「徳川三百年の泰平で平和ボケし欧米との科学水準（とくに兵器）の格差で亡国の危機を迎えた日本人が、一致団結して西洋近代化に取り組み成功した」ものだと考えている。そして、その一致団結のイデオロギーとして「用いられた」のが、中国伝来の朱子学を日本風に改変した「神道＋朱子学」であった。平たく言えば「天皇の絶対化」である。しかし強烈な原理であるだけに、大きな長所もあれば欠点もある。長所は、なんと言っても中国の朱子学では絶対に不可能な四民平等《しみんびょうどう》（士農工商《しのうこうしょう》の廃止）を成し遂げたことだろう。男女平等とまではいかないが、男女格差の解消にも「天皇の絶対化」は貢献した。しかし、本来の朱子学が持つ「毒素」の作用も始まった。朱子学は歴史を改変してしまう。中国では君主が権力を私物化せずに禅譲した時代があった、とされた。いわゆる「堯《ぎょう》、舜《しゅん》の世」である。李朝《りちょう》五百年の間に完全に朱子学に染まった韓国は、いまだに「日本の力など無くても自力で近代化できた」という幻想に酔いしれている。日本も韓国を笑えない。徳川家康は貿易推進論者だったのに、幕末人のほとんどは「鎖国は神君家康公の定めた祖法《そほう》だ」と信じ込んでいたし、明治になると今度は「神功《じんぐう》皇后は新羅《しらぎ》を征伐して屈服させた」と思い込んでいた。日本海軍きっての優秀な参謀であった秋山真之《あきやまさねゆき》がこの「神話」を歴史的事実と考えていたのは前に述べたとおりだ。実際には六六三年の白村江《はくそんこう》の戦いで日本は唐・新羅連合軍に壊滅的大敗を喫し、朝鮮半島の足掛かりをすべて失った。「日本は最終的に新羅に負けた」それが冷厳な事実である。

日本人は昔は歴史書に『大鏡《おおかがみ》』とか『東鑑《あずまかがみ》』のように「かがみ」という名前を付けた。これには二つの意味がある。一つは自分の姿を写し出すもの、という意味だ。人は「鏡」を見て服装の乱れなどを修正することができる。同じように歴史を「鏡」として国として人としての誤りを正すことができる、と古人は考えたのだろう。一方、「鑑」には手本という意味がある。「あの人は警察官の鑑だ」という言い方は現代語にもある。古人の言いたいことをまとめれば、「歴史は自らの欠点を正すための貴重な鏡だ。それで自分の姿をよく見つめよ。そして過去の人々の行ないで鑑とすべきことがあれば、よく学ぶことだ」ということだろう。これがまさに歴史の効用である。ところが、それを徹底的に妨害し「鏡を割ってしまう」のが朱子学だ。いまだに朱子学世界である韓国は、自分の真の姿を見ることができない。その現状を恥じ、むしろ国のため韓民族のために『反日種族主義《はんにちしゅぞくしゅぎ》』を公刊した李栄薫《イヨンフン》ソウル大学名誉教授は、相変わらず母国では罵声《ばせい》を浴びている。彼の主張を一言で言えば、「偏見やイデオロギーにとらわれずに現実の歴史を見よ」ということで、あたり前のことなのだが、そのあたり前が通らないのがいまの韓国だ。その韓国の現状とこの明治が終わるころの日本の状況はよく似ていると言えるだろう。「似る」のも当然で、ともに朱子学という「毒素」で「歴史という鏡が割られた」状態だからだ。

前に「マスコミは国民の耳目《じもく》」だと述べた。言うまでも無く「国民が現在の世の中について判断材料を得るための道具」だということだ。しかし、マスコミは日比谷焼打《ひびややきうち》事件以来、真実を伝えず国民を煽《あお》り媚《こ》びる存在と化していた。歴史ないし歴史教育は「国民が未来の指針を得るため過去の行動についての判断材料を得るための道具」だが、この「鏡」もこのあたりで相当壊されていたことがおわかりだろう。この「耳」や「目」がおかしくなり鏡で欠点を正すことができなくなった国家あるいは民族はどうなるか？

結論は言うまでもあるまい。歴史は車のバックミラーのようなものである。バックミラーは、後ろを見るための道具だが、なぜ後ろを見るかと言えば安全に前に進むためだ。逆に言えば、この時代の日本はバックミラーの無い車を、耳を塞《ふさ》がれモノが歪《ゆが》んだ形にしか見えない「色眼鏡」をかけさせられた運転手が、運転していたということだ。

いずれ大事故を起こして転覆するということ、少なくともその方向性は、このあたりで定まってしまっていたのである。

■『読売新聞』第一面トップ三段抜き社説に見る「明治の常識」

一九一一年（明治44）一月十九日付の『読売新聞』第一面トップ三段抜きの社説について、さらに解説を続けよう。当時の日本人がなにを常識とし、歴史をどのように考えていたか、如実にわかるからだ。

歴史の分析・解明に必要であり大きな効果が期待できるのは、「当時の人間の気持ちになって考える」ことだ。この『逆説の日本史』ではたびたび用いている方法である。しかし、口で言うほど簡単ではない。まず、「昔といまでは常識が違う」ことが現在の通常の歴史学ではきわめてわかりにくくなっているからだ。たとえば私がこの『逆説の日本史』を書き始めたころは、江戸幕府五代将軍徳川綱吉《つなよし》とは「生類憐《しょうるいあわ》れみの令という悪法を日本人に強制したバカ殿である」というのが歴史学界の通説であった。いまでもそうかもしれない。しかし事実はまったく反対で、じつは綱吉は日本史全体から見ても五本の指に入るぐらいの名君《めいくん》なのである。それが私の結論だ。では、どうしてプロの集団である歴史学界と私の見解が違うのかと言えば、当時の常識を理解しているかいないかの差である。古くからの愛読者には説明不要だが、これ以上かつて書いたことを繰り返すわけにもいかないので、この点に興味のある方は『コミック版　逆説の日本史　江戸大改革編』（小学館刊）か、ＹｏｕＴｕｂｅ『井沢元彦の逆説チャンネル』（巻末にＱＲコードあり）にアップされている動画『昔、日本では辻斬《つじぎ》りは「良いこと」だった!?』をご覧いただきたい。前・後編合わせても十数分で無料だから、これが一番手っ取り早いかもしれない。とにかく、「綱吉は名君」というのは歴史という厄介なモノを理解する最良の教材であることは私が保証する。

　明治の読売社説に話を戻そう。このなかには、文部省つまり国が國史教育（日本史教育）のなかで「南北朝対立」、言葉を換えれば「北朝も正統な天皇家だった」と認めてしまえば、「二重《にじゅう》橋畔楠公《ばしはんなんこう》の銅像を始め、藤島《ふじしま》、名和《なわ》、阿部野《あべの》、結城《ゆうき》、菊池《きくち》、四條畷《しじょうなわて》、小御門《こみかど》の諸神社は、漸次其神徳を失ひて無意味に帰し」（一部旧漢字、旧カナを改めた。以下引用部分については同じ）てしまう、と嘆く部分がある。二重橋畔楠公の銅像（皇居前広場の楠木正成像）を始めとして、とあるから以下列挙された神社は南朝の忠臣の神霊を祀《まつ》った神社であることは推測がつくが、ではこれらの神社がどこにあって誰を祀っているのか、読者の皆さんは答えられるだろうか？　注意すべきは、「解説が無い」ということだ。「解説」というのは、この記事のなかで言えば、先に紹介した中島錫胤と三輪田元綱を「等持院に闖入して尊氏の木像を斬」った人物だと記しているような部分である。私も記者経験があるが、記事のなかで「読者のなかにはこれについて知らない人もいるだろう」と予測される部分には「解説」をつける。逆に、記事や社説の筆者が「解説」をつけない場合は「誰もが知っていることだろう」と考えたということだ。これらの神社名には祭神《さいじん》も所在地も記載されていない。つまり、この「情報」についても筆者はそう考えた、ということだ。「こんなことは誰もが知っているだろう」、あるいは「これは日本人として当然知っているべきだ」と考えたということで、これが当時の「常識」である。だから「当時の人間の気持ちになって考える」ためには、こういうことも（細かいことだが）知っておくべきなのである。細かい情報も、積み重なると歴史の解明に意外と役に立つことがある。

　正直言って、私も全部の神社の祭神と所在地はわからなかった。とくに小御門神社についてはまったく知らなかった。祭神は花山院師賢《かざんのいんもろかた》（１３０１〜32）、本姓は藤原で後醍醐天皇の側近であり、身代わりを務めたこともある。鎌倉幕府に捕まって下総国《しもうさのくに》（千葉《ちば》県北部）に流罪《るざい》にされ、幕府滅亡の前年に病死した。後醍醐はその功績を賞して太政《だいじょう》大臣の職を追贈した。社殿は千葉県成田《なりた》市名古屋《なごや》にある。私は愛知《あいち》県名古屋市の生まれだが、下総国に古くから名古屋という地名があることを今回初めて知った次第である。念のためだが、下総国というのは「千葉県南部」の間違いでは無い。上下は南北を示すのでは無く、当時の交通ルートで都から近い方を「上」とするからである。古代においては紀伊《きい》半島から房総《ぼうそう》半島に向かって流れる黒潮に乗って、船で「千葉県地方」に行った。最初の上陸地は安房国《あわのくに》であり、その先が上総国《かずさのくに》つまり千葉県南部、そして下総国になるからである。

　では改めて、この社説に列挙されている神社の祭神と所在地を簡単に述べておく。藤島神社は新田義貞《にったよしさだ》を祀った神社で、福井《ふくい》県福井市にある。名和神社は名和長年《ながとし》とその一族で、鳥取《とっとり》県西伯《さいはく》郡大山《だいせん》町。阿部野神社は北畠親房《きたばたけちかふさ》、顕家《あきいえ》親子を祀っており、大阪《おおさか》市阿倍野区にある。結城神社は新田義貞とともに鎌倉を陥落させた武将結城宗広《むねひろ》が祭神で、陣没地とされる三重《みえ》県津《つ》市にある。菊池神社は南朝の九州制圧に大功のあった菊池武時《たけとき》と子の武重《たけしげ》、武光《たけみつ》で、熊本《くまもと》県菊池市。四条畷神社は小楠公《しょうなんこう》とも呼ばれる楠木正成の嫡男正行《まさつら》で、大阪府四條畷市にある。言うまでも無く大楠《だいなん》公《こう》こと楠木正成を祀った湊川《みなとがわ》神社は兵庫《ひょうご》県神戸《こうべ》市にあり、後醍醐天皇が祭神の吉野神宮は奈良県吉野郡吉野町にある。これに護良《もりよし》親王を祀った鎌倉宮（神奈川《かながわ》県鎌倉市）や、懐良《かねよし》親王を祀った八代宮《やつしろ》（熊本県八代市）などを加えた合計十五社を「建武中興十五社《けんむちゅうこう》」と呼ぶ。先述したように、現在は「建武の新政」と教科書にある後醍醐天皇の政治は、かつて「建武の中興」と呼ばれていた。日本は天皇が直接統治する国なのに、関白とか将軍とかいう連中が邪魔をしていた。それを一時的に復活した名君が後醍醐天皇である、というのが明治の常識であり大日本帝国の国是でもあった。

■なぜ日本人は名君では無い者を名君にしたがるのか？

しかし、これは歴史的事実とは言えない。むしろ後醍醐の旺盛な我欲によって戦乱の世が始まった、というのが私の歴史認識で、この時代を記した『太平記』（正確にはその前半）が戦乱また戦乱の話なのに、なぜ「太平記」（現代語に訳せば「平和物語」）というタイトルなのかと言えば、臨終にあたっての後醍醐の最後の叫びが「朝敵尊氏が一類を亡ぼして四海《しかい》を泰平ならしめんと思ふこの一事ばかりなり」（足利尊氏一味を亡ぼしこの世を平和にする、それだけが私の望みだった）という、まったく自己反省のカケラも無い無責任な言葉だったからであり、作者は皮肉を込めて「後醍醐物語」のタイトルを「太平記」としたのだと考えている。

これもかつて述べたことだが、朱子学の本場である中国の考え方で言えば、「徳に欠けた君主」である後醍醐は、たとえ忠臣の権化である楠木正成がいかに奮闘努力して支えようとしても必ず政権を失い、その直系の子孫も絶える。しかし、それは決して楠木正成の否定では無い。むしろ、名君では無い君主に仕えてこそ忠臣なのである。名君ならば、尽くした忠義に対して必ず報いてくれる。逆に言えば、家臣はだからこそ仕えているのかもしれない。これはわかりやすく言えば、会社が好調のときは、働けば働くほど地位も報酬も上がるから逃げ出す社員はいない。問題は、能力の無い経営者が就任して会社が一気に倒産寸前になったときである。多くの社員は会社を見捨てて去るだろう。それをしないのが本当の意味の愛社精神に富んだ人間である。つまり、本当にその人間が心から会社を愛しているかどうかは会社が好調のときはわからない。会社が左前になってこそ初めてわかる。主君に対する忠義も同じことだ。だから、中国の「忠臣伝」に出てくる忠臣の主君は完璧な名君では無い。むしろ残虐だったり非情だったり能力が欠けていたりする。そんな主君を見捨てないのが本当の忠義であるというのが中国の考え方で、これは中国だけでは無く世界のあらゆるところで通用する論理的な考え方だろう。

　しかし、日本だけは通用しない。もうおわかりだと思うが、私がいくら後醍醐を批判しようと、いや批判すればするほど、それは「そんな主君のために命を捧げた楠木正成は偉い」と言っているのと同じことになる。だから世界の常識では私は「楠木正成を否定している」のでは無く、むしろ徹底的に褒《ほ》めそやしていることになるのだが、多くの日本人はそう取ってはくれない。これはいわゆる「忠臣蔵《ちゅうしんぐら》（赤穂《あこう》事件）」でも同じことで、私は決して「大石内蔵助《おおいしくらのすけ》（良雄《よしお》）は否定しない」。むしろ、忠臣の鑑だと思っている。理由はもうおわかりだろうと思うが、それは「一時の短慮で傷害事件を起こし御家を潰した浅野《あさの》内匠頭《たくみのかみ》長矩《ながのり》に最後まで忠義を尽くした」からである。「浅野がバカ殿だ」ということは、裏返しに言えば「にもかかわらず、そのバカ殿に命を捧げた大石は素晴らしい忠臣だ」と賞揚しているのと同じことなのだが、むしろ「忠臣蔵信者」からは

「浅野がバカ殿だと、ケシカラン。なにを言うのだ。あの方は名君だ」と罵倒された。名君ならばあんな事件を起こすはずが無いのだが、どうしても彼を名君にしたい人々は、そのぶん吉良《きら》上野介《こうずけのすけ》を極悪人にした。あれほどひどいイジメを受けたら名君でも耐えられない、という「論理構成」（？）である。しかし、その吉良のイジメなるものが実態が無く有り得ないものであることは『逆説の日本史　第十四巻　近世爛熟編』で詳述した。興味ある方はご覧いただきたい。

とにかく最大の問題は、なぜ日本人は名君では無い者を名君にしたがるのか、ということだ。まず言えるのは、これは世界の常識に反しているから、日本だけの「常識」に基づくものであろうということ。また縷々《るる》述べてきたように、論理的には完全に破綻している心情を「正しい」あるいは「価値がある」と信じることでもあるから、この心情は「宗教に対する信仰」だろう。

なぜ日本人は後醍醐天皇や浅野長矩が「名君では無い」と言われると怒るのか。それは、怨霊信仰という宗教があるからだ。不幸に死んだ人間の魂を丁重に祀って鎮魂しないと、大きな災厄が国を襲い人も襲う、と古来から日本人は信じてきた。だからこそ後醍醐天皇や浅野長矩の批判など一切してはならず、「名君だった」と持ち上げねばならないのである。何度も述べたように、中国の朱子学の考え方で言えば「南朝は滅びて当然」なのに、である。

たしかに、天皇の絶対性を強調することで明治維新は成し遂げられ、その結果が大日本帝国という形になったのだから、浅野長矩はともかく後醍醐天皇を批判することはきわめて困難になってしまった。しかし、それでも当時の文部省あるいは歴史学界は、歴史の実態を見るという本来の役割を果たすために、「南北朝対立問題」をあえて教科書に載せていた。「対立」あるいは「並立」という事実を認めることは、後醍醐の言い分すなわち「足利尊氏は極悪人で、北朝の天皇は真っ赤なニセモノだ」を部分的だが否定することになるからだ。

じつは、この社説子は当時の文部省の國史教育の責任者である歴史学者喜田博士(喜田貞吉)に直接面会し、なぜ南朝だけを正統としないのか問い詰めてもいるのだが、それに対する喜田の回答もこの社説に記載されている。喜田は「此《この》主義は原三十六年編纂の現行教科書に始まる、何すれぞ今に及んで事新しく呶々《どど》するか」と答えたという。つまり、「八年前の明治三十六年から教科書は南北朝対立問題をこの形で表記している、なぜ当時はなにもせず、いまになって非難するのか?」ということだ。この反論は耳が痛かったはずだし、幸徳秋水の発言をきっかけにわれわれは問題視するようになったのだ、とも言えなかったろう。しかし、社説子は完全に開き直って「事の新旧にかかわらず、我らが認識した以上、断じて見逃しはしない」と述べ、当時の小松原文相(小松原英太郎)に「速やかにこの失態を修正し行政上の責任を明らかにせよ」と迫った。その結語が面白いので原文を引用しよう。「斯《かく》の如く慎重を要すべき事業には、少くともハイカラ学者の参加を排し、以て将来を戒飭《かいちょく》せざるべからず」。「戒飭せざるべからず」とは、「このようなことは二度とあってはならない」ということである。

■戦前から連綿と続く「尊い犠牲を無駄にするな!」という「日本教」

読者のなかには、なぜ近代史に入ったのに南北朝問題をこれほど詳しくやるのか、疑問に思っている人もいるかもしれない。だが、それこそまさにこれまでの日本史教育が日本人の頭のなかに刷り込んでしまった、「宗教の無視」という陥穽《おとしあな》なのだ。人間の心の底には、常に宗教がある。いまも昔もだ。それなのに、いまだに「日本人は無宗教」などと主張する人がいる。とんでもない誤りである。本当に日本人が無宗教なら、常に物事を合理的に考えることができるはずである。それならば戦前日本が日米《にちべい》戦争に突入することも無かっただろうし、戦後これほど憲法改正が困難になることも無かっただろう。『逆説の日本史』シリーズの愛読者なら、なにを言っているのかわかっていただけるだろうが、新規の読者もいる。なにを言っているのか、まったくわからないという人もいるだろう。念のため説明しよう。

先の戦争は「無謀だった」とされる。いや、うまくやれば勝てたという人もいるが、そんな論者でもかなりの「大冒険」であったことは誰も否定しないだろう。合理的に考えれば、(原爆の出現は予想できなかったとしても)戦争に負け数十万人の犠牲者が出ることも予測できないわけではなかった。しかし実際には戦争に踏み切って、結果的に約三百万人の犠牲者が出た。なぜ、戦争回避という合理的な判断ができなかったのか？　歴史学者はさまざまな政治的や外交的な理由を挙げるが、人間不合理な判断をするときは必ずその根底に宗教がある。

結局、戦争を避けることができなかったのは、日本人が「戦わなければ、満洲《まんしゅう》を獲得するために犠牲となった十万人の死が無駄になってしまう」と考えたからだ。日本人はすべてと言っていいほど、この「尊い犠牲者の死は無駄にしてはならない」という宗教の信者であって、これに抵抗することはきわめて難しい。戦前でも平和第一を主張する人はいた。だが、そういう人はまるで人間のクズのように非難されたのだ。それでも口にする人はまだマシだ。多くの人はそういう言葉を口にすればどんな目に遭《あ》うか知っているから、口にしない。小説や映画や流行歌も、言論ですらその宗教に翼賛する形になるから、思想統制などしなくても「平和第一」などまったく言えない世の中になる。ちなみに、それが完成したのが昭和前期である。だからこそ「無謀な戦争」

が実行可能になった。

だが、その結果満洲を失ったばかりか約三百万人の犠牲者が出た。しかし「尊い犠牲者の死は無駄にしてはならない」という絶対的な「宗教」は変わらない。するとどうなるか？　戦後は信仰の対象が一転して「満洲」から「日本国憲法」になった。「日本国憲法を獲得するために犠牲となった約三百万人の死は決して無駄にしてはならない」、だから「憲法は絶対変えてはならない。改憲は悪だ」ということになった。

合理的論理的に考えてみよう。そもそも憲法とはなにか、国家とはなにか？

民主国家とは国民を守るための組織であり、憲法とはその使命を果たすために国家が守らなければならない、もっとも基本的なルールだ。しかし、日本国憲法第九条は戦力を持つことすら否定している。これも常識だが、政府は憲法を誠実に守る義務がある。しかし、この憲法を日本国政府が誠実に守ろうとすればするほど、日本の国民を侵略者から守ることはできない。戦力すら持てないのだから。実際には日常のように日本の領域にミサイルを撃ち込んだり、他国の領域を侵略する独裁者が存在するにもかかわらず、である。つまり日本国憲法は、とくに第九条を持つから欠陥憲法と言わざるを得ない。合理的論理的に考えれば、これ以外の結論は無いはずである。

しかし日本においては、改憲論者を極悪人のように非難する人がまだまだいる。おかしいではないか、合理的論理的に考えればこれ以外の結論は無いはずの主張を、なぜ倫理的に批判できるのか？　それは宗教だからだ。では、なぜ多くの人間が、それが宗教のせいだと自覚できていないのか？　おわかりだろう、歴史教育がまったくダメだからだ。日本史を教えるなかでこういう宗教の部分を無視しないでちゃんと教えていれば、国民の多くが非合理な判断をすることなど無いはずなのである。戦前の教育はそれができなかった。いや、戦後の教育もそれができていない。だからこそ、合理的論理的な主張をする人間をまるで悪魔のように非難し、しかも自分は正しいと思い込んでいる人間が大勢いる。

東條英機《とうじょうひでき》はアメリカより中国からの撤兵を求められたとき、それを受け入れれば戦争をしなくていいかも知れぬと思いつつも、結局は撤兵できなかった。「英霊《えいれい》に申し訳ないから撤兵できない」、それが彼自身の言葉である、結局その合理性を無視した判断は三百万人の犠牲者を出した。いま、日本人の安全を守るために憲法改正すべきだと言うと、「三百万人の犠牲者に申し訳ないから改憲できない」と護憲派は言う。結局、東條英機と護憲派の主張は同じだ。理由は簡単で、同じ宗教の信者だからである。だが、戦前も戦後も一番大切なことは「犠牲者の死を無駄にしない」ことでは無い。「いま生きている日本人の命をどうやって守るか」ということである。

これも『逆説の日本史』シリーズの愛読者ならとっくにご存じのことだが、念のために言っておこう。護憲派は「戦後の平和は平和憲法によって守られた」と主張する。合理的論理的に考えればそんなはずが無いではないか。ロシアのウラジーミル・プーチンに日本国憲法を守る義務があるのか？　日本を侵略しようとする人間が日本国憲法を尊重するはずも無い。日本が平和だったのは、自衛隊と日米安保条約に基づくアメリカ軍の駐留があったからである。ウクライナの現状を見れば、そういう抑止力が無ければ国の安全を保てないというのが一目瞭然ではないか。日米安保条約ならぬＮＡＴＯ（北大西洋条約機構）に加盟していれば、ウクライナは侵略されることは無かった。だからこそ、中立を守ってきたフィンランドもスウェーデンもＮＡＴＯ加盟を熱望したのだ。

■「国際協調・日中友好」を唱える人間は「極悪人」

日本には軍事力を「ケガレ」つまり「悪の根源」だと忌《い》み嫌う宗教がある。詳しく述べていたらキリが無いので、興味のある方は『逆説の日本史 第四巻 中世鳴動編』あるいは『逆説』シリーズの総まとめである『日本史真髄』(ともに小学館刊)をご覧いただきたいが、天皇家はこうした信仰を持っていたからこそ、平安時代に軍事権を放棄するという世界史上前代未聞の決断をし、その軍事権を拾い上げた形で武士たちの政権が成立した。これが鎌倉幕府である。

その鎌倉幕府の時代に、海の向こうからモンゴルが攻めてきた。ご存じ「元寇《げんこう》」だ。幸運なことに、日本は幕府という軍事政権の時代だったので見事に元の侵略を撃退することができた。だが、面白く無かったのは天皇家を中心とした朝廷勢力である。彼らは軍事力を「悪」だと考えていたから、そんなものによって神聖な国土が守られたと思いたくなかった。だが、思いたくないと言っても、実際に幕府の軍事力が侵略者を撃退したのは事実だから、それを否定するには超自然的な力を持ち出すしかない。おわかりだろう、それが「神風《かみかぜ》」なのだ。神風は、そもそも「軍事力によって国が守られた」ということを絶対認めたくない人々が考えた、まさに「机上《きじょう》の空論」なのである。その証拠に朝廷は鎌倉幕府の責任者で見事に侵略を撃退した執権北条時宗《ほうじょうときむね》に、なんの栄誉も与えなかった。世界史のなかで侵略を撃退した英雄は何人もいるが、なんの栄誉も貰《もら》えなかったのは時宗ぐらいだろう(明治になってようやく大日本帝国は時宗に従一位を追贈《ついぞう》した)。

これも、しつこいようだが論理的合理的に考えればわかることで、どうしても軍事力を「悪」とし、その有用性を認めたくない人間は、結局非論理的な「モノ」が代わりに務めを果たしたと考えるわけで、「幕府の軍事力が元を撃退したのでは無い。あれは神風の力だ」というのと「戦後日本の平和を守ったのは自衛隊や在日米軍では無い。平和憲法だ」というのは、まったく同じ信仰から生まれた発想だということもわかるだろう。この意味では右翼も左翼も無い、皮肉なことに同じ日本人なのである。

ちなみに、このことはすでに二十年近く前に書いていることである。『逆説の日本史 第六巻 中世神風編』にも書いているし、『「攘夷《じょうい》」と「護憲」』（徳間書店刊）という著作もある。神風を否定し平和憲法を肯定すれば、自分は民主主義的な善人だと思い込むような人間こそ、じつは「日本教」に自覚無しに縛《しば》られている存在で、日本の将来にとってもっとも危険な人々である。日本人を合理的論理的に守ることを認めないからだ。

何十年も先に、子供から「ねえ、令和《れいわ》の時代、なぜ日本は国を守れず独立を失ったの？ 北朝鮮はどんどんミサイルを撃ち込んで来ていたし、プーチンのウクライナ侵略もあったのに、なぜ憲法改正して自分の国を守れるようにしなかったの？ そんなの人類の常識じゃない」と聞かれ、「いや、それは日本だけは特別で、『憲法改正』と言うと極悪人の仕業《しわざ》のように考え、自分たちが絶対正しいと血相変えて改正に反対した人たちがいたからだよ。それが日本独特の宗教の作用であったことを日本人自身が自覚していなかったんだよ。誤った歴史教育のせいでね……」なんてことにならないためには、きちんと歴史を学ぶしか無い。そして「きちんと学ぶ」ということは改めて強調しておくが、「宗教を無視しない」ことなのである。

令和から明治に戻ろう。この時代の新聞（＝マスコミ）は国民の「耳目」では無く、むしろアジテーター、扇動者と化していた。わかりやすく言えば、「満洲を得るために犠牲となった十万の人々の死は、絶対に無駄にしてはならない。それゆえに、平和とか国際協調とか日中友好とかいうお題目を唱えて、この尊い犠牲を無駄にするような動きは絶対に許せん」ということだ。戦後「平和憲法改正を唱える人間は極悪人」であったように、戦前とくに昭和前期は「国際協調、日中友好を唱える人間は極悪人」であったことを頭に叩き込む必要がある。

なぜそうなるかと言えば、国際協調とは戦争より平和を優先する態度だから、場合によっては戦争（＝尊い犠牲）で得た占領地を返す、あるいは第三国に譲るなどという道につながりかねない。日中友好もそうだ。それは中国の主張も認める姿勢につながるから、中国が「満洲はウチの領土だから返せ」と言われた場合、返さなければいけなくなる。いずれにせよ「満洲を失う（＝尊い犠牲を無駄にする）」ことになるから、絶対に認められないことになる。これを頭に置いておけば、日清《にっしん》戦争後の三国干渉《さんごくかんしょう》が日本にとって単なる屈辱以上の痛恨事であったことも理解できるはずだ。それはまさに「尊い犠牲を費やして獲得した領土を失う」ことであった。

昭和史をかじったことのある人間なら、日本いや大日本帝国の軍事・外交政策のなかにもときどき国際協調路線や日中和解路線への方向性が散見されるのに、結果的には強硬路線に必ず回帰してしまう傾向があることに気づくだろう。それを歴史学者は軍部の横暴だとか、利権に目がくらんだ政財界の後押しがあったからとする。たしかに、そうした側面もあっただろう。しかし、昭和史だけで無く日本史全体から見ればそれはあきらかに、この宗教（尊い犠牲を無駄にするな！）のせいなのである。では、この宗教とはいったいなにかと言えば、これもすでに述べたことだが、形を変えた怨霊信仰である。

怨霊信仰とは、「怨みを抱いて死んだ人間はその激しい怨念によって怨霊と化し激しいタタリをなす。この世に災厄をもたらす。それを防ぐために怨霊は必ず鎮魂しなければならない。ただし、鎮魂がうまくいけば怨霊は善なる御霊《ごりょう》と化し、この世を災厄から守る」というもので、これが明治以降は「国家のために犠牲となった（戦死や戦病死した）人々を丁重に祀れば、英霊となって日本を守ってくれる」という形にリニューアルされた。もちろん、その根底には「彼らの死を無駄にするようなことをすればどんな災厄が襲ってくるかわからない」という潜在的な恐怖もある。もうお忘れになったかもしれないが、現在話題にしている南北朝正閏論で、北朝の出身なのに「南朝こそ正統」と認めた明治天皇は、即位直前に「日本一の大怨霊」崇徳《すとく》上皇の御陵に勅使《ちょくし》を派遣し、かつて朝廷が上皇を配流したことを謝罪してその神霊を京都にお迎えしてから正式に即位し、明治と改元している（『逆説の日本史　第21巻　幕末年代史編Ⅳ』参照）

だからこそ、大日本帝国の「神学」はきちんと検証しておく必要がある。

■戦前の朝日新聞社が部数競争に勝つべく利用した「南北朝正閏問題」

大日本帝国の「神学」部分を詳しく探求するために、もう少し南北朝正閏論について語らせていただきたい。そもそも「火をつけた」のは幸徳秋水で、その発言が大変な話題となったために読売新聞が幸徳死刑判決報道と同じ日の紙面に第一面三段抜きで文部省の方針（＝教科書の記述）はおかしいと社説で文句をつけたところから、話が大きくなった。

こうなると黙っていないのが朝日新聞だ。読売と朝日というと戦後は違う路線を歩んだライバルという印象があるが、戦前はむしろ「満洲絶対護持教」の「宗教新聞」として「同志」であり、路線についてはまったく共通で、どちらかというと朝日のほうが熱心であった。

そのことは「満洲絶対護持教」の「聖歌」であり戦前の大流行歌であった『満洲行進曲』の内容と成立の経緯を見れば、あきらかだろう。『満洲行進曲』についてはこれまで何度も説明し歌詞も引用したので、ここでは省略する。興味のある方はインターネットで調べていただきたい。そと、ここまで書いてきて、私は念のためインターネットで『満洲行進曲』を検索してみた。そして、愕然《がくぜん》とした。私の記憶では、たしかに以前は『満洲行進曲』あるいは『満州行進曲』で検索すれば、その基本的な内容説明が最初に出てきた。「この歌は朝日新聞が歌詞を一般公募し、当選作（じつは朝日記者大江素天《おおえそてん》の作）に朝日が堀内敬三《ほりうちけいぞう》（慶應義塾《けいおうぎじゆく》応援歌『若き血《わかち》』作者）に作曲を依頼して制作。一九三七年（昭和12）に日本ビクターからレコードが発売されて大ヒットした」、そしてそれは朝日新聞の「戦意高揚事業」だったというような内容が複数のネット情報として出てきたのだが、いまはそういう歴史的事実の記述がほとんど出てこない。昔はそんなことは無かった。まさか朝日関係者が率先してネットから削除したわけでもあるまいが（そういうことが可能なのかも私は知らないが）、そういう陰謀がもし行なわれているとすれば、朝日はいまだに懲《こ》りていないということになる。

東洋平和のためならば　我等がいのち捨つるとも　なにか惜しまん日本の　生命線はここにあり　九千万のはらからと　ともに守らん満洲を

昭和十二年は満洲事変（昭和6）が拡大し支那《しな》事変（日中戦争）になった年である。こんな歌が大流行しているときに、「いや本当に大切なのは東洋平和では無く世界平和で、場合によっては満洲を放棄するようなことがあっても平和を守るべきだ」などと主張したら、非国民（＝極悪人）にされてしまう。そんな大日本帝国の「空気」を作ったのは、あきらかに軍部（宣伝機関では無い！）では無くマスコミつまり当時の新聞である。このことは、ぜひとも頭のなかに叩き込んでいただきたい。

さて、話を当時の朝日新聞に戻そう。同じ「宗教新聞」として朝日の立場から見れば、読売に一歩先んじられたという感は否めない。朝日は部数競争に勝つためにも、なんとか事態を挽回しようと考えたのだろう。朝日が目をつけたのは藤澤元造という代議士であった。藤澤が国会でこの南北朝正閏問題を追及する質問書を作成したという情報を、いち早く入手したのである。

いや、いち早く入手したというより、「こういうことをやるぞ」と藤澤サイドからのリークがあったのではないかと思う。というのは、朝日はこの「藤澤騒動」が収まった直後に全体像を振り返る特集記事を載せているのだが、それがじつに詳しく他紙の追随を許さない内容なのである。前後の事情から見て、リークしたのは藤澤本人では無く周辺の人間だったと考えられるのだが、とにかくその朝日の特集記事（1911年〈明治44〉2月19日付朝刊）の内容を紹介しよう。〈南北朝問題の眞相〉と題した記事は〈発端は煖炉《だんろ》の前〉という見出しから始まる（以下、〈〉は記事からの引用。旧漢字、旧カナは一部改めた）

〈一月十九日早稲田《わせだ》大学講師室に於《おい》て同校講師牧野謙次郎《まきのけんじろう》氏他数名の講師がストーブを囲んで雑談中不圖側《ふとそば》にある某新聞を手にし初めて同教科書に対立論として記述しある旨の記事を発見し此《こ》は由々敷《ゆゝしき》大事なりと盛んに談論中又吉田東伍《だんろんちゆうまたよしだとうご》博士も来合《きあわ》せ同博士は絶対の北朝論者なれば兹《こゝ》に端《はし》なくも一場の議論を惹《ひ》き起せり〉

〈某新聞〉とは言うまでも無く読売のことだが、歴史学者吉田東伍は一般には世阿弥《ぜあみ》が能楽の極意を語った『風姿花伝《ふうしかでん》』を『花伝書』という名で広く世間に知らしめたことで有名だ。吉田がいなければ『風姿花伝』は世に出ることは無かっただろう。その吉田は、「北朝こそ正統」という論者だった。吉田はこの時代の人間には珍しく漢学では無く英学でスタートした人間だから、合理的にこの問題をとらえていたのだろう。

すでに述べたように、日本以外の国では「南朝が正統」という考え方は議論の対象にすらならない。当時の天皇は北朝の系統だし、南朝の子孫がまだ生きていて正統性を主張しているならともかく、完全に絶滅しているのだから議論になりようがない。むしろ外国では（中国でも）、こういう状態のときに「南朝が正統（＝北朝はニセモノ）」などと言い出せば、北朝系である天皇に対する「大逆《たいぎゃく》（叛乱）」になる。この奇妙さにどうか気がついていただきたい。何度も繰り返したように、日本だけは「大逆」であるはずの行動が「大逆」にならない。日本は怨霊信仰の国だからだ。

記事に登場する牧野謙次郎は漢学者である。この時代、漢学者であることは水戸学つまり中国伝来の朱子学と日本古来の神道（怨霊信仰）が融合した、「日本的朱子学」の信奉者であることを意味した。「日本的」というのがミソで、純粋な朱子学だけだったら「南朝は後醍醐天皇に徳が無かったので滅びた。子孫が絶滅したのがその証拠だ」ですべてオシマイになる。だが、「日本的朱子学」の信奉者にとってはまさに〈由々敷大事〉だ。そこで牧野が「水戸学コネクション」を動かし、この問題に対応することを決意した。

〈牧野氏は帰途同僚なる松平康國《まつだいらやすくに》氏を訪ひ此儘《このまゝ》に棄《す》て置く可《べ》きに非《あら》ず然《しか》れども既に教科書をし

て採用せるものなれば個人としては迚《とて》も改訂する事困難なれば然《しか》る可《べ》き代議士をして議会に於《おい》て質問せしむ可しと云《い》ふ事に決して帰宅せり〉

要するに、この「藤澤騒動」の仕掛人でありプロデューサーは牧野謙次郎だったのだ。牧野と松平はのちにともに早稲田大学教授となる親しい間柄で、おそらくこのとき牧野はマスコミ対策を松平に依頼したものと思われる。というのは、松平には読売新聞での記者経験があるからだ。リークしたのは松平だろう。そして読売出身であるにもかかわらずライバルの朝日に伝えたのは、マスコミ経験から読売に一歩先んじられ焦《あせ》っている朝日のほうが大きく取り扱ってくれるという読みがあったのではないか、と私は推測している。

■「三種の神器」はなぜ皇位の象徴とされるのか

二人は当初、貴族院でこの問題が扱われることを希望し貴族院議員の〈谷子爵《たにししやく》〉を訪ねた。西南戦争の折、熊本鎮台《ちんだい》司令官として西郷隆盛軍の猛攻に耐えたあの谷干城《かんじよう》だが、病篤《あつ》く面会を断わられてしまった（谷は同年5月13日に死去）。そこで牧野の頭に浮かんだのが、衆議院議員の藤澤元造であった。牧野と藤澤はイトコ同士で、藤澤は高名な漢学者藤澤南岳《なんがく》の息子だった。南岳は大阪の「通天閣《つうてんかく》」の名付け親であり薬の『仁丹《じんたん》』の命名にもかかわっているが、元造なら話に乗ると牧野は考えたのだろう。果たして元造は勇躍して質問の準備に入った。

このあたりからである。衆議院議員藤澤元造の動静が毎日のように朝日の紙面を飾るようになった。質問書の内容も事前に報じられた。さぞかし朝日は部数を伸ばしたことだろう。七か条からなる質問書は〈一々《いちく》文部省の非を挙げたるもの〉だが、とくに第二条を「チーム藤澤」は重視している。この特集記事でもその部分を再録しているが、原文はかなり煩雑なのでかみ砕いて説明しよう。中身そのものは単純なことだ。要するに、文部省の教科書においても皇室典範《こうしつてんぱん》においても「三種の神器」が皇位の象徴であり、それを保持しているのが正統な天皇である、としている。しかるにその文部省が作った教科書が南北朝についてだけ両朝並立だったとしているのはおかしい。神器は返還されるまでは南朝の天皇のもとにあったのだから、北朝天皇はニセモノであり足利尊氏は逆賊と明記すべきではないか、との主張である。名分論にこだわってはいるが、この主張はそれなりに筋は通っている。

ここらあたりで、「三種の神器」がなぜ皇位の象徴とされるのか確認しておこう。言うまでも無くこれは当時の人にとっては常識であったが、いまはそうとは言えないし、じつは歴史上非常にわかりにくい問題であり、正直に告白するが私も間違えて理解していたときもあった。それを整理してお伝えしようと思う。

まず、三種の神器とはなにか。いろいろ事典を見くらべてみたが、次の説明が一番わかりやすいようだ。

三種の神器　さんしゅのじんぎ
古くから、天皇が皇位の璽（しるし）として、代々伝えた3種の宝物、すなわち八咫鏡（やたのかがみ）、草薙剣（くさなぎのつるぎ）、八坂瓊曲玉（八尺瓊勾玉。やさかにのまがたま）。草薙剣は天叢雲剣（あめのむらくものつるぎ、あまのむらくものつるぎ）ともいう。「記紀《きき》」の伝承によれば、アマテラスオオミカミがこれら三種の神器を孫のニニギノミコトに与えたという。鏡は垂仁《すいにん》天皇のときに、伊勢《いせ》の五十鈴川《いすずがわ》のほとりに（伊勢神宮の起源）、剣は日本武尊《やまとたけるのみこと》が東征の帰途尾張《おわり》にまつった（熱田《あつた》神宮の起源）といわれる。代々伝えられる鏡と剣は分身にあたる形代（かたしろ）である。鏡は宮中の賢所（かしこどころ）に安置され、剣は壇ノ浦《だんのうら》の合戦で海に没したが、玉は初めのままである。南北朝合一も、この神器の授受を第一の条件とした。

（『ブリタニカ国際大百科事典』）

キーワードは二つある。「璽」と「形代」である。じつは「璽」という漢字は、中国では印鑑つまり俗にいうハンコを意味する。ところが、日本では古来一貫して「璽」をいわゆる「玉」の意味として使っていた。どうしてそんなことになったか理由はわからないが、あえて想像するに中国では璽は玉（ぎょく。この場合は宝石を意味する）で作るものだったからだろう。いまでも水晶や瑪瑙《めのう》などでハンコを作るのはその名残である。ところが、そのうち日本でも天皇印を作るようになり、これを「御璽《ぎょじ》」と呼んだ。宝玉と印鑑は全然別のものなのに、同じ「璽」という漢字を使うようになったのだ。これでは混乱する。そのうちに日本では草薙剣と八坂瓊曲玉を併せて「剣璽《けんじ》」と呼ぶようになった。繰り返すまでも無くこれは「三種の神器の剣と玉」を意味するのだが、私は一時これを「剣と天皇御璽」のことだと勘違いしていた。もちろん完全な間違いである。

ところで、二〇二二年（令和4）に放映されたNHK大河ドラマ『鎌倉殿《かまくらどの》の13人』を観ていた方は、「あれ？　三種の神器のうちの剣は平家とともに安徳《あんとく》天皇が入水《じゅすい》したとき、沈んじゃったんじゃないの？」と思っているかもしれない。たしかに、あのとき「あの剣」は海に沈んで二度と戻らなかったが、じつは大和《やまと》朝廷始まって以来「剣が失われたこと」は一度も無い。なぜなら、前出の百科事典にあるように「剣は日本武尊が東征の帰途尾張にまつった」からである。正確に言うと、日本武尊は尾張に草薙剣を置いたまま二度と帰らなかったので、残された人々が草薙剣をご神体として祀った。それが、いまもある名古屋の熱田神宮なのだ。では、壇ノ浦に沈んだのはなにかと言えば、それが二番目のキーワード「形代」なのである。

これを西洋で言うレプリカ（複製）と同じものと考えてはいけない。形代とレプリカはまったく違うモノである。

■後醍醐帝が吉野に持ち出した「剣」は果たして「ニセモノ」だったのか？

三種の神器とは、あらためて記せば「皇位の象徴として天皇家が代々伝えた三種の宝物（鏡、剣、玉）」で、その名称は「八咫鏡」「草薙剣（別名、天叢雲剣）」「八坂瓊曲玉」である。

そして、平安時代末期に「御所に保管されていた三種の神器」は安徳天皇を擁した平家によって持ち出され、「剣」は海に沈められ「二度と戻らなかった」はずである。しかし、実際にはその後の歴史にも「御所に保管された三種の神器」は出てくる。すでに述べたように、室町時代初期に後醍醐天皇は宮中から三種の神器を「持ち出し」、吉野の山奥に逃げた。ここのところを正確に言うと、後醍醐天皇は足利尊氏によって三種の神器を「接収」され、尊氏はそれを北朝の光明天皇に渡した。しかし、そのあと吉野に脱出した後醍醐は「渡したのはニセモノ」と言い出したのである。その後、南朝が一時勢いを盛り返したとき、北朝が保持していた「ニセモノ」は南朝に接収された。だから、後醍醐の言葉が本当であったかわからない。しかし、神器の所有者は間違い無く南朝であった。後醍醐の子孫である後亀山天皇が北朝の後小松天皇にそれを「返還」するまで、神器は南朝が保持していたことになる。だからこそ、南朝正統論が出てくるわけだが、ここでのポイントはいつの間にか「剣」は「復活」していたことだ。念のためだが、壇ノ浦に沈んだ「剣」は二度と戻らなかった。だから後醍醐が「持ち出し」た「剣」は、あきらかにそれとは別モノなのである。そもそも、ヤマトタケルが宮中から持ち出して以来そのまま名古屋の熱田神宮に祀られている「剣」との関係は、いったいどうなるのか?

もちろん、これはどちらかが本物でどちらかがニセモノという問題では無い。私もかつて理解が不足していて、三種の神器についてはいくつか予備つまりレプリカ(複製)が何セットか用意されていたと考えていたのだが、じつはこういう考え方は根本的に間違っていた。「剣」で言えば、壇ノ浦に沈んだ「剣」も後醍醐が持ち去った「剣」もすべて「本物」であって、複製では無い。もちろん「最初の一振り」は熱田神宮に祀られているものだが、それが「オリジナル」でのちに何種類もの「レプリカ」が作られたという西洋的理解をしてはいけない。

たとえば、アメリカ映画の『インディ・ジョーンズ　最後の聖戦』には、イエス・キリストが実際に用いたという「聖杯」が出てくる。仮にこうしたものが実在したとして、器用な職人がそれと外見上はそっくりな杯を作ったとしよう。しかしそれはあくまで複製であって、決して本物には「なれない」。あたり前の話だが、じつは神道という宗教においてはそれが可能になる。それを可能にするのが、前節の最後に述べた形代という「概念」だ。形代とはご覧になったことがあるかもしれない。自分の穢《けが》れを「水に流す」ために自分の名前を記した人型の紙だが、あれだけが形代なのでは無い。じつは形代は依代《よりしろ》の一種で、紙人形だけで無く藁《わら》人形もあるし、他の形のものもある。では、依代とはなにか？

依代　よりしろ
神霊のよりつく代物。尸童（よりまし）が人間であるのに対して、依代は物体をさす。それには神聖な標識として、樹木や自然石、あるいは幣串（へいぐし）など種類は多い。依りは神霊の憑依（ひょうい）を意味し、代は物のことであるから、何物によらず神霊がよりつくことで神聖化されて祭りの対象になる。神社に祭る神体は霊代（たましろ）と称し、また神符守札の類などもすべて神の依代とみなされるが、古代では神木が神の依代として信仰された。（以下略）
（『日本大百科全書〈ニッポニカ〉』小学館刊　項目執筆者菟田俊彦）

鎌倉時代初期、新しい時代の創始者となった源頼朝は本拠地鎌倉の権威を高めるために、京都の石清水八幡宮《いわしみずはちまんぐう》と同じ八幡神を祀る鶴岡《つるがおか》八幡宮を建立した。では、この行為はキリスト教徒が新天地に教会を建てるのと同種のものか？　じつはまったく違う。キリスト教会もイスラム教のモスクも神に祈るための礼拝施設だが、そこに「神が存在する」わけでは無い。キリスト教会にはイエス像があるが、これは「神」では無い。神を想起するための偶像であり、イメージでしか無い。だからイスラム教では、そういうものと本物の神を混同しないように「偶像崇拝禁止」を掟としている。しかし、日本の神は「勧請《かんじょう》」できる。頼朝がやったのは勧請である。では勧請とはなにか？

かんーじょう［クヮンジャウ］

【勧請】

⑴仏語。仏に説法してくれるように願い、また、その教えが世に長くあるよう請うこと。

⑵神仏の来臨や神託を請い願うこと。また、高僧などを請い迎えること。

⑶神仏の分身、分霊を他の地に移してまつること。

（『日本国語大辞典』小学館刊）

頼朝がやったのはもちろん⑶だが、あえて⑴と⑵も記したのはもともと仏教語だった勧請がこの順番で⑶の意味に変わったことを理解してもらうためだ。これでおわかりだと思うが、キリスト教やイスラム教と違って神道は神霊を無限に分霊することができる。神社には分霊された「神が存在する」のである。その分霊に使用する「道具」が依代であるわけだ。だから、壇ノ浦に沈んだ「剣」も後醍醐が持ち出した「剣」も熱田神宮に祀られている「剣」も、全部本物なのである。これも正確に言えば、前二者は「霊代《たましろ》」と言うべきかもしれない。

いずれにせよ「本体」という言葉を使うなら熱田神宮の「剣」がそうだが、それは決して他の「剣」がニセモノであることを意味しない。かなりややこしい話ではあるが、おわかりいただけただろうか？

じつはこの「ややこしさ」、中世どころか古代いや神代からそうなのだ。

■アマテラスの霊代であるが故に別格な存在の「鏡」

そもそも、なぜ三種の神器が皇位を象徴する宝物となったのかと言えば、オオクニヌシによる「国譲り」の後、豊葦原瑞穂国《とよあしはらのみずほのくに》（日本）を得たアマテラスはそれを孫のニニギノミコトに与え、同時に三種の神器を授けたからだ。まず鏡を与え「此《こ》の鏡は、専《もは》ら我《あ》が御魂《みたま》と為《し》て、吾《あ》が前《まへ》を拝《をろが》むが如《ごと》く、いつき奉《まつ》れ（この鏡を私だと思って丁重に祀りなさい）」と言ったことは、『古事記《こじき》』『日本書紀《にほんしょき》』双方に書かれている。ちなみに、この「鏡」と同時に与えられた「玉」は、アマテラスがスサノオの乱暴に怒り「天《あま》の石屋《いわや》」に引きこもってしまったときに、神々がアマテラスを誘き出すために使ったものである。また「剣」はスサノオがヤマタノオロチを退治したとき、その尾から「出現」したものだ。このあたりの物語はなかなか面白いが、詳しく述べる紙幅は無いので興味のある方はぜひ『古事記』を紐《ひも》解いていただきたい。

ところで、こうした記述を読めば三種の神器のなかでもっとも尊い宝は、鏡であることに気がつくだろう。これはアマテラスの「霊代」なのだから。そこで、古代の天皇はこの三種の神器を宮中の寝所の近くに安置し、文字どおり起居を共にしてきた。しかし、これは大変なプレッシャーでもあったろう。日本は木造文化の国であるから火事も怖いし、地震もある。戦争や変乱の余波が御所を襲わないとも限らない。『日本書紀』によれば、すでに第十代（実質的初代とする説もある）崇神《すじん》天皇の御代に、「鏡」は疫病を避け別の場所に移された。その後も宮中では「鏡」が祀られているから、このとき「形代（依代）」も作られたのだろう。本体が最終的に伊勢国《いせのくに》（現三重県）に祀られるようになった。これが伊勢神宮の起源だ。原則として天皇の神霊を祀るのが

「神宮」（例外もある）で、赤間《あかま》神宮（山口県《やまぐち》）、吉野神宮（奈良県）、平安神宮（京都府）などがそうだが、伊勢神宮は本来地名等を冠しない「神宮」が正式名称なのである。他と違う別格の存在ということだ。また「剣」は、すでに述べたようにヤマトタケルが持ち出し持ち帰らなかったので熱田神宮に祀られるようになった。これ以降、宮中にあるのはやはり形代なのである。

まったくの余談だが、源頼朝の母親は熱田神宮大宮司の娘である。もちろん頼朝が成人したときにはもう亡くなっていたようだが、母の実家の来歴を知っていれば壇ノ浦で「剣」が沈んだときも慌《あわ》てる必要は無かった。本体は熱田神宮にあるではないか、と言えばよかったのである。しかしそういう主張をした形跡は無い。三種の神器について詳しい知識は持っていなかったのだろう。すべての歴史情報にアクセスできる現代においても、「三種の神器」問題は理解が難しい。ましてや昔のことだ、この問題について正確な知識を持つ人間は数えるほどしかいなかっただろう。現に、源頼朝のブレーンで歴史通でもあった大江広元《おおえのひろもと》もこのことに気がついた形跡は無いのだから。

ともあれ、「玉」だけは本体がずっと宮中に置かれていたこともご理解いただけただろう。現在の皇居ではやはり「鏡」は特別であり、賢所《かしこどころ》という神聖な特別室に鎮座し、「剣」と「玉」は寝所の隣の塗籠《ぬりごめ》（土蔵造り）の部屋に安置されている。この部屋は「剣璽の間」と呼ばれている。天皇が御所を出て行幸《ぎょうこう》（旅行）されるときには、この「剣」と「玉」を携帯される習慣がいまも続けられている。聞くところによれば、御料車《ごりょうしゃ》（菊の紋章と天皇旗がつけられた自動車）の後部座席に、「剣」と「玉」が安置できるようになっているという話である。この「剣」と「玉」は天皇代替わりのときは儀式をもって次の天皇に譲渡する。この儀式は現上皇が皇太子時代、昭和天皇の崩御に伴い即位したときにも行なわれた。まさに平成元年（１９８９）一月七日に挙行された

「剣璽等承継の儀」である。錦に包まれた箱に入った「剣」と「玉」が、宮内庁職員によって新天皇のもとへ運ばれるのをテレビの生中継でご覧になった方もいるだろう（左写真参照）。ちなみに「等」の中に「鏡」は含まれていない。これは御璽《ぎょじ》（天皇のハンコ）を意味する。いかに宮中賢所に形代が祀られているとは言え、アマテラスの霊代である「鏡」はやはり別格で、天皇が伊勢に「あいさつ」に行くことに現在はなっている。現在というのは、明治以前は交通機関も未発達で天皇が京都を離れることはほとんど不可能だったからだが、その時代は天皇の代替わりごとに皇族女性のなかから斎王《さいおう》が選ばれ伊勢神宮内に設けられた斎宮《さいぐう》に派遣され、祭祀を行なっていた。やはり「神宮」は特別な存在なのである。

さて、明治末年から大正初年にかけての日本人、それも知識人なら必ず持っていたはずの常識を解説するのにこれだけ紙数を費やすことになったが、そもそも、なぜこのような解説をしなければならなかったか、覚えておられるだろうか(笑)。明治末年に幸徳秋水発言で突如「南北朝正閏論」に火がついたからだ。そして歴史好きの方はもうお気づきかもしれないが、この南北朝正閏問題は普通の歴史書ではあまり詳しく取り上げられていない。その理由もおわかりだろう。まずは日本歴史学界の三大欠陥の一つである「宗教の無視」という問題があるうえに、歴史学界がまさに「縦割り行政」のように各時代の

1989年（昭和64・平成元）1月7日、昭和天皇の崩御に伴い、明仁皇太子（当時、現上皇）が即位。「剣璽等承継の儀」が行なわれ、剣璽、御璽、国璽が受け継がれた（写真提供／毎日新聞社）

専門家はいるが通史の専門家はいないし、養成しようともしていないからだ。この問題は後醍醐天皇から楠木正成さらに水戸学といった「題材」を広い視野から見て分析しない限り要点はつかめない。だが、現在の歴史学界にはそういう通史の専門家はいないから、通り一遍の「こんな事件」があった、という記述で終わってしまう。そういう人々でも、昭和前半期の日本いや大日本帝国が「八紘一宇《はっこういちう》」とか「神州不滅《しんしゅうふめつ》」とか外から見たら異常に「神がかり」な国家になったことはご存じだろう。なぜそうなったのか？　説明できなくてもそういう体制が一朝一夕にできるものではないということはおわかりだろう。軍部がいかに言論統制をして国民をその方向に向けようとしても、土台が無ければ絶対不可能だ。では、その土台はいつ築かれたかと言うと、まさにこの時代なのだ。だから詳しく分析する必要があるのだ。

■「南朝正統論」に異を唱えた歌人・与謝野晶子の良識に基づいた見解

代議士藤澤元造は南北朝正閏問題で、「南北朝並立」の史観を持つ政府・文部省に対し「南朝正統論こそ正義」という立場で質問書を提出し、断固糾弾するつもりであった。そして、この行動計画は逐一この立案者である牧野謙次郎、松平康国両名によって朝日新聞にリークされていた。もちろん世論を味方につけるためのマスコミ戦略である。

世論は味方についた。逆に言えば、「文部省はケシカラン」ということになった。先にも述べたように、日本近代史の研究者のほとんどは近代史しか知らないから、南北朝正閏問題の意味がよくわからず通り一遍の扱いしかしないのだが、ここはきわめて重要である。合理的あるいは西洋的と言ってもいいが、そうした考え方をすれば南朝正統論は支持を得られるはずが無いのに、日本ではこれが大衆の支持を得た。だからこそ、桂首相や政府首脳部はおおいに慌てたのである。
では、当時の日本人のなかに、それも学者以外で政府の見解を支持し南朝正統論に異を唱えた人間はいなかったのか？　少なくとも一人いた。それは歌人与謝野晶子で、彼女の意見は他ならぬ朝日新聞に掲載された。この時代の朝日には、まだオプエド（opposite the editorial page）が掲載されるべきだとの良心的感覚が残っていたのだろう。幸徳秋水ら処刑の約一か月後、一九一一年（明治44）二月十九日付の紙面に載せられた「南北朝正閏論　誰《たれ》ぞ僭越《せんえつ》な断案《だんあん》」という表題の文章で、与謝野晶子はこの問題を語っている。その書き出しは、「『天《てん》に二日《にじつ》無《な》し』と云《い》ふ様《やう》な支那流《しなりう》の考《かんが》へを持出《もちだ》すのは我國《わがくに》の歴史《れきし》を知《し》らない人《ひと》の考《かんが》へです」と、「僭越な断案」をしている人々（南朝正統論者）を厳しく批判している。以下、彼女の文章は男と違って難解な漢語は用いず平明なものだが、それでもとくに若い人には理解困難だと思うので私が現代語訳する。念のためだが「天に二日無し」とは、「天に二つの太陽が無いように、地にも二人の君主はいない（本当の君主は一人だけ）」という意味であり、「誰ぞ僭越な断案」とは「皇室の問題に関し、本来言うべきではない立場の人物が結論を振りかざしている。それはいったい誰！」ということだ。以下その続きを紹介するが、当時の人々にとっては常識だったが現代人としては非常識となっている部分もあるので、そこは理解を深めるために（　）内の言葉で補わせていただく。（　）内の言葉は原文には無いが、与謝野晶子はそこまで書かずとも読者はわかると考えていたはずで、それを「常識」と呼ぶわけだ。

中国のように姓の違う皇帝が並立する（「三国志《さんごくし》」時代のような）国なら誰が正統かを決める

必要があるでしょうが、(日本は天皇家の統治する国と決まっており)その内輪の争いから一時的に相続上の異常な状態が生じ、それを臣下である日本人が南北それぞれの天皇に仕えるという形でやり過ごしたに過ぎません。それゆえ日本史を深く知れば知るほど、南北いずれも正統な皇室であり、どちらが正でどちらが不正かなどという(臣下の立場から見れば僭越な)断定を下す必要はまったく無いのです。日本史を振り返れば、「天に二日」どころか「三日」も「四日」も並行した時代がありました。院政時代のことです。その時代には天皇のほかに法皇や上皇がおられ、それぞれ違った御命令を出されていたではないですか。

これに続く文章はいかにも歌人らしい趣《おもむき》のあるものなので、一部原文を使用する。

そうした(二日どころか三日も四日もあった時代も)私どもは「皇統《くわうとう》と言《い》ふ一本《いっぽん》の幹《みき》に幾《いく》つかの枝《えだ》が出《で》て各《おのおの》花《はな》を開《ひら》いたと眺《なが》める丈《だけ》」でよく。過去の皇室に(南北朝時代という)異常な状態があったことにつき、南朝だけを正統だと主張するような僭越な結論づけはすべきでは無いと考えます

現代人のなかには、与謝野晶子が「日本人はすべて天皇の臣下」という前提のもとに物事を語っていることを、気に食わないと感じる人がまだまだいるかもしれない。しかし、そう感じる人は歴史がまるでわかっていない。以前にも説明したが、いまわれわれ日本人が空気のようにあたり前と感じている「万人平等」という信念は、人類の長い歴史のなかで見れば「つい最近」成立

したものに過ぎない。フランス革命やアメリカ独立では「神の下の平等」という形でそれを達成したが、日本はキリスト教国では無いので、そうした「平等化推進体（その下では万人平等が成立する存在。筆者の造語）」が無かった。そこで、日本人は日本古来の神道と「外来宗教」の朱子学を組み合わせて天皇を神の座に押し上げた。そのことによって初めて「天皇の下の（臣下としての）平等」が成立し、士農工商も関白や将軍も廃止することができた。現代の日本の民主主義はその「一君万民思想」が定着したことによって生まれたのであり、当然その過程である明治時代には、むしろそう考えるのがあたり前なのである。それを「日本人がすべて天皇の臣下なんて、与謝野晶子も案外古臭いな」などと考えることは、もう一度言うが歴史がまるでわかってないということだ。

これに対し「朱子学だけ」だった中国は、これから先の話になるがキリスト教徒の革命家孫文が悪戦苦闘して民主主義を定着させようとしたが失敗する。平等化推進体が文明のなかに存在しない中国では、朱子学の士農工商という身分秩序に象徴される「人間は決して平等では無く、選ばれたエリートが愚かな大衆を指導監督するのが正しい国家運営だ」という信念を破壊することができず、根底に同じ考えを持つ共産主義の国家となってしまう。ロシアも一時ソビエト連邦という形で共産主義国家になったが、ロシアはそもそもキリスト教国であり平等化推進体が存在したので、ソビエト連邦は崩壊した。いまはウラジーミル・プーチンという独裁者に昔の夢を見せられているが、長い目で見ればロシアは民主主義国家になる。しかし、中華人民共和国は当分崩壊もせず民主主義国家にも転換しないだろう。

さらに念のため付け加えるが、日本の民主主義成立が歴史的にこうした過程をたどったことは事実だが、だからと言って私は天皇を再び神格化せよと言っているのでは無い。フランス革命でもその平等の理念は当初キリスト教に基づくものであったが、のちにすべての人民に適用されるようになった。だからこそキリスト教徒に敵視されていたユダヤ人のアルフレド・ドレフュスはフランス陸軍の軍人になれたのだし、そのドレフュス大尉が無実の罪に落とされたときにキリスト教徒のエミール・ゾラがその無法を徹底的に糾弾したのだ。時計の針を逆に戻す必要はまったく無い。

■幸徳発言が日本人に再認識させた「怨霊信仰」

話を戻そう。与謝野晶子はこの南北朝正閏問題に「悪ノリ」した人間の代表として、大隈重信を糾弾している。

大隈重信伯爵は、楠木正成が大忠臣としておおいに賞揚されているからこそ南朝は正統だと藤澤元造代議士に賛成しているようですが、臣下の忠不忠を基準にして皇統の正不正を論じることはきわめて奇怪で、はなはだ畏れ多いことだと思いますし、南北両朝に対し大義名分論をするのは不敬きわまる無用の沙汰です。

たしかに、このあたりは、「臣下が皇統の是非を論じるのは不敬」という考えをより強く前提にしたものなので、前述した「客観的事実に即して歴史を見る」という至極まっとうな態度とは少し異なる。しかし、歴史的事実をイデオロギー的価値観で左右せず素直に事実として見るべきだと考えるからこそ、こういう表現になるとも言える。そして結論は次のようになった。

私は文部省の政策に欠点が多いことは知っていますが、「南北両朝併《あわ》せて正統とする（並立を認める）」という見解は、高く評価します。念のため、誤解の無いように申し上げますが、（「南朝正統論」に異議を唱えているとはいえ）私は北朝正統論こそ正しい、と言っているのではありません。南北両朝いずれも正統だと認め、それが五十年近く二つに分かれたのは、あくまで皇室の内輪の争いであって臣下である私たちがどちらかをニセモノの天皇だと批判すべき性質のものでは無く、むしろ皇室がそういう異常な状態の時代もあった、と過去の事実を素直に事実として認め、南北どちらの天皇に仕えた人々もえこひいきせずに評価すべきだと考えます。

まさに穏当な良識に基づいた見解と言っていいだろう。だが、問題は世論の圧倒的支持は与謝野晶子では無く、藤澤元造そして大隈重信に集まったということだ。なぜ集まったかはすでに述べたように「大忠臣の楠木正成の主君後醍醐天皇こそ正統なる主君に間違い無い」という、まさに大隈重信も支持した見解が大衆に支持されたからだ。ではなぜそれが支持されたかと言えば、その根底に、後醍醐天皇を正統にしなければ楠木正成の忠義はすべて無駄な努力になってしまい、大忠臣正成の死が無駄になってしまう、という考え方があるからだ。

ここは重要なところなのでもう一度繰り返すが、中国の朱子学においては決して正成の忠義は無駄にならない、むしろ後醍醐天皇のような暗君に忠義を尽くしたというところで正成は本当の意味での忠臣として賞揚されることになる。ところが日本には怨霊信仰があるので、無念の死を遂げた後醍醐天皇、その後醍醐に最大の忠義を尽くしながら南朝を守りきれずやはり無念の死を遂げた楠木正成の霊を鎮魂するため（怨霊としてこの世に祟《たた》りを為さしめないために）には、彼らの望みを叶《かな》えてやらなければいけないという思いが生まれる。では彼らの鎮魂にはなにが一番必要か？　それは、彼らの主張「南朝こそ正統である」を国として認めることである。だから南朝正統論は正しいのだ、ということになる。なぜ南北朝正閏問題が重要なのかと言えば、幸徳秋水の「いまの朝廷はニセモノではないか」という趣旨の発言が、まさに「触媒」となって明治末年の日本社会を揺るがし、それまで眠っていた怨霊信仰を日本人に再認識させたからである。

日本人は過去から怨霊の祟りを恐れていた。それが政治だけで無く、あらゆる文化の根源にある。国を奪われたオオクニヌシは出雲大社《いずもたいしゃ》で丁重に祀り、無実の罪で憤死を遂げた菅原道真《すがわらのみちざね》は天神《てんじん》として同じく丁重に祀った。藤原氏は抗争の末ついに中央政界から追放した源氏を、紫式部に書かせたフィクション『源氏物語』のなかでは敗者で無く勝者とした。また安徳天皇と平家一門が西海で無念の死を遂げたときは、天台座主慈円が『平家物語』をプロデュースし琵琶法師の手で全国に広め鎮魂した。その後日本に「ドライな」朱子学が入ってきて「後醍醐天皇の滅亡は欠徳の帝王である後醍醐の自業自得だ」という観点から『原・太平記』が書かれたものの、これではまったく鎮魂にならないと恐れた誰か（おそらく貴族階級に属する人物）が、その後日談として後醍醐天皇や楠木正成が怨霊として復活し世を乱す物語を『原・太平記』に付け加えた。そして後醍醐天皇を排除した足利尊氏が始めた室町の世では、舞台の上で怨霊を鎮魂する演劇（能楽）が誕生し発展した。それが日本の信仰であり文化なのだ。

もっとも日本人の最大の欠点は、いまでもそういう人は多いが日本人は完全に無宗教だと思い込んでいることである。歴史学者もそうした人がほとんどであればこそ「宗教の無視」を前提とする欠陥歴史学の下僕《げぼく》になってしまうのだが、たとえば自分はキリスト教徒だという自覚があれば、キリスト教に基づくユダヤ教徒やイスラム教徒への偏見も、理性を総動員すれば客観的に把握することができる。そしてそれができれば、そうした差別偏見にとらわれないように自分をコントロールすることも可能になる。だが、これとは逆に自分はなにも宗教を信じていないと思い込んでいる人間は、深層心理にあるそうした信仰に逆にコントロールされてしまう。

先の話だが、大日本帝国はなぜ一九四五年（昭和20）に大破局したのか？

その最大の原因は怨霊信仰にある。明治になってからは「怨霊」というおどろおどろしい言葉は嫌われ「英霊」になったが、信仰の中身は変わっていない。そしてそれが強化されたのがこの時代であり、じつに皮肉なことに「大逆事件」の被告とされた幸徳秋水がそのきっかけを作ってしまったのである。

■「ニコポン」桂太郎に手玉に取られ歴史上「消えた」藤澤元造の悲運

話を代議士藤澤元造の質問に戻そう。藤澤は南北朝正閏問題で「南朝正統論こそ正義」という立場で質問書を提出した。「南北朝並立」の史観を教科書に載せた政府・文部省を糾弾する目的であり、この行動計画はすべて朝日新聞にリークされていた。そして世論も味方となった。

この「逆境」のなかで、首相桂太郎はなんとかして藤澤の質問を阻止しようとした。もちろん、いかに行政府の長である総理大臣といえども立法府の国会に圧力をかけて質問書を闇に葬ることはできない。ここは本人を説得して質問書を撤回させるほかはない。以前にも述べたように、桂の異名は「ニコポン」であった。軍人出身でありながら誰にでも愛想がよく、初対面の人間にも「ニコニコ」笑って近づき肩を「ポン」と叩いて「頼むぞ」などと言う。これで大方の人間は桂の支持者となる。また桂は、八方美人ならぬ「十六方美人」「言葉の催眠術師」などとも呼ばれた。説得が巧みだったということだ。桂は、二〇二二年（令和4）七月に亡くなられた安倍晋三《あべしんぞう》元首相に抜かれるまで総理大臣在任期間二千八百八十六日という最長記録を持っていた。そしてこの「説得力という才能」がもっとも遺憾なく発揮されたのが、「藤澤元造説得工作」だった。結局、桂の説得は成功した。その状況を朝日は綿密に報道しているので、記事を紹介しよう。まずは一九一一年（明治44）二月十八日付の「下院雑観（十六日）」という記事である（以下、引用記事の旧漢字、旧カナは一部改めた）

南北朝正閏問題に関する藤澤元造君の質問演説が呼物《よびもの》となった為《ため》か、傍聴席は相変らずの満員だ▲処《ところ》が提出者自ら之《これ》を撤回したとの噂が伝わって来たと同時に議場を見ると今日は藤澤君逸早《いちはや》くも着席し其側《そのそば》に佐々木《さゝき》蒙古《もうこ》君（衆議院議員で大陸浪人。蒙古は通称で、本名安五郎《やすごろう》。引用者註）が来て剣幕荒く何事か手詰《てづめ》の談判を行って居る、而《そう》して藤澤君の口から『撤回……辞職』……という声と、佐々木くんの口から『君も前途《ぜんと》春秋《しゅんじゅう》に富んだ身……なぜ撤回……なぜ辞職……藤澤南岳《なんがく》の息子とも有ろうものが……反省……其《そん》な事じゃ駄目だ』杯《など》の声が高低断続して聞える▲扨《さて》はと思って居ると果然《かぜん》々々書記官の朗読によりて、右質問は提出者によりて撤回せられたことが明《あきらか》に分った、のみならず藤澤君より議員辞職の届があったとて、議長は之を満場に報告したそのうちに議長は藤澤を登壇させた。辞任の弁を述べさせるためである。顔面蒼白で登壇した藤澤は、質問書を提出した経緯を語りはじめた。その過程で「伊勢神宮で皇祖皇宗《こうそこうそう》（天皇家の祖霊）に祈り、（三種の神器のうちの草薙之剣が祀られている）熱田神宮も参拝し、漢学者の父南岳にも相談した」と述べたまではよかったが、そのあと演説の内容が支離滅裂になった。それも当然だろう、自分がいかに誠実に熱烈に質問書を作成したかを述べれば述べるほど、その質問書を撤回したということと矛盾する。藤澤は途中でそれに気がついて、しどろもどろになったようだ。ついには議長から「なるべく簡単に」という注意を受け、とうとう「本員は爰《こゝ》に名誉の戦死を遂《と》ぐるのである」という捨て台詞《ぜりふ》で演説を終えた。朝日は「余程珍《よほどちん》であった」と評している。

この間翻意を説得していた佐々木蒙古は文部大臣の出席を要求し、文部大臣が出席するまでは藤澤の進退問題を進めるべきではないと叫んでいたのだが、結局多数決に押し切られてしまった。

桂は見事に説得に成功したというわけだ。実際にはどうやって説得したのか大いに興味をそそられるが、その言葉の具体的内容は記録として残されていない。しかし、どのような状況でその説得が行なわれたのかはわかる。ほかならぬ藤澤自身が朝日に語っているからだ。大阪の父に会った後に伊勢神宮に行き、名古屋の熱田神宮に寄ってから列車で上京、新橋《しんばし》駅に到着した藤澤はどうやら桂の使者の迎えを受け、酒食のもてなしを受けたようなのである。友人たちも新橋駅に出向いたが藤澤と会うことはできず、結局上京した二月十一日の夜遅くなって藤澤の親友のところへ、藤澤自身から「迎えにきてくれ」と連絡がきた。この親友（名は記されていない）が朝日の記者に語ったところによると、神楽坂《かぐらざか》の料理屋『するよし』で待っていた藤澤は、「五体萎《ごたいな》えたるがごとく乱酔し口中《こうちゅう》よりは盛《さかん》に異臭ある酒気《しゅき》を吐き其《そ》の語る処《ところ》もしどろに」次のように言ったという。

「俺は今日桂から大歓迎を受けたよ、桂が俺を擁して接吻《せっぷん》までした、偉い御馳走《ごちそう》になった、俺は桂の車で回って此処《ここ》へ来た、何アに俺は既《も》う明日天《あまのいわと》の岩戸《いわと》に閉じ籠《こも》るのだから」

なんと、現職の総理大臣桂太郎が藤澤を抱擁して接吻（キス）までしたというのである。泥酔していた男の発言ではあるが、私はたしかにそういう事実があったと考える。なにしろ桂は「ニコポン」と異名を取った男である。その「ニコポン総理」がぜひとも実現したいと考えていた質問書の撤回を藤澤が承諾したのだから、桂がそれぐらいのことをしても不思議は無い。しかし、この親友は「明日天の岩戸に閉じ籠る（国会には出ないで身を隠す、という意味か？）」と口にした藤澤の状態が単なる泥酔状態では無く「半狂乱」で、その言葉も「深き決意より発せる自暴自棄の語気」があることに驚いている。そして、藤澤が肌身離さず持っていた質問書をいつの間にか紛失したことについて、次のように語っていたと証言している（カッコ内は筆者註）。

深く酔うて何事も覚知《かくち》せざる間に何時何処《いつどこ》に失いしや思い当らずと（藤澤は）言いたるが、（私は）之《これ》とても悪く想像せば氏が乱酔《らんすい》せるを見済《みすま》して何者かが造作もなく奪取せるものと推し得《すいえ》べし、かかる次第なれば昨日提出せる辞表の如きも先ず白紙に氏の署名だけを記さしめ他の本文は後に他人の手にて認《したた》めしものにはあらずや、前夜来の氏の彼《か》の様《さま》にては迚《とて》も自ら認《したた》めしとは思われず現代語訳するまでも無いと思うが、要するにこの藤澤の親友は、藤澤を泥酔させた人間が懐中の質問書を奪ったばかりか白紙に署名させ、後から本文を足して辞表を偽造したのではないかと疑っているわけだ。しかし、それならなぜ藤澤は抗議しなかったのかという疑問が湧くが、それに対して朝日はこの記事の別のところで「同夜氏が尚《なお》するゑよしにある時」に、「座に出でし或者《あるもの》（その場にいた某者）」の、「氏が千円束の紙幣を所持するを瞥見《べつけん》（ちらりと見た）せり」という証言を載せている。これも私は事実だったと思う。藤澤を泥酔させてカネを無理矢理受け取らせたのではないだろうか。それなら藤澤も抗議しにくい。おそらくそのことで藤澤はストレスの塊となったようだ。質問書撤回、議員辞職からほぼ二週間後の朝日には、なんと「藤澤氏の發狂説」が掲載されている。それは次のような友人の証言である。

元造氏は昨日も自筆で漢文の尺牘《せきとく》（手紙のこと。引用者註）を寄越《よこ》したが『已《おれ》は神だ』と言う事は十五日桂首相邸を出た時から始終口癖に言つている 何でも暴れたと見えて先日藤屋《ふじや》から電話で誠に困るから引取って呉れという電報が来たが、直《す》ぐ翌日全く酒乱で、其後《そのご》納まったから前の電話は取消して呉《く》れと言つて来た（中略）私が両三日前『どうやらお前も犬死《いぬじに》になり相《そう》だ、首相は約束を実行し相《そう》もない、夫れのみならずお前が詰《つま》らなく辞職した者だから折角のお前の苦心も狂人の私言《しげん》に為《さ》れて了《しま》つたらしい』と言って遣《や》ったから或《あるい》は無念の余り少し変になったかもしれぬ

（『東京朝日新聞』1911年〈明治44〉2月27日付朝刊）

「首相の約束」がなんだったのか、それが本当にあったのか気になるところだが、それについてはなにも記録は無い。しかし私はこれもあったと思う。口約束ならなんとでも言えるからだ。結局、藤澤元造は桂太郎に見事に手玉に取られた。そして、この一件で藤澤は歴史上「消えた」。この時から約十年生きたが、記録に残るような活動はせず、この世を去った。首相桂太郎が日露戦争の勝利と韓国併合の功で公爵《こうしゃく》にまでのし上がり、文字どおり「位人臣《くらいじんしん》を極めた」のとは対照的である。

■昭和初期の国家観にも影響を与えた独善的・排他的イデオロギーの枠

さて、長々と南北朝正閏問題について述べてきたが、この問題は結局政府が「両朝併立」は過ちと認め、文部省は責任者として喜田貞吉博士を役職から解任し国定教科書の記述を南朝正統論に改めるという形で決着がついた。一般には、それを明治天皇が裁断したと伝えられた。その件について、とくに明治天皇が詔書を発布したなどという事実は無いが、南朝正統論を推進する側に明治天皇もそれを支持したとする根拠はあった。というのは、江戸時代においては決してスタンダードでは無かった南朝正統論をいち早く採用し『大日本史』の編纂を進めた徳川光圀（いわゆる水戸黄門）に対し、明治天皇は一九〇〇年（明治33）の段階で「正一位《しょういちい》」を追贈していたからだ。前にも述べたが、明治維新は水戸学の影響を強く受けている。維新の志士と言われる人間で水戸学の影響を受けていない者はいない。そのため、もっと光圀は顕彰されるべきという考え方が明治人にあった。逆に言えばその風潮に明治天皇は乗っただけで、必ずしも南朝のみを正統とする議論に賛成だったとは言えないかもしれないのだが、「正一位」の追贈という行為の意味は重く、結局南朝正統論が明治政府のスタンダードとなった。

この幸徳秋水発言に端を発した明治の南北朝正閏論争の最大の問題点、つまり後世に与えた悪影響はそれまで比較的自由が認められていた天皇に対する歴史学の考究に、水戸学という中国の朱子学の影響を受けた独善的排他的なイデオロギーの枠がはめられ、きわめて不自由なものになってしまったことだ。それは歴史学にとどまらず、たとえば後に政治学の分野でいわゆる天皇機関説が「不敬」だとして弾圧されるような風潮にもつながった。また昭和前期に二・二六事件を起こす陸軍皇道派の硬直した国家観にも影響を及ぼしている。前にも述べたように、朱子学とは「歴史という鏡」を割ってしまう、とんでもない「宗教」いや「邪教」なのである。

さて、「桂太郎」という項目にずいぶんと紙数を割いてきた。読者のなかにはいささか「食傷気味」の方もいるかもしれない。しかし、桂については語るべきことがまだ残っている。「総理大臣在任期間二千八百八十六日」はダテではないということだ。「大逆事件」そして「南北朝正閏論」は桂の「負の功績」の部分だが、「韓国併合」はともかく日露戦争を勝利に導いたことは、あきらかに桂の功績として評価すべき部分である。そして、桂の功績としてもう一つ評価しなければならないのは、複数政党制下における選挙結果による政権交代の道、いわゆる大正デモクラシーへの道を開いたことだ。しかし、それは当然の話だが一人あるいは一政党ではできない。野球のキャッチボールが一人ではできないのと同じことだ。では、桂の「相手」になったのはどういう人物か？　その名を西園寺公望《さいおんじきんもち》という。その略歴は次のようなものだ。

政治家。公爵。号陶庵《とうあん》。徳大寺公純（きんいと）の二男。王政復古に参与。戊辰（ぼしん）戦争にも参加し、のちフランスに留学。明治一四年（一八八一）明治法律学校（明治大学の前身）を設立。同一五年伊藤博文の欧州憲法調査に随行。文相、外相、枢密院《すうみついん》議長、政友会《せいゆうかい》総裁などを歴任したのち、同三九年首相となる。同四四年には第二次内閣を組織した。大正八年（一九一九）にはパリ講和会議首席全権委員。のち、最後の元老《げんろう》として活躍した。嘉永《かえい》二〜昭和一五年（一八四九〜一九四〇）

（『日本国語大辞典』小学館刊）

桂太郎が「総理大臣在任期間二千八百八十六日」なら、西園寺公望は九十歳を超えるまで生き、「最後の元老として活躍した」。この二人は思想信条も対照的だったが、それぞれ率いた政党の長として明治の終わりから大正の初期にかけて、ほぼ交互に政権を担当した。桂は山県有朋《やまがたありとも》、そして西園寺は伊藤博文の後継者と言えるだろう。この二人の時代を桂太郎の「桂」、西園寺公望の「園」を取って「桂園《けいえん》時代」と呼ぶ。

大日本帝国の確立Ⅴ

第二章

「桂園時代」の実相

元老・西園寺公望の「改革」と「挫折」

■「やんちゃ」で軍人志望だった異色の元老・西園寺公望

桂太郎《かつらたろう》のライバルとも言うべき西園寺公望《さいおんじきんもち》は首相を歴任し、最後の元老《げんろう》として一九四〇年まで生きた。一九四〇年は昭和《しょうわ》十五年、日本紀元ではちょうど二六〇〇年に当たる年で、翌昭和十六年に大日本帝国は英米など連合国との開戦に踏み切り、四年後に滅亡した。その方向性はすでに昭和十五年には確立されていたと見るべきだが、こうした方向性、具体的に言えば「満洲国《まんしゅうこく》の建国」「軍による政治支配」「日独伊《にちどくい》三国同盟の締結」に最後まで抵抗し、その反対つまり「中華《ちゅうか》民国《みんこく》との融和」「政党政治の確立」さらには「英米《えいべい》との協調」を図ろうとしたのが、西園寺公望なのである。元老と言えば天皇の最高政治顧問である。その最大の役割は総理大臣が辞職などの理由で空席となったとき、次期総理を誰にすべきかを天皇の諮問《しもん》に答える形で事実上推薦することだった。しかも、西園寺は「最後の元老」だった。ということは、大正から昭和前期まで元老は彼一人だったわけで、日露《にちろ》戦争前夜のように開戦派の元老山県有朋《やまがたありとも》と非戦派の元老伊藤博文《いとうひろぶみ》が対立するという状況では無かったのに、なぜ西園寺のめざした方向に大日本帝国は進まなかったのか？　おわかりだろう。一般的にはあまり知名度があるとは言えないが、このきわめて重要な問題を考究するのに西園寺公望という人物の分析は欠かせない、ということだ。まずは、元老とは何かというところから分析を始めたい。

現在の日本国憲法では、総理大臣の任命について第六条に「天皇は、国会の指名に基いて、内閣総理大臣を任命する。（以下略）」とあり、さらに第六十七条第一項で「内閣総理大臣は、国会議員の中から国会の議決で、これを指名する。この指名は、他のすべての案件に先だって、これを行う」と定められている。「国会議員」と言えば衆議院議員だけで無く参議院議員も含むが、同条第二項で「衆議院と参議院とが異なった指名の議決をした場合（中略）、衆議院の議決を国会の議決とする」と定められているため、実質的には衆議院における首班指名選挙で最多票を獲得した者が総理大臣に任命されることになっている。つまり、現行憲法においては「総理大臣の選び方」が明記されているわけだ。

しかし、大日本帝国憲法いわゆる明治《めいじ》憲法においては「選び方」どころか「内閣総理大臣」という役職名も記載されていなかった。憲法発布以後、いわゆる内閣制度は法律や慣例によって整備されてきたのである。行政府の長を内閣総理大臣と呼ぶこと自体その流れのなかで形成されたルールだが、その選び方については当初は天皇が任命し（明治憲法第十条に「天皇ハ行政各部ノ官制及文武官ノ俸給ヲ定メ及文武官ヲ任免ス〈以下略〉」とあるのに基づく）、選ばれた総理大臣が辞職するときに後継者を推薦する、という形を取っていた。そのうちに、首相経験者が増えてきたので明治の中期あたりから、総理大臣が空席になると、まず天皇がそうしたベテラン政治家に次の総理として適当な人物を推薦するよう下問する。そうした少数のベテラン政治家（これが後に元老と呼ばれる）は協議して候補者を天皇に推薦する。この推薦のことを、とくに「奏薦《そうせん》」と呼んだ。それを受けて天皇は候補者を呼び出し、本人が受諾した場合（辞退することもできる）、総理大臣となる。これを一般には「候補者○○に組閣の大命《たいめい》が降下した」と表現した。つまり、そういう慣例ができた。言うまでも無く「元老」も明治憲法のなかで規定された制度では無い。

では、実際の元老とはどんな人々だったのかと言えば、伊藤博文、黒田清隆《くろだきよたか》、山県有朋、松方正《まつかたまさ》義《よし》、井上馨《いのうえかおる》、西郷従道《さいごうつぐみち》、大山巌《おおやまいわお》であり、『逆説の日本史』シリーズでも何度も取り上げた錚々《そうそう》たるメンバーである。これに明治末期あたりから桂太郎、西園寺公望が加わった。メンバーをあらためて見ると、西園寺以外はすべて薩摩《さつま》人か長州《ちょうしゅう》人である。いわゆる「お公家《くげ》さん」出身の西園寺は、かなり異色と言える。前章の最後で彼の経歴を簡単に紹介したが、ここで改めて首相になるまでの彼の人生を振り返ってみよう。

　西園寺公望は、一八四九年（嘉永《かえい》2）に京都《きょうと》に生まれた。ペリーの黒船《くろふね》来航の四年前だ。生まれたのは公家の清華《せいが》家の一つ徳大寺《とくだいじ》家である。清華家とは、摂政関白《せっしょうかんぱく》になれる五摂家《ごせっけ》（近衛《このえ》・九条《くじょう》・二条《にじょう》・一条《いちじょう》・鷹司《たかつかさ》）に次ぐ家柄で、太政《だいじょう》大臣になれる家柄だ。三条《さんじょう》・西園寺・徳大寺・久我《くが》・花山院《かさんのいん》・大炊御門《おおいのみかど》・菊亭《きくてい》の七家があり、公望は次男だったので二歳のときに同じ清華家の西園寺師季《もろすえ》の養子となった。その後すぐに師季が死亡したため、西園寺家の家督を相続した。

孝明《こうめい》天皇が設置した学習院で学び、少年期から御所《ごしょ》に出仕して三歳年下の祐宮《さちのみや》（後の明治天皇）の近習《きんじゅ》となった。西園寺家は琵琶《びわ》を「お家芸」とする家柄だったが、公望は「お公家さん」にしては「やんちゃ」で剣術をたしなみ、福澤諭吉《ふくざわゆきち》の著作を愛読し海外事情にも目覚め、討幕派ではあったが開国反対では無かった。当時の朝廷は孝明天皇を頂点に攘夷《じょうい》派の公家が多数を占めていたので、高級公家のなかではかなり異色の存在であったことがわかる。このあたりが討幕を進める二十四歳年上の岩倉具視《いわくらともみ》に気に入られたのだろう。高い家格の出身者で明治天皇の「ご学友」でもあることから、若くして参与に抜擢された。そして、一八六八年（慶応《けいおう》4）一月の鳥羽《とば》・伏《ふし》見《み》の戦いの折、最初は苦戦していた薩長を見て多くの公家が「これは徳川と薩長の私戦（朝廷は関与せず）」にしたらどうかと喚《わめ》き始めたとき、ただ一人「私戦と為すべきに非ず」と叫び、あの岩倉をして「小僧、能《よ》く見た」と言わしめた。

以後の戊辰《ぼしん》戦争では、各地の鎮撫総督《ちんぶそうとく》や大参謀を務め奮戦する。特筆すべきは、公家の身ながら最前線で戦ったということだ。本人は軍人志望だったのである。このため、明治当初は軍人希望者の留学先だったフランスに行くためにフランス語を学び始めた。高位の公卿《くぎょう》のなかで初めて断髪し洋装して宮中に参内《さんだい》したのも公望だったという。戊辰戦争の功もあって文官の役職に任命されたが、これを嫌って勝手に帰郷するなど、反抗的な行為もあって公式に処罰されたこともあった。この間、京都に私塾として立命館《りつめいかん》を作った。後の立命館大学の前身である。「立命」とは、『孟子《もうし》』（盡心章句《じんしんしょうく》）にある「殀寿《ようじゅ》貳《たが》わず、身を修めて以《もっ》て之《これ》を俟《ま》つは、命を立つる所以《ゆえん》なり」という句から取られた。「人間の寿命は天命によって定められている。ゆえに修養に努めてその天命を待つべきだ」という意味である。

おそらく、それほど軍人になりたいのなら望みを叶《かな》えてやれということになったのだろう。「陸軍の父」とも言える大村益次郎《おおむらますじろう》の推薦で、官費留学生として一八七一年（明治4）、パリに向かった。途中、アメリカ合衆国にも寄り当時のユリシーズ・グラント大統領とも会っている。グラントは南北戦争で北軍の将軍として戦った経歴の持ち主だったから、わざわざ会いに行ったのではないか。ちなみに、グラントは引退後来日し明治天皇や渋澤栄一《しぶさわえいいち》にも会っている。

パリに到着した当時のフランスは、革命（１７８９年）で成立した共和政（国王のいない民主政治）から王政や帝政への「揺り戻し」が何回か繰り返された複雑怪奇とも言うべき政治情勢だった。この「フランス史」を知らないと当時の公望の心情が理解できないので、少しそのあたりの流れを説明しよう。ただし、相当にややこしい。

■革命から帝政そして「王制復古」というフランス混乱史

まずは、ナポレオン・ボナパルトの動きだ。国王に仕える軍人でありながらフランス革命において は革命派側で戦ったナポレオンは、英雄となり革命政府の「第一執政」に就任。軍事独裁者としてナポレオン法典等を整備したが、一八〇四年に帝位に就いた。国王では無く皇帝となったのだ。西ヨーロッパにおいて民族国家（たとえばイギリスやスペイン）は王国であり、首長は国王だ。しかし、バチカン（ローマカトリック教会）から「ローマ帝国（さまざまな民族を統合する大国）の後継者」として認められれば皇帝を名乗ることができる。その場合、戴冠式《たいかん》で皇帝の冠を授けるのはローマ教皇の役割である。しかし、この一八〇四年十二月二日の戴冠式は、宮廷画家ジャック＝ルイ・ダヴィッドによる有名な油絵「ナポレオン一世の戴冠式と皇妃ジョゼフィーヌの戴冠」に描かれているように、まずナポレオンが自ら皇帝の冠をつけ、次に皇妃ジョゼフィーヌに冠を授けるという段取りで行なわれた。教皇ピウス7世もその場に招かれてはいたが、彼はなにもしていない。ナポレオンは皇帝の地位に就《つ》くにあたって国民投票を実施し、「フランス人民の皇帝」として即位したのだ。これから始まるナポレオン1世の統治を、フランス第一帝政と呼ぶ。しかし、それは長く続かなかった。

翌一八〇五年、ナポレオン1世はライバルのイギリス王国に攻め込もうとしたが、イギリスの名将ホレーショ・ネルソン提督にトラファルガーの海戦で敗れ撃退された。これがケチのつき始めで、ナポレオンはイギリスを封じ込めるために大陸封鎖令を出してヨーロッパ各国とイギリスの貿易ルートを遮断しようとしたが、当時世界一の品質を誇るイギリスの工業製品の需要は高く、ロシアは大陸封鎖令を無視した。怒ったナポレオンは一八一二年、ロシア遠征を敢行した。これが、ロシア側ではあのプーチン大統領も誇りにしている「祖国戦争」である。ロシア軍は退却を繰り返しながら本土に敵を呼び込み、都市は自らの手で焼いて補給をさせず弱らせるという「お家芸」で対抗した。フランス軍はロシアの首都モスクワまで攻め込んだが、ロシア軍は先手を取ってモスクワを焦土（焼野原）にしており、ロシアの冬の恐ろしいまでの寒さに徹底的に痛めつけられたフランス軍は惨敗した。日本の幕末、江戸《えど》城無血開城を成し遂げた勝海舟《かつかいしゅう》がこの戦術を視野に入れていたことは幕末編で述べた。また、後にナチス・ドイツのアドルフ・ヒトラーもこの「冬将軍」に撃退された。こちらのほうは「大祖国戦争」とロシア側では呼んでいる。

大敗に次ぐ大敗で力も人気も失ったナポレオンは、フランスを敵としたヨーロッパ各国の総意の下に、それに従ったフランス国内の反革命派の手によって、生まれ故郷地中海のコルシカ島の近くエルバ島の領主として降格左遷《させん》（実質的に流罪《るざい》）となった。どうも日本人はこれから先のフランス史を認識している人が少ないように思うのだが、なんと、あのブルボン王家が復活したのである。フランス革命でルイ16世が王妃マリー・アントワネットとともに断頭台（ギロチン）の露《つゆ》と消えたのは事実である。しかし、このブルボン王朝はこのとき復活した。このフランス版「王政復古」で、革命以来欧州各国を流浪していたルイ16世の弟でプロヴァンス伯ルイ・スタニスラス・グザヴィエが一八一四年、ルイ18世として即位した。ちなみにルイ17世は誰だったかというと、ルイ16世の息子で16世処刑後にも革命を認めない王党派から「17世」と呼ばれていた少年がいたのである。この少年は革命派に監禁虐待され衰弱死したので正式に即位したわけではないが、王党派から見れば「ブルボン王朝は滅んでいない」ということだったから、グザヴィエは「18世」

となった。しかしナポレオンの人気はまだまだ高く、彼はエルバ島を脱出しフランス軍人が次々に馳《は》せ参《さん》じたためルイ18世は慌《あわ》てて国外へ脱出し、パリに入城したナポレオンは帝政復活を宣言した。有名な「ナポレオンの百日天下」である。ところが、ナポレオンは再びヨーロッパ連合軍に攻められワーテルローの戦い（1815年）で大敗を喫《きっ》し、今度は大西洋に浮かぶ絶海の孤島の英領セント・ヘレナ島に流罪となり完全に政治生命を絶たれ、六年後の一八二一年にイギリスによる毒殺も囁《ささや》かれるなか五十一歳で亡くなった。

フランスでは、その後もブルボン王朝による統治がなんと十七年も続いた。一七八九年のフランス革命に端を発する第一共和政（1792〜1804）のあと、ナポレオン1世による第一帝政（1804〜1814）を経て、この復古王政（1814〜30）となったわけだが、そのあともすんなりとフランス共和国が成立したわけではない。話は「相当ややこしい」のである。

■渋澤栄一も仰天したパリの都市としての完成度

元老西園寺公望の人格と識見の形成に大きな影響を与えた「フランス革命史」いや「フランス近代混乱史」を続けたい。このあたりは、多くの日本人の教養の盲点にもなっているような気がする。一言で言えば、「一七八九年のフランス革命以降すんなりと共和政が確立したわけでは無い」のだ。

一七八九年は日本では寛政《かんせい》元年、老中松平定信《ろうじゅうまつだいらさだのぶ》が「寛政の改革」を断行していたころだが、その後フランスでは皇帝ナポレオンが出現（第一帝政）し、その没落後には一八一四年にブルボン王朝が復活した。しかし、即位したルイ18世の政治はフランス革命の理念を無視した反動的なものであり、王位を継いだ弟のシャルル10世も態度を改めなかったので民衆の不満は高まっていった。シャルル10世は国民の不満をそらすため、一八三〇年にアフリカ大陸のアルジェリア侵略を始めた。この侵略は一応成功しアルジェリアはその後フランスの植民地となるのだが、それでも一度「革命の味」を覚えた市民の不満は収まらなかった。危機を感じた王は同年七月、議会を強制的に解散し、解散後の選挙では被選挙権を限定する勅令《ちょくれい》（七月勅令）を発し議会勢力を大幅に削減しようとしたが、怒ったパリ市民は同月二十七日、学生や労働者を中心に武力蜂起した。パリ市民は市街戦には慣れている。同月二十九日にはプロの兵隊を向こうに回して見事にルーヴル宮殿を陥落させた。そして市民は、革命に理解のあるオルレアン公ルイ・フィリップを新王に招聘《しょうへい》した。結局シャルル10世は退位しオーストリアに亡命したため、「国民王」と自称したルイ・フィリップが王位に就き、ここにフランスは復古的絶対王政から立憲君主制の国となった。これを「フランス七月革命」と呼ぶ。

しかし、新王ルイ・フィリップはブルジョアジーの権利は保護したが社会主義思想の普及とともに力を持ってきたプロレタリアート、つまりブルジョアのように資産は持たず自らの労働力を資本家に売って生活する労働者階級を無視した。選挙権を与えなかったのである。これに不満を抱いたプロレタリアート主体の革命が一八四八年に起こる。「二月革命（1848年のフランス革命）」である。これによりルイ・フィリップは国外逃亡し、フランスは再び王国から共和国になった。この体制は、一七八九年の最初のフランス革命後ナポレオンの第一帝政までの共和政に続くものだから、「第二共和政」と呼ぶ。

だが、これで安定したわけでは無い。今度は、ブルジョアジーとプロレタリアートとの争いが起こった。フランス革命の理念は「自由、平等、友愛」だが、「平等」を身分の平等だけで無く経済的平等まで推し進めると(それがいわゆる共産主義だが)、たとえば農民は革命以来ようやく自作農になれたのに所有する農地をプロレタリアートに奪われることになる。ちなみにフランスではこうした形の農地解放(大地主制の解体)があったために、農民は「持てる者」になり「持たざる者」である労働者階級と対立したわけだが、ロシアのように農奴《のうど》解放が遅れた国や、日本のように明治維新でせっかく自作農を増やしたのに日露戦争に勝つためとはいえ松方財政で自作農を大量に小作人に転落させた国は、共産主義者の眼から見れば「狙い目」ということにもなる。

というわけで、「ブルジョワ共和政」に不満を抱いたプロレタリアートは、一八四八年六月に体制打倒の反乱を起こす。これが成功していたら「六月革命」ということになったかもしれないが、失敗したので「六月暴動」と呼ばれた。

こうしたなか、新しいリーダーを求める風潮のなかでさっそうと登場したのが、ナポレオン1世の甥《おい》(弟の息子)にあたるシャルル・ルイ=ナポレオン・ボナパルト(通称ルイ・ナポレオン)であった。彼はまず、民主的選挙で王に代わる地位であるフランス共和国大統領に選ばれた。そして彼はナポレオン1世の根強い人気の継承者となり、クーデターを起こして独裁権力を確立。さらに上院に根回しして帝政復活提案をさせ、これを国民投票にかけて圧倒的多数を獲得、皇帝就位を宣言しナポレオン3世を名乗った。「3世」としたのは、伯父《おじ》ナポレオンの息子が「2世」を名乗っていた(当時すでに死亡していた)からである。こうして一八五二年から「第二帝政」が始まった。

ナポレオン3世は、後にカール・マルクスから「空想的社会主義」と批判されたフランス人の思想家サン・シモンの影響を強く受けていた。簡単に言えば、国家のもっとも重要な役割は産業の育成あるいはインフラの整備であり、それが進められ社会全体が豊かになれば階級間の対立もおのずと緩和されるというもので、このあたりが資本家と労働者は完全な敵対関係であるとしたマルクスから「空想的」と揶揄《やゆ》されたわけだ。しかし、ナポレオン3世はその思想にもとづき金融制度の整備や鉄道の建設、また下水道の整備などを総合的に組み入れたパリ改造計画を積極的に進めた。とくに国民の支持を得たのが、当時世界で初めて首都ロンドンで万国博覧会を開催したイギリスに続いて、一八六七年にパリ万博を開催し大成功を収めたことだ。この万博にはナポレオン3世と親交を深めていた江戸幕府最後の将軍徳川慶喜《とくがわよしのぶ》も招待されており、明治維《い》新《しん》（1868年）寸前の情勢のなかで、慶喜は弟の昭武《あきたけ》を代理として送りナポレオン3世に謁見したこと。随行の渋澤栄一らがパリの都市としての完成度を見て仰天したこと。またその万博会場において薩摩藩が五代才助《ごだいさいすけ》（友厚《ともあつ》）の画策によって独自のパビリオンを建て、幕府に対抗する存在であると世界にアピールしたこと。

ルイ・ナポレオンことナポレオン3世（写真）による第二帝政の対外政策は、軍事侵略による対外膨張政策が大きな特徴であった。クリミア戦争やイタリア遠征に加わり、さらにアフリカやインドシナで植民地化を推進したが、メキシコへの派兵・干渉が失敗すると国民の支持を失った（写真提供／GRANGER.COM／アフロ）

その結果、幕府がフランスから受けるはずの借款が潰されてしまったこと等々は、『逆説の日本史 第二十一巻 幕末年代史編Ⅳ』に詳述したところだ。

■時間と空間はつながっていて「日本史」「世界史」の区別は無い

戦争に勝つことも君主としての人気を高めるためには絶対必要なことだ。そこでナポレオン3世は、イギリスと組んでロシアに対抗したクリミア戦争で勝利を収めた。クリミアは最近では二〇一四年にロシアのウラジーミル・プーチン大統領がウクライナ侵略に先立って強引に併合したことで知られるようになったが、プーチン大統領の「クリミアはロシアの固有の領土」だという主張は、歴史的に見れば真実では無い。クリミアは黒海《こっかい》とアゾフ海に挟まれた半島だが、この地を領有すればロシアを攻略しやすくなることは事実だ。だから、モンゴル人やイスラム教徒が建てたオスマン帝国がクリミアを支配していた中世においては、ロシアの発展は阻害された。

近代になってロシア帝国が強大化すると、オスマン帝国を排除してクリミアを支配できるようになった。そこでロシアはクリミアを軍事拠点としオスマン帝国や西ヨーロッパ方面へ進出しようとした。それに歯止めをかけたのがクリミア戦争で、ロシアの勢力拡張を嫌うイギリスがフランスと同盟しオスマン帝国を支援した。オスマン帝国は支配層はイスラム教徒だが、傘下のギリシア地区（独立国家では無い）などに多くのキリスト教徒がいた。きわめて大づかみに言えば、ローマ帝国が東西に分裂したあと、ローマを首都とする西ローマ帝国とコンスタンチノープル（コンスタンチノポリス）を首都とする東ローマ帝国に分裂した。その後、西ローマはフランス、イギリス、スペインといった民族国家に分裂し、東ローマはオスマン帝国に支配された。そして、オスマン帝国は首都と定めたコンスタンチノープルをイスタンブールと改めた。「コンスタンチン大帝の都」が「イスラム教徒の都」になったわけだ。当然、東ローマの後継者を自任するロシア帝国は面白くない。そして十九世紀になるとヨーロッパ全体のなかでは「後進国」であったロシアも、アジアやアフリカの国々にくらべれば科学技術による近代化が進み、清《シン》帝国やオスマン帝国のように「百年前の武器」しか持っていない国を攻略できるようになった。こうなればしめたもので、クリミアを拠点としてオスマン帝国を攻めイスタンブールを奪回して「コンスタンチノープル」に戻すことも夢では無い。それが当時のロシア皇帝ニコライ1世の野望であり、彼は次男にコンスタンチンという名を与えていた。こうしてロシアは南下政策を始めたのだが、この野望が実現してしまえばロシア帝国は新たな東ローマ帝国になってしまう。そこでイギリスは歯止めをかけるため、フランスを誘ってオスマン帝国に味方した。ちなみにそれは他のヨーロッパ諸国にとっても脅威であるので、この当時まだイタリアという国は無かったが、その一角であるサルジニア王国が連合国側に加わった。きわめて珍しいと言っていいキリスト教徒とイスラム教徒の連合軍ができたのは、ロシアという共通の敵がいたからである。ちなみに、オスマン帝国はのちに解体縮小しイスタンブール周辺はイスラム教徒の国家トルコ共和国になるのだが、その後ソビエト連邦（現ロシア）の脅威に対抗するため西ヨーロッパ諸国が連合を組んだＮＡＴＯ（北大西洋条約機構）にイスラム国家として唯一トルコが参加しているのは、この伝統を踏まえたものと言えよう。

このキリスト・イスラム連合軍に一八五五年、ロシアは敗れた。翌年パリで講和条約を締結させられ、クリミアの海とも言える黒海は中立地帯と決められ、結果的にロシアは当分の間は黒海艦隊を持てなくなり、東ローマ帝国復興の夢も泡と消えた。

しかし、ロシアはヨーロッパからアジア方面にまたがる大国である。西側の南下政策が封じられたのなら東側に力を集中すればいい。幸いにもロシアの東側にあたる東アジアには清国、朝鮮国、日本国という「遅れた国」しかない。しかし、ロシアはその地域のもっとも南に位置し、シベリア開発の補給地となり得る日本をいきなり侵略しようとは考えなかった。むしろ漂流者であった大黒屋光太夫《だいこくやこうだゆう》を優遇し、日本語を学び貿易ルートを作り共存共栄の友好関係を築こうと考えた。だからこそラクスマンやプチャーチンらを派遣し、イギリスとはまったく違った形で友好親善を求めたのだが、『逆説の日本史』の「幕末年代史編」あるいは『コミック版　逆説の日本史　江戸大改革編』『同　幕末維新編』で詳述したように、「呪われた宗教」朱子学《しゅしがく》に毒された日本は結局ロシアやアメリカからの友好の申し出を頑《かたく》なに拒絶し、彼らを怒らせてしまった。

だから、その後ロシアは「朱子学中毒」の清国、朝鮮国、日本国をイギリスがアヘン戦争でやったような乱暴だが利益幅の大きい方法で植民地化すべきだと考えるようになった。ただロシアは広大な国土がウラル山脈によって分断され、東西の交流が困難という課題を抱えていた。それゆえ、その弱点をシベリア鉄道の建設で補おうとしたのである。

おわかりだろう。「あれ、今度はずっと世界史の話か」と思った読者もいるかもしれないが、じつはこれは日本史の話でもある。『コミック版　逆説の日本史　江戸大改革編』で、「時間と空間はどこでもつながっている。本来、日本史とか世界史の区別は無い」と申し上げたとおりだ。ロシアという大国がクリミア戦争によって西側への「南下」を封じられたがゆえに、彼らは東に力を入れようと方針転換したのだ。それゆえ西であれ東であれロシアがこれ以上の領土拡張をすることを好まないイギリスと日本は日英同盟《にちえい》を結ぶことができたし、ロシアはクリミア戦争に負けたためヨーロッパ側では艦隊を維持するのにもっとも適した黒海が利用できず、外側のバルト海を本拠としたバルチック艦隊を維持強化せざるを得なかった。それゆえ、日本が日露戦争で旅順《りょじゅん》艦隊を撃滅したとき、応援に向かったバルチック艦隊はかなりの遠洋航海をして東洋へ向かわねばならなくなり、「体力」を弱める結果になった。

歴史というものは、このように「すべてつながっている」ものなのだ。二〇一四年にロシアがクリミアを強引に併合したのは、ソビエト連邦からクリミアを受け継いだウクライナにいまのゼレンスキー政権のような西側寄りの政権が出来、ロシアが辛うじて確保していた黒海艦隊の基地セヴァストポリ軍港の租借が白紙に戻される「危険性」が出たからなのである。

話を戻そう。西園寺公望がパリに到着したときには、第二帝政はじつは終わっていた。では、ナポレオン3世はなぜ権力を失ったのか?

■明治の日本人が常に注視し「常識」として知っていた「世界史の現場」

「フランス混乱史」を続ける意図はわかっていただけたと思うが、念のため繰り返すと日本は明治以降「世界史のメンバー」であって、ヨーロッパ情勢と「日本史」は不可分の関係にある。にもかかわらず、多くの日本人はクリミア戦争が日露戦争にどれだけ大きな影響を与えていたかも深く認識していない。そもそもクリミア戦争にロシアが勝っていたら、当然ロシアはアジアよりもイスタンブール進出を優先しただろうから、あんな形で日本とロシアが決戦することも無かったかもしれないのだ。

この「世界史の現場」を、当時の日本人は常に注視していた。大久保利通《おおくぼとしみち》のような大物だけでは無い、まだ当時は「若造」だった桂太郎や西園寺公望も、だ。彼らは「歴史」を常識として知っており、それが後に政治家としての理想や決断に強い影響を与えたのだから、われわれも当然それらを知っておくべきなのだ。とくに第一次世界大戦後に構築された「国際連盟」を語るためには、それが絶対必要だ。国際連盟は、その成立時には死亡していた桂では無く、唯一の元老としてこの問題に関与した西園寺の「常識」をつぶさに知っておく必要がある。

そこでまず認識しなければならないのは、ナポレオン3世という君主がじつは名君であり、当時の日本が見習うべきところが多々あった、という事実である。現代の日本人には、ナポレオン3世が名君であったという認識は乏《とぼ》しいのではあるまいか。多くの人が、所詮《しょせん》彼は偉大なる伯父ナポレオン1世（ナポレオン・ボナパルト）の人気に乗じて出現した「亜流」あるいはトリックスターと見ている。しかし、そうでは無い。ナポレオン3世の「第二帝政」は約二十年続いたが、前半の十年はともかく後半の十年は、イギリスに続くフランスの産業革命が完成した時期だった。それは他ならぬナポレオン3世の功績なのである。

時代に対応してフランスを保護貿易から自由貿易体制に転換させ、イギリスにくらべて劣っていた鉄道の敷設などを始めとして、資本主義国家にとって絶対必要なインフラの整備を促進したのもナポレオン3世だ。同じく、資本主義国家にとって欠かせない銀行制度の整備、金本位制の確立を進めた。また先に述べたように、パリの大改造を実行し近代的都市に生まれ変わらせ、そのパリで一八五五年と六七年の二回万国博覧会を開催し、世界にフランスの国威を示した。だからこそ、六七年の万博に徳川昭武の随行員としてパリを訪れた渋澤栄一はその発展ぶりに驚嘆し、その経験を後に東京《とうきょう》改造に生かしたのだし、その主君である徳川慶喜は将軍だったときはナポレオン3世から贈られた洋式軍服をいつも着用していた。慶喜もナポレオン3世を模範としていたのだ。

また、明治になってからフランスに留学した松方正義が手本とした銀行制度も、元はと言えばナポレオン3世が構築したものだ。それだけでは無い、パリはナポレオン3世の改造計画によって生まれ変わるのだが、その先鞭《せんべん》をつけたのが一八五二年、アリスティッドとマルグリットのブシコー夫妻が、当時一部で始まっていたショーウィンドウによる商品展示やバーゲンセールなどを行なう新しいタイプの大規模小売店だった。「デパート（百貨店）」である。店名は「ボン・マルシェ」。フランス語で「安い！」という意味だそうだ。これもあって、パリは世界のファッション流行の発信地となった。つまり「花の都パリ」を作ったのも、ナポレオン3世なのだ。

このようなタイプの君主は得てして富裕層には寛大な反面、労働者階級には冷淡なものだが、ナポレオン3世は労働者の団結権を禁止した法を廃止し限定的ではあるが労働者のストライキ権も認めた。それに伴い一八六四年には、あのカール・マルクスが創立宣言を起草した第一インターナショナル（国際労働者協会）の支部（本部はロンドン）もパリに作られた。特筆すべきは、ナポレオン3世は

ボン・マルシェは世界初の「百貨店」とされ、①誰でも自由に店に出入り可能、②定価販売、③商品をショーケースに大量陳列し、客が手に取って見ることができる、④返品可能、⑤バーゲンセールの実施、などの革新的なアイデアを取り入れ人気を博した（写真提供／ユニフォトプレス）

これを弾圧したり廃止しようとはしなかったことだ。

外交政策では、イギリスと同盟してクリミア戦争を戦ったことも重要である。思い出していただきたい。彼の伯父ナポレオン1世を没落に追いやったのは誰だったか？　イギリスではないか。しかも、英領セントヘレナ島に流されたナポレオン1世が死んだときには、イギリスによる毒殺ではないかとの噂《うわさ》すら流れた。ナポレオン3世が国益より個人的感情を優先する人間なら、「伯父の敵」であるイギリスと絶対に組むはずが無い。しかしナポレオン3世はそれを実行し、見事にロシアの意図を粉砕した。それも名君の証《あかし》ではないか。

ところが、西園寺公望がパリに到着した一八七一年（明治4）二月、その前年の七〇年に第二帝政は崩壊しており、そればかりかナポレオン3世の人気も地に堕《お》ちていた。公望は仰天したに違いない。ナポレオン1世の第一帝政もたしかに崩壊したが、その後いわゆる「百日天下」で1世は復権を一時的だが果たした。すなわち、帝政崩壊にもかかわらず人気は衰えなかったのである。3世の場合はなぜ人気を失ったのか？「花の都パリ」を実現した人物なのである。奇々怪々ではないか。

あなたが公望の立場だったら、なぜそうなったかを徹底的に解明しようとするだろう。もちろん彼はそうした。結果、それは彼の貴重な政治体験となった。まさに留学の成果だ。だからこそ、この前後の事情は詳しく知る必要がある。

■名君ナポレオン3世が抱えていた「戦下手」というコンプレックス

どんな人間でもそうだが、ナポレオン3世にも苦手な分野もあればコンプレックス（劣等感）

もある。彼の場合、不幸なことにこれが結びついてしまっていた。苦手な分野とは、戦争だった。彼ははっきり言って、戦争が下手だった。伯父でもあるナポレオン1世はなぜあれだけ人気があったかというと、外国との戦争に連戦連勝したからだ。だから、一度権力を失った後も人気は衰えず百日天下を実現できたわけだが、その後継者を名乗る彼としてはそこにコンプレックスがあったことがおわかりだろう。「伯父にくらべたら戦争はずっと下手だな」という「評価」が常にあり、彼はなんとかそれを払拭《ふっしょく》しようとしたのだ。彼には彼の「内政を充実する」という素晴らしい才能があったのだから、それに専念すればよかったのだが、なまじそれがコンプレックスであったために、なんとか戦争でも輝かしい勝利を手に入れようとした。

クリミア戦争は、すでに述べたようにロシアの強大化を防ぐためにやるべき戦争であったし、イギリスと組んだのもよかった。イギリスは負ける戦争はやらないし、負ける相手とも決して組まない。すごい国である。伯父の恨《うら》みを忘れて戦上手《いくさじょうず》のイギリスと組んだときは成功している。たとえばアヘン戦争、アロー戦争（アロー号事件）と言えば、イギリスの清国への侵略の代表例として思い浮かぶが、じつはアロー戦争についてはナポレオン3世の決断で参戦しイギリスと共に戦い、多大な利権を獲得しているのだ。

また、同じ戦争でも「弱い者イジメ」なら問題無い。アフリカでは現地の抵抗勢力を弾圧してアルジェリアの植民地化を着々と進めたし、アジアではフランス語で「インドシナ」と呼ばれたインド亜大陸と支那《しな》（中国）大陸に挟まれていた半島への侵略および植民地化を粛々と進めた。具体的にはベトナム、ラオス、カンボジアの3か国に対するもので、インドシナ半島自体にはタイとビルマ（ミャンマー）両国の一部も含まれる。

ちなみに「支那」という言葉の由来だが、まずヨーロッパ側がラテン語などで中国を、最初に大陸統一をした秦《シン》にちなんでChina（ラテン語発音ではチナ）と呼ぶようになり、その後フランス語ではシナ、英語ではチャイナと呼ぶようになった。それに対して中国側でも「彼らは、わが国をそう呼んでいる」と「当て字」をしたのが「支那」である。中国人自らそうしたのだから、「邪馬台国《やまたいこく》」や「蒙古《もうこ》」のような悪意（同音の字はいくらもあるのに、わざわざ「邪」や「蒙」のような悪い字を選んだ）は込められていない。つまり、差別語では無い。だからいまでも、中国大陸の南にある海を「南シナ海」という。こうしたことでもデタラメをふりまくインチキ歴史家が絶えないので、これまで何度も説明してきたことだがあえて申し添えておく。

さて、ナポレオン3世は戦争下手という欠点を補うため、戦うときはイギリスと同盟し、あるいは軍備が格段に違うアジア、アフリカの諸国相手の「弱い者イジメ」の戦いだった。それだけにしておけばよかったのだが、どうしてもコンプレックスに引きずられてしまったのだろう。それらとは違う戦争を始めて大失敗した。メキシコ出兵である。

メキシコの隣国のアメリカ合衆国は、最初は大西洋側の東半分いわゆる「東海岸」だけだった。ボストンやニューヨークがある側だ。それに対して、サンフランシスコやロサンゼルスというスペイン語の地名の都市は文字どおり最初はスペインの植民地であり、後にそこから独立したメキシコの領土だった。だが太平洋岸つまり「西海岸」への進出を目論《もくろ》むアメリカは、メキシコに戦争を仕掛けカリフォルニアやニューメキシコを奪った。米墨《べいぼく》戦争（1846〜48）である。アメリカは先にメキシコから攻撃を受けたと主張したがその明確な証拠は無く、当時若手の下院議員だったアブラハム・リンカーンは「確証が無い限り戦争を始めるべきでは無い」と演説したが、国民の反発を買って政界から一時身を引いた。帝国主義はアメリカにも蔓延《まんえん》していたのだ。その後リンカーンは、しばらく弁護士として活動する。

一方、メキシコはアメリカとの戦争で国土の半分をアメリカに取られたうえに、政情が安定していなかった。その後、アメリカも黒人奴隷制度を続けるか否かで南部と北部が分裂し内乱になった。そのきっかけは、奴隷制度に否定的な「人権派」リンカーンが大統領に当選したため、奴隷制度維持を目論む南部の複数の州が合衆国から独立しようと反乱を起こしたことだ。いわゆる南北《なんぼく》戦争である。

ここで、どうしても戦争の輝かしい勝利者となってフランスの国威と自己の権威を高めようと考えていたナポレオン3世の野望に火がついた。アメリカが内戦で介入できないうちに弱体化したメキシコを乗っ取る、という計画を立てたのである。決して荒唐無稽《こうとうむけい》な計画では無い。まず、イギリスとスペインを仲間に引き入れた。イギリスはアメリカの、スペインはメキシコの独立によってアメリカ大陸に持っていた広大な植民地を失った国であることに注目願いたい。ナポレオン3世の計画は、弱体化したメキシコに仏英西の3か国軍で出兵して首都メキシコシティを占領した後、オーストリア皇帝フランツ＝ヨゼフ1世の弟でハプスブルク家のマクシミリアン（フルネームはフェルディナント・マクシミリアン・ヨーゼフ・マリア・フォン・ハプスブルク＝ロートリンゲンだが、あまりに長いのでここは「マクシミリアン」と表記する）をメキシコ皇帝に据えてメキシコ帝国を建国する、というものだった。メキシコはかつてスペインの植民地だったから、スペイン国王の家臣だった「王党派」がいる。彼らは少数ではあるが統治のノウハウを持っているエリートで、帝政には使える人材だ。

しかし、誤算が続いた。まずイギリス、次いでスペインが撤兵した。現地の独立派の抵抗が予想より激しかったからだ。おそらくイギリスは、これでは軍事的に制圧できても統治は難しいと読んだのではないか。結果的にその読みは当たっていたのだが、ナポレオン3世は手を引かず一八六三年にフランス軍は首都を占領し、翌年マクシミリアンを皇帝に推戴《すいたい》してメキシコ帝国の建国を宣言した。ここまではよかったが、先住民族出身のベニート・ファアレス・メキシコ合衆国大統領はこの建国を認めず、徹底抗戦の方針を取った。ナポレオン3世のさらなる誤算は、アメリカ南北戦争が長引かず思いのほか早く終結したことだ。政権を固めたリンカーン大統領は、民主主義擁護の立場からファアレス政権を物質的に援助した。それもあってフランス軍は最終的に敗北し、マクシミリアンはメキシコ合衆国によって処刑されてしまった。

惨憺《さんさん》たる敗北である。ナポレオン3世は焦《あせ》った。この失地回復をなんとかせねばと考えたとき、彼は不覚にも罠《わな》に嵌《は》まった。その絶妙な罠を仕掛けてきた男の名は、オットー・フォン・ビスマルクという。

■〝謀略の天才〟ビスマルクが仕掛けた「エムス電報事件」という罠

戦争が下手なわりには好き、という欠点を持っていたとは言え、ナポレオン3世は世襲でその地位を得たのでは無い。言わば国民の「人気投票」で皇帝の座を得た。そして「花の都パリ」を実現した人物でもある。「花の都」について日本人が意外に気がつかない点を述べておくと、もっとも重要なものは下水道の整備だったかもしれない。それ以前、糞尿《ふんにょう》は多くが路上に捨てられていた。ほぼ同時期に上海《シャンハイ》に渡った高杉晋作《たかすぎしんさく》が閉口したように、日本以外の国では糞尿を日本のように肥料として再利用はしていない。従って組織的な回収作業は無く、中国でもフランスでも大都市であればあるほど糞尿処理問題は深刻だった。路上に捨てられた糞尿を踏まないために開発された靴がハイヒールだという説もあって私も長い間信じていたのだが、それは事実では無いらしい。しかし、そういう説が生まれるような汚染状況は、たしかにあった。それを下水道の整備は完全に過去のものとした。もちろん、当時パリを訪れた渋澤栄一が感激したのはそれだけで無く、ガス燈があちこちに配備されパリはまさに「不夜城《ふやじょう》」だったからでもあるが、それを実現したのもナポレオン3世なのである。人気は絶大だった。それなのになぜ「転落」したのか？

　きっかけは、日本では明治元年となった一八六八年にスペイン九月革命で王位が空位となったため、王位継承問題が起こったことだ。ヨーロッパの王国や大公国の君主は、血縁関係でつながっていることが多い。そのなかに、ホーエンツォレルン家という名家があった。のちにドイツ帝国（まだ統一されたドイツは無い）の皇帝となる名門だが、この時代は帝国の核となる国家プロイセン王国の王も同家の出身だった。その王であるヴィルヘルム1世を補佐するという形で実質的に国を動かしていたのが、「鉄血宰相《てっけつさいしょう》」と讃《たた》えられたオットー・フォン・ビスマルクである。一八一五年の生まれだからナポレオン3世より七歳年下だがこの男、戦争と謀略を大の得意にしていた。なにしろビスマルクは、それまでバラバラだったドイツ民族の諸王国をプロイセンの下で統一し「帝国」にした大英雄なのである。日本なら織田信長《おだのぶなが》あるいは徳川家康《いえやす》に匹敵する人物だ。これまで述べてきたようにナポレオン3世もかなり優秀な人物なのだが、相手が悪かった。

　このスペイン王位継承問題でビスマルクは、まずホーエンツォレルン家につながるレオポルトをスペイン王に推薦し、スペインもそれを了承した。しかしそれが実現すると、フランスは同じホーエンツォレルン家出身の王を戴《いただ》くプロイセンとスペインに挟み撃ちになる可能性がある。そこでナポレオン3世はヴィルヘルム1世に強く迫り、いったんはレオポルトの即位を撤回させた。当時、メキシコ出兵の失敗などで人気を落としていたナポレオン3世は、国内に根強い反プロイセン感情に迎合して人気を回復しようとしたのだ。そして、さらに駐プロイセンのフランス大使ヴァンサン・ベネデッティをヴィルヘルム1世のもとへ送って、プロイセンが再びスペイン王位継承に口出ししない確約を取りつけようとした。言わば、ダメ押しをしてプロイセンに「勝った」という既成事実を作ろうとしたのだ。ベネデッティ大使は、当時ヴィルヘルム1世が静養していたフランクフルトの北方に位置するエムスという町に行き、ナポレオン3世の意向を伝えた。このときヴィルヘルム1世は、渋々ながらそれに応じたという。つまり、ここまでこの「外交戦」はあきらかに「フランスの勝利」であった。

ところが、この会談の内容報告をベルリンで受け取ったビスマルクは、「わが国王ヴィルヘルム1世はフランスの理不尽な要求に応じたにもかかわらず、フランスは非礼にも（格下の）大使が静養先にも押しかけてきて、国王に対し『今後再びホーエンツォレルン家の人間がスペイン国王の候補になったとしても絶対に同意しない』という電報をパリに打つから、それを承認しろと要求してきた。国王は怒ってフランス大使に二度と謁見《えっけん》を許さなかった」という内容だったと公表した。実際には単なる結果報告で、しかもプロイセン側が譲歩したことを伝えるものであった電報を、「フランスが大使を送って非礼にも理不尽な要求をしてきたのに対し、国王は毅然とした態度で拒否した」と改《かい》ざんして発表したのだ。

これが「エムス電報事件」である。一八七〇年七月十三日のことだが、さすが謀略の天才ビスマルクだ。たったこれだけの「改変」で、プロイセン国民は「フランス許すまじ」で世論が一つになった。それに対し「勝っていたはず」のナポレオン3世は、「強硬な態度に出たにもかかわらず、プロイセンに鼻であしらわれた」と人気を地に落とす結果になった。こうなれば、伯父ナポレオン1世のようにプロイセンに戦争で勝つことによって挽回するしかない。そこでわずか六日後の七月十九日、ナポレオン3世はプロイセンに宣戦布告し両国は普仏《ふふつ》戦争に突入することになった。

「待ってました」とほくそ笑んだのが、ビスマルクである。怒った勢いで戦争を始めたフランスにくらべて、プロイセンは周到に準備を重ねていた。詳しくは述べないが、兵器も用兵システムも改良されフランスを凌駕《りようが》していた。動員できる兵力も約五十万人で、フランスの倍近くあった。

戦争勃発とともにナポレオン3世は皇后ウージェニー(本名ウジェニー・ド・モンティジョ。スペイン貴族の出身)を摂政としてパリに残し、自らは最前線に出て指揮を執った。不退転の決意を示そうと思ったのだろう。そうしないと兵士の士気も上がらない、と考えたに違いない。しかし、ナポレオン3世は持病の膀胱炎《ぼうこうえん》が悪化して体調は万全では無く、もともと戦争が苦手なうえに準備不足や装備の差もあり緒戦から連戦連敗してしまった。普仏国境地帯にあり地下資源も豊富なため常に両国係争の地であったアルザス・ロレーヌ地方(ドイツ語ではエルザス・ロートリンゲン)も早々とプロイセン軍に占領され、ナポレオン3世は一度はパリへの撤退を決意した。しかし、パリのウージェニー皇后は反対した。「逃げ帰って来る」のでは政権への不満が高まり、暴動が起きる危険性があったからだという。この判断は、結果的には間違っていたと私は思う。いかに不満が高まろうと、それ以上に気に食わないプロイセンの有利になるようなことを、計算高いパリ市民がするとは思えないからだ。しかし、ナポレオン3世は最後の決戦を挑む決意を固めてしまった。そして戦争が始まって二か月もたたない九月二日、電光石火の動きを見せたプロイセン軍に自軍のセダン要塞を包囲されたナポレオン3世は、ついに降伏に追い込まれた。あろうことかフランス皇帝が捕虜となってしまったのである。その結果、民衆も堪忍袋の緒を切って暴動を起こし、ナポレオン3世は退位し皇后皇太子と共にイギリスに亡命せざるを得なかった。

■期せずして「パリ・コミューン」政権に遭遇してしまった西園寺の混乱

第二帝政はこうして崩壊した。フランスは第三共和政へ移行した。ブルジョアジーによる臨時政府が成立し、一時はプロイセンへの抵抗を続けた。しかしその間パリはプロイセン軍に占領され、勝ち誇ったプロイセンはビスマルクの画策により、プロイセン王ヴィルヘルム1世を（統一）ドイツ皇帝として即位させることになった。そして、なんとその戴冠式はベルリンでは無くパリのベルサイユ宮殿で行なわれた。私はこのことについてフランスに恥をかかせるため、あえてベルサイユ宮殿で強行したように理解していたが、もちろんそういう要素は無いとは言えないものの、根本的にはゲルマン民族が大同団結するときにリーダーを統一するという伝統に基づくものらしい。統一ドイツはドイツ民族の悲願であった。しかし、プロイセンやバイエルンなどといった細かい国に分かれている段階ではそれぞれに王様がいるわけでもあり、なかなか統一は難しい。そうした難問について、解決方法は「鉄と血」すなわち「軍備増強と戦争しかない」と主張したのが、ほかならぬビスマルクであった。だからこそ彼は「鉄血宰相」と呼ばれたのだ。

歴史学者のなかには普仏戦争からドイツ帝国成立に至る流れについて、ビスマルクは必ずしも戦争を想定してはいなかったという説を述べる人もいるのだが、その理由は日本史の学者と同じで「史料が無い」からである。バカな話だ。口にしたら、まとまる話もまとまらなくなる。私は最初からビスマルクはそこまで考えていた、正確に言えばナポレオン3世が戦争を仕掛けてくることまでは完全に計算に入っており、その後フランスを首尾よく撃破できればその功績に基づきヴィルヘルム1世をドイツ皇帝に推戴できると考えていたのではないか、と考えている。

ともあれ、翌一八七一年一月十八日にベルサイユ宮殿の「鏡の間」においてヴィルヘルム1世はドイツ皇帝に即位した。じつは、ドイツと同じでイタリアもこの時代にはサルデーニャ王国などの小王国に分かれ統一はされていなかったのだが、皮肉なことにフランスが普仏戦争の敗北で一流の軍事国家から転落したことによってフランスの支援を受けていた統一反対派が力を失い、その結果イタリアもドイツのように一つの国（イタリア王国）になった。一方、第三共和政の臨時政府はフランスにはもう継戦能力は無いと判断し、賠償金五十億フランの支払いとアルザス・ロレーヌ地方の一部割譲を条件に講和した。

しかし血の気の多いフランス人、とくにパリ市民のなかにはこの屈辱には絶対に耐えられないと考えた人々がおり、当時臨時政府の代表だったルイ・アドルフ・ティエールに反旗を翻《ひるがえ》し暴動を起こした。いや、暴動というより反乱と言うべきだろう。彼らはティエールもプロイセン軍もパリから追い出し、一時的だったがパリに別の臨時政府を樹立したからだ。これを「パリ－コミューン」と呼ぶ。

それはどんなものだったか？

パリ‐コミューン
【Paris Commune】

1871年3月18日から5月28日までの72日間、普仏戦争敗北後のパリで、労働者階級を主とする民衆によって樹立された世界最初の社会主義政権。パリ各区から選出された代議員によってコミューン（自治政府）を組織したが、プロイセン軍の支援を受けた政府軍と「血の一週間」といわれる大激戦ののち崩壊。

（『デジタル大辞泉《だいじせん》』小学館）

なんと、「世界最初の社会主義政権」だったのである。帝政、ブルジョア共和政、社会主義政権とこの時代のフランスほど目まぐるしく政体が変わった国は無い。社会主義政権を「未来の政権」と考えるならば、この時期のフランスに行くことはタイムマシンで一気に未来に行くことに等しいとも言える。そしておわかりだろう、まさにこの時期に留学先のフランスに到着したのが、ほかならぬ西園寺公望なのである。彼がパリに到着したのは、この一八七一年の二月のことなのだ。

西園寺はパリ・コミューンに対して否定的で、フランス政府による鎮圧を「愉快」と評している。しかし西園寺は、パリ・コミューンの際、バリケードの構築を手伝うよう声をかけられると、

「ウィ、ムッシュー（はい、閣下）」

と答えた。しかし呼びかけた男が、

「ムッシューはブルジョワ語だ、シトワイヤン（市民）と呼んでくれ」

と返すと、西園寺は、

「ウィ、シトワイヤン」

と返答する如才なさを見せている。


（『陸軍の横暴と闘った　西園寺公望の失意』鈴木荘一《すずきそういち》著　勉誠出版刊）

本編の「主役」は、西園寺公望だったことを思い出していただけただろうか（笑）。のちに日本の元老となって大正から昭和にかけての政治に深くかかわっていく西園寺が、このときどれくらい混乱したかもわかっていただけると思う。軍人志望の彼にとってナポレオン1世は英雄で、その甥であるナポレオン3世も名君と手本にすべき人物であった。そこでフランスで軍事を学ぼうとやってきたら、おそらくそれまでにはまったく彼の視野に無かったプロイセンという国が完全にフランスを撃破していて、しかもフランスは社会主義政権になっていたのである。

■陸軍での出世の道が閉ざされてしまった「フランス留学組」

パリ－コミューンつまり世界最初の社会主義政権が成立していたのは、すでに述べたように一八七一年三月十八日から五月二十八日までの七十二日間である。横浜《よこはま》からアメリカ経由でフランスに向かった西園寺公望がパリに到着したのは明治四年二月七日で、これを太陽暦に換算すると一八七一年三月二十七日だった。まさにパリ－コミューンの真っただ中に、彼はフランス入りしたのである。

ここで思い出していただきたい。西園寺はなぜフランス留学を希望したのか？　それは彼にとって、いや幕末の多くの若者にとってフランスは憧れの国だったからである。英雄ナポレオン1世がいた。そしてナポレオンが敗れた後も、フランスは強大な軍事国家であると同時に文化の中心地でもあった。西園寺は若いころからフランス語を学んでいた。どちらかと言えば公家には珍しい軍人志向の彼にとっては、フランスの軍隊からも学ぶことが多くあると考えていたのではないか。

ところが、横浜を出発して以来そのフランスはプロイセンというおそらく西園寺があまり聞いたことも無い国家に大敗北を喫し、勢いに乗ったプロイセンはなんとパリのベルサイユ宮殿でドイツ帝国の建国を宣言した。それに対してフランス敗北の責任者でもあるナポレオン3世の第二帝政は崩壊し、第三共和政となった。もちろん、それまでの情勢変化については新聞等を読むことで把握はしていただろうが（船の上でも日付の遅れた新聞は読むことができる）、到着してみたら共和政どころかコミューンというこれもおそらく西園寺にとっては「わけのわからない」政権が誕生していたのだ。彼の頭は混乱し、将来に大きな不安を抱いただろう。

実際、これ以後日本陸軍はフランス留学を中止しドイツに優秀な軍人を留学させるようになる。そして、新たに誕生したドイツ帝国の参謀本部システムを学ぶようになる。ドイツ近代陸軍の父とも言われるヘルムート・カール・ベルンハルト・フォン・モルトケがその考案者で、日本陸軍はこのモルトケの愛弟子クレメンス・ヴィルヘルム・ヤーコプ・メッケル少佐を日本に招いてドイツ近代陸軍のシステムを導入した。日露戦争で活躍した児玉《こだま》源太郎《げんたろう》は、メッケルにもっとも嘱望された日本軍人である。また、海軍では世界最強のイギリス海軍が日本軍人の留学先となっていった。つまり「フランス留学組」が日本の軍隊で優遇される可能性は、この時点でほぼ無くなったと見ていい。そしてそれは二十二歳（満年齢）の西園寺公望にも容易に予測がつくことであった。「負けた国から軍事を学ぶ者はいない」からである。

西園寺は、こうしたときは誰でもそうするだろうが、留学生の先輩たちを頼りフランス語を磨くことに専念した。西園寺はかなり深くフランス語を学んでいたのだが、それでも現地の大学教育を受けるには力量が足りなかった。だから、とりあえずそうしたのである。そのうちにコミューンは崩壊して第三共和政が復活し、世の中は落ち着いてきた。こうしたなかで西園寺は法律に関心を持った。ナポレオン法典以来、とくにフランス民法は後に日本でも模範とされるほど完成度の高いものであり、フランス留学の目的とするには悪くないものであった。結局、西園寺は約四年半かけて大学入学に必要なフランス語の能力と一般教養を身に付け、パリ大学法学部に進学した。

だが、この四年半という時間、この後大学教育をさらに四年間受けなければならないことを考え

公卿・徳大寺家に生まれた西園寺公望は、２歳のときに西園寺家へ養子に入った。早くより軍人を志しフランス留学を志望。1869年（明治2）に開成学校（後の東京大学）でフランス語を学び始めた。1870年（明治3）にさらなるフランス語修養のため長崎に赴いた後、国費留学生として横浜を発ち、フランスへ渡った。写真はフランス留学時代の1877年にドイツ・ベルリンで撮影された28歳の公望（写真提供／近現代PL）

合わせると、その準備段階にしては時間がかかり過ぎだと考えられないこともない。これは想像だが、やはり西園寺は自分が進むべき道について迷いがあったのではないか。そこで準備にじっくり時間をかけた。じつは、西園寺は留学二年目で公費留学生の立場を辞退している。その後は自費留学で、その決断も日本に早く戻ってこいと急かされるのを恐れてのことではなかったか。実際、彼の留学期間は約九年におよんだ。帰朝したのは一八八〇年で、彼は三十一歳になっていた。その年は明治十三年で、すでに廃藩《はいはん》置県《ちけん》（明治4）どころか西南《せいなん》戦争（明治10）も終わっていた。そんな長期留学というワガママが許されたのも、やはり公家の名門（清華家）の「お殿様」だったからだろう。明治天皇も「お手元金」つまりポケットマネーから留学費用を援助している。天皇は「御学友《ごがくゆう》」でもあった西園寺をいつも気にかけていたようなのだ。

　話を戻そう。たしかに留学期間は長かったが、この時間は決して無駄では無かった。この間、西園寺はさまざまな優れた人物と交わり学び、世界に通用する政治家としての基礎を固めたからである。西園寺は、まずはエミール・アコラースという二十九歳の年上の法律学者の薫陶《くんとう》を受けた。アコラースは大学の教授では無く、諸外国からパリにフランスの法律を学ぼうとやって来た留学生にフランスの大学に入学できるだけの学力をつけさせるための私塾を開いていた。西園寺だけで無く、この塾には中江《なかえ》兆民《ちょうみん》も入塾しおおいに学んだという。兆民、本名は篤介《とくすけ》。土佐《とさ》藩足軽《あしがる》の子として高知《こうち》に生まれたが、若いころから頭角を現わし、新政府から公費留学生としてフランスへ留学。後に新政府の富国強兵《ふこくきょうへい》策を厳しく批判した『三酔人経綸問答《さんすいじんけいりんもんどう》』を著わし、「東洋《とうよう》のルソー」と呼ばれた人物だ。西園寺より二歳年上だが留学は同じ年で、先に帰国した。それが普通で、やはり九年は長すぎるのだが、ここで二人は生涯の友となった。

■西園寺が9年あまりも続けたパリ留学から突然帰朝したワケ

生涯の友と言えば、もう一人いる。フランス人ジョルジュ・クレマンソーで、後に政治家そしてジャーナリストとして知らぬ者がいないほど有名な人物になる。西園寺より八歳年上のクレマンソーは当初医師となったが後に政治家を志し、共和派の一員として国会議員となった。パリ・コミューンには同情的で、政府とコミューンの仲を取り持とうと努めたが不調に終わり、議員も辞任した。この後アコラースの下で「充電」していたが、そのとき西園寺を知り親しい友人となった。二人は下宿を共にしたこともあったようだ。

そして二人はこの後ともに母国の首相となるわけだが、クレマンソーは時々の大統領から組閣を求められてもしばしばこれを拒んだ。権力志向では無かったのだ。その証拠に、あのドレフュス大尉の事件（『逆説の日本史　第27巻　明治終焉編』参照）が起こったとき、エミール・ゾラの政府弾劾文「我、告発す」を第一面に載せた日刊紙『オーロール』は、下野してジャーナリストとなっていたクレマンソーの経営する新聞だった。

数年を経て政界にカムバックすると、一九〇六年にクレマンソーは首相に就任し一九〇九年まで務めた。ただし、この間あまりに急進的な左派とは縁を切り、首相としては帝国主義路線を推進した。そして一九一七年、第一次世界大戦が勃発すると再び首相就任を要請され巧みな戦争指導でフランスを勝利に導いた。

その後、一九一九年のパリ講和会議では、ベルサイユ条約締結の場で西園寺と運命的な再会をすることになる。

要するに、西園寺はこうした人々との交わりによって人権擁護や労働者の権利あるいは言論の自由といったものの価値を学んでいったのだ。それは、軍人出身で常に国家の側から国民を見ていたライバル桂太郎には無いものだった。

西園寺が異様と言えるほど長期に及んだ留学を切り上げて日本に帰ったのは先に述べたように一八八〇年、三十一歳のときなのだが、これほど「留学」が長期におよべば帰るきっかけをつかみにくくなる。フランス人の妻がいたわけでは無かった。愛人ぐらいはひょっとしたらいたかもしれないが、少なくとも子供はいなかった。西園寺は生涯を通じて正妻を持たずに過ごした人物であった。もちろん、歴とした公家の当主が正妻を持たず子を作らないというのはきわめて異例である。おそらく、そこからだろう。西園寺家では「家芸」である琵琶の守護神弁財天《べんざいてん》が代々当主の「正妻」で、「人間の妻」は権妻《ごんさい》扱いをしているのだという「伝説」も生まれたが、どうやらこれは事実では無いようだ。また西園寺は生涯を通じてみればむしろ「女好き」で、女性に興味が無かったわけでも無い。

そういうしがらみが無いのに西園寺は九年も帰らず、なぜ九年目になって突然帰ることにしたのか。このことについて本人はなにも語っていないのだが、私はやはり明治天皇の「お手元金」下賜《かし》がきっかけだと思う。この下賜、じつは留学の当初に為されたのでは無い。なんと、留学七年目の一八七八年に「二年分」という名目で贈られてきたものなのだ。つまり、「西園寺よ、あと二年で帰って来いよ」という天皇のメッセージであると考えるのが自然ではないかと思う。公家、とくに名門の公家は「われわれは天皇家をお守りする藩屏《はんぺい》である」という意識が強い。フランスで世界の最先端の民主思想の洗礼を受けた西園寺も、その意識だけは生涯捨てなかった。このあたりが「足軽の息子」である中江兆民との大きな違いかもしれない。

恩師アコラースも帰国を勧めたという。学んだことを故国で生かすべきだ、と言われたらしい。それもあって、西園寺はとうとう帰国した。しかし、官途には就かず、ぶらぶらしていた。もう「維新の志士」たちも世代交代しており、積極的に就職を世話してくれる先輩はいなかった。そこへ、留学生仲間で一足先に帰国していた松田正久《まつだまさひさ》から声がかかった。「新聞を創刊するから社長になってくれないか」という依頼である。西園寺は快諾し、中江兆民にも参加を呼び掛けた。兆民も喜んで話を受けた。四歳歳上の松田は肥前国《ひぜん》（佐賀《さが》県）の出身で、兆民と同じ貧しい武士の家に生まれた。しかし、縁あって幕末有数の学者である西周《にしあまね》の下でフランス語を学び、その推薦で陸軍省の官費留学生となりフランス留学を果たした。興味深いのは、その留学目的が「兵学修業」だったことである。つまり、松田も西園寺と同じ「あてはずれ組」だったのだ。しかし縁は異なもので、まさにこのことが二人を親しくした。そして軍人出身としての出世を断念した松田は帰国後陸軍を辞め、ジャーナリストそして政治家としての道をめざし後に西園寺の盟友になる。このとき彼らが創刊した新聞の名は『東洋自由新聞』という。だが、この社長西園寺公望、主筆《しゅひつ》中江兆民という豪華陣容の新聞は長くもたなかった。事典を引くとその間の事情が書いてある。

東洋自由新聞　とうようじゆうしんぶん
１８８１年３月18日に創刊された自由民権派の日刊新聞。前年３月に国会期成同盟が結成され、自由民権運動が本格化しようとしていた頃、西園寺公望がフランスから帰国して社長となり、パリで知合った中江兆民を主筆に据えて創刊した。これに驚いた政府は、太政大臣三条実美《さんじようさねとみ》、右大臣岩倉具視を通して新聞との絶縁を西園寺に迫ったが西園寺は拒否した。そこで4月8日、天皇から退社せよという内勅《ないちょく》が出され、ついに西園寺も屈服した。このため4月30日34号限りで突如廃刊された。

（『ブリタニカ国際大百科事典』）

「内勅」というのは、内々に出された天皇の命令という意味である。公表はされない。じつは、この前段階に天皇の「内諭《ないゆ》」というのがあったらしい。これは「命令」よりは弱く、「おさとし」という感覚のもののようだ。もちろん公表はされず、「西園寺よ、帝は自由民権派の新聞社の社長など辞《や》めるべきだと思《おぼ》し召《め》されておる」という形で本人に伝達された。つまり、事典の記述にある「太政大臣三条実美、右大臣岩倉具視を通して新聞との絶縁を西園寺に迫った」という部分がそれだ。

しかし、西園寺は拒否した。「御学友」だった西園寺は実際、「話せばわかる」と思っていたようだ。また正三位《しょうさんみ》という高位の公家でもある西園寺は、直接宮中《きゅうちゅう》に参内する資格もある。しかし、保守派の頂点に立つ岩倉がそんなことを許すわけが無かった。そのあと、「内勅」という形で「勅令」も出された。これも本当に天皇が出したのか西園寺はおおいに疑っていたのだが、「天皇の命令」にはいくらなんでも逆らうわけにはいかない。逆らえば、逆賊《ぎゃくぞく》になってしまう。

とうとう西園寺は白旗を挙げ、社長の座を退いた。

■大日本帝国の主流になれなかった「負け組」西園寺公望の生涯

西園寺公望の生涯を語っているうちに、話は一八八一年（明治14）に戻ってしまった。ここで、なぜこうした記述を続けているか、その意図を説明しておく必要があるだろう。

西園寺公望という人物は、伊藤博文や大隈重信《おおくましげのぶ》あるいは桂太郎などにくらべて歴史的知名度は低い。その理由は、彼がめざした政治が大日本帝国の主流とはならなかったからだ。身も蓋《ふた》もない言い方をすれば、彼は「負け組」なのである。しかし彼が敗北したことによって、逆に大日本帝国は結局「敗北への道」を辿《たど》ったことも事実である。なぜそうなったかということを追究するためには、「負け組」がなぜ、そしてどのように負けたのかをチェックしておく必要がある。それに「負け組」とは言っても、彼は内閣総理大臣を複数回務めライバル桂太郎と「桂園《けいえん》時代」を築いた男だ。その影響力は決して半端なものでは無かった。しかし、そうしたことは「勝ち組」の歴史だけを見ていると視野に入ってこない。だからこそ「桂園時代」に至るまでの西園寺の生涯を見ておかねばならないのだ。

その西園寺の最初の「負け」は、東洋自由新聞の社長の座を辞さざるを得なかったことだろう。彼は皇室の藩屏たる公家であり、しかもフランス長期留学というワガママを許してもらった恩もある。内勅とはいえ天皇の命令に逆らうことはできない。しかし、辞職にあたって西園寺は天皇を諌《いさ》めるべきだと考えてもいた。こうした形での言論弾圧は、健全な国家の発展に悪影響を与えるからだ。そこで西園寺は上奏文をしたためた。もちろん明治天皇宛である。

勅諭《ちょくゆ》の深意は、新聞は華族の従事すべき事業でないことと、自由の論は民心を煽惑《せんわく》して政《まつりごと》を害することの二つの主旨のようだが、すでに欧米諸国の文物制度を取り入れる方針である以上、言論の自由を拡張するのは当然であろう。また詔勅《しょうちょく》で「立憲の制」にしたがう意をのべた以上、自由の論を認め、新聞紙の役割を評価すべきだ。もし新聞紙が政治に害があるというのであれば、華族だけを例外とするのではなく、士族平民《しぞくへいみん》についても禁止するのが当然となる。どうか陛下は一日時間をとって私の意見をおきき下さい。そうすればくわしく申し上げます。これが上奏文の主旨であった。

（『西園寺公望—最後の元老—』岩井忠熊《いわいただくま》著　岩波書店《いわなみしょてん》刊）

著者の岩井忠熊は、この文章の続きで「この上奏文は左大臣だった有栖川宮熾仁親王《ありすがわのみやたるひとしんのう》の文書の中にのこっていたという。果たして天皇の手許まで届いたか否か明らかでない」と書いているが、それはたしかな史料が無い限り断言はしないという歴史学者の性癖（失礼！）に基づくもので、この「御進講」は結局実現しなかったと考えるのが妥当だろう。有栖川宮か岩倉具視あたりが、「握り潰《つぶ》した」に違いない。もしそれが実現していたとすれば、ほかならぬ西園寺がなんらかの形で記録に残すはずである。それこそ彼がフランスで学んできたことの根幹であるからだ。そして、それが実現していたら大日本帝国の言論環境はかなり改善され、ひょっとしたら大逆《たいぎゃく》事件による幸徳秋水《こうとくしゅうすい》らの処刑も阻止されたかもしれないと思うのは私だけだろうか。

残念ながら、そうはならなかった。このとき政府は「社長を辞めれば官僚として登用する」ともちかけたようだが、西園寺はすぐには応じなかった。それでは東洋自由新聞の同志たちには露骨な裏切りに映ると考えたのではないだろうか。そこで彼は、しばらくパリの留学生仲間が設立した明治法律学校で行政法の講師となった。明治法律学校は明治大学の前身である。そして七か月がすぎた十一月に、西園寺は参事院議官補として政府に採用された。役人人生の始まりであった。参事院は後の内閣法制局にあたる役所で、初代の議長は伊藤博文だった。伊藤はそのころから、大日本帝国を憲法制定で立憲国家とする構想を持っていた。また、後に政党政治を確立する構想も持つようになる。大隈重信や福澤諭吉の性急な憲法制定活動には反対していたが、伊藤は山県有朋そして桂太郎がめざした統制的な国家体制とは一線を画するものを指向した「リベラル」な政治家だった。どうやら、その伊藤が西園寺を参事院に招いたようだ。伊藤と西園寺は面識ぐらいはあったかもしれないが、少なくとも親しくは無かった。ただ伊藤は岩倉から、西園寺とは「鳥羽・伏見の戦いを私戦にしてはならないと叫んだ小僧」であることは聞いていた可能性はある。「そういう気骨のある男なら使える」と伊藤は思ったのではないか。採用わずか四か月後の一八八二年（明治15）三月、伊藤は憲法調査のためヨーロッパに向かうのだが、その随員に西園寺は選ばれた。伊藤が西園寺に期待していた証左だろう。この旅行で西園寺は伊藤と親しくなり、その側近そして後継者の道を歩むようになる。

本章の冒頭で述べたように「西園寺公望の一生」では無いので、駆け足で「その後」を語ることにするが、西園寺は外交官としてキャリアを重ねていった。一八八四年（明治17）に家格にふさわしいとして侯爵《こうしゃく》になったこともあり、一八八五年（明治18）、まずオーストリア公使に任命された。念のためだが「大使」で無いのは、若すぎる（このとき36歳）とか能力を過小評価されてのことでは無い。まだ不平等条約の問題が解決されておらず、日本は欧米各国に大使を置けなかったからである。この時期、日本とオーストリアの間には格段の問題は無く、西園寺は憲法学者の講義を聴くなどして研鑽に努めた。その後、一時帰国したが今度はドイツ公使に任命され一八八七年（明治20）、ベルリンに着任した。あの「鉄血宰相」ビスマルクの君臨するドイツである。ここで西園寺は外交官としてビスマルクと交流した。ひょっとしたら「閣下がベルサイユ宮殿でドイツ帝国成立を宣言したとき、私はフランスに留学しパリに在住していました」などという話も出たかもしれないが、その後思いがけないことが起こった。なんとビスマルクによって擁立されたドイツ皇帝ヴィルヘルム1世の息子で、父の死後帝位についたヴィルヘルム2世がビスマルクを解任したのである。西園寺はその解任劇を目の当たりにした。解任の理由は社会主義勢力をどう扱うかなどの政治姿勢の違いが理由とされているが、私はヴィルヘルム2世は自信家で自分で政治をやりたかっただけだと思っている。それでビスマルクが邪魔になったのだ。

こう言えばおわかりのように、ヴィルヘルム2世は決して名君では無かった。それどころかビスマルクが戦争と巧みな外交で築き上げたパワーバランスに基づく平和を次々と破壊し、最終的にドイツが世界の列強を相手とする形になった第一次世界大戦に踏み込ませた。それでも勝てばすべて帳消しになっただろうが、「教え子」であるはずの日本まで敵に回して惨憺たる敗北を喫した。覚えておられるだろうか、「黄禍論《おうかろん》」のことを。これに染まってイトコであるロシア皇帝ニコライ2世に吹き込んだのもヴィルヘルム2世だった(『逆説の日本史　第25巻　明治風雲編』参照)。その結果、ニコライ2世は日露戦争に踏み切り敗北を喫し、それがきっかけでロマノフ王朝は滅亡しニコライも惨殺された。ヴィルヘルム自身もドイツ革命を起こされ、命は助かったが退位せざるを得なかった。つまり、ドイツ帝国も彼の代で滅んだわけだ。まさに貧乏神のような男である。

■「超然主義」から欧米流政党政治への転換をめざした伊藤博文

同じ「帝国」に仕える西園寺にとってヴィルヘルム2世の横暴は他人事では無かったろう。彼はビスマルクの手腕を高く評価していた。それが「君主のきまぐれ」で解任されてしまった。もちろんこの時点（第一次世界大戦は24年後）では、ドイツが今後きわめて不利な状況で世界大戦に追い込まれることも、その敗北でドイツ皇室が消滅することも予見できたわけでは無いだろう。しかし国家にとってきわめて重要な存在がこのような形で解任されることは、同じ君主国である大日本帝国においても起こり得る事態であり、であるからこそこんな事態は避けるようにすべきだ、と痛感したに違いない。

ともあれ西園寺がドイツ公使在任中の一八八九年（明治22）、大日本帝国憲法は発布《はっぷ》された。幸徳秋水が師である中江兆民のことを書いた『兆民先生』には、公表された憲法を見た兆民は「通読一遍《いっぺん》唯《た》だ苦笑する耳《のみ》」だったと書かれている。では、その兆民と親友であり東洋自由新聞では同志だった西園寺は、この憲法をどのように評価したのか？　不思議なことに、西園寺がこの憲法を評した言葉は膨大な著作や、彼に関する記録のなかには見あたらないという。しかし、逆に言えば不思議では無いのかもしれない。なぜなら大日本帝国憲法は欽定《きんてい》憲法、つまり明治天皇が作成し国民に与えたという形をとっているからだ。皇室の藩屏たる身が「天皇からのくだされもの」を無闇に批判すべきでは無いと考えたのではないか。だが、こうした憲法の下でも議会政治を推進し政党政治を確立していくことは不可能では無い。幸いにも「親分」の伊藤博文はあきらかにそう考えていた。ならば、伊藤の求めに応じて政党政治実現に協力していくのが西園寺にとってもっとも正しい道ということになる。

一八九一年(明治24)、ドイツ公使の任を終えて帰朝した西園寺は法典調査会の副総裁に就任し、貴族院の副議長も務めた。侯爵でもある西園寺は同時に貴族院の勅撰《ちょくせん》議員でもあったからだ。一方、伊藤は初代総理大臣を務めたあと、後に元老と呼ばれるようになった黒田清隆（第2代）、山県有朋（第3代）、松方正義（第4代）に続いて第五代総理となり、第二次伊藤内閣を指揮していた。日清《にっしん》戦争開戦直前である。もちろん、まだ衆議院選挙で最多議席を獲得した政党の党首が内閣総理大臣に指名されるというルールは無い。いや、帝国憲法にはすでに述べたように、内閣総理大臣をどうやって選ぶかどころか内閣総理大臣という言葉自体が登場しない。「大臣」に関しては、第五十五条に「国務各大臣ハ天皇ヲ輔弼《ホヒツ》シ其ノ責ニ任ス」とあるだけだ。だから保守派は「左大臣」「右大臣」のままでいいと考える者すらいた。それに対し、内閣法を制定し内閣総理大臣が他の大臣を指揮する形を作らせたのは、ほかならぬ伊藤博文であった。しかし、その伊藤も当初は政党政治では無く、天皇の意向に基づいて作られた内閣が政党の動向など無視して国家の運営をするのが正しい、と考えていた。これを超然主義という。

超然主義　ちょうぜんしゅぎ
大日本帝国憲法下で、藩閥官僚政府が政党の影響をうけずに政治を運用しようとした政治姿勢をいう。1889年2月12日、ときの黒田清隆首相が地方長官を鹿鳴館《ろくめいかん》に集めて演説したなかで、〈政府は常に一定の方向を取り、超然として政党の外に立ち、至公至正《しこうしせい》の道に居《お》らざる可《べか》らず〉とのべたことから〝超然主義〟が一つの政治姿勢をあらわす言葉として使われるようになった。大日本帝国憲法は政党内閣を制度として認めておらず、藩閥官僚、とりわけ山県有朋系の官僚内閣に政党をいみきらう傾向が強かったが、政党の政治的力はしだいに強まり、日清戦争後になると超然主義を持続することは困難になった。

（『世界大百科事典』平凡社《へいぼんしゃ》刊　項目執筆者中塚明《なかつかあきら》）

しかし、伊藤はその後世界の大勢を見習い、日本も欧米流の政党政治をめざすべきだと考えるようになり、ライバル山県有朋や「弟子」の桂太郎との対立が鮮明化するようになる。伊藤がそのように方向転換しようと考えていたこの時期、内閣の文部大臣を務めていた井上毅が病気のため任務に耐えられなくなり辞任した（その後ほどなくして病死）。井上は教育勅語《きょういくちょくご》の実質的な選定者でもあり、井上ほどの学識を持つ官僚はめったにいるものではない。そこで伊藤が白羽の矢を立てたのが、西園寺であった。大臣ともなればもはや官僚では無く政治家だ。つまり、西園寺の政治家人生は伊藤内閣の文部大臣としてスタートしたのである。

■「言論の自由は認められるべきもの」と日本人に認識させる「奇想天外な」手段

すでに一八九四年（明治27）に日清戦争は始まっていた。じつは開戦に至る朝鮮《ちょうせん》国の混乱に、それまで外交官だった西園寺公望はかなり深くかかわっていた。この戦争をぜひともやるべしと考えていた陸奥宗光《むつむねみつ》と西園寺は親しい間柄であり、積極的な陸奥と慎重な伊藤博文の間で仲介調整役を務めていたのがほかならぬ西園寺であったのだ。それにとどまらず、西園寺は陸奥が締結核で倒れた後は外務大臣臨時代理も務めていた。一八九五年（明治28）のことだ。この時代は閔《ビン》妃《ヒ》殺害事件（『逆説の日本史 第24巻 明治躍進編』参照）などが起こり、日朝関係は緊張の極みにあった。だから、「戦時中」であったにもかかわらず、伊藤によって臨時代理とは言え「外務大臣」から、正式な閣僚ではあるが文部大臣に「配置換え」になったことを「抜擢」では無く「左遷」ととらえる向きもあったようだ。文部大臣とは平和なときに重んじられる役職であることは、日本に限らず世界の常識である。

ところが西園寺自身はむしろ「水を得た魚」のような心地で、平たく言えばやる気満々だったらしい。なぜなら、西園寺は革命後のフランスの自由な空気に触れて近代的国家はどうあるべきかを深く学んできたからだ。近代国家にとってもっとも必要な理念と言えばフランス革命のスローガンでもあった「自由、平等、友愛」だが、このうち日本に大きく欠けているものはなにか？それが彼の問題意識であったようだ。

すでに述べたように、日本は「天皇」という伝統的存在を「神」の座に押し上げることによって「平等化推進体」となし、この強大な力で「天皇の下の平等」を実現し、中国や朝鮮半島では不可能だった四民平等《しみんびょうどう》（士農工商《しのうこうしょう》の撤廃および奴婢《ぬひ》の解放）を成し遂げた。しかし、平等には必ず自由が伴う。絶対君主と国民の間には平等な関係が成立しないから、君主が国民を支配し国民の自由を奪うことができる。しかし、本来平等な国民同士の間では相互に相手を縛る権利は無く、各人は自由に行動できるはずだ。具体的に言えば、そういう国家では「結社の自由」や「言論の自由」が国民の当然の権利として意識されていなければいけない。だから東洋自由新聞を辞めざるを得なくなったとき西園寺は、したためた明治天皇宛の上奏文のなかで「陛下は華族《かぞく》が新聞の経営に加わるべきではないと仰せだが、華族がダメなら（四民平等なのだから）士族や平民についてもダメだと仰せあるべきだ」という論陣を張ったのである。もちろん、その真意は華族であろうと士族であろうと平民であろうと、どんな意見を持つかは本人の自由であり、新聞はその言論空間を保つために絶対に必要だ、ということである。

しかし、日本は「言論の自由」という点では非常に遅れていた。なぜなら天皇をあまりに強く神格化してしまったために、天皇そのものや天皇に対する忠義などといったものを批判する自由が無くなってしまったからだ。しかし本当に欧米列強に学び近代化を推し進めたいなら、この点をなんとかしなければならない。だが、ちょうど親友クレマンソーが後に実行したように、民間新聞社の代表となってマスコミを使ってそれを実現するという方向性は、ほかならぬ明治天皇によって封じられてしまった。

では、どうするか？　どうやって日本人に言論の自由等は当然認めるべきものだと認識させるか。ここで西園寺の取ろうとした手段は、ある意味で奇想天外なものであった。だが日本の現状に即した、きわめて効果的なやり方とも言える。それは、天皇をして新時代にふさわしい「第二の教育勅語」を出してもらうという計画であった。すなわち、国家あるいは国民に不足していると考えられる部分を天皇の命令によって国民に身に付けさせようという、おそらく世界中で日本だけで実行可能な方法によるものだった。その内容に触れる前に、あらためて一八九〇年（明治23）に出された「最初」の「教育勅語」をふりかえってみよう。

それは次のようなものだった。

朕惟《チンオモ》フニ我《ワ》カ皇祖皇宗《コウソコウソウ》國《クニ》ヲ肇《ハジ》ムルコト宏遠《コウエン》ニ徳《トク》ヲ樹《タ》ツルコト深厚《シンコウ》ナリ我《ワ》カ臣民《シンミン》克《ヨ》ク忠《チユウ》ニ克《ヨ》ク孝《コウ》ニ億兆心《オクチヨウココロ》ヲ一《イツ》ニシテ世々《ヨヨ》厥《ソ》ノ美《ビ》ヲ濟《ナ》セルハ此《コ》レ我《ワ》カ國體《コクタイ》ノ精華《セイカ》ニシテ教育《キヨウイク》ノ淵源亦実《エンゲンマタジツ》ニ此《ココ》ニ存《ソン》ス爾《ナンジ》臣民《シンミン》父母《フボ》ニ孝《コウ》ニ兄弟《ケイテイ》ニ友《ユウ》ニ夫婦相和《フウフアイワ》シ朋友相信《ホウユウアイシン》シ恭儉己《キヨウケンオノ》レヲ持《ジ》シ博愛衆《ハクアイシユウ》ニ及《オヨ》ホシ學《ガク》ヲ修《オサ》メ業《ギヨウ》ヲ習《ナラ》ヒ以《モツ》テ智能《チノウ》ヲ啓發《ケイハツ》シ徳器《トクキ》ヲ成就《ジヨウジユ》シ進《スス》ンテ公益《コウエキ》ヲ廣《ヒロ》メ世務《セイム》ヲ開《ヒラ》キ常《ツネ》ニ國憲《コクケン》ヲ重《オモン》シ國法《コクホウ》ニ遵《シタガ》ヒ一旦緩急《イツタンカンキユウ》アレハ義勇公《ギユウコウ》ニ奉《ホウ》シ以《モツ》テ天壌《テンジヨウ》無窮《ムキユウ》ノ皇運《コウウン》ヲ扶翼《フヨク》スヘシ是《カク》ノ如《ゴト》キハ獨《ヒト》リ朕《チン》カ忠良《チユウリヨウ》ノ臣民《シンミン》タルノミナラス又以《マタモツ》テ爾《ナンジ》祖先《ソセン》ノ遺風《イフウ》ヲ顕彰《ケンシヨウ》スルニ足《タ》ラン

斯《コ》ノ道《ミチ》ハ實《ジツ》に我《ワ》カ皇祖皇宗《コウソコウソウ》ノ遺訓《イクン》ニシテ子孫臣民《シソンシンミン》ノ倶《トモ》ニ遵守《ジユンシユ》スヘキ所之《トコロコレ》ヲ古今《ココン》ニ通《ツウ》シテ謬《アヤマ》ラス之《コレ》ヲ中外《チユウガイ》ニ施《ホドコ》シテ悖《モト》ラス朕爾臣民《チンナンジシンミン》ト倶《トモ》ニ拳拳服膺《ケンケンフクヨウ》シテ咸其徳《ミナソノトク》ヲ一《イツ》ニセンコトヲ庶幾《コイネガ》フ

明治二十三年十月三十日

御名御璽《ぎよめいぎよじ》（※実際の文書には「睦仁」と署名があり、「天皇御璽」という印文の判子が押されている）

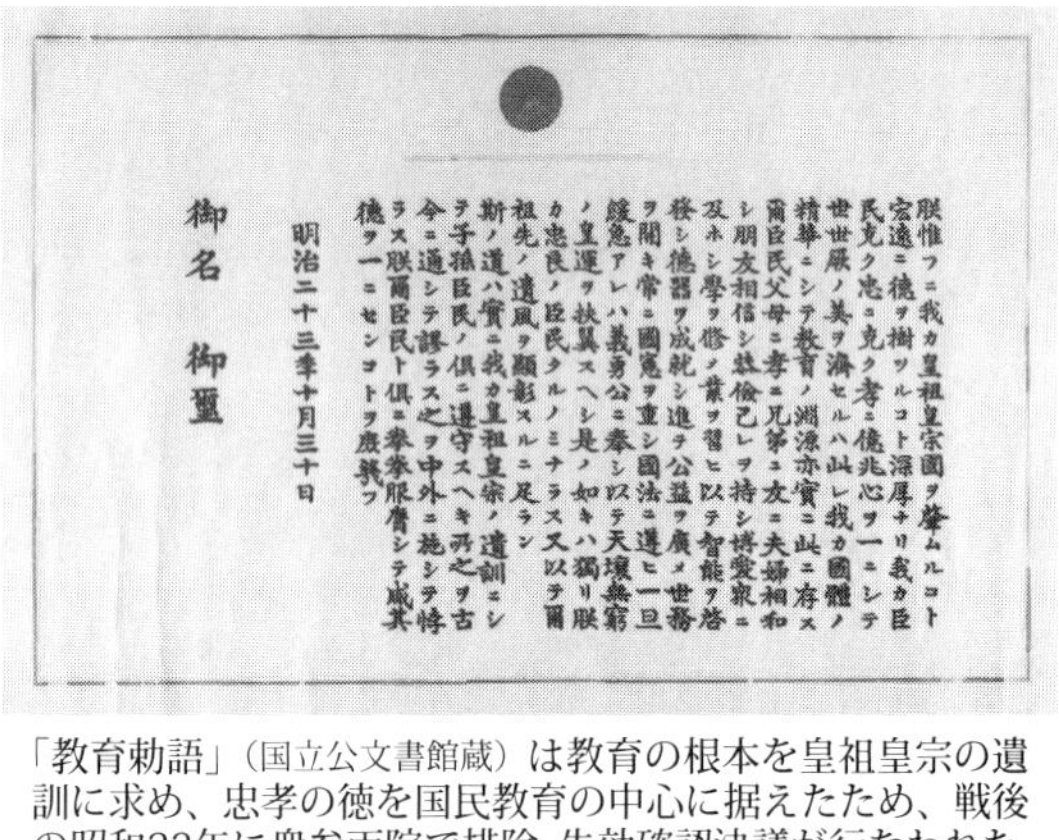
朕惟フニ我カ皇祖皇宗國ヲ肇ムルコト
宏遠ニ徳ヲ樹ツルコト深厚ナリ我カ臣
民克ク忠ニ克ク孝ニ億兆心ヲ一ニシテ
世世厥ノ美ヲ濟セルハ此レ我カ國體ノ
精華ニシテ教育ノ淵源亦實ニ此ニ存ス
爾臣民父母ニ孝ニ兄弟ニ友ニ夫婦相和
シ朋友相信シ恭儉己レヲ持シ博愛衆ニ
及ホシ學ヲ修メ業ヲ習ヒ以テ智能ヲ啓
發シ徳器ヲ成就シ進テ公益ヲ廣メ世務
ヲ開キ常ニ國憲ヲ重シ國法ニ遵ヒ一旦
緩急アレハ義勇公ニ奉シ以テ天壤無窮
ノ皇運ヲ扶翼スヘシ是ノ如キハ獨リ朕
カ忠良ノ臣民タルノミナラス又以テ爾
祖先ノ遺風ヲ顯彰スルニ足ラン
斯ノ道ハ實ニ我カ皇祖皇宗ノ遺訓ニシ
テ子孫臣民ノ倶ニ遵守スヘキ所之ヲ古
今ニ通シテ謬ラス之ヲ中外ニ施シテ悖
ラス朕爾臣民ト倶ニ拳拳服膺シテ咸其
徳ヲ一ニセンコトヲ庶幾フ
明治二十三年十月三十日
御名 御璽

「教育勅語」（国立公文書館蔵）は教育の根本を皇祖皇宗の遺訓に求め、忠孝の徳を国民教育の中心に据えたため、戦後の昭和23年に衆参両院で排除、失効確認決議が行なわれたこれに対しさまざまな現代語訳が公開されているが、神社関係では日本の伝統的な価値を賞揚する立場からだと思うが、「国民道徳協会」の現代語訳を採用しているところが多い。

私は、私たちの祖先が、遠大な理想のもとに、道義国家の実現を目指して日本の国をおはじめになったものと信じます。そして、国民は忠孝両全の道を完うして、全国民が心を合わせて努力した結果、今日に至るまで、見事な成果をあげて参りましたことは、もとより日本の優れた国柄の賜物と言わねばなりませんが、私は教育の根本もまた、道義立国の達成にあると信じます。

国民の皆さんは、子は親に孝養を尽くし、兄弟・姉妹はたがいに力を合わせて助け合い、夫婦は仲睦《なかむつ》まじく解け合い、友人は胸襟《きょうきん》を開いて信じ合い、そして自分の言動をつつしみ、すべての人々に愛の手をさしのべ、学問を怠らず、職業に専念し、知識を養い、人格をみがき、さらに進んで、社会公共のために貢献し、また、法律や、秩序を守ることは勿論のこと、非常事態の発生の場合は、真心をささげて、国の平和と、安全に奉仕しなければなりません。そして、これらのことは、善良な国民としての当然の努めであるばかりでなく、また、私たちの祖先が、今日まで身をもって示し残された伝統的美風を、更にいっそう明らかにすることでもあります。

このような国民の歩むべき道は、祖先の教訓として、私たち子孫の守らなければならないところであるとともに、この教えは、昔も今も変わらぬ正しい道であり、また日本ばかりでなく、外国で行っても、間違いのない道でありますから、私もまた国民の皆さんとともに、父祖の教えを胸に抱いて、立派な日本人となるように、心から念願するものであります。

「私」というのは「朕《ちん》」つまり明治天皇のことだがここがわかりにくいし、そもそもこの訳は不正確ということだろう。

■「万人平等」思想の確立に必要とされた「平等化推進体」

以前、ある文学者がツイッター（現X《エックス》）上で別の現代語訳を公開した。比較すると問題点がよくわかるので、その「高橋源一郎訳」を引用させていただく。次のようなものだ。


「はい、天皇です。よろしく。ぼくがふだん考えていることをいまから言うのでしっかり聞いてください。もともとこの国は、ぼくたち天皇家の祖先が作ったものなんです。知ってました？とにかく、ぼくたちの祖先は代々、みんな実に立派で素晴らしい徳の持ち主ばかりでしたね」

「きみたち国民は、いま、そのパーフェクトに素晴らしいぼくたち天皇家の臣下であるわけです。そこのところを忘れてはいけませんよ。その上で言いますけど、きみたち国民は、長い間、臣下としては主君に忠誠を尽くし、子どもとしては親に孝行をしてきたわけです」

「その点に関しては、一人の例外もなくね。その歴史こそ、この国の根本であり、素晴らしいところなんですよ。そういうわけですから、教育の原理もそこに置かなきゃなりません。きみたち天皇家の臣下である国民は、それを前提にした上で、父母を敬《うやま》い、兄弟は仲良くし、夫婦は喧嘩しないこと」

「そして、友だちは信じ合い、何をするにも慎み深く、博愛《はくあい》精神を持ち、勉強し、仕事のやり方を習い、そのことによって智能《ちのう》をさらに上の段階に押し上げ、徳と才能をさらに立派なものにし、なにより、公共の利益と社会の為になることを第一に考えるような人間にならなくちゃなりません」

「もちろんのことだけれど、ぼくが制定した憲法を大切にして、法律をやぶるようなことは絶対しちゃいけません。よろしいですか。さて、その上で、いったん何かが起こったら、いや、はっきりいうと、戦争が起こったりしたら、勇気を持ち、公のために奉仕してください」

「というか、永遠に続くぼくたち天皇家を護るために戦争に行ってください。それが正義であり『人としての正しい道』なんです。そのことは、きみたちが、ただ単にぼくの忠実な臣下であることを証明するだけでなく、きみたちの祖先が同じように忠誠を誓っていたことを讃えることにもなるんです」

「いままで述べたことはどれも、ぼくたち天皇家の偉大な祖先が残してくれた素晴らしい教訓であり、その子孫であるぼくも臣下であるきみたち国民も、共に守っていかなければならないことであり、あらゆる時代を通じ、世界中どこに行っても通用する、絶対に間違いの無い『真理』なんです」

「そういうわけで、ぼくも、きみたち天皇家の臣下である国民も、そのことを決して忘れず、みんな心を一つにして、そのことを実践していこうじゃありませんか。以上！　明治二十三年十月三十日　天皇」

（高橋源一郎ツイッター（現X）@takagengenより）

訳文としてどちらが正確かと言えば、やはり「高橋訳」のほうだろう。たとえば前者は、「天壌無窮の皇運」という部分の訳文にあたるものが無い。後者には「永遠に続くぼくたち天皇家」という訳文がちゃんとある。また、その直前の「一旦緩急あれば義勇公に奉じ」という部分も前者の「非常事態の発生の場合」はたしかにそのとおりなのだが、この時代「(国家にとっての)非常事態」と言えば誰もが想定するのが「戦争」であって、地震や台風では無い。そもそも明治国家は、アヘン戦争と黒船来航ショックで誕生した国家である。そういう意味で「いったん何かが起こったら、いや、はっきりいうと、戦争が起こったりしたら」というのは意訳としては的確である。

ただし前にも述べたことだが、この教育勅語の内容を、たとえば「国民を戦争に駆《か》り立てるものだから評価しない」などとするのは、歴史の評価としては間違っている。この時代、日本が独立を守るためには欧米列強型の「市民が兵士として戦争に参加する道」を開かねばならなかった。この時点ではそうなので、それに現代の一方的な価値観をあてはめるのは間違いである。「男女平等」もそうだ。江戸時代以来朱子学の影響で、日本では「女は男に従うべきもの」であった。「夫唱婦随《ふしょうふずい》」が絶対で「三従《さんじゅう》の教え(女はまず親に従い、嫁《か》しては夫に従い、老いては子に従え)」というのが基本道徳であったのだ。それをこの勅語は「夫婦相和」と言っている。また、「すべての国民(女性も含む)」は学問に励めとも言っている。男女平等という点では不じゅうぶんという意見があるかもしれないが、これが「突破口」であり完全な男女平等実現への第一歩になったことは間違いない。

天皇の神格化も、国民は(天皇の下においては)すべて平等だという概念を確立するためには絶対に必要なことだった。日本はキリスト教国ではない。だから、フランス革命と同じような平等を確立するためには「平等化推進体」の「製造」が不可欠だった。日本人は誤った歴史教育のせいで宗教というものの歴史に果たす役割をまったく理解していないが、そうしたもの、ある意味できわめて不合理なものが無い限り人間は平等を達成することはできない。福澤諭吉も「天は人の上に人を作らず、人の下に人を作らず、と言うけどなあ」とボヤいているではないか。現代の日本人が空気のようにあたり前だと思っている「万人平等」という概念を常識にするのは、非常に困難な知的作業なのだ。現に、中国ではいまだに確立していないではないか。

それができたのも教育勅語のおかげ(それだけではないが)だと言ってもいい。しかし、歴史は前に進めるべきものである。

だから、西園寺公望は「第二教育勅語」を出そうと考えたのである。

■西園寺の「第二教育勅語草案」とはどんなものだったのか

西園寺公望が明治天皇をして出さしめようとした「第二教育勅語」とは、いったいどんなものだったのか?

西園寺が創立した京都の立命館大学が編纂《へんさん》し刊行した『西園寺公望伝』(岩波書店刊)には、その草案と思しきものが収録されている。しかし、この史料にはタイトルが無く、あくまで参考資料として扱われている。だが、内容はこれから紹介するように「朕(つまり明治天皇)」を主語とした臣民に対する勅語《ちょくご》(お言葉)そのものであるし、西園寺は晩年になってからの回想で第二の

（教育）勅語を下す必要がある、と考えていたことは広く知られているので、やはりこの「参考資料」は西園寺の起草した「第二教育勅語案」と考えていいだろう。

それは以下のようなものである。

教育ハ盛衰《せいすい》治乱《ちらん》ノ係《かか》ル所ニシテ国家百年ノ大猷《たいゆう》ト相《あ》ヒ伴《ともな》ハザル可《べ》カラズ。先皇《せんのう》国ヲ開キ朕《ちん》大統ヲ継《つ》キ旧来ノ陋習《ろうしゅう》ヲ破リ、知識ヲ世界ニ求メ上下一心孜々《しし》トシテ怠《おこた》ラズ。此《これ》ニ於《おい》テ乎《か》開国ノ国是確立一定シテ、復《ま》タ動ス可カラザルヲ致《いた》セリ。朕曩《さ》キニハ勅語ヲ降《く》タシテ教育ノ大義ヲ定《さだめる》ト雖《いえど》モ、民間往々《おうおう》生徒ヲ誘掖《ゆうえき》シ後進ヲ化導《けどう》スルノ道ニ於テ其《その》歩趨《ほすう》ヲ誤《あやま》ルモノナキニアラズ。今ニ於テ之《これ》ガ矯正《きょうせい》ヲ図《はか》ラズンバ他日ノ大悔《たいかい》ヲ来《きた》サヾルヲ保《ほ》セズ。彼ノ外ヲ卑ミ内ニ誇ルノ陋習ヲ長ジ、人生ノ模範ヲ衰世《すいせい》逆境ノ士ニ取リ其危激《きげき》ノ言行《げんぎょう》ニ倣《なら》ハントシ、朋党《ほうとう》比周《ひしゅう》上長《じょうちょう》ヲ犯スノ俗ヲ成サントスルカ如キ、凡如此《すべてかくのごとき》ノ類《たぐい》ハ皆是青年子弟ヲ誤ル所以《ゆえん》ニシテ恭倹《きょうけん》己《おの》レヲ持シ、博愛衆ニ及ホスノ義ニ非《あら》ス。戦後努メテ驕泰《きょうたい》ヲ戒《いさ》メ謙抑《けんよく》ヲ旨《むね》トスルノ意ニ悖《もと》ルモノナリ。今ヤ列国ノ進運ハ日一日《ひいちにち》ヨリ急ニシテ東洋ノ面目《めんもく》ヲ一変スルノ大機《だいき》ニ臨ム。而《しこう》シテ条約改訂ノ結果トシテ与国《よこく》ノ臣民ガ来テ生《せい》ヲ朕ガ統治ノ下《もと》ニ托《たく》セントスルノ期モ亦目下《またもっか》ニ迫レリ。此時《このとき》ニ当リ朕ガ臣民ノ与国ノ臣民ニ接スルヤ丁寧親切ニシテ、明ラカニ大国寛容ノ気象ヲ発揮セザル可カラズ。抑《そもそ》モ今日ノ帝国ハ勃興《ぼっこう》ハ発達ノ時ナリ。藹然《あいぜん》社交ノ徳義ヲ進メ、欣然《きんぜん》各自ノ業務ヲ励ミ、責任ヲ重《おもん》シ、軽騒《けいそう》ノ挙《きょ》ヲ戒メ、学術技芸ヲ煉磨《れんま》シ、以テ富強ノ根柢《こんてい》ヲ培《つちか》ヒ、女子ノ教育ヲ盛ニシテ其地位ヲ嵩《たか》メ夫ヲ輔《たす》ケ子ヲ育《いく》スルノ道ヲ講《こう》セサル可カラズ。是レ実ニ一日モ忽諸《こつしょ》ニ付《ふ》ス可カラサルノ急務ナリ。朕ガ日夜軫念《しんねん》ヲ労《ろう》スル所以ノモノハ、朕ガ親愛スル所ノ臣民ヲシテ文明列国ノ間ニ伍《ご》シ、列国ノ臣民ガ欣仰愛慕《きんぎょうあいぼ》スルノ国民タラシメント欲スルニ外ナラズ。爾有衆《なんじゆうしゅう》父兄タリ、師表《しひょう》タリ。或ハ志ヲ教育ニ懐《いだ》クモノハ深ク朕カ深衷《しんちゅう》ニ顧《かえり》ミ百年国猷《こくゆう》ノ在《あ》ル所ニ遵由《じゅんゆう》シテ教育ノ方向ヲ誤ルコトナキヲ勉《つと》メヨ。

聞き慣れない、現在はほとんど死語になってしまった漢語が延々と続くのできわめてわかりにくいが、あえて現代語に訳せば次のようになるだろう。

私（明治天皇）は次のように考える。教育とは国家の盛衰にかかわる重要なものであり国家百年の計と常に一つの道を行くものであるべきだ。そもそも先皇（孝明天皇）が開国に踏み切り私がその路線を引き継いで以来、過去の因習を打破し、知識を世界に求めた。この開国という国の方針は確立し変わることは無い（＝攘夷に戻ることは無い）。私は先に教育勅語を示して教育の大方針を定めたが、民間では往々にして生徒を指導するにあたってその方法を誤っているものが無いとは言えない。そうした過ちをいまのうちに矯正しておかねば、それは将来において大きな後悔を招くことになるだろう。（その具体例を挙げれば、まさに幕末の攘夷時代のように）外国を蔑視《べっし》し日本だけを尊大に誇り、人生の模範を乱世や逆境に生きた人物に求め、ことさらに徒党を組み過激な言動を弄して秩序を乱す等々である。こうした事例に模範を求めることは青少年を誤った道に導くものだ。国民は自分に対して謙虚であり、他人を広く愛する人間でなければならない。とくに日清戦争後は努力して驕りを捨てて謙虚な態度を取ることこそ先に出した教育勅語の精神に沿うものである。いまやわが大日本帝国を含め東洋はその体制を一新する大きな好機に直面している。（日清戦争の勝利によって実現した）欧米との不平等条約の改正もその一環だが、その結果として同盟国の人々がわが国にやって来たり、あるいは（外国人だった人々が）私の統治のもとに運命を託することも迫っている。こうしたときにわが臣民つまり日本人は、他国の人々と接するには丁寧親切を旨とし大国の国民としての寛容の態度を示すことが必要だ。いま、大日本帝国は大きな発展のときを迎えている。当然和気《わき》あいあいとした社交（国内の交流および外交）を進め、自分の業務に励み責任を重んじ軽挙妄動《けいきょもうどう》は慎まねばならない。そして学問や技術を発達させ国を豊かに強くする基礎を作らねばならない。また女子の教育を盛んにしてその地位を高め、夫を助け子を育てる道をいまより広げなければならない。これはまさに急務である。私は、私が愛する国民が欧米列強の間に伍して、外国から尊敬され敬愛される国民になることを望んでいる。お前たちはそうした模範とならねばならぬ。従って教育に携わる者は私の心中の深い想いを察し、教育とは国家百年の道筋を示すものであることを重んじ、決してその方向性を誤ることのないように努めなさい。

この草案が作られた時期だが、西園寺自身の回想（『自伝』）では、第二次伊藤内閣で文部大臣に起用されたときとしている。これだと一八九四年（明治27）十月のことになるのだが、岩井忠熊立命館大学名誉教授は先に紹介した著書『西園寺公望－最後の元老－』のなかで、これは西園寺の記憶違いで実際には第三次伊藤内閣のとき（１８９８年〈明治31〉）のことだと指摘している。それは「第二の教育勅語」の「関係事務の取扱を特命されていた」竹越与三郎《たけこしよさぶろう》勅任参事官兼秘書官の談話筆記を根拠とする見解で、それによれば〈第三次伊藤内閣の文部大臣の時に成案ができていた〉が、〈西園寺が病臥《びょうが》したので、伊藤に対して竹越が西園寺の枕頭《ちんとう》で閣議を開くことを要求し、伊藤の拒否にあって、竹越は辞表を出した〉とあるからだ（〈　〉内は前出岩井著作からの引用）。

この見解は正しいだろう。なぜならば、一八九四年の段階ではまだ日清戦争は始まったばかりであり「戦後」では無い。条約改正は一部（日英通商航海条約締結）進んでいたが、外国に対して「其危激ノ言行ニ彷ハントシ、朋党比周上長ヲ犯ス」典型的な事例とも言うべき「閔妃殺害事件」も起こっていない。まさに「戦後」急速に盛り上がった「清国蔑視」あるいは「朝鮮蔑視」を直視し憂慮してこそ、この勅語の文言が生まれる。それに、この第二勅語が結局日の目を見なかった事情も「竹越証言」ではある程度説明できる。もちろん「ある程度」であって、さらに考究しなければならないがそれは後回しにして、とりあえず内容の分析から始めよう。

■「間違っているのは天皇では無く臣民」という主張

まず大前提がある。それは「綸言《りんげん》汗《あせ》の如《ごと》し」という古くから伝わる言葉である。現在ではこの言葉の意味をすぐに語れる人間はきわめて少なくなった。だが日本という国では、古代から明治、大正そして昭和二十年に大日本帝国が崩壊するまでこの言葉は常識中の常識であったことを認識する必要がある。ではどんな意味かと言えば、「天子の言葉は、出た汗が体内に戻らないように、一度口から出れば取り消すことができない」（『デジタル大辞泉』）ということだ。この辞書もそうだが、この言葉の出典は『漢書《かんじょ》「劉向伝《りゅうきょうでん》」』としている。劉向は前漢時代の著名な儒学者だから、この言葉は「四面楚歌《しめんそか》」とか「五里霧中《ごりむちゅう》」などのように、中国の故事成語だということだ。

ところが実際に劉向伝を紐解いてみると、この言葉そのものは無い。それに近いのは、兵法にも通じていた劉向の「言号令如レ汗、汗出而不レ反者也（号令は汗の如し、汗は出《い》でて反《かえ》らざるものなり）」である。つまり綸言（天子《てんし》＝天皇のお言葉）では無く、号令（軍の命令）は一度出したら取り消せない、ということだ。おわかりだろう、この言葉はじつは「日本製」なのである。

　中国ではいかに皇帝が偉いといっても、いったん口にしたことを絶対取り消せないなどというルールは無い。それはそうだろう、近代以前の中国で忠臣の義務として推奨されたのが「主君に諫言《かんげん》する」ことだった。よくよく考えてみれば、それはたとえ皇帝といえども「間違うことはある」が大前提だ。だからこそ「諫言」の価値が認められる。では、日本ではなぜ「綸言汗の如し」なのか？　それは日本において天皇は神に等しい存在だからだ。誤るのは「人間」であって「神」は誤らない。それでも天皇がなにか過ちを犯しているように見えたとしたら、それは天皇自身では無く取り巻きの悪臣つまり「君側《くんそく》の奸《かん》」が大御心《おおみこころ》（天皇の本心）に反することをやっているということだ。だからその場合は挙兵し、君側の奸を排除しなければならない。禁門《きんもん》の変（蛤御《はまぐりご》門《もん》の変）のときに長州藩が京都御所を攻めたのも、先の話になるが二・二六事件の青年将校が元首相や蔵相を射殺したのも、同じ考えに基づく行為である。

　だから西園寺は勅語の「改定」や「刷新」をめざしたのでは無い。もちろん「補正」でも無い。補正とは「足りないところを補って、誤りを正すこと」（『デジタル大辞泉』）で、この言葉は「誤り」が存在することが前提になっている。だが、すでに出された教育勅語は「綸言（天皇のお言葉）」であり「汗の如きもの」だから「改定」はできないし、また「綸言」であるがゆえに「絶対正しい」から「補正」もできない。これはとくに堂上公家の出身である西園寺には、絶対に越えられない「障壁」である。

歴史学者の論議のなかには、「この第二教育勅語は最初の教育勅語の改定なのか補正なのか」というものもあるようだが、そもそもこういう言葉を使うこと自体本質がわかっていないとしか言いようがない。では、西園寺がめざしたものをなんと表現すればいいかと言えば、「追加」だろう。歴史上も例がある。鎌倉《かまくら》幕府が作った武士の基本法「御成敗式目《ごせいばいしきもく》」が時代が下るに従って実情に合わなくなったとき、室町《むろまち》幕府は新法を作ってその不備を補ったが、決して「御成敗式目」の「改定」や「補正」などという言葉は使わず「建武以来追加《けんむいらいついか》」と称した。念のためだが、この言葉には「足らざる部分を追加した」というニュアンスは無い。「足らざる部分」と言ってしまえば、それは「御成敗式目には不備がある」と認めたことになってしまうからだ。もっとも武士階級は天皇や取り巻きの公家と違ってリアリストだから、「この式目は時代遅れだ」などとうそぶいた人間も探せばいるかもしれない。しかし、天皇は違う。神の子孫であり、現世では神に等しい存在である天皇を批判できる者はいない。明治維新の荒波をくぐってきた人々はとくにそうだった。西園寺もその一人である。

だが、客観的に「神」では無く「人」の言葉として見るならば、最初の教育勅語の「足らざる部分」や「時代遅れの部分」は、フランス帰りの西園寺には当然見えていただろう。ただここが肝心だが、だからと言って西園寺にはそれを「改定」することも「補正」することもできない。それは天皇の神聖を著しく損なう行為になるからだ。成立したばかりの大日本帝国憲法にも「天皇ハ神聖ニシテ侵スヘカラス（第三條）」という規定がある。では、具体的には第二教育勅語をどのように構築すればいいのか？

まずは、この第二教育勅語はあくまで「改定」でも「補正」でも無く「追加」であることをわからせるために、第一教育勅語（今後はこのように呼称する）との連続性を強調することだろう。そして、次に臣民のなかには第一教育勅語の真意を理解せずに誤った方向に向かった者どもがいる、と指摘することだ。それが原文で言えば「朕曩キニハ勅語ヲ降タシテ教育ノ大義ヲ定ト雖モ、民間往々生徒ヲ誘掖シ後進ヲ化導スルノ道ニ於テ其歩趨ヲ誤ルモノナキニアラズ」というところに示されている。おわかりだろう、こうすれば「間違っているのは天皇では無く臣民のほうだ」と主張できるからである。

■「第二教育勅語」で朱子学の「独善性と排他性」根絶をめざした西園寺の思惑

西園寺公望が世に出そうとした第二教育勅語（厳密には「案」だが、この表記で統一する）は実質はともかく、形式的には第一教育勅語への「追加」であった。改定でも補正でも無い。なぜそうでなければならないかは先に詳しく説明したとおりだが、であるがゆえに第二教育勅語には明治天皇がこれまでに出した「勅語」の文言からの引用がなされている。「追加」の姿勢を明確にするためである。そしてこう言えばおわかりのように、そのソースは第一教育勅語だけでは無い。たとえば冒頭の部分、

教育ハ盛衰《せいすい》治乱《ちらん》ノ係《かか》ル所ニシテ国家百年ノ大猷《たいゆう》ト相《あ》ヒ伴《ともな》ハザル可《べ》カラズ。先皇《せんのう》国ヲ開キ朕《ちん》大統ヲ継キ旧来ノ陋習《ろうしゅう》ヲ破リ、知識ヲ世界ニ求メ上下一心孜々《しし》トシテ怠《おこた》ラズ。此《これ》ニ於《おい》テ乎《か》開国ノ国是確立一定シテ、復《ま》タ動ス可《べ》カラザルヲ致《いた》セリ。

この文章をよく見ると、「旧来ノ陋習ヲ破リ、知識ヲ世界ニ求メ上下一心孜々トシテ怠ラズ」は、「明治」という時代の方向性を示した「五箇条《ごかじょう》の御誓文《ごせいもん》」の「第二条」と「第四条」すなわち、

一、上下心ヲ一ニシテ、盛《さかん》ニ經綸《けいりん》ヲ行フヘシ
一、舊來《きゅうらい》ノ陋習ヲ破リ、天地《てんち》ノ公道《こうどう》ニ基《もとづ》クヘシ

に準拠したことは、あきらかである。

また、それに続く部分、つまり、

朕曩《さ》キニハ勅語ヲ降《く》タシテ教育ノ大義ヲ定《さだめる》ト雖《いえど》モ、民間往々《おうおう》生徒ヲ誘掖《ゆうえき》シ後進ヲ化導《けどう》スルノ道ニ於テ其歩趨《そのほすう》ヲ誤《あやま》ルモノナキニアラズ。今ニ於テ之《これ》ガ矯正《きょうせい》ヲ図《はか》ラズンバ他日ノ大悔《たいかい》ヲ来《きた》サザルヲ保《ほう》セズ。彼ノ外ヲ卑ミ内ニ誇ルノ陋習ヲ長ジ、人生ノ模範ヲ衰世《すいせい》逆境ノ士ニ取リ其危激《きげき》ノ言《げん》行《ぎょう》ニ倣《なら》ハントシ、朋党《ほうとう》比周《ひしゅう》上長《じょうちょう》ヲ犯スノ俗ヲ成サントスルカ如キ、凡如此《すべてかくのごとき》ノ類《たぐい》ハ皆是青年子弟ヲ誤ル所以《ゆえん》ニシテ恭倹己《きょうけんおの》レヲ持シ、博愛衆ニ及ホスノ義ニ非《あら》ス。戦後努メテ驕泰《きょうたい》ヲ戒《いさ》メ謙《けん》抑《よく》ヲ旨《むね》トスルノ意ニ悖《もと》ルモノナリ。

の「恭倹己レヲ持シ、博愛衆ニ及ホスノ義ニ非ス」というところは、第一教育勅語の、

「爾臣民《なんじしんみん》父母《ふぼ》ニ孝《こう》ニ兄弟《けいてい》ニ友《ゆう》ニ夫婦《ふうふ》相和《あいわ》シ朋友相信シ恭儉己レヲ持《じ》シ博愛衆《はくあいしゅう》ニ及《およ》ホシ」（お前たち国民は父には孝行を尽くし、兄弟とは仲よく、夫婦は互いに助け合い、友人を信頼し、他人は尊敬し、自分は謙遜の心を忘れず、多くの人々に慈愛を施しなさい）からの引用だろう。

　肝心なことは、すでに訳したようにこの「第二段落」は「私は先に教育勅語を示して教育の大方針を定めたが、民間では往々にして生徒を指導するにあたってその方法を誤っているものが無いとは言えない。そうした過ちをいまのうちに矯正しておかねば、それは将来において大きな後悔を招くことになるだろう」という書き出しで始まっている。つまり、ここのところが西園寺がもっとも「補正」したかった部分であるのは間違いないが、これも前回強調したように「綸言汗の如し」だから、「補正」は絶対にできない。それでは「神聖不可侵」な天皇を「侵す」ことになる。それゆえ「朕の真意を歪《ゆが》めて受け取っている者どもがおる」、だから「矯正せねばならない」という表現を取らざるを得ない。

　では、西園寺がもっとも「矯正（実際は補正）」したかったのはどこか？

　言うまでも無くこの「第二段落」で、「其歩趨ヲ誤ルモノナキニアラズ」という文言と「凡如此ノ類ハ皆是青年子弟ヲ誤ル所以ニシテ恭倹己レヲ持シ、博愛衆ニ及ホスノ義ニ非ス」、つまり「これらは朕が第一教育勅語で強調した、自分には謙虚に他人は尊敬し慈愛を施せという言葉の意味がわかっていない！」と非難している文言の間に実例として挙げられていること、つまり、

　外ヲ卑ミ内ニ誇ルノ陋習ヲ長ジ、人生ノ模範ヲ衰世逆境ノ士ニ取リ其危激ノ言行ニ仿ハントシ、朋党比周上長ヲ犯スノ俗ヲ成サントスルカ如キ、凡如此ノ類

にほかならない。

改めて訳せば、外国を蔑視し日本だけを尊大に誇り、人生の模範を乱世や逆境に生きた人物に求め、ことさらに徒党を組み過激な言動を弄して秩序を乱す等々である。

である。こうした人物がどんな「宗教」を信じていたかは、この『逆説の日本史』の愛読者なら自明のことだろう。朱子学である。独善性と排他性に満ち進歩を阻害《そがい》する、まさに「亡国教」である。清国も朝鮮国も結局これによって滅ぼされた、と言っていい。しかし日本だけはこの朱子学を改変し四民平等を達成した。天皇を神の座にまで押し上げ「平等化推進体」とし、「天皇の下では万人平等」という形で朱子学の「本場」である清国も朝鮮国も成し遂げられなかった国民国家を創造した。

■百年後に実現した「外国人には丁寧親切にして寛容」な国ニッポン

しかし、そうは言っても元は朱子学であるから、日本でいくら改変に成功したと言っても、その本質である「独善性と排他性および商業（経済）蔑視」は明治の時代になっても副作用として残された。その商業蔑視を見事に改変したのが、天才渋澤栄一である。渋澤の改革によって、清国も朝鮮国も成し遂げられなかった近代資本主義国家の建設が日本において可能になった。

そもそも独善性も排他性も商業蔑視も、朱子学という「毒」が持つ強烈な副作用である。その毒性を日本人は歴史的に上手く取り除いてきたのだが、最後に独善性と排他性という毒素だけが残った。それを天皇の絶対的権威を利用することによって、その命令という形で排除しようとしたのが西園寺公望であり、第二教育勅語なのだ。幸いにも第一教育勅語には、独善性と排他性を誇示するのとはまったく反対の姿勢を守れという意味の「恭倹己レヲ持」せ、つまり「常に謙虚であれ」という言葉があった。だから西園寺はこの言葉を上手く使って（「利用して」と言うと天皇に対する不敬行為になる。しかし実質的にはそうである）、日本的朱子学に残った最後の毒素とも言うべき独善性と排他性を排除しようとしたのである。それゆえ、第二教育勅語の次の段落は、「常に謙虚であり外国に対して尊大な態度を取らない日本人のあるべき姿」になる。

此時《このとき》ニ当リ朕ガ臣民ノ与国ノ臣民ニ接スルヤ丁寧親切ニシテ、明ラカニ大国寛容ノ気象ヲ発揮セザル可カラズ。

先に訳したように、「他国の人々と接するには丁寧親切を旨とし大国の国民としての寛容の態度を示すことが必要だ」というのだ。この第二教育勅語が模索された時点で、日本は日清戦争に勝ち台湾《たいわん》という新しい領土（領民）を獲得した。また、その結果いわゆる不平等条約の改正が進み、近い将来外国人とくに欧米の人々が日本国内で「雑居」する道が開かれた。思い出してほしい。幕末に日本が結んだ不平等条約では、日本はイギリスやアメリカに大使では無く公使しか置けなかった。しかしその反面、外国人にとってもこの条約は日本国内での自由な旅行や居住地の選択に制限を加える不平等なものであった。たとえば、イギリスは留学生夏目金之助《なつめきんのすけ》（漱石《そうせき》）に「お前は日本人だから日本人町に住め」などとは言わなかった。もちろんフランスへの留学生西園寺公望も同じだが、日本では長い間の攘夷主義の影響もあって、外国人は「居留地《きょりゅうち》」に住んでいた。そうしないと生麦《なまむぎ》事件のような緊急事態に身の安全を守れないということもあったからだ。しかし、もうそういう時代では無い。この第二教育勅語の冒頭でも強調されているように「先皇（孝明天皇）」が決断した「開国ノ国是」はもう絶対に揺るがない。だからこそ「内地雑居」があたり前になる社会では、「外国人に対しては丁寧親切にして寛容」でなければならない。ちなみに、この「内地雑居」は当時の「流行語」というか時事用語であって、国民は誰でも知っている言葉だった。もちろん「日本国内で日本人と外国人が雑居する」という意味だが、いまではこの時代の専門家でも無い限り知らない死語になってしまった。そうなった理由は、おわかりだろう。現代の日本でそれが実現されあたり前になったからだ。「外国人が日本国内どこでも自由に居住し、日本人はその外国人たちに対して親切丁寧にして寛容である」、西園寺が理想とした状態をこのように要約するなら、その理想は百年以上の時を経てようやく実現したと言っていいだろう。二〇二二年（令和4）六月から七月にかけて、日本政策投資銀行と日本交通公社が共同で実施した世界各国に対するウェブアンケート（『DBJ・JTBF アジア・欧米豪 訪日外国人旅行者の意向調査 2022年度版』）では、新型コロナウイルス感染症終息後に行きたい国のトップが日本だった。「次の海外旅行先として、日本の人気は1位 アジアではトップを維持、欧米豪ではトップから2位に低下」（日本交通公社ホームページ）である。泉下《せんか》の西園寺が聞いたら、泣いて喜ぶだろう。この状態を実現することが当時相当困難だと考えられていた（だから勅語を「利用」しようとした）ことが、まったく忘れ去られている。これも思い出してほしい。日清戦争勃発は一八九四年（明治27）だが、攘夷浪人たちが東京高輪《たかなわ》にあったイギリス公使館に斬《き》り込みイギリス人外交官を殺そうとした東禅寺《とうぜんじ》事件は一八六一年（文久元《ぶんきゅう》）のことで、この時点ではまだ三十三年しか経過していないのである。しかも、西園寺の「兄貴分」首相伊藤博文も「イギリス公使館建設予定地」を焼き打ちした元「攘夷派」であった。もっとも、これは伊藤の「兄貴分」高杉晋作の「指導」によるもので、あきらかに「本気」では無かったことはその後イギリスに留学したことでも証明されているが(コミック版『逆説の日本史　幕末維新編』参照)。

いずれにせよ、生麦事件あり東禅寺事件ありで、当時のイギリス人にとって日本は「行きたくない国ナンバー1」だったろう。それが改善されたのは、外国人から見て「日本人が絶対に逆らわない命令を出せる唯一の存在」である天皇（明治天皇）が五箇条の御誓文を出し、皇祖皇宗《こうそこうそう》（天皇家の祖先たち）に誓約するという形で「開国する（もう攘夷はしない）」と宣言したからだ。それなら信頼できると、「お雇《やと》い外国人」も来日するようになった。ことほど「天皇効果」は絶大である。四民平等も完全なものでは無いが、「男女平等」も五箇条の御誓文や第一教育勅語によってこそ実現した。繰り返すが、中国・朝鮮では不可能だったことだ。そこで話は戻るが、西園寺は「天皇効果」によって朱子学が日本にもたらした最後の毒素「独善性と排他性」を排除しようとしたのだ。

これも何度も述べたことだが、日本人は宗教オンチである。だから宗教を無視した歴史学者の歴史学がまかりとおることになる。いま述べているところも朱子学（儒教《じゅきょう》）に深く絡んでいる問題だから、まずはその点を分析せねばならない。あらためて「悪い例」として挙げられている「彼ノ外ヲ卑ミ内ニ誇ルノ陋習ヲ長ジ、人生ノ模範ヲ衰世逆境ノ士ニ取リ其危激ノ言行ニ仿ハントシ、朋党比周上長ヲ犯スノ俗ヲ成サントスルカ如キ、凡如此ノ類」について解説せねばなるまい。「彼ノ外ヲ卑ミ内ニ誇ルノ陋習ヲ長ジ」というところは、わりとわかりやすい。これも先に訳したように、「外国を蔑視し日本だけを尊大に誇」ることである。歴史的に言えば朱子学とは、現実の戦争では野蛮人であるはずの遊牧民族に決して勝てなかった漢民族が「勝ったつもり」になるために作った「虚妄」であり、「インテリのヒステリー」だ。では、それがなぜ「模範ヲ衰世逆境ノ士ニ取リ」つまり「人生の模範を乱世や逆境に生きた人物に求め」る、ことになるのか？　なぜ、それが好ましくないのか？

じつは、このことはすでに二十年近く前にこの『逆説の日本史』（第7巻「中世王権編」）で述べている。このこと、つまり「人生の模範を乱世や逆境に生きた人物に求める」ことを歴史上最初に論理的に批判したのは、老子《ろうし》である。彼は正確な生没年は不詳だが中国の春秋戦国《しゅんじゅうせんごく》時代の人だから、秦《シン》の始皇帝《しこうてい》の中国統一以前に生きていた、いまから二千年以上前の哲学者だ。朱子学が生まれたのはずっと後だが、その源流である儒教はすでに広く知られていた。そして、その儒教を徹底的に批判したのが老子であり、その思想を受け継いだのが荘子《そうし》だ。彼らの主張を一言で言えば、「儒教の理想は間違っている。そんな理想を実現しようとすれば人民は大きな不幸に苦しむことになる」である。

しかし、この段階では儒教はまだ朱子学というヒステリックなものにはなっていない。朱子学にくらべれば、孔子《こうし》・孟子《もうし》ははるかに「牧歌的」な教えだ。それなのに、なぜそれが人民を不幸にするのか？

■「忠臣がもてはやされるのは国家が乱れているとき」

老子の時代（紀元前！）の儒教は確かにまだ朱子学ほどヒステリックでは無いのだが、西園寺公望が第二教育勅語を「使って」消そうとした「毒素」は、すでに含まれていた。第二教育勅語で「人生ノ模範ヲ衰世《すいせい》逆境ノ士ニ取リ其危激《きげき》ノ言行《げんぎょう》ニ仿《なら》ハントシ」（人生の模範を乱世や逆境に生きた人物に求め）と指摘されている部分である。なぜ儒教が「人生の模範を乱世や逆境に生きた人物に求め」るのか、なぜそれが「ダメ」なのか、それについて初めてきちんと説明したのは拙著『逆説の日本史 第七巻 中世王権編』においてだから、なんといまから四半世紀前の一九九八年（平成《へいせい》10）のことになる。単行本が出たのは翌九九年だが、『週刊ポスト』の連載として文章が掲載されたのはこの年、読者のなかにはまだ生まれていないか子供だった方もいるだろう。

そこで改めて説明しよう。古くからの愛読者は「復習」のつもりで聞いていただきたい。そのことを述べたのは、前出の第七巻第二章「『太平記《たいへいき》』に関する小論編」だ。それを読んでいただければ当時の国文学界の大御所と見られていた先生方でも、儒教あるいは朱子学（宋学《そうがく》）に対する理解がまったく不足していたことがわかる。もちろん彼らがそうなってしまったのは、日本歴史学界の三大欠陥の一つ「宗教の無視」が日本の歴史教育自体を歪めているからであり、国文学者の方々もその「誤った歴史教育の犠牲者」ではあるのだが、私に言わせればこの根深い「儒教に関する誤解」はなかなか根絶されない。私の力不足ももちろんあるが、ここのところが日本人にもっともわかりにくい部分だからだろう。逆に言えばここはまさに「日本史の急所」であり、ここさえ理解すれば「歴史開眼」できるほどのことなのである。

わかりやすく説明しよう。

「現代でも『国のために命をささげる』と言う政治家はいる。しかし、その言葉が本当かどうかは、この国に戦争や内乱が起こらないとわからない、いわばその政治家が本当に命を投げ出したところで初めて『あの言葉に嘘はなかったんだ』とわかるわけだ」

わざわざこの文章を「　」でくくったのは、引用だからである。しかし他著からの引用では無い。先に紹介した『逆説の日本史 第七巻 中世王権編』の八十二ページ（文庫版なら96ページ）からで、この説明が一番わかりやすいからだ。現在の視点で補足するなら、ウクライナの現状だろう。かの国にも戦争前には「私は戦争になったら祖国のために死ぬまで戦う」と豪語した政治家や軍人がいたに違いない。そして、残念ながらそのなかには戦争が始まると同時にさっさと逃亡した連中もいたに違いない。これはウクライナ国民の民度の問題では無く、人類の法則と言うべきものだ。人間は往々にして、安全なときは適当なことを言って人気を得ようとする動物だからである。しかし、現在のウクライナはロシアによる侵略戦争に抵抗中であり、それゆえに本当に国のために命を捧げる政治家や軍人とは誰か、区別がついている状態だと言える。

問題は、それが国民にとって「おめでたい」状態であるかどうかだ。めでたいはずが無いのは誰でもわかる話で、いくら国家に忠実な政治家や軍人（昔はこれを「忠臣《ちゅうしん》」と呼んだ）の区別がついたとしても、戦争が続く限り多くの国民が殺され国土は破壊される。国民あるいは国家にとってもっとも望ましいのは、「戦争など起こらない」ことだ。

しかし「人生の模範を乱世や逆境に生きた人物に求め」る儒教では、結局そうした事態つまり戦争が続くことを「奨励」しているも同然ではないか。だから老子は二千年以上も前に「国家昏《こん》乱《らん》して忠臣有り」と言った。敷衍《ふえん》すれば「忠臣がもてはやされるのは、国家が乱れているとき（人民が不幸なとき）ではないか。だからそれを理想とする儒教は間違っている」ということだ。老子は「六親《りくしん》和せずして孝慈《こうじ》有り」とも言った。前に私はこの「実例」として戯曲家ウィリアム・シェークスピアの『リア王』（黒澤明《くろさわあきら》監督作品の『乱《らん》』はこの作品の翻案）を出したが、あのドラマにおいてリア王の末娘コーディリアは親孝行の手本である。中国では昔、これを「孝子《こうし》」と呼んだ。コーディリアは、たしかに孝子の鑑《かがみ》だ。しかし、なぜその「区別」がついたのかと言えば、ファミリー全体が不幸になったからである。これもそうならないほうがいいに決まっている。だから「そもそも家族が不和にならないと孝子は区別できない。しかし、そんなことにならないのが一番いいのだから、孝子を模範とする（暗にその出現を期待している）儒教は間違っている」と、老子は述べたのだ。この一連の老子の言葉は「大道廃《だいどうすた》れて仁義《じんぎ》有り」で始まっている。仁義というのは孔子の後継者とも言うべき孟子が主唱した言わば「乱世向けの道徳」なのだが、これも老子に言わせれば「そんな道徳が求められる状態（乱世）になるより、なにも起こらない平穏で自然な状態（大道）のほうがいいに決まっている」ということなのだ。また、老子の思想の後継者とも言うべき荘子《そうし》は、それをもっと具体的に表現した。その荘子の一節を、私はかつて同じ第七巻で次のように解説した。

「長い間の干ばつで水が干上がった池を思い浮かべて頂きたい。ところどころ水たまりが残っていて、生き残った魚が互いにバシャバシャやって水をかけあい助け合っている。その情景は確かに悲しく美しい。しかし、水がたっぷりあって互いの存在など忘れている時の方が本当に幸せなはずだ」

これを荘子は「江湖《こうこ》に相忘《あいわす》るるに如《し》かず」と表現した。意味はおわかりだろう。

では、こうした「毒素」を除去できなかった場合、その国家はどういう状態になるか考えていただきたい。まず、平和よりも戦争を求める国家になるはずだ。なぜなら、戦争になってこそ「本当の忠臣は誰か」が明確になるからだ。そして、そうした人物を鑑とし理想とするから国際紛争の解決においても、平和的あるいは協調的な外交より、こうした人物を輩出する環境すなわち戦争を指向していくという国家になっていく。当然のことだが、そうした国家では戦争を推進する軍部がもてはやされ、平和を指向する政党は軽んじられる。おわかりだろう、それはこれから先の大日本帝国が辿った道だ。

西園寺は、そうした傾向に歯止めをかけようとしたのである。

そして、これまでの問題は「儒教の毒」の問題であったから日本だけで無く中国・朝鮮にも共通する課題であったが、これから述べることは日本だけの問題点だ。なぜなら、それは日本の伝統的宗教思想と合体した日本的朱子学の持つ「毒素」の問題だから、純粋な儒教あるいは朱子学だけの中国・朝鮮には存在しない問題なのである。

■西園寺が阻もうとした日本的朱子学がもたらす「思想的潮流」

さて、改めて問う。忠臣とはなんだろうか？　辞書を引けば「まごころを尽くして主君に仕える臣下。忠義の臣下。忠士」(『日本国語大辞典』小学館刊）のことだが、その「まごころを尽くして」「仕える」「主君」の定義について日本と中国・朝鮮ではまるで考え方が違うということをご存じだろうか？　『逆説の日本史』シリーズの古くからの読者はご存じのはずである。前出の第七巻でも説明したし、それ以降も事あるごとにその違いを指摘してきた。しかし、未読の読者もいるだろうと思うので解説する。

たとえば、日本の代表的な忠臣として大石内蔵助良雄《おおいしくらのすけよしお》を挙げれば文句を言う人はいない。では、もし近代以前の中国人や朝鮮人に、日本を代表する忠臣は大石内蔵助だと言ったら、どういう反応があるか想像がつくだろうか？　彼らは異口同音にこう言うだろう。「では、その主君（浅野《あさの》内匠頭長矩《たくみのかみながのり》）はどうしようもない暴君か暗君だったのですね」ということだ。これもじつは「国家乱れて忠臣あり」と同じ考え方で、名君は常に臣下に公平に接し臣下が尽くせば必ず評価してくれるので、好んで去る臣下はいない。問題は暴君か暗君《あんくん》が主君だったときだ。当然その国あるいは家は衰えていく。愚かな主君であるから臣下として忠実に務めを果たしても、見返りがあるどころか殺されることだって考えられる。だから、普通の人間はどんどん逃げていく。そんなときに決して逃げず、どんなに主君が残虐であろうと愚鈍であろうと最後まで尽くす、それを本当の忠臣というのだ。

おわかりだろう。だから儒教の徒は「最高の忠臣ならば、その主君は最低の君主だったのだな」と反射的に思う。論理的必然というわけだ。

しかし最近はさすがに少なくなったが、第一章でも述べたように昔は大石の主君「浅野長矩はバカ殿だ」と言うと、いろいろなところから文句がきた。「なにがバカ殿だ。浅野長矩は名君だ」という抗議である。しかし儒教本来の考え方で言えば、浅野をバカ殿と定義すればするほど大石の忠義は光り輝くので、じつは「浅野はバカ殿」だと決めつけることは「そんなバカ殿になんの見返りも無いのに命を捧げてまで忠義を尽くした大石は、最高の忠臣だ」と褒《ほ》めそやしているのと同じなのだ。ところが、日本人にはこれがわからない。逆に「大石のような素晴らしい忠臣の主君なのだから、浅野は名君だった」というような、非論理的な反応をする。合理的に考えればわかることだが、本当に名君だったら一時の怒りに我を忘れて傷害事件を起こして藩を潰し、多くの家臣と家族を路頭に迷わせたりはしない。

では、なぜ日本人は浅野を名君だと「思いたがる」のか？　それもやはり第七巻で説明したところだが、怨霊信仰《おんりようしんこう》があるからである。浅野は無念の死を遂げた。その無念の死を遂げた人間を愚か者呼ばわりすることは、怨霊信仰の原則に反する。むしろまったく反対のこと、つまり浅野は名君だと言って「鎮魂」しなければならない。しかし、ここでおおいなる矛盾が生まれる。浅野が一時の短慮で自分の家を潰したのはまったくの事実である。しかしそれでも「名君」としたいなら、「名君だったのだが自制心を超えるほどのイジメを加えた『極悪人』がいた」と強弁するしかない。それが吉良上野介義央《きらこうずけのすけよしひさ》なのである。いわゆる『忠臣蔵《ちゆうしんぐら》』にあることはあり得ない芝居のウソで、吉良はまったくの無実であることは『逆説の日本史　第十四巻　近世爛熟編』に詳述したところだからここでは繰り返さないが、じつはいま、西園寺公望では無く桂太郎内閣時代の大問題を語っていることにお気づきだろうか。

日本最高の忠臣は大石内蔵助では無く、楠木正成《くすのきまさしげ》である。これは近代以前の日本人にとっては常識中の常識だ。では、その楠木正成の主君後醍醐《ごだいご》天皇はどういう人物であったか？　これも第七巻以降何度も説明したことだが、後醍醐天皇はきわめつきの暗君であった。能力的にはきわめて優秀だが、わがままで自分勝手で私欲の塊である。しかも「反省」という言葉は彼の辞書には無い。これも第七巻や本書の第一章を読んでいただければわかることだが、そもそも後醍醐天皇が起こした戦乱の時代を描いた軍記物のタイトルが『太平記』、現代語に訳せば「平和物語」であるのも、私は後醍醐天皇が最後に遺した言葉に由来し、作者はありったけの皮肉を込めてタイトルとして採用したのだと思っている。

しかし、日本人は怨霊信仰の影響で「正成は最高の忠臣だから、後醍醐天皇は名君であった」と言いたがる。だが、実際にはそうでは無い。では、どうすればよいか？　吉良義央のような「極悪人を製造」することだ。それが足利尊氏《あしかがたかうじ》であり、室町将軍家であり、その足利にバックアップされた北朝なのだ。だからこそ、大逆事件をきっかけに大論争になった南北朝正閏論《なんぼくちょうせいじゅんろん》において、歴史の事実とは逆にむしろ平和を乱した欠徳の君主である後醍醐の子孫の南朝が「正統」とされたのだ。こうした思想的潮流を認識してこそ、たとえば南北朝正閏問題の分析の冒頭で紹介した、幕末の足利三代木像梟首《きようしゆ》事件、つまり足利氏の菩提寺等持院《とうじいん》から尊氏、義詮《よしあきら》、義満《よしみつ》の木像の首が持ち去られ三条河原《さんじようがわら》に晒《さら》された事件も（多くの歴史事典に書いてあるように）時の徳川将軍家への嫌がらせという単純なものでは無く、深い思想的背景を持った重大事件だということがわかるだろう。

西園寺公望は、こうした思想的潮流を阻《はば》もうとしたのである。

しかし失敗した。

■「第二教育勅語」が保留にされたまま発布されなかった理由を推理する

西園寺公望の「第二教育勅語」発布による日本人の精神改造計画、それは具体的に言えば朱子学のもたらす「独善性」および「治世よりも乱世を尊ぶ傾向」を、日本人の心のなかから排除することが目的だった。

改めて強調しておくが、朱子学とは「亡国の哲学」であり清国も朝鮮国も結局この「毒」によって滅んだ。しかし、日本だけは朱子学に神道《しんとう》を「習合《しゅうごう》」させることによって、朱子学だけでは絶対不可能である四民平等を実現し男女平等を推進した。そして天才渋澤栄一の尽力によって、朱子学の「毒素」の一つである経済蔑視も排除した。残るは前記の「独善性」および「治世よりも乱世を尊ぶ傾向」を排除すれば、日本は朱子学の悪影響を脱した理想の国家になれる。その道をめざしたのが西園寺なのだが、これは失敗に終わった。なぜ失敗に終わったのかと言えば、第二教育勅語は結局発布されなかったからである。

では、なぜ発布されなかったのか？　歴史学界の意見は二つに分かれているようだ。一つは、第一教育勅語発布にかかわった保守派が反発し妨害したからだとする説。もう一つは、ほかならぬ第二教育勅語制定の時期に西園寺が病気を患い目的を完遂できなかったとするものである。

まず「保守派による妨害説」だが、これはあり得ないと考えていいだろう。なぜなら、西園寺はこの第二教育勅語の発布を明治天皇の支持の下に進めていたからである。天皇はしばしば西園寺の文教政策への信頼を口にしており、そのことはさまざまな記録に残っている。だからこそ天皇の信頼が篤《あつ》かった伊藤博文は、まず文部大臣として西園寺を起用した。そんななかで、「臣下」にすぎない保守派が西園寺の計画を妨害できるはずも無い。

ここで、西園寺の第二教育勅語「策定」以外の文教政策について紹介しておこう。実現したもののなかで言えば、まず京都帝国大学の設立が挙げられる。京都帝国大学は、一八九七年（明治

30）六月に勅令によって京都に設置された、東京帝国大学に続く、第二の国立総合大学だった。設立計画は明治二十年代からすでにあったが、当時の大日本帝国の国力では国立総合大学を二つ作るのは難しく、かろうじて三高（第三高等中学校）が京都に創立されるのにとどまった。その後、日清戦争もあり計画が先送りになっていたのを西園寺文相が実現した。京都大学は〈当時東京にあった唯一の帝国大学に対し、競学の風を起し、清新な学術の発達を促すことに主眼がおかれ〉〈東大が政府との因縁深くそれと密着してとかく官僚主義的気風の目立ったのに対して、当初から自主独立の気概と自由主義的学風に富んでいた〉（〈　〉内は『国史大辞典』吉川弘文館《よしかわこうぶんかん》刊の「京都大学」の項目からの引用。項目執筆者柴田実《しばたみのる》）。京大がこのような「自由主義的学風」になったのは西園寺の影響だろう。前にも述べたが、「官僚主義的気風」の東大からはノーベル賞受賞者が出ず、京大出身者が多数を占めた時代もたしかにあった。またこの時期、西園寺の肝煎りである総合雑誌が創刊された。『世界之日本《せかいのにほん》』という。

世界之日本　せかいのにほん

明治中期の総合雑誌。明治二十九年（一八九六）七月二十五日創刊、三十三年三月二日廃刊（通巻全九十四冊）。当初半月刊、ついで月刊、さらに週刊。竹越与三郎《たけこしよさぶろう》（三叉《さんさ》）が主幹者として、陸奥宗光・西園寺公望らの支援で東京市京橋区の開拓社より発行。日清戦争後の国民像を「世界を組織する列国の一」つの国民と捉えて、世界的視野からその育成をはかろうとした雑誌で、内村鑑三《うちむらかんぞう》・山路愛山《やまじあいざん》・梅謙次郎《うめけんじろう》ら明治中期の著名な言論人や学者が寄稿し、文芸作品も多彩である。この間、月刊化と同時に三十年一月五日より日刊新聞『世界之日本』（四面建て）を平行して発行したが、同年十月十六日（第二三六号）に廃刊している。国立国会図書館・東大明治新聞雑誌文庫所蔵。

（『国史大辞典』吉川弘文館刊　項目執筆者佐藤能丸《さとうよしまる》）

この『世界之日本』という雑誌名も、西園寺の命名によるものだという。西園寺は「世界」という言葉が大好きで、演説にもしばしば使用し女子教育および英語教育の重要性を訴え続けた。そのため当時のジャーナリズムからは「国粋主義」に対抗する「世界主義」の推進者とみなされた。もっとも西園寺自身は世界主義などと言ったことは一度も無いと否定しているが、西園寺に見込まれ『世界之日本』の主筆となった竹越与三郎は創刊第一号の「社説」で次のように述べている。

日本は絶對の一國にあらず、共存共制の大法に繫がれ世界を組織する列國の一にして、東京灣の水は直ちに金門港《ゴルデンゲート》（金門橋のあるサンフランシスコのことか。引用者註）の水と相潮汐するが如く、列國の思想生活互に相觸着し、相感動するを知らば、世界の勢力と相背きて永く孤獨を守る能はざるや、初めより明か也。

これはまさに西園寺の思想そのものだろう。ちなみに、竹越与三郎は後に西園寺の伝記作者となる人物なのでその人となりを紹介しておくと、一八六五年（慶応《けいおう》元）に武蔵国本庄宿《むさしのくにほんじようじゆく》（埼玉《さいたま》県本庄《ほんじよう》市）の酒造業一家の次男として生まれた。西園寺よりも十六歳年下ということになる。

次男であったため早くから学問を志し、『西国立志編《さいごくりっしへん》』の著者中村正直《なかむらまさなお》に学び、ついで慶應義塾《けいおうぎじゅく》で福澤諭吉に学んだ。生家の姓は「中村」だったが、伯父の家に養子に行き竹越姓になる。そして福澤の勧めで新聞記者となった。またこのころ、キリスト教の洗礼を受けた。徳富蘇峰《とくとみそほう》とも知り合い國民新聞の記者となり政治評論を担当したが、この間歴史に興味を抱き明治維新史を多方面から分析した『新日本史』を刊行し、アカデミズムとは一線を画した在野史家としての地位を固めた。竹越は後に古代から明治維新までの日本通史『二千五百年史』も書いているので、この分野における筆者の「先輩」ということになるわけだが、同じく通史である『近世日本国民史』を著わした蘇峰とは歴史観の違いで対立し、袂《たもと》を分かった。前にも述べたように、蘇峰は日清戦争以降国粋主義的な立場を強め、西園寺のライバルである桂太郎のブレーン的な存在になっていった。これに対して竹越は「世界主義」であったがゆえに西園寺の知遇を得て、そのブレーン的な存在になった。

もう一つ特筆すべきことは、西園寺がいわゆる「部落問題」にも深い関心を抱いていたということだ。明治になって四民平等は達成されたとは言え、差別は残った。それを象徴するのが「新《しん》平民《へいみん》」という呼称である。

新平民［しんへいみん］

〈解放令〉によって平民籍に編入された被差別身分に対する差別的呼称。明治維新によって取り組まれた身分制の解体・再編成により、皇族、華族、士族を除くほとんどの〈日本国民〉が平民として取り扱われるようになった。したがって、この時新たに平民籍に編入されたのは、けっして被差別身分だけではなかったが、〈新平民〉と呼ばれたのは〈解放令〉によって平民に組み入れられた旧穢多《えた》身分を指す事例がほとんどであった。

（『部落問題・人権事典』部落解放・人権研究所刊の「新平民」の項目より一部抜粋　項目執筆者小林文広《こばやしたけひろ》）

西園寺は、京大創立の前年で『世界之日本』創刊の年である一八九六年（明治29）十一月、文部大臣として中国・四国地方の学事視察を挙行した際、兵庫県で新平民の小学校を訪問している。これは『西園寺公望公伝』に「稀有《けう》」の事例として書かれている事実である。残念ながら公伝の記事は簡潔で、いまのところ詳細な記録も発見されておらず具体的にはどういう状況だったのか、よくわからない。しかし、西園寺はあらゆるところに目配りしていたことがわかる。

■「妨害説」「病気説」そして伊藤の反対

ここで注意すべきは、西園寺も竹越も「リベラル」ではあったが、決して幸徳秋水のように「帝国主義をやめろ」とまでは言っていないことだ。むしろ欧米列強を模範とし、一方で朱子学に根差す偏狭な国粋主義は捨てて世界に開かれた国家になるべきだ、と言っている。つまり、この先設立されることになる国際連盟のような世界的組織の有力メンバーとして日本は活動すべきであって、自国のみが正義であり優秀であるなどという朱子学的排他主義的な国家になるべきでは無い、ということでもある。

結局、大日本帝国は後者の道を行ったことはご存じのとおりである。

なぜそうなったのかは、結局、西園寺が「負け」、桂太郎が「勝った」からである。その直接のきっかけは、西園寺が出そうとしていた第二教育勅語が日の目を見なかったからである。では、当初の疑問に戻ろう。なぜ第二教育勅語は発布されなかったのか？　西園寺の文相としての力量は述べたとおりだ。また、明治天皇にも支持されていた。やはり「保守派による妨害説」は考えにくいのである。

では、病気説はどうか？　じつはこれについては『竹越与三郎氏談話速記』という史料があり、竹越自身が証言している。竹越はその後官界に身を投じ西園寺文相の補佐官として第二教育勅語の制定に大きくかかわっていた。いや、彼が特命を受けた担当官だった。そして、すでに紹介した第二教育勅語の文章も固まり、あとは閣議決定をすれば発布できるところまで漕ぎ着けた。ところが、その時点で西園寺は病に倒れた。そこで前にも述べたように、竹越は西園寺の枕頭で閣議を開き、これを承認することを要請したが、伊藤は拒否したので竹越は辞表を出した。

たしかに、これは竹越本人の証言であるから第三次伊藤内閣のときにこの件がいったん「保留」になったのは事実だろう。しかし、これでは申し訳ないが完全な説明にはなっていない。なぜなら、西園寺は死んでしまったわけではないからだ。もし死亡あるいは失脚したのなら、それとともに第二教育勅語は日の目を見なかった可能性はじゅうぶんにある。しかし、西園寺はその後も長寿を保ち総理大臣を歴任し元老にもなっているのだ。いわばいつでも持ち出せる立場にあったし、そもそも第二教育勅語の発布は彼の政治家としての基本姿勢に基づくものではないか。おわかりだろう、なぜ「引っ込めたままその後出さなかったか」まで説明しないと、完全な説明にはならないのである。

順を追って考えてみよう。まず、伊藤首相はなぜ「枕頭の閣議」に反対したのか？　一つ考えられることは、明治人らしい畏れだろう。国家百年の計にとって重要なことであり、しかも天皇の名をもって発表されることを、そのような異常な状態で決めてはならない。そんなことをするのは畏れ多い、という感覚だ。これはいまではまったく忘れられた感覚だが、明治の人々にとってはむしろ常識であった。ただし、これではそのとき「保留」にされた説明はつくが、その後西園寺が「復活」させなかった理由にはならない。そう考えると、伊藤はもともと西園寺の第二教育勅語には反対だったのではないかという推測が成り立つ。伊藤は西園寺にとっては兄貴分であり先輩でもある。ともに政党政治を日本に確立しなければならないという使命感は持っているが、伊藤は西園寺ほど「リベラル」ではない。憲法についても大隈重信や福澤諭吉が提案した英米流の自由を重んじた憲法よりも、それよりは統制的なプロシア流の憲法を採用した。また、山県有朋などと違って政党政治の有用性は認めていたが、当初は議会など無視する超然主義の立場を取っていた。

ここからはまったくの想像だが、伊藤はこの第二教育勅語は時期尚早と考えていたのではないか。この時点（明治29）では日清戦争にはなんとか勝ったが、まだロシアという大敵がおり三国《さんごく》干渉《かんしょう》を仕掛けてきたばかりである。伊藤自身は日露開戦には反対だったが、第一教育勅語の呼びかけた国民の団結をまだ緩《ゆる》めるべきではないと考えたのではないか。伊藤なら「趣旨には賛成だが、しばらく時節を待て」と西園寺に指示できる。いや、そんなことができるのは天皇を除けば伊藤しかいないのである。

■伊藤と明治天皇の死によって水泡に帰した「新・第二教育勅語」

西園寺公望が第二教育勅語発布を断念した経緯は、保守派の妨害でも無ければ西園寺自身の病気によるものでも無い。病気は完治したし、その後西園寺は総理大臣にもなった。だから病気は「保留」の原因になっても、「断念」の理由にはならない。

やはり伊藤博文が止めたのだろう。理由は、日露戦争を勝ち切るまでは「外国との融和」を重んじる第二教育勅語は時期尚早であり、「国民の団結」を訴え戦争遂行に有利な第一教育勅語だけでよいと伊藤は判断し、おそらく「もうしばらく時節を待て、発布の時期はわしに任せろ」と西園寺を説得したと私は考える。

なぜそう考えるかと言えば、一時は新聞社の社長になってまでも欧米型の開かれた社会を作ろうとしていた西園寺が、その最適の手段である第二教育勅語発布をそう簡単にあきらめるはずが無いからだ。これまでの所論は、あまりにも政治家の信念というものを無視している。明治天皇も暗黙の了解を与えていた。だから西園寺の腹心竹越与三郎は「枕頭閣議」などという非常手段を使ってまで第二教育勅語発布を急ごうとした。仮にも「勅語」である、一臣下の忖度《そんたく》によってどうこうできるものでは本来無い。天皇の支持が無ければ、こうした手段に踏み切れるものでは無い。そして、それでもそれを止められるのは同じく天皇の信頼篤かった伊藤しかいない。

では、なぜその後、西園寺は発布を完全に断念したのだろうか？　おそらく、伊藤が暗殺されてしまったからだろう。私は歴史学者のように史料絶対主義者では無い。その代わりに当時の人々の思想・信条を重視し、その時代の人間になったつもりで考える。現代の考え方から言えば、伊藤が死んだことは第二教育勅語発布の最大の障害が無くなったことになり、かえって発布が促進されるはずだということになるだろう。だが、もう一度言うがそれは現代の考え方である。西園寺にとって伊藤は兄貴分で尊敬すべき大先輩であり、政界に導いてくれた大恩人でもある。その人間と交わした約束は守らねばならない。それは、たとえ相手が死んでも、だ。いや、死んだらなおさら守らねばならない。相手が死んだら約束は無効になるなどとは絶対に考えてはならないのだ。それが当時の人々の道徳観念である。だからこそ私は、二人の間に「発布の時期は伊藤に任せる」という約束があったと考えるのだ。しかし、伊藤の死によって発布が事実上不可能(発布時期の判断を下せる者がいない)になった。では、どうするか? なにか別の手段を考えるか、第二教育勅語を新規に策定するかだ。新案を発布に持ち込むのなら、伊藤との約束を破ることにはならない。

しかし、西園寺にはその余裕が無かった。伊藤が暗殺されたのは、前にも述べたように一九〇九年(明治42)十月二十六日である。仮にこの時点で西園寺が「新・第二教育勅語」の策定を思い立ったとしても、少なくとも一年はそれを実行に移さなかったろう。なぜかおわかりだろうか? これもいまでは忘れ去られた感覚だが「喪《も》に服する」ということだ。「伊藤が死んだ。これで第二教育勅語を出せるぞ」などとは絶対に考えてはいけないのである。

西園寺はこの三年前の一九〇六年(明治39)一月七日、伊藤のバックアップと、後に述べるが山県有朋・桂太郎の暗黙の支持のもとに第十二代内閣総理大臣に任命されている。伊藤の死後も第十四代総理大臣に任命され、第二次西園寺内閣(1911〈明治44〉~1912年〈大正元〉)を率いており、「ライバル」の桂太郎が第十三代総理大臣だったときも政界の実力者であったことは紛《まぎ》れも無いから、「新・第二教育勅語」を出すチャンスはあった。では、結果的になぜ「第二教育勅語」は新案を策定できなかったのか？

もうおわかりだろう。明治天皇が崩御したからである。「綸言汗の如し」。「明治大帝」の御言葉は、御本人しか「訂正」できない。もちろん西園寺は、それを「訂正」では無く「追加」という形で凌《しの》ごうと考えていたのだが、いずれにせよ天皇がこの世を去った時点でこの計画は完全に水泡に帰したのである。伊藤博文も明治天皇も、この世を去るのが少し早すぎた。天皇ももう少し長生きするだろうと誰もが考えていた。だからこそ、乃木《のぎ》大将は拙速で皇孫殿下（後の昭和天皇）に「中朝事実《ちゅうちょうじじつ》」の講義をしなければならなかった。そして最大の皮肉は、明治天皇崩御の時点での内閣が桂太郎では無く、西園寺内閣であったことだろう。もう少し伊藤と天皇が長生きして西園寺をバックアップしていれば、その後の歴史はかなり違ったものになった可能性がある。

歴史・ｉｆ（イフ）など考えても意味が無い、というのがいまの日本の歴史学界の通説のようだが、そんなことは無い。むしろ、歴史をより深く理解するには絶対に必要な作業である。その理由については、何度も説明したので繰り返す必要は無いだろう。そこでまず思い出していただきたいのが、『逆説の日本史　第二十六巻　明治激闘編』のサブタイトルにもなっている「日比谷《ひびや》焼打《やきうち》」事件だ。歴史学界はおおむねこの事件を「大正デモクラシーの出発点」などと好意的に評しているが、これこそ「向こう四十年の魔の季節への出発点」だ、と断じたのが国民作家司馬遼太郎《しばりょうたろう》だ。「向こう四十年」とは、言うまでも無く一九〇五年（明治38）の日露戦争勝利から一九四五年（昭和20）の大東亜《だいとうあ》戦争敗北までを指す。大日本帝国崩壊への道筋と言ってもいい。私もその意見には全面的に賛成で、同書のなかで日比谷焼打事件は「大日本帝国破滅への分岐点」だと書いた。

じつは、この時点で桂首相は内閣が維持できないと、窮余の一策として当時伊藤とともに政友《せいゆう》会《かい》を立ち上げ党首となっていた西園寺に政権を譲る気でいた。文相として伊藤内閣に初入閣した西園寺はその後、内閣総理大臣臨時代理も務めており、伊藤の後継者とみなされていた。桂のバックにいる「陸軍の法王」山県有朋は政党政治に反対だったが、「十六方美人」で「ニコポン」の桂はそれほどでも無く、どうせ内閣が倒されるのなら伊藤・西園寺ラインが推進する政党政治に「貸し」を作っておこうと考えたのだろう。西園寺に対して「政党内閣と名乗るな」という条件もつけたようだ。これが桂と西園寺が交互に政権を担当した「桂園時代」の始まりで、すでに述べたようにその後西園寺は第十二代内閣総理大臣になる。

■日比谷焼打事件に際して日本人の良識を示した西園寺演説

ここで、政友会誕生に至る日本政党史をごく簡単に述べておこう。日本最初の本格的な政党は自由党で、国会開設以前の一八八一年（明治14）に板垣退助《いたがきたいすけ》を中心に結成された。しかし三年ほどで内紛が起こり解散するが、一八九〇年（明治23）の第一回総選挙後に当選した議員たちが自由党の名を復活させた。そして一八九八年（明治31）には大隈重信率いる進歩党と合同し、憲政《けんせい》党《とう》に改称。この憲政党が、日本最初の政党内閣である第一次大隈内閣を実現させた。別名「隈板《わいはん》内閣」というのは、大隈重信が首相兼外相で板垣退助が内相に就任したためである。しかし、路線の対立から内閣は瓦解した。ただし、憲政党自体はその後も生き残り山県内閣に接近を図ったが、政党嫌いの山県は憲政党議員を入閣させなかった。そこで、そのころから日本を政党政治の国にしようと考えていた山県のライバル伊藤と憲政党が結びつき、政友会（正式名称は立憲政友会）

が結成された。初代総裁は伊藤で、総選挙での勝利を背景に総理大臣となり第四次伊藤内閣を成立させた。注意すべきは、まだ議会の第一党の党首が総理大臣になるというルールは確立されていないということだ。そして、この内閣で伊藤は西園寺を総理大臣臨時代理に抜擢した。伊藤は同時期に日韓併合という厄介な問題を抱えており、国内は西園寺に任せるつもりだった。だから早い段階で政友会総裁の座も西園寺に譲った。逆に桂は山県の支持のもとに一足先に総理大臣となったわけだが、日比谷焼打事件が起こり桂は西園寺に総理の座を譲って収拾を図ろうとしたわけだ。

だが西園寺は、総理の座が目の前にぶら下がったこの時期に次のような行動に出ている。

この時に政友会にも動揺がおこり、民衆の動向に追随して講和条約に対する不満を表明しようとする動きがあったが、西園寺ははやばやと条約のやむをえないゆえんを演説して新聞に掲載させ、また英文の翻訳を外字紙に発表させた。このような不人気の演説を発表すれば政友会が民衆のために破壊されてしまう恐れがあるという者に対しては、西園寺は大いに怒り、国家のためには政友会の一つや二つ破壊されても、省《かえ》りみるべきでない、速やかに演説を発表して民心を目ざめさせるべきだと言ったという。

（『西園寺公望―最後の元老』岩井忠熊著　岩波書店刊）

日本人の良識を示したのは、暴徒に焼き打ちされた國民新聞だけでは無かったのだ。ただし、西園寺の言葉を当時の新聞は黙殺した。そんな意見を載せたら新聞が売れなくなる、からだ。だから大日本帝国を滅亡に導き、多くの日本人を殺し地獄の苦しみを味わわせたのは他ならぬ日本の新聞なのである。それはすでに前出の第二十六巻に詳述したところだ。

この良識派、具体的に言えば伊藤と西園寺は、結局山県と桂に負けた。これもすでに紹介したところだが、伊藤は日清・日露戦争の渦中に政権の中枢にいたためだろう、自ら起草に尽力した大日本帝国憲法の「欠陥」に気がついた。この憲法では軍部の独断専行が起こりやすい、という欠陥だ。もちろん、この憲法問題は第二教育勅語問題と基本的に同質で、「改正」という言葉を使えない。欽定（天皇の命令によって定められた）による憲法あるいは天皇の御言葉そのものである勅語に、「改定」つまり「改め正す」ような「誤り」があるはずが無いからだ。だから伊藤は、当初は憲法そのものの「改変」では無く法律の運用によって軍部の独走に歯止めをかけようとした。このこともすでに『逆説の日本史　第二十七巻　明治終焉編』に詳述したところだ。簡単に繰り返せば、伊藤は帝室制度調査局総裁としての権限で、従来天皇の命令である「勅令」には「天皇の署名と担当大臣の署名（副署）があればよかったものを、総理大臣の副署も必要とした。一九〇七年（明治40）二月一日に公布された公式令である。つまり、それまでは軍部に関する命令は陸相、海相だけ副署すればよかったものを、首相の副署も必須であるとしたのだ。こうすれば軍部の行動に総理大臣が目を光らせることができる。もうお気づきだろうが、この時期政権を担当していたのは第一次西園寺内閣なのである。

しかし、これもすでに述べたことだが、せっかくの「伊藤の一手」も山県の巻き返しによって潰された。簡単に言えば、軍隊への勅令を首相の「副署」が必要無い「軍令《ぐんれい》」という形で独立させたのである。

山県有朋は前に述べたことだが、この人はこの人なりに軍人が政治にかかわるべきでは無いと考え、そのために軍人は「世論ニ惑ハズ政治ニ拘《かかわ》」るな、という天皇の命令を『軍人勅諭』という形で発布「させた」。天皇の命令は絶対であるからこれでじゅうぶんであり、政党による監視などは一切必要無いと考えた。しかし、山県の目算は完全に誤っていた。この先軍人たちは議会を無視し、独走を続けるようになる。「議会を無視する」ことは実際には「政治にかかわった」ことになるのだが、彼らはあくまで自分たちは天皇の直臣であり、議会等には左右されない軍部の方針を貫いているのだという形で、実質的に「政治に関与」した。

やはり、議会が監視できるように法体系を変えておくべきという伊藤と西園寺の方針のほうが正しかったのである。当然、山県の巻き返しを受けた伊藤は『伊藤博文　近代日本を創《つく》った男』（講談社刊《こうだんしゃ》）の著者伊藤之雄《いとうゆきお》が指摘するように、憲法「改正」を考えたはずだ。ここのところそんな史料は無いという形で伊藤の目論見を否定する歴史学者もいるようだが、「改正」という言葉は演説でも私的日記でも使えないことを認識していないのではないか。それは天皇に対する「不敬」になる。そしてここまで踏まえて考えると、伊藤は西園寺と足並みをそろえて憲法と教育勅語の実質的「改定」を一気に進めようと考えていたのではないか。基本的な目的は同じであるし、明治天皇の支持もある。しかし、その計画は伊藤の暗殺によって水泡に帰してしまった。

■「一山」という号に隠された「平民宰相」原敬の思い

日比谷焼打事件の責任を取る形で桂太郎首相は退陣し、第一次桂内閣は崩壊した。代わって明治天皇からの大命降下を受ける形で西園寺公望が第十二代内閣総理大臣となり、第一次西園寺内閣が発足した。これ以後、桂と西園寺の「政権交代」がしばらく続く。「桂園時代」の始まりだ。日露戦争の勝利から半年もたたない、一九〇六年（明治39）一月のことだった。

西園寺内閣は政友会総裁である西園寺自身が首相を務めたとはいえ、政友会出身の閣僚は内相原敬と法相松田正久の二人だけだった。あとは官僚出身で、官僚は基本的に「山県・桂派」である。ここで原と松田の人物像を紹介しよう。松田は先に述べたように西園寺とは「フランス留学仲間」であり、ともに『東洋自由新聞』を立ち上げ日本の新聞界に一石を投じた同志でもある。その後は故郷の佐賀から衆議院議員に当選し、第一次大隈内閣では蔵相、第四次伊藤内閣では西園寺の後を受ける形で文相を務めていた。原敬は西園寺より七歳年下だが、これもなかなかのツワモノである。

原敬　はら-たかし
1856－1921　明治-大正時代の政治家。
安政3年2月9日生まれ。井上馨（かおる）、陸奥宗光（むつ-むねみつ）にみとめられて外務次官、駐朝鮮公使。明治31年大阪毎日新聞社長となる。33年政友会結成に参画し、のち総裁。35年衆議院議員（当選8回）。大正7年内閣を組織、陸・海・外務の3大臣以外の閣僚に政友会党員をあてた。衆議院に議席をもつ最初の首相で、平民《へいみん》宰相とよばれる。大正10年11月4日東京駅頭で中岡艮一（こんいち）に刺殺された。66歳。陸奥盛岡出身。司法省法学校中退。幼名は健次郎。号は一山など。

（『デジタル版　日本人名大辞典＋Ｐｌｕｓ』講談社）

原はなぜ「平民宰相」なのか。「衆議院に議席をも」っていたからというのは、残念ながらちょっと説明不足（簡潔を要する事典の記述だから仕方ないが）で、原は当時ほとんどの日本人が欲しがっていた爵位《しゃくい》を求めなかったからなのである。首相を務めるほどの政治家なら、その気になれば最低でも子爵《ししゃく》か伯爵《はくしゃく》になれる。しかし、爵位を持った人間は議員になるなら貴族院議員（西園寺もそうだった）で、衆議院に議席は持てない。原が平民だったのはそういう事情である。

では、原はなぜ爵位を求めなかったのか。福澤諭吉のように平等思想の持ち主だったからか？ じつはまったく違うという見方がある。原は、元々は薩長《さっちょう》藩閥政府だった明治新政府の作った華族制度など一切認めなかった、というのだ。原は戊辰戦争では賊軍とされた盛岡《もりおか》藩の出身で、彼の家は祖父が家老を務めたほどの名門である。だが、戊辰戦争の敗北で原家は上級武士から貧困層へ一気に転落した。一方、伊藤博文も山県有朋も上級武士どころか足軽《あしがる》階級出身なのに、維新後は最高位の公爵《こうしゃく》だ。こうしたことに原は心の奥底では反感を持っていたのではないか、というのだ。

「平民」であることを生涯誇りにしていた原敬は、爵位授与の話があるたびにこれを固辞。遺書には「死去の際、位階勲等の陞叙は余の絶対に好まざる所なれば（中略）墓石の表面には余の姓名の外、戒名は勿論、位階勲等も記すに及ばず」とあった（写真提供／近現代PL）

その傍証となる事実がある。

彼の号である「一山《いちざん》」だ。この「一山」という言葉がなにを示しているか？　じつは、盛岡藩もメンバーであり戊辰戦争の負け組だった奥羽越列藩同盟《おううえつれっぱんどうめい》に対し、勝ち誇った薩長を主体とした官軍が「ほざいた」侮蔑の言葉、「白河以北《しらかわいほく》、一山百文《ひとやまひゃくもん》」を意味する。意味はおわかりだろう。昔から、都から見て「白河の関」以北が陸奥《みちのく》つまり現在の東北地方であった。そこは「一山百文」つまり蕎麦《そば》なら数杯分の価値しかない価値の無い土地だということである。なんらかの形で戊辰戦争にかかわった東北人のインテリなら、誰でも知っていた言葉と言っても過言では無いだろう。前にも述べたと思うが、東北地方宮城県の県紙『河北新報』は、紙名をこの言葉から取った。もちろんこの言葉を肯定したわけではない。「蔑視に敢然と挑戦する姿勢を掲げている」（『河北新報に見る百年』河北新報社刊）のだ。原も戊辰戦争に参戦はしていないが、それが原因で家が没落した。当然この言葉を知っていた。それどころか原は戊辰戦争から約五十年後の一九一七年（大正6）、故郷盛岡の報恩《ほうおん》寺で営まれた「戊辰戦争殉難者五十年祭」で、冒頭「戊辰戦役は政見の異同のみ」つまり「官軍と賊軍の戦いでは無い」という祭文《さいもん》を読み上げている。この一山という号にどんな思いが込められていたか明白だろう。ちなみに見逃されがちだが、この「一山百文」という言葉には、東北地方はロクな米が穫れないという当時の常識が反映されていることも忘れてはならない。昭和前期、東北地方は米どころでは無かった。それどころか、少しでも冷害があればたちまち凶作に悩まされる不味い米の産地に過ぎなかった。それが二・二六事件の遠因になったことは、前にも指摘したとおりだ。

■「東インド会社」をお手本に満洲「育成」を目論んだ児玉・後藤コンビ

西園寺はこの松田と原で内閣を固め、桂太郎の国家主義的政策に抵抗した。とくに重要なのは、西園寺内閣発足間も無い四月には非公式ながら満洲を視察していることだ。少し先走るが、私は大日本帝国破綻の最大の原因は「満洲に固執した」ことにあると考えている。たしかにこの時代、中国で漢民族と満洲族の対立があり、満洲族は満洲を漢民族の土地（＝中国）では無く自分たちの故郷である特別な地と考えていた。だから明治末期から昭和二十年にかけての陸軍いや日本人は、満洲族を援助して満洲を中国から独立させ日本の「与国《よこく》」にすればよいと考えるようになっていく。それは「帝国主義の先輩」イギリスやフランスが中東やアフリカやアジアでやったことでもある。しかし通常の考え方で言えば、満洲族が漢民族を征服し新しい中国「清」を建国したときに満洲も中国の一部に組み入れられたと考えるべきで、それゆえ当時のアメリカやイギリスも日本に対して「門戸開放」を求めてきていた。平たく言えば「われわれにも満洲で商売させろ」ということだ。日本が日露戦争に勝ち、満洲の利権を独占していたロシアを排除したから、そういう要求が出てきたのである。ちなみに、日露戦争に勝つためには英米を味方にしなければならないと、日本はしきりに「勝った暁《あかつき》には門戸開放する」というサインを出していた。それを信じて戦後すぐにアメリカの鉄道王エドワード・ハリマンが来日し桂首相との間に桂－ハリマン協定が成立したにもかかわらず、これが外相小村寿太郎《こむらじゅたろう》の画策によって葬られてしまったことは、『逆説の日本史　第二十六巻　明治激闘編』に詳述したところだ。

日露戦争の勝利で、ロシアが満洲に建設していた東清《とうしん》鉄道の一部（長春《ちょうしゅん》～旅順間）が日本の所有となった。ちなみに、ロシアが満洲に鉄道を敷設することを清国が認めたのは、日清戦争で負け日本に遼東《りようとう》半島を取られるところだったのをロシアが三国干渉で「取り戻してくれた」からであり、日本にしてみればそのときの怨みを晴らしたことになる。これが満洲経営の基幹になることは誰の眼にもあきらかであり、だからこそハリマンは戦後ただちに来日し日本が「南満洲鉄道」と改称した鉄道の共同経営をもちかけ、一度は協定成立に成功したのである。

日露戦争の主戦場は清国領土内だった。奉天《ほうてん》大会戦しかり、旅順要塞攻防戦しかり、である。かつて日本はロシアの呼びかけた三国干渉によって日清戦争の成果である遼東半島、つまり中国大陸への橋頭堡《きようとうほ》を失った。その憎っくきロシアに日露戦争に勝って、中国大陸内に橋頭堡こそ確保できなかったものの「南満洲鉄道」を手に入れた。それをどのように活用するか? 大きく分けて二つの道があった。一つはロシアに勝ったことにより韓国は完全に「確保(併合はこの5年後の1910年)」できたのだから、満洲は門戸開放しそのなかで欧米列強と共存共栄を図ることである。もう一つは、日本本土を守り多大な利益を上げるために、韓国はもとより満洲から欧米列強を排除し日本だけの「植民地」として「育成」していくことである。第一次西園寺内閣が成立したとき、日本はこの歴史的分岐点に立っていた。西園寺が首相就任早々満洲を視察したのは、背景にそんな事情があった。

陸軍は、多大な犠牲を払って獲得した満洲の利権を最大限に拡大しようとしていた。だから、ポーツマス条約で定められた期限ぎりぎりまで撤兵しなかった。東條英機《とうじようひでき》の「英霊《えいれい》に申し訳ないから撤兵できない」と同じ考え方であることに注目していただきたい。日本人は「尊い犠牲を決して無駄にしてはならない」という太古からの信仰に縛られている、昔もいまも。旅順要塞攻防戦で日本兵がどれだけ死んだか、改めて思い出していただきたい。

つまり、当時の日本は欧米列強とくに英米の眼には「門戸開放の約束を守らず、日本単独で満洲の植民地化をめざしている」と見えた。実際、陸軍参謀本部の児玉源太郎は、それを考えていた。そこで、国際協調を重視する元老伊藤博文は、西園寺首相が帰国した翌月に元老や軍首脳に呼びかけ首相官邸で「満洲問題に関する協議会」を開催したのである。つまり、西園寺の満洲視察も伊藤の指示によるものだったのだろう。

陸軍参謀総長児玉源太郎は、後に陸軍の考える「国策」つまり満洲を植民地化することを視野に入れた積極的経営論を唱えた。児玉が自信満々だったのには理由がある。児玉自身も総督を務めた、日本にとって初めての植民地である台湾《たいわん》の経営が非常にうまくいっていたからだ。児玉には後藤新平《ごとうしんぺい》という、きわめて有能な部下がいた。

後藤新平　ごとう－しんぺい
1857－1929　明治－昭和時代前期の政治家。
安政4年6月4日生まれ。明治31年台湾総督府民政局長となり、39年満鉄初代総裁。41年第2次桂内閣の逓信相兼鉄道院総裁。大正7年寺内内閣の外相となりシベリア出兵を推進。東京市長をへて、12年第2次山本内閣の内相兼帝都復興院総裁となり、関東大震災後の東京の都市計画を指導した。伯爵。昭和4年4月13日死去。73歳。陸奥（むつ）胆沢（いさわ）郡（岩手県）出身。須賀川医学校卒。
（『デジタル版　日本人名大辞典＋Ｐｌｕｓ』講談社）

要するに、後藤はきわめて有能な都市設計家であり内政家であった。現在の東京にも後藤の都市設計者としてのセンスが反映されている。また、台湾ではアヘン吸引という悪習を根絶するのにも成功した。さらに、これから日本は韓国を併合しその「経営」に乗り出していくわけだが、ろくな産物も無く清国以上に鉄道やダムや上下水道などのインフラがまったく整備されていなかった韓国（併合以降は朝鮮地区）を近代化するのに、日本は膨大な投資をしなければならなかった（『逆説の日本史　第27巻　明治終焉編』参照）。つまり、国防上の利点はあったものの朝鮮経営は経済的にはペイしなかった。しかし、台湾経営については後藤の尽力で早い段階から利益を上げるようになった。児玉の人材を見抜く目はさすがである。そこで児玉・後藤コンビは、民間会社でありながらオランダやイギリスの植民地経営の尖兵であった東インド会社のシステムを見習い、南満洲鉄道株式会社（通称は「満鉄《まんてつ》」）をそのように「育成」していくべきだと考えたのである。念のためだが、東インド会社とは次のようなものであった。

ひがしインド－がいしゃ
一七世紀初頭に、インド、東南アジアとの貿易および植民地経営を行なうためにヨーロッパ各国が設立した独占的特許会社。オランダ（一六〇二～一七九九）はジャワ島中心に活躍。イギリス（一六〇〇～一八五八）はインドを植民地化し、フランス（一六〇四～一七九六）は一時インド支配に積極的だったがイギリスと争って敗れた。

（『日本国語大辞典』小学館刊）

つまり、陸軍というか児玉の主張はかなり説得力があったのだ。それに対して元老伊藤の一喝が会議の方向性を決めた。では、伊藤はなんと言ったのか？

満洲は決して我國の屬地では無い。純然たる清國領土の一部である。屬地でも無い場所に我が主權の行はるゝ道理は無い。

（『伊藤博文秘録』原書房刊）

こうしたとき、「陸軍の法王」である山県有朋（もちろん会議に出席していた）は必ず陸軍側の立場に立って伊藤に反駁《はんばく》するのが常だった。児玉もそれを期待していたに違いない。児玉は山県の反論を待った。

■日本女性史における「信長以前」と「信長以後」の大きな違い

鎌倉時代の執権北条《しっけんほうじょう》氏、とくにその権威と権力を確立した北条義時《よしとき》を主人公にした二〇二二年（令和４）のＮＨＫ大河ドラマ『鎌倉殿《かまくらどの》の13人』は近来出色の出来であり、なかなか面白かった。やはり、脚本家（三谷幸喜《みたにこうき》）の手腕によるものだろう。大河ドラマと言えば歴史上の事実と異なるという批判が常にあり、鎌倉三代将軍　源実朝《みなもとのさねとも》暗殺事件の黒幕は北条義時であるという立場を取る（『逆説の日本史　第５巻　中世動乱編』参照）私から見ても、いろいろ言いたいことはある。とくに問題なのは、北条政子《まさこ》が承久《じょうきゅう》の乱において御家人《ごけにん》たちを説得する「大演説」をしたのは武士全体の権益を守るためであったはずだが、それがどちらかと言えば弟を助けるためであったかのように脚色されていたことかもしれない。

　しかし、いわゆる「再現ドラマ」では無いのだから、そのあたりは許容範囲だと私は考える。大河ドラマの効用は歴史上の人物を人気俳優が演じることによって、まったく歴史に興味の無い人間をその世界に引き込んでくれることだろう。その目的のためには、多少歴史上の事実と違ってもいい。あとで「ドラマではこのように描かれていたけど実際はこうだ」と「訂正」すればいいからだ。いま私が北条政子の演説について指摘したように。私も含めて歴史を大勢の人に知ってもらいたいと望む人間にとって一番困る事態は「北条義時って誰？　そんな人間にはまったく興味が無い」と言われてしまうことで、その意味では大河ドラマの効用は相当に大きいと私は考えている。

　だから「ケチをつける」気は毛頭無いのだが、それでもここはちょっと変えたほうがいいんじゃないの、というところが第43回の放送（「資格と死角」）のなかにもあった。後鳥羽《ごとば》上皇の代理人ともいうべき藤原兼子《ふじわらのかねこ》が京で北条政子と対決した場面で、兼子のセリフに「鎌倉殿の力になりたいと上皇様が申され」た、というのがあった。上皇というのはもちろん後鳥羽上皇のことで、この世のなかで一番偉い（天皇より偉い）「治天《ちてん》の君《きみ》」である。だったら、やはりここは最高敬語を使って「仰《おお》せられた」と言うべきではないだろうか。関白あるいは右大臣あたりでも、兼子の立場なら「関白殿が申された」でいいと思う。しかし、上皇に対してはやはり「申された」では無く「仰せられた」ではないだろうか。

　もっとも言葉の問題は大変微妙で、早い話が鎌倉時代の言葉を完全に再現したらなにを言っているかわからなくなり、すべての場面で字幕が必要になるだろう。発音ですら現代語とは違うものがある。多くの視聴者に見てもらうためには、そこまで時代考証にこだわる必要はたしかに無い。しかし、昔と言葉は違っても天皇（上皇）には最高敬語を使うという原則はいまもある。これは日本史の原則でもある。それは制作者として常に留意するべきことではないかと、私は考える。

ちなみに、この翌年の大河ドラマの主人公は徳川家康だった。この作品について、『逆説の日本史』の愛読者にとっては周知のことだが、大河ドラマだけを見ていると気づかない歴史の重要なポイントを挙げておこう。それは、家康の「兄貴分」にあたる織田信長が、日本で初めて女性の社会的貢献というものを高く評価した人物だ、ということである。日本は古代から言霊《コトダマ》思想の影響で、女性は家のなかに閉じこもり実名すら明かさない存在であった。紫式部《むらさきしきぶ》も「菅原孝標《すがわらのたかすえ》女《のむすめ》」も、本名はわからない。藤原兼子のように親王の母として天皇家の系図に載るような女性は別格だが、戦国時代になっても「女性の名は明かさない」が常識だった。たとえば大河ドラマに何度も登場した、武田信玄《たけだしんげん》の四男勝頼《かつより》を産んだ諏訪《すわ》家出身の姫の実名はいまだに不明だ。仕方が無いので歴史学者は彼女のことを「諏訪御料人《ごりょうにん》」と呼ぶ。しかしそれではドラマにならないので、作家やシナリオライターは勝手に名前をつけてそれで呼ぶ。たとえば「由布《ゆう》姫《ひめ》」だが、これは実名では無い。ところが織田家では信長夫人が「帰蝶《きちょう》」、羽柴《はしば》（豊臣《とよとみ》）秀吉《ひでよし》の妻が「おね（ねね）」、前田利家《まえだとしいえ》の妻が「まつ」、山内一豊《やまうちかずとよ》の妻が「千代《ちよ》」などと、ほとんどすべてがわかっている。それどころか、武田家の姫でも信長の嫡男信忠《のぶただ》と婚約した女性については「松《まつ》」だと判明している。つまり、日本女性史において織田信長というのは画期的な人物であり、信長以前と以後では

（他のことでもそうだが）歴史がまったく違うのである。しかし大河ドラマでは、ドラマの「運用」のため女性に命名するので、信長という人物の偉大さが逆にわからなくなってしまっている。こういう点には注意が必要だが、それもこのように「注意」すれば済む話である。現在は制作者のNHK自体がその存在意義が問われている厳しい時代だが、今後も大河ドラマについては隆昌を祈るとエールを送っておこう。

■陸軍・児玉一派の領土的野心をたしなめる元老・伊藤の「一喝」

さて、本題に戻ろう。

「桂園時代」の始まりである一九〇六年（明治39）、第一次内閣をスタートさせた西園寺公望が「招集」した「満洲問題に関する協議会」の席上、満洲を完全な日本の植民地としイギリス式の積極的な経営を行なうべしと主張した陸軍の児玉源太郎に対し、「満洲は中国の領土ではないか！」と一喝し児玉一派の領土的野心をたしなめたのは、元老伊藤博文であった。前節で一部紹介したが、きわめて重要な発言であるので詳しく述べよう。

伊藤はこう言った。

余の見る所に依ると、兒玉參謀總長等は、滿洲に於ける日本の位地を、根本的に誤解して居らるゝやうである。滿洲方面に於ける日本の權利は、講和條約に依つて露國から讓り受けたもの、即ち遼東半島租借地と鐵道の外には何物も無いのである。滿洲經營と云ふ言葉は、戰爭中から我國人の口にして居た所で、今日では官吏は勿論、商人なども切りに滿洲經營を說くけれども、満洲は決して我國の屬地では無い。純然たる清國領土の一部である。屬地でも無い場所に、我が主權の行はるゝ道理は無いし、随つて柘殖務省のやうなものを新設して、事務を取扱はしむる必要も無い。滿洲行政の責任は宜しく之を清國政府に負擔せしめねばならぬ。

(『伊藤博文秘録』原書房刊)

これは、当時の日本人の良識を示したものとして高く評価すべきだ。残念ながらこれより先、日本は伊藤の示した方向とは逆の「満洲国建国」に向かって驀進《ばくしん》していくことになる。そして、それを死守しようとしたことが結局「大日本帝国の命取り」になる。

ところで、現在の中華人民共和国は思想の自由も学問の自由も無い国だから、かの国の学者と歴史に関して論争するつもりは無い。そんなことをしても時間の無駄だからだ。中国にも民主主義が定着すれば、ちょうどソビエト連邦がロシア共和国になり一時民主化が進んだとき、それまで「ナチス・ドイツがやった」と言い張っていた「カチンの森の大虐殺」を、初めてソビエト連邦の仕業と認めたようになるかもしれない。しかし、それは当分望めない。だからと言って、中華人民共和国の歴史的主張がすべて異常で事実と異なる虚偽だと言うつもりも無い。たとえば、いまの中国は日本が建国した「満洲国」のことを「偽《ぎ》満洲国」と呼んでいるが、これは呼称はともかく的確な見方である。ただそれを言うなら現在の中国が勝手に作った「チベット自治区」も「偽自治区」と呼ぶべきであって、そういうことが認められるようになれば実のある議論もできるだろう。

再度言うが、いまのところはまったく不可能である。現在の中国において「歴史」とは真実のことでは無く、中国共産党に都合のいいように改ざんされた「情報」のことである。だからこそ、日中戦争に勝って日本を大陸から追い出したのは共産党（実際は国民党）になっているし、逆に天安門《てんあんもん》事件は「無かったこと」になっている。それが中国の現状である。

この「伊藤の一喝」は、たしかに日本の政治家としての良心を示したものではあったが、当時の「世界の常識」がその「良心」に沿うものであったかと言えば、話はまったく逆であったことも留意しておく必要がある。その状況が一番わかりやすい事例が、これより十年ほど後の話になるが「サイクス－ピコ」協定だろう。

サイクス＝ピコ協定【サイクスピコきょうてい】

1916年、英・仏・露3国間で結ばれた秘密協定。イギリス代表のサイクスM.Sykesとフランス代表のピコG.Picotが原案作成。オスマン帝国の領土を3国で分割し、それぞれの勢力範囲とパレスティナの国際管理化を定めた。1917年革命後のソビエト・ボリシェビキ政府がこれを暴露し、アラブ独立を約したフサイン＝マクマホン書簡などとの矛盾が明らかとなった。しかし、その後の中東諸国の国家形成や民族統合などは基本的に西欧列強が定めたこの分割線に沿って進めざるをえなかったため、中東・アラブ世界はさらに大きな矛盾を抱え込むことになった。2014年6月に〈カリフ制国家〉創設を宣言したＩＳは、サイクス＝ピコ協定による帝国主義的分割線を認めず、現状の中東地域の国家領土を一切否定すると表明している。

（『百科事典マイペディア』平凡社）

M.Sykesはマーク・サイクス、G.Picotはジョルジュ・ピコ。ISは言うまでも無くIslamic State（イスラミック・ステート）のことで、日本では「イスラム国」と呼んでいるイスラム過激派組織のことだ。ちなみに「フサイン＝マクマホン書簡」とは、一九一五年にイギリス高等弁務官ヘンリー・マクマホンが、オスマン帝国に支配されていたアラブ人のリーダーであるメッカのアミール（太守）フサインと結んだ協定だ。オスマン帝国への反乱を条件に、英国は戦後のアラブ独立の支持を約束した。しかし、この書簡はサイクス＝ピコ協定だけで無く、ユダヤ人にイスラエル再興の権利を認めたバルフォア宣言とも矛盾している。バルフォア宣言は、一九一七年にイギリス外相で首相経験者でもあるアーサー・ジェームズ・バルフォアが、第一次世界大戦でユダヤ人の支援を受けるためシオニズムの基本的主張である「パレスチナにユダヤ人の国家を建設する」に同意した宣言だが、当然ながらこれはフサイン＝マクマホン書簡ともサイクス＝ピコ協定とも矛盾するものだった。つまりイギリスは、三年連続でフサイン＝マクマホン書簡（１９１５）、サイクス＝ピコ協定（１９１６）、バルフォア宣言（１９１７）を実行し、「二枚舌」ならぬ「三枚舌」外交を繰り広げたのだ。これが当時「世界一の国家」だった大英帝国の「もう一つの顔」である。その悪影響は「中東問題」としていまだに世界を混乱に陥れている。まったく罪深い話だ。

つまり、清国に対するアヘン戦争もそうだが、この時代は帝国主義の国家はまさに「やりたい放題」であった。だから弁護するわけでは無いが、児玉源太郎も「それぐらいやっていい」、いや「やるべきだ」と考えていただろう。イギリスと違うのは、満洲の荒野に散った「十万の英霊」の死を無駄にすることは許されないと考えていた部分だが、注目すべきは伊藤がその「信仰」に縛られていなかったことだ。

では、伊藤のライバルで元老として強大な権力を維持し、その場にもいた山県有朋はその伊藤発言にどう反応したか？　当然児玉は「陸軍の法王」の「援軍」を期待したはずだ。ところが、期待に反して山県はなんの「応援演説」もしてくれなかった。むしろ、これではマズいと思ったのだろう、伊藤と同意見で児玉には反対だったはずの西園寺が、会議をまとめるために次のように児玉を「フォロー」した。

児玉参謀總長が滿洲經營と云ふ語を用ゐられたのは、畢竟嚢に總長を滿洲に關する諸問題の委員長に推薦した時に、自分躬から經營と云ふ語を使用したのに基因したので、深い根柢のある語ではないと思惟する。

（引用前掲書）

つまり西園寺は児玉がそう言ったのは自分にも責任があり、深い考えあってのことでは無いと「弁護」したわけだ。もちろん児玉の真意はむしろ「イギリス式の植民地『経営』を満洲でもやるべき」なのだが、山県がなにも言わないので児玉はそれ以上なにも言えなかった。そこですかさず西園寺は合意事項のまとめに入った。四項目からなり、眼目は満洲における「軍政」を一刻も早く廃止し、日本と満洲との関係を軍事支配から領事駐在による外交的関係に切り替えることであった。

結局、この合意は成立した。

それにしても、山県有朋はなぜ児玉路線に賛意を示さなかったのか？

■〝二流〟の政治家・山県ですら賛成しなかった「満洲植民地化路線」

二〇二二年（令和4）九月二十七日に執り行なわれた安倍晋三《あべしんぞう》元総理の国葬において朗読された、友人代表菅義偉《すがよしひで》前総理の弔辞は多くの人の感動を呼んだ。その最後の一節で引用されたのは、安倍元総理が生前読んでいた山県有朋の評伝のなかにある短歌だった。

衆議院第一議員会館千二百十二号室の、あなたの机には、読みかけの本が一冊、ありました。岡義武《おかよしたけ》著『山県有朋』です。ここまで読んだ、という、最後のページは、端を折ってありました。そしてそのページには、マーカーペンで、線を引いたところがありました。しるしをつけた箇所にあったのは、いみじくも、山県有朋が長年の盟友、伊藤博文に先立たれ、故人を偲《しの》んで詠《よ》んだ歌でありました。総理、いまこの歌ぐらい、私自身の思いをよく詠んだ一首はありません。

かたりあひて　尽しゝ人は
先立ちぬ　今より後の
世をいかにせむ
かたりあひて　尽しゝ人は
先立ちぬ　今より後の
世をいかにせむ

深い哀しみと、寂しさを覚えます。総理、本当にありがとうございました。どうか安らかに、お休みください。

（菅義偉前総理の弔辞より）

これまで何度も述べてきたように、伊藤博文と山県有朋は政治に対する考え方がまったく違うライバル同士であった。何事にも慎重で手荒なことは避ける伊藤に対して、山県はそうでは無かった。日露戦争について「断固やるべし」だった山県に対し、伊藤は最後まで和平の道を探っていたことを思い出していただきたい（『逆説の日本史　第26巻　明治激闘編』参照）。また、軍人は政治に関与してはならないという認識については共通だったが、その手段においては『軍人勅諭』という歯止めがあればじゅうぶんと考えた山県に対し、伊藤はまさに欧米流の「シビリアンコントロール」や、新聞

長州人として討幕運動に身を投じた仲ではあったが、政党政治をめざす伊藤博文（写真左）と立憲政治を否定し藩閥政治にこだわる山県有朋（同右）の確執は大きく、両者は元老となった後も激しく対立した。写真は明治30年ごろに撮影された、二人の珍しいツーショット（写真提供／近現代PL）

などの自由な報道を重視して多方面から監視すべき、という立場だった。さらに、『教育勅語』や『大日本帝国憲法』の「改正」も、あきらかに視野に入れていた。しかし、山県は逆に政党の影響力が軍隊におよぶのを嫌って、第二次山県内閣の総理だった一九〇〇年（明治33）に、陸海軍大臣は現役の大将もしくは中将に限るという「軍部大臣現役武官制《ぐんぶだいじんげんえきぶかんせい》」を確立させた。ちなみに『教育勅語』は一八九〇年（明治23）、第一次山県内閣のときに出され、『軍人勅諭』はそれより前の一八八二年（明治15）に当時陸軍卿だった山県の発案によって出されている。要するに、すべて山県がらみなのである。

この「軍部大臣現役武官制」は、とくに昭和期においては「軍部が気に入らない内閣」を潰す手段としておおいに活用されてしまったことは、昭和史の常識である。退役した元軍人ならともかく、現役の軍人はすべて陸軍および海軍の上層部の命令に従わなければならない。「首相の大命降下を受けた〇〇から陸軍大臣（海軍大臣）に就任要請されても、絶対に受けるな」と言えば内閣の成立は阻止できるし、成立してしまった内閣でも「陸相（海相）をただちに辞任せよ」と命令した上で「新たな就任要請を受けるな」とすれば、その内閣を潰すこともできる。

実際、この先の一九一二年（明治45）、首相西園寺公望は上原勇作《うえはらゆうさく》陸相の辞任で第二次西園寺内閣を潰されることになる。ちなみに、この年は明治天皇が崩御（7月30日）して元号が大正になった年でもあるのだが、陸軍はさっそくこの「カード」を使い政党政治に挑戦したというわけだ。また、昭和になって昭和天皇に陸軍を抑えることを期待された宇垣一成《うがきかずしげ》も、大命降下を受けながら陸軍が陸相を出さなかったため、陸軍のＯＢであったにもかかわらず組閣を断念せざるを得なかった。

再三言うように、山県が政治家としては伊藤に一段も二段も劣るのはここのところだ。山県のやったことは結局、軍部の独走を招き大日本帝国を滅亡させてしまった。それは山県にとっても本意であったはずは無いのだが、彼自身の信念に基づいて日本のためによかれと信じてやったことが結局滅亡を招いたのだから、やはり政治家としては二流と言わざるを得ない。

しかしその山県ですら、ライバル伊藤の後継者である西園寺首相が主催した「満洲問題協議会」の席上、日露戦争勝利の立役者の児玉源太郎が提案した「満洲植民地化路線」には反対した。いや、正確に言えば「賛成しなかった」。それはやはり冒頭に紹介した「挽歌」が示すように、伊藤の主張をある程度認めていたからだろう。吉田松陰《よしだしょういん》の松下村塾《しょうかそんじゅく》以来、五十年以上におよぶ「同志」だったのだ。伊藤の慎重論には一理も二理もあると認めるところがあったのだろう。この協議会が開かれた直接のきっかけは、当時の在日イギリス大使そしてアメリカ大使が相次いで満洲の門戸開放を西園寺内閣に申し入れてきたことだった。「児玉計画」を採用すれば、英米との対立が深まることにもなる。そのあたりを山県は懸念していたのかもしれない。前出の『逆説の日本史　第二十六巻　明治激闘編』にも書いたところだが、他ならぬ児玉自身が明治維新「戦争」の経験者として、「後輩」の松川敏胤《まつかわとしたね》少将を諫めたことがあった。「自分は国が亡びるかもしれない修羅場で戦ってきた。そんな経験の無い貴公にはわからんことがある」ということで、あえて平たく言えば「一寸先は闇であり、慎重にいかねばならない」ということであったろう。しかし、自分より若い世代にはそうした思いを持っていた児玉（１８５２年生まれ）も、伊藤（１８４１年生まれ）や山県（１８３８年生まれ）から見れば「若造」だ。この二人の眼から見れば、児玉は「少し危うい」と見えたのではないか。このあたりが歴史の面白さでもある。

結局、山県が賛成しなかったことが決め手となって、児玉が目論んでいた「南満洲鉄道株式会社をイギリスの東インド会社の如くし、満洲の植民地化を進める」という計画は阻止された。伊藤・西園寺路線の勝利と言っていい。皮肉なことに、その後一九〇六年（明治39）、「東インド会社では無い南満洲鉄道（通称『満鉄』。以後こう呼称する）」つまり純然たる民間会社である満鉄の創立委員長に就任した児玉は、ほどなく就寝中に脳溢血《のういっけつ》で急死した。五十四歳の若さだった。日露戦争の激闘が彼の寿命を縮めたのかもしれない。だが「児玉計画」自体は陸軍のなかに生き続け、のちに満洲事変という形で大々的に復活することになる。最終的には西園寺の努力は無に帰した、というわけだ。

■山県－桂ラインと陸軍の「便利屋」にされてしまった西園寺内閣の悲劇

ここで、いわゆる桂園時代つまり桂太郎と西園寺公望が交互に政権を「担当」したときの出来事をまとめておこう。

こうして並べてみると一目瞭然だが、結局西園寺内閣というのは桂内閣になにか問題があったときの「つなぎ」のように「使われて」いたことがわかる。桂園時代と言っても桂の総理通算在職日数が二千八百八十六日におよぶのに対し、西園寺の通算在職日数は千四百日（データは首相官邸ホームページによる）で、桂の半分に過ぎない。先にも述べたが、この桂の在職日数は安倍晋三総理に抜かれるまで歴代最長であった。「使われていた」という表現は穏当では無いかもしれないが、山県－桂ラインは自分たちこそ正統な内閣である、と自任していたようだ。なぜそれがわかるかと言えば、第一次西園寺内閣時代の一九〇八年（明治41）六月に起こった赤旗《あかはた》事件の顚末がそれを物語っているからだ。

第一次桂内閣（1901年〈明治34〉6月～06年〈明治39年〉1月）

1901年12月	日露協定破綻
1902年1月	八甲田山《はっこうださん》で青森歩兵連隊遭難。日英同盟成立
1903年4月	京都無鄰菴《むりんあん》で山県、伊藤、桂首相、小村《こむら》外相が日露問題について協議
1904年2月	日露開戦
8月	黄海《こうかい》海戦
1905年1月	旅順要塞陥落
3月	奉天会戦
5月	日本海海戦
7月	桂・タフト協定成立
8月	ポーツマス講和会議
9月	日比谷焼打事件
10月	桂・ハリマン覚書成立するも数日後に破棄
12月	韓国に統監府《とうかんふ》設置（初代統監は伊藤）

第一次西園寺内閣（1906年〈明治39〉1月～08年〈明治41〉7月）

1906年5月	満洲問題協議会開催
1907年7月	ハーグ密使事件。韓国皇帝退位
1908年6月	赤旗事件

第二次桂内閣（1908年〈明治41〉7月～11年〈明治44〉8月）

1909年10月	伊藤前韓国統監、ハルビンで暗殺される
1910年8月	韓国併合
1911年1月	大逆事件で幸徳秋水らに死刑執行

第二次西園寺内閣（1911年〈明治44〉8月～12年〈明治45、大正元〉12月）

1912年7月	明治天皇崩御、大正と改元
12月	上原陸相、辞表を提出し西園寺内閣崩壊

第三次桂内閣（1912年〈大正元〉12月～13年〈大正2〉2月）

1912年12月	桂首相に対し憲政擁護の観点から退陣要求の大運動が起こる
1913年2月	桂首相、政権維持をあきらめ総辞職（同年10月、65歳で死去）
同月	山本権兵衛《やまもとごんべえ》内閣発足（桂園時代の終焉）

赤旗事件　あかはたじけん
明治後期の社会主義者に対する弾圧事件。錦輝館（きんきかん）事件ともいう。１９０８年（明治41）６月22日東京・神田の錦輝館における山口義三（ぎぞう）出獄歓迎会の終了まぎわ、幸徳秋水（こうとくしゅうすい）の直接行動論を支持する大杉栄（おおすぎさかえ）、荒畑寒村（あらはたかんそん）ら一派の者が、議会政策派への示威のため「無政府共産」「無政府」の文字を白テープで縫い付けた２本の赤旗を翻し、革命歌を歌い、無政府主義万歳を叫び、場外に出たところ、旗を巻けと命ずる警官隊との間で乱闘となった。結局、大杉、荒畑、堺利彦（さかいとしひこ）、山川均（ひとし）、管野（かんの）スガら16人が検挙された（うち２人は即時釈放）。山県有朋（やまがたありとも）系勢力はこれを大事件につくりあげ、社会主義取締りに比較的寛大であった第一次西園寺公望（さいおんじきんもち）内閣を辞職に追い込み（７月）、第二次桂（かつら）太郎内閣は社会主義取締りを強化する態度を打ち出した。８月29日東京控訴院は検挙者のうち10人に重禁錮２年半以下の重い実刑判決を下した。そしてこれが契機となり直接行動派内にテロリズムの傾向を生み、大逆（たいぎゃく）事件の遠因をなした。
（『日本大百科全書〈ニッポニカ〉』小学館刊　項目執筆者阿部恒久）

要点はおわかりだろう。そもそも過激派も穏健派も区別せずに、「ダメなものはダメ」という頑なな姿勢を取っていたのが山県－桂ラインとその所属する陸軍であった。それに対して自由な言論および政治活動の価値を知っていた西園寺は、伊藤の暗黙の了解のもとに穏健な社会主義は認める方向性を打ち出していた。だからこそ山口義三出獄歓迎会も官憲の妨害無く開くことができた。しかし政府と妥協《だきょう》することは運動の敗北だと信じる過激派は、文中にあるように示威行動で存在を誇示した。戦術としては稚拙と言わざるを得ない。「待ってました」とばかりに、山県は不本意ながら成立を認めていた西園寺内閣を総辞職に追い込んだのである。このとき幸徳秋水は故郷の高知に帰省しており逮捕の難を免れたのだが、結果的には刑務所行きとなった大杉栄や荒畑寒村に代わり、検挙されたが実刑を免れた管野スガとともに過激派組織を立て直す役割を果たさざるを得なくなった。その結果、管野スガとの「共犯」で大逆罪を犯そうとしたと桂内閣に罪状をデッチ上げられ、死刑に処せられた。そういう意味では、大逆事件の遠因を作ったのも山県有朋なのである。第二次西園寺内閣も上原陸相の辞任、つまり陸軍の思惑によって崩壊させられた。西園寺が、陸軍が強硬に主張する二個師団増設に難色を示したからだ。

かくして、西園寺内閣は山県-桂ラインおよび陸軍の「便利屋」にされてしまったわけだが、そうなった最大の原因はもうおわかりだろう。実際は「第二教育勅語」の「追加」、大日本帝国憲法の「改正」という形で日本を変えようとしていた西園寺は、その最大の後ろ盾である伊藤博文と明治天皇を相次いで失ってしまったからである。伊藤と天皇がもう少し長生きしていれば、西園寺は日本を変えられたかもしれない。しかし、そのチャンスは明治天皇の崩御とともに完全に潰えた。この後、わりと早く死んでしまった桂太郎に代わって西園寺公望は昭和まで生き残り最後の元老となるのだが、唯一の元老というきわめて有利な立場を使っても、山県-桂ラインが定めた陸軍および大日本帝国の方向性を変えることは不可能だったのである。

第三章

大日本帝国の確立VI

シーメンス事件とはなんだったのか

排除された「英米協調路線」

■言論の力で閥族・桂太郎を見事に討ち取った「憲政の神様」尾崎行雄

一九一二年、この年は七月の明治《めいじ》天皇崩御までは「明治」だったが、それ以降は「大正《たいしょう》」元年である。その第二次西園寺公望《さいおんじきんもち》内閣の陸相上原勇作《うえはらゆうさく》中将は、天皇崩御のわずか十日後に陸軍の二個師団増設を西園寺首相に提案した。だが、西園寺はこれを拒否した。国家財政にそんな余裕は無かったし、天皇の崩御を待っていたかのように提案してきたのも不愉快だったろう。新天皇（大正天皇）が即位したばかりなのである。しかし、上原は要求が認められなければ辞任する意向を示した。要するに「陸軍の言うことを聞かねば内閣はもたないぞ」と西園寺を嚇《おど》したのである。山県有朋《やまがたありとも》内閣のときに定められた「軍部大臣現役武官制《ぐんぶだいじんげんえきぶかんせい》」によって、上原が辞任し陸軍つまり山県が後任の陸相を出さなければ内閣は崩壊する。どうやら陸軍は、嚇せば「お公家《くげ》さん」の西園寺が妥協すると考えていたようなのだが、さすが伊藤博文《いとうひろぶみ》が見込んだだけあって西園寺はそんなヤワな男では無かった。断固陸軍の要求を拒否したため西園寺内閣は潰《つぶ》れた。

こうなると陸軍は激しい批判に晒《さら》された。慌《あわ》てた元老《げんろう》山県有朋は何人かの候補に首相就任を打診したが、誰も引き受け手が無い。「火中《かちゅう》の栗《くり》を拾うのはゴメンだ」というわけである。結局、内大臣という引退を視野に入れた役職に就いていた桂太郎《かつらたろう》が引っ張り出されて第三次桂内閣を組閣せざるを得なくなった。しかし、まだ政党政治こそ確立していなかった（西園寺内閣は政党政治を名乗っていない）ものの、日本にはすでに隈板《わいはん》内閣という政党内閣も存在したし政党政治家と呼べる人物がいた。彼らは陸軍そして藩閥《はんばつ》（山県、桂は長州閥《ちょうしゅう》）の横暴を許すまじ、と立ち上がった。これを大正政変と呼ぶ。

第二次西園寺内閣が倒れたのを見て、藩閥打倒にまずたちあがったのは交詢社《こうじゅんしゃ》であった。（中略）有志が集った席で福沢桃介《ふくざわももすけ》が、明治維新では、「尊王攘夷《そんのうじょうい》」というお題目で、全国志士の血をわかせたのだから、今回もそうした題目を作ってはと提案し、賛同を得た。まず政友会《せいゆうかい》の菊池武徳《きくちたけのり》が「憲政擁護」でどうかと言った。国民党の古島一雄《こじまかずお》は、四文字では弱いので「閥族《ばつぞく》打破憲政擁護」と八文字を提案、これが旗印となった。

（『読める年表　7　明治大正篇』自由国民社《じゆうこくみんしゃ》刊）

交詢社とは「明治初期の頃、当時まだ『社交』という言葉が十分に使われていなかった時代に、福澤諭吉《ふくざわゆきち》先生の主唱により、銀座《ぎんざ》の地に創られた日本最古の社交機関」（交詢社公式ホームページより）であり、帝国憲法制定前の自由民権運動が盛り上がった時代、私擬《しぎ》憲法の一つである『交詢社憲法』を創案したことは『逆説の日本史　第二十四巻　明治躍進編』でも詳しく触れた。ちなみに福沢桃介は諭吉の婿養子で、日本の電源開発に多大の貢献をし電力王と呼ばれた。菊池武徳は慶応出身のジャーナリストにして実業家、衆議院議員でもあった。古島一雄も『日本新聞』では正岡子規《まさおかしき》の同僚であり、日清《にっしん》戦争で共に従軍記者として活躍し、後に政界に転じ衆議院、貴族院議員を歴任した。この憲政擁護の運動には政友会の尾崎行雄《おざきゆきお》、国民党《こくみんとう》の犬養毅《いぬかいつよし》も加わり、同年十二月十九日、東京の歌舞伎座《かぶきざ》で挙行された第一回憲政擁護大会はおおいに盛り上がった。

尾崎行雄については少し詳しく紹介しよう。

おざき‐ゆきお［をざきゆきを］**【尾崎行雄】**
［1858〜1954］政治家。神奈川の生まれ。号、咢堂（がくどう）。明治15年（1882）立憲改進党《りっけんかいしんとう》の創立に参加。第1回総選挙以来、連続25回当選、代議士生活63年。東京《とうきょう》市長・文相・法相を歴任。大正2年（1913）の第一次護憲運動では先頭に立って活躍。憲政《けんせい》の神様と称された。

（『デジタル大辞泉』小学館）

アメリカの首都ワシントンでは春になるとポトマック河畔の桜の満開を祝って毎年祭りが開かれているが、そもそもこの数千本の桜の苗木を送ったのも東京市長時代の尾崎行雄であった。そして彼が「憲政の神様」になったのは、まさにこの第一次護憲運動での活躍の賜物なのである。第一回憲政擁護大会に引き続いて翌一九一三年（大正2）一月十七日には全国記者大会が東京築《つき》地《じ》の精養軒《せいようけん》で開催され、四百人が出席し憲政擁護を叫んだ。同月二十四日には第二回憲政擁護大会が東京の新富座《しんとみざ》で開かれ満員となり、二月一日の大阪憲政擁護大会では会場の中之島《なかのしま》公園に三万人もの聴衆が詰めかけた。そして二月五日には東京で数万の民衆が帝国議会議事堂を取り囲み、気勢を上げた。「桂よ、退陣せよ」ということだ。ちなみに、このときの議事堂は木造の粗末なものであった。もともと最初の帝国議会開催に間に合わせるための建物で拙速で建てられたからだ。現在の議事堂は一九三六年（昭和《しょうわ》11）に完成したものである。

憲政擁護運動の盛り上がりに対して、桂首相は国民党の分裂を策し政党勢力の勢いを削《そ》ごうとしたが、政党勢力には国民の熱狂的な支持がありどうしてもうまくいかない。桂は議会を開催するといきなり内閣不信任案が可決されるのが火を見るよりあきらかだったから、首相の権限で停会をくり返した。だが、これはもともと非常時の措置として認められているものだから、いつまでも引き延ばすわけにいかない。二月五日に国会を再開せざるを得なかった。それゆえ、この日に大勢の民衆が議事堂に詰めかけたのである。その民衆に励まされた政友会と国民党の代議士は、胸に白バラをつけて登院した。そして不信任案の提案理由の説明に立った尾崎行雄は、首相の姿勢は「玉座《ぎょくざ》をもって胸壁《きょうへき》となし、詔勅《しょうちょく》をもって弾丸に代えて政敵を倒さんとするものではないか」という憲政史上に残る名演説を行なって桂を追い詰めた。万策尽きた桂は民衆に包囲された議事堂で退陣を決意し、二月十一日に総辞職した。しかも体調を崩し、桂は同年十月十日死去した。尾崎は言論の力で閥族・桂太郎を「討ち取った」。だから「憲政の神様」と呼ばれたのである。

■西園寺と山本の間で交わされた「二つの密約」

前にも述べたが、日露《にちろ》戦争のときにポーツマスでの講和条約に大きな不満を抱いていた民衆が起こした日比谷焼打《ひびややきうち》事件は、大正デモクラシーの先駆けでは無い。あれは司馬遼太郎《しばりょうたろう》が喝破したように、「向こう四十年の魔の季節の出発点」であり、具体的に言うならばデタラメなマスコミ（新聞）の扇動によって引き起こされた民衆の暴動だった。しかし、この大正政変における桂内閣退陣要求が成功したのは、大正デモクラシーの第一歩として評価すべきだろう。それでも、憲政擁護運動が一〇〇パーセント成功したかと言えば、決してそうでは無かった。というのは、もし成功というならこのとき桂内閣の後に純然たる政党内閣が成立しなければならない。だが、実際に成立したのは薩摩《さつま》閥の一員の海軍大将山本権兵衛《やまもとごんべえ》による内閣であった。しかも、この内閣には政友会《せいゆうかい》の議員多数が大臣として入閣した。犬養毅率いる国民党は国民の期待を裏切るものとして激怒したし、尾崎行雄は憤然として政友会を脱党した。なぜ政友会が藩閥内閣を支持したかと言えば、じつはその裏には西園寺公望の暗躍があった。いったい、なぜそんなことをしたのか？

政友会は初め政党政治に懐疑的だった伊藤博文が、やはり日本でも政党政治を確立すべきだと結党したもので、もともと御用政党の側面を持っていた。これを引き継いだ西園寺は桂園《けいえん》時代になんとか政党政治を定着させようとしたが、実際にはうまくいかなかったことはすでに述べた。だが桂が大逆事件を「でっち上げ」、さらに軍部大臣現役武官制を利用して西園寺自身の内閣を潰してきたとき、西園寺はどんな手を使っても「陸軍の横暴」は叩き潰すべきだと思ったに違いない。「違いない」と予測の形で述べるのは、例によってその決意を述べた「史料が無い」からだが、倒閣された後の西園寺の行動を見れば、その思いは明白である。

桂は桂で憲政擁護という名の桂内閣打倒運動が盛り上がるなか、当時政友会総裁だった西園寺に「不信任案撤回」を求めた。西園寺はにべもなくこれを拒否した。記録には無いが、桂はこのとき西園寺に対しもう一度首相をやってくれ、そうすれば騒ぎは収まる、と持ちかけただろう。西園寺は藩閥出身では無いから、再び西園寺内閣が成立すれば多くの国民や議員が望んでいる「藩閥政治打倒」という目標は一応達成されたことになる。そのうえで君の望むような政治をやればいいじゃないかと、桂はニコポンのときの笑顔で語りかけたに違いない。しかし、上原陸相辞任による倒閣という煮え湯を飲まされた西園寺は、騙《だま》されまいぞと思ったはずである。だから桂の要求を拒否した。

ところが、会談の翌日不思議なことが起こった。

その西園寺が二月九日に天皇から「目下の紛擾《ふんじょう》を解き朕《ちん》の心を安《やす》んぜよ」との御沙汰を受けた。口頭の御沙汰の趣旨につき西園寺は内大臣出仕の伏見宮貞愛親王《ふしみのみやさだなる》に「具体的に申せば目下議事にある不信任案を如何《いか》にかせよ」と解釈すべきかと質問し、「然り」との返事を受けた。口頭の御沙汰であったため念を押したのであろう。副署はないが別に本文という勅語が伝わっている。前後を考えると後から体裁をととのえたのであろう。大正天皇や貞愛親王がみずからの発意でこのような政治的な勅語を出したとは考えられない。奏請したのが桂であることは見え見えであった。

(『西園寺公望―最後の元老―』岩井忠熊《いわいただくま》著　岩波書店《いわなみしょてん》刊)

この見解は正しいだろう。西園寺の弱点は、「天皇のご命令には逆らえない」ということだ。パリ留学からの帰国直後に渋っていた東洋自由新聞社長辞任を決断したのも、明治天皇がそれを望んでいると伝えられたからだ。これはその弱点を知っていた桂が画策して出させたものだろう。明治天皇と違って、大正天皇は病弱で政治のことにあまり口出ししない。しかも、このころは即位したての満三十三歳という若さで政治経験はほとんど無い。そんな天皇が自らこんな命令を出すわけが無い。桂はこの直前に内大臣として宮中に出仕している。つまり、宮中には大きなコネクションがあった。それを利用したのだろう。まさに「玉座をもって胸壁とな」す男である。

西園寺にとって幸いだったのは、この命令は「不信任案を撤回せよ」という具体的な命令では無かったことだ。表向きは「紛擾を解け」つまり「国政の混乱状態を収拾せよ」だから、それさえ達成すれば天皇の御命令に背いたことにはならない。そこで西園寺は一応は尾崎らの説得を試みたが、それ以上の努力はせず会合には欠席した。つまり、後のことは尾崎たちに任せたぞという形を取ったのである。そして首尾よく桂を辞任に追い込み、さらに「紛擾を解く」ため元老として次の首相に海軍の山本権兵衛を推薦した。山本は西園寺内閣が崩壊したとき、つまり火中の栗を拾う者は誰もいない状況のなかで一度は首相就任を打診されたのだが、これを断わっている。では、今回はなぜ引き受けたのかと言えば、西園寺が山本内閣を全面的にバックアップすると約束したからではないか。このあたりの「密約」についてはなんの史料も残っていないのだが、私はもう一つ密約があったと思う。それは首相になったら直《ただ》ちに軍部大臣現役武官制を改め、予備役でも就任できる制度に変えることだ。現役でなければ陸軍や海軍首脳の命令に従う必要は無い。だから首相は予備役の軍人のなかから陸相海相を比較的自由に任命できる。

山本内閣は一九一三年（大正2）二月二十日にスタートしたのだが、わずか四か月後の六月十三日にこの改革を成し遂げているのである。この制度は、じつは海軍も陸軍と同じように「切り札」として使えるという点を見逃してはならない。政府が海軍の意向に逆らったときに、この制度があれば海相を出さないという形で内閣を潰すことができる。そんな切り札をなぜ手放したかと言えば、西園寺が山本内閣を全面的にバックアップする。そのために政友会のメンバーも多数入閣させる。そうすれば国会対策も問題無い。ただし、軍部大臣現役武官制だけは直ちに改めてもらいたい、そういう密約があったとすれば、全部辻褄《つじつま》が合うわけで、これなら天皇の御命令に背いたことにもならない。

■藩閥内閣成立に手を貸した「政友会の裏切り」の真相

政治というのは「妥協《だきょう》の産物」でもある。自分の理想を一〇〇パーセント実現するのが困難な場合は、相手と妥協しても理想が少しでも実現できるように政治家は努力すべきであって、この点は外交交渉も同じだ。この時点で西園寺公望が山本権兵衛を首相に推薦し、山本内閣を成立させたうえで自分が総裁を務める政友会から複数の党員が山本内閣に入閣するのを許したのも、根底にそういう考えがあったからだと私は考える。

その状況を不満として政友会を脱党した尾崎行雄、激怒した国民党の犬養毅も、その怒りは当然だ。政友会も国民党も「藩閥打倒」をスローガンに国民の支持を集めたのだから、彼らから見れば西園寺の動きは「裏切り」としか見えなかったのだろう。結局、政党内閣では無い藩閥の山本内閣を成立させ、その内閣に多数政友党員が入閣したのに総裁西園寺はなんのペナルティも与えなかった。「総裁、彼らを除名すべきではないか！　除名しないなら、われわれのほうが党を脱する」というのが尾崎ら脱党組の思いであったろう。結局、尾崎ら二十数名の脱党組は政友倶楽部という新しい政党を結成する。

じつは、桂太郎も総理在職中に国民党に対して政治工作を行ない党を分裂させて「桂新党」を作ろうとしていたが、果たせず辞任した。皮肉なことに、桂の死後二か月たって新党は成立した。立憲同志会《りっけんどうしかい》といい、加藤高明《かとうたかあき》が総裁に就任した。加藤も今後日本を動かすキーマンの一人となるので、紹介しておこう。

加藤高明　かとう-たかあき　1860-1926
明治-大正時代の外交官、政治家。
安政7年1月3日生まれ。岩崎弥太郎《いわさきやたろう》の娘婿《むすめむこ》。三菱《みつびし》本社勤務から官界をへて政界に転じ、明治33年第4次伊藤内閣外相となる。大正4年第2次大隈（おおくま）内閣外相として、中国に対華二十一ヵ条要求を受諾させた。5年憲政会総裁。13年護憲三派内閣を組織し、普通選挙法・治安維持法を制定。翌年単独内閣を組織。大正15年1月28日死去。67歳。尾張（おわり）（愛《あい》知《ち》県）出身。東京大学卒。旧姓は服部《はっとり》。
（『日本人名大辞典』講談社《こうだんしゃ》刊）

話を戻そう。西園寺にとっての政治家としての理想は、政党政治の確立であったはずである。にもかかわらず、大正政変での動きはまるで逆行しているように見える。いったいどういうことか？　もちろん、先に紹介した「大正天皇の御命令」という「厄介《やっかい》なもの」もあったのだが、最終的に西園寺が尾崎行雄や犬養毅では無く山本権兵衛を首相にすべきだと考えたのは、長年の政治家としての経験からこの時期は山本に任せる以外に無いと考えたからではないだろうか。

　これまで、たとえば孫文《そんぶん》の辛亥《しんがい》革命についてはその発端から成就まで述べてきた。あるいは大《たい》逆《ぎゃく》事件についても乃木《のぎ》大将の殉死《じゅんし》についても、そういう形で紹介してきた。しかし、実際に歴史上の出来事というものはすべて同時並行で起こる。当時の人間の気持ちになるならば、この「同時並行」を理解していなければならない。すでにそうした形の「年表」は示したが、今度はまったく別の角度から「年表」を示そう。別の角度とは狭く言えば日中関係であり、広く言えば国際情勢である。それは下の表のようなものだ。

このように並べてみれば一目瞭然で、大正政変で桂内閣が崩壊したころ、日本は今後の日中《にっちゅう》関係をどうすべきか、具体的に言えば袁世凱《えんせいがい》の仕切る中華民国を正式に承認するか否かという大問題を抱えていたのである。日中問題は結局、それが満洲《まんしゅう》問題となって大日本帝国を滅亡に導くことになる。もちろん西園寺はそこまでの危惧は抱いていなかっただろうが、この時期に国を任せられるのは相当な政治力があり一国を背負う力量のある人間でなければならない。なにしろ相手は海千山千《うみせんやません》の袁世凱なのである。もっとわかりやすく言えば、弁は立つが政治経験も外交経験も乏しい尾崎行雄のような「政党人」ではダメで、もちろん陸軍の出身者も論外だ。となれば、藩閥出身であるが日露戦争のときに海軍という国家に匹敵する組織を海相として見事に運営した山本権兵衛に任せるしかない、西園寺はそう判断したのだろう。

これが、いわゆる「政友会の裏切り」の真相であると、私は考えている。政友会のメンバーが山本内閣入りしても西園寺がそれを咎《とが》めなかったのも、先述したように西園寺と山本の間に密約があり、その実行を条件に政友会が全面バックアップした、ということだろう。その密約とは、すでに述べたように「山本内閣は、陸軍の専横を許す切り札と

	国内	中国
1911年 (明治44)	関税自主権の回復	辛亥革命成る
1912年 (明治45、大正元)	明治天皇崩御	孫文、大総統辞任。袁世凱が就任
1913年 (大正2)	桂内閣崩壊	

なる軍部大臣現役武官制を必ず改革する」ということだ。この（西園寺が理想とする）国益上きわめて重要な施策を実現するためには、「民衆の熱望を無視して、政党内閣では無く藩閥内閣成立に手を貸した裏切り者」呼ばわりされてもやむを得ない、と西園寺は考えたのだろう。

■「自由任用」の範囲拡大を実現した山本内閣の有能ぶり

ところで、読者は疑問に思わないだろうか。じつは、口で言うほど軍部大臣現役武官制改革は簡単では無い。この制度はこの時点でも「現役」なのである。つまり、陸軍はまず山本内閣の陸相に辞表を出させ、次に山本首相の後任派遣要請を拒否ないし無視すればいいわけだ。それで山本内閣は崩壊する。それなのに、この廃止は実現した。つまり、それは陸軍上層部の意向を無視して内閣の決定に賛成した勇気ある陸相がいたということなのである。

その名を木越安綱《きごしやすつな》という

木越安綱　きごし・やすつな

没年：昭和7・3・26（1932）

生年：安政1・3・25（1854・4・22）

明治期の陸軍軍人。男爵《だんしゃく》。金沢《かなざわ》藩士加藤《かとう》九八郎《くはちろう》の次男。明治6（1873）年教導団に入り、同10年の西南《せいなん》戦争に従軍して負傷。同年陸軍士官学校卒。日清戦争（1894〜95）では第3師団高級参謀、参謀長として桂太郎師団長を補佐した。以後、桂の庇護《ひご》のもと軍務局長などを歴任。日露戦争（1904〜05）では第5師団長。明治45（1912）年12月第3次桂内閣成立時に抜擢《ばってき》されて陸軍大臣となったが、第1次護憲運動のなか桂内閣が倒れ、留任した第1次山本権兵衛内閣で軍部大臣現役武官制の改正を容認したため辞任、休職となる。のち貴族院議員。

（『朝日日本歴史人物事典』朝日新聞社刊　項目執筆者小池聖一《こいけせいいち》）

まずは、薩長《さっちょう》土《ど》肥《ひ》つまり藩閥の出身者では無いというところにご注目願いたい。加《か》賀《が》前《まえ》田《だ》家は賊軍《ぞくぐん》では無いが、官軍《かんぐん》には「途中参加」で当然出身者はエリートコースを外れているわけだが、それでも中将にまでなっているので、相当優秀だったということである。実際、その優秀さを桂太郎に買われ木越はずっとその腹心《ふくしん》であった。桂と並んで陸軍の「ドイツ化」に多大の功績があったという評価もある。にもかかわらず木越は、結局陸軍大将にはなれなかった。理由はおわかりだろう。真の国益よりも「陸軍益」を尊重する古巣から、「裏切り者」とか「恩知らず」とさんざん悪口を言われたからだ。そういう連中はこの「賛成」についても「山本首相の恫喝《どうかつ》に怯《おび》えた」とか「懐柔《かいじゅう》された」などと、あること無いこと言いふらしたらしい。そうした悪口に惑《まど》わされず人物評価をしなければならない。逆に言えば、こうした障害があったにもかかわらず軍部大臣現役武官制を改革し現役だけで無く、予備役《よびえき》を登用することも認めた山本首相の力量は大したものだ、ということにもなるだろう。

また、これも西園寺との密約に含まれていたと私は思うのだが、山本内閣では文官任用令の改正も実現した。たとえば、現在各省庁の代表として大臣がいる。外務省には外務大臣、文部科学省には文科大臣がいて、基本的に大臣は国会議員から選ばれる（首相の権限で若干名民間人から登用することも可能)。しかし、それを補佐する省庁の官僚のトップである外務次官などは、原則として国家公務員になるための試験に合格した官僚でなければならない。いわゆるキャリア官僚である。日本人はこれがあたり前だと思っているが、じつは政党政治の伝統のある国では自由任用(公務員の任用の際、なんらの法的資格を要せず、任命権者が自由に適任者を任用すること。『デジタル大辞泉』小学館)といって、こうした次官のようなポストについても首相あるいは大統領の権限で民間人を採用できる。たとえばアメリカの国務長官を補佐する国務次官補などがそうだが、日本はなぜそうでは無かったのか? 「文官任用令」を辞書で引くと、次のような説明がある。

一般文官の任用資格に関する勅令。明治26年(1893)公布。同32年、政党勢力の官界進出を阻止しようとする第二次山県内閣によって改正、自由任用が制限された。大正期の山本内閣は再改正し、再び自由任用の範囲を拡大。第二次大戦後に廃止。

(引用前掲書)

またしても山県有朋である(笑)。いや、笑いごとでは無い。日本の民主主義がなぜ健全に発達しなかったか原因を探っていくと、そこには必ずと言っていいほど「山県の影」がある。まったくこの二流政治家にも困ったもので、とくに政党嫌いという「病」は深刻である。自由任用ということは、たとえばアメリカなら海軍長官のようなポストでも海軍軍人の経験が無くても就任できるということだが、山県にとってそれはまさに悪夢であり、逆に自由任用があたり前のフランスで長年過ごした西園寺にとっては当然だったということだ。また、アメリカには陪審員《ばいしんいん》制度がある。なぜ高度な法律判断を必要とする裁判に素人の一般市民を参加させるかと言えば、量刑はプロである裁判官が決定するにしても民主主義社会において「人を死刑に処する」などという最終的判断は、官僚（裁判官）では無く市民の代表が行なうべきだ、という信念があるからだ。自由任用もそういう信念の産物である。

山本内閣が実現したのはあくまで「自由任用の範囲の拡大」であって、当初意図したところよりも保守派の反撃にあって制限されたのだが、それでも警視総監や各省の次官は自由任用できるようになった。現代の日本人は民主主義を唱えながら自由任用についてはあたり前と思っておらず、この制度は敗戦の混乱期に廃止されたままいまだに復活されていない。第一次山本内閣の時代より遅れていると思うのは私だけだろうか。

このように、山本内閣はきわめて有能な内閣であった。政友会のメンバーで主要閣僚として入閣したのは、当初は内務大臣原敬《はらたかし》、司法大臣松田正久《まつだまさひさ》、逓信大臣元田肇《もとだはじめ》の三名だった。このうち原敬は「賊軍出身」で後の「平民宰相《へいみんさいしょう》」であることは第二章で述べたが、松田は西園寺と「パリ留学仲間」で現代風に評するならきわめてリベラルな人物で、元田はリベラルというほどでは無いが政党政治は確立すべきという信念の持主だった。「当初は」と言ったのは、内閣成立後官僚出身であった大蔵大臣高橋是清《たかはしこれきよ》、農商務大臣山本達雄《やまもとたつお》、文部大臣奥田義人《おくだよしと》の三名が政友会に入党したからである。日露戦争の戦費調達における高橋の活躍については『逆説の日本史　第二十六巻　明治激闘編』にも詳しく述べたが、山本は高橋と同じ日銀出身で財政通、奥田は藩閥とは無縁の鳥取《とっとり》藩士の家に生まれ窮乏を嘗めたが、東大法学部を抜群の成績で卒業したことで伊藤博文の知遇を受け、大日本帝国憲法制定にも貢献した。もともと政友会のシンパではあったわけだ。ちなみに鳥取県出身で初めて大臣となったのはこの人である。また政友会党員では無いが斎藤実《さいとうまこと》海軍大臣も原敬と親しく、桂園時代には何度も海相を務め政治家としての経験も深い。後に総理大臣、内大臣も務めるが、陸軍の反乱である二・二六事件で暗殺されてしまった。

つまり山本内閣は首班の山本首相以外は、主要ポストを政友会の「メンバー」が占める事実上の政友会内閣なのである。「名を捨てて実《じつ》を取る」とはまさにこのことだろう。「藩閥内閣？ 実質を見ろ！」というのが「黒幕」西園寺公望の思いであったろう。

この内閣の、さらに特筆すべき大物と言えば、外務大臣を務めた牧野伸顕《まきののぶあき》だろう。本名は「のぶあき」だが、「マキノシンケン」として結構人気があったこの人物、なんと維新《いしん》の三傑の一人、大久保利通《おおくぼとしみち》の実の息子なのである。

■歴代首相のなかでももっとも「ツキ」が無かった山本権兵衛

第一次山本権兵衛内閣の外務大臣を務めた牧野伸顕は、大久保利通の実の息子であった。経歴は次のようなものだ。

明治から昭和期の外交官、政治家。文久（ぶんきゅう）1年10月22日薩摩（さつま）国（鹿児島県）に生まれる。大久保利通（おおくぼとしみち）の次男。牧野家を継ぎ、1871年（明治4）岩倉具視（いわくらともみ）らの遣外使節に父に同行してアメリカに留学。1880年外務省書記生としてロンドンに在勤中、伊藤博文（いとうひろぶみ）の知遇を受け、帰国後、福井・茨城両県知事、文部次官、イタリア公使、オーストリア公使を務めた。1906年（明治39）第一次西園寺公望（さいおんじきんもち）内閣の文相、1907年男爵となり、その後、枢密《すうみつ》顧問官、第二次西園寺内閣の農商務相のち文相を兼任、第一次山本権兵衛（やまもとごんべえ）内閣の外相、臨時外交調査委員を歴任した。1919年（大正8）パリ講和会議全権（以下略）

（『日本大百科全書〈ニッポニカ〉』小学館《しょうがくかん》刊　項目執筆者木坂順一郎《きさかじゅんいちろう》）

つけ加えるならば、吉田《よしだ》茂《しげる》元内閣総理大臣は娘婿で、麻生太郎《あそうたろう》自民党《じみんとう》副総裁（2024年6月現在）は曾孫《ひまご》だ。牧野は西園寺とも親しかった。つまり山本内閣は反陸軍、反山県の俊秀を集めた強力内閣であった。ただ、軍部大臣現役武官制改革に力を貸した木越安綱陸相は体調を崩して早々に辞任した。「陸軍の法王《ほうおう》」山県有朋に強く叱責されたことが原因で、ノイローゼ状態という話もあった。もし改革が行なわれていなければこの時点で山本内閣は崩壊した可能性もあるのだが、山本首相は陸軍の意向を無視して土佐《とさ》出身の楠瀬幸彦《くすのせさちひこ》中将を陸相に抜擢し、文官任用令の改正（自由任用の推進）によって法制局長官などそれまでキャリア官僚でなければ就任できなかったポストに積極的に優秀な人材を配置し、大逆事件を「推進」した桂太郎内閣とは反対に大日本帝国の「風通し」をかなりよくしたと言えるだろう。その背景には、このころから国家の元老として待遇されるようになった西園寺公望の強い支持があったのだが、それ以外にも山本には強い味方がいた。

山本内閣がこのような改革を行えたのは、桂が首相になるために内大臣を辞任した後に、伏《ふし》見宮貞愛親王《みのみやさだなるしんのう》（陸軍大将）が内大臣府出仕《しゅっし》（内大臣は空席）として、大正天皇の摂政《せっしょう》的役割を果たしたおかげでもある。伏見宮は五四歳の働き盛りで、皇族筆頭の地位にあり、山本首相・原内相との関係も良好であった。また、三人は大正天皇との関係も良く、天皇は彼らの助言に従って、心理的な負担に苦しむことなく、天皇としての形式的な職務を果たした。

（『山県有朋――愚直な権力者の生涯』伊藤之雄《いとうゆきお》著　文藝春秋《ぶんげいしゅんじゅう》刊）

このまま山本内閣が継続し、「政党嫌い」の山県有朋が弄した民主主義国家に対するさまざまな妨害策が排除されれば、大正期の日本は、いや大日本帝国はもう少しまともな道を歩んでいたかもしれない。また、昭和二十年の惨憺《さんたん》たる敗戦にもつながらなかったかもしれない。実際、山県はこのころ意気消沈し、中央政界からの引退を口にし京都の無鄰菴《むりんあん》に引きこもった。日露開戦を検討したあの山県の別荘だ。実際、体調を崩していたという話もある。そのまま病死でもしてくれれば日本にとって大変よいことだったと私は思うのだが、実際は逆になった。

逆とはどういうことか？　山本権兵衛と言えば日露戦争のときには海相を務め、日本の運命を懸けたバルチック艦隊との対決の指揮官に、当時予備役を待つばかりだった東郷平八郎《とうごうへいはちろう》を起用したことでも有名だ。そのとき明治天皇が驚いてその抜擢の理由を聞くと、山本は「東郷は運のよい男ですから」と答えたというエピソードがある。司馬遼太郎の『坂の上の雲』でもお馴染《なじ》みの場面だから、多くの人が知っている。実際、東郷はあの日本海海戦《にほんかいかいせん》においてツキまくっていたことは、『逆説の日本史 第二十六巻 明治激闘編』でも詳述したところだ。つまり、山本は人間の「ツキ」に関して信仰とも言えるような感覚を持っていたわけだ。

ところが、皮肉と言えばこれ以上の皮肉は無いが、総理大臣としての山本自身はまったくツイていなかった。それどころか、歴代首相のなかでも山本はもっともツキが無い総理大臣ではないかと思われる。彼はこの第一次内閣が崩壊に追い込まれた後、言わば奇跡の復活を成し遂げ後年にも第二次内閣を作るのだが、その二つの内閣ともに山本には直接責任の無い不祥事で潰れてしまったのである。

その最初の倒閣の原因となった事件を、シーメンス（発音によりジーメンスともいう）事件という。これがまた奇怪な事件なのだが、結果を先に言うと、この事件によって結局山本内閣は崩壊に追い込まれ、なんと山県有朋が復活してしまったのだ。

シーメンス事件　しーめんすじけん
1914年（大正3）1月、第31帝国議会開会中、外電による大々的な新聞報道で暴露された、軍艦など兵器輸入にかかわる旧日本帝国海軍の大疑獄で、事件の経過・性格ともに昭和のロッキード事件に比される構造汚職事件。事件発覚の端緒になったドイツの兵器会社ジーメンス社の贈賄（ぞうわい）のほか、最後の輸入戦艦として知られる「金剛（こんごう）」の建造に際し、代理店三井物産《みついぶっさん》を介してイギリスのビッカース社からも多額の贈賄《ぞうわい》がなされていたことが摘発されたため、「金剛」事件、ビッカース事件ともいわれる。（以下略）
（『日本大百科全書〈ニッポニカ〉』小学館刊　項目執筆者松元宏《まつもとひろし》）

とにかく複雑な事件なのである。若い人はロッキード事件もあまりご存じないだろうから補足すると、「1976年2月に発覚したアメリカ合衆国の航空機メーカー、ロッキードの日本への航空機売り込みにからむ疑獄事件。事件の発端はロッキードの極秘資料がアメリカの上院外交委員会多国籍企業活動調査小委員会に誤配されたことによるといわれる（以下略）」（『ブリタニカ国際大百科事典』）という事件だ。つまり、疑獄の発覚は「外国から」で「郵便の誤配」という、通常はあり得ない事態から「発覚」したということだ。もっとわかりやすく言えば、これは犯罪者が間違って検察庁に自分たちが捕まるような証拠書類を送ってしまった、ということなのである。

■「腐敗し私腹を肥やす海軍が増税を策すとは何事か！」

シーメンス事件も、発覚のきっかけは「外国から」であった。ドイツの軍事産業専門商社シーメンス社（シーメンス・アンド・シュッケルト電気株式会社）の東京支社社員のカール・リヒテルは、会社の犯罪にかかわる重要書類を盗み、東京支店副支店長を脅迫して金をゆすり取ろうとしたが失敗した。そこでリヒテルは、この書類をロイター通信に持ち込んだ。ロイターの東京特派員アンドルー・プーレーはこれは金になると安く買い取り、これをネタにシーメンスから金を受け取り内容は報道しなかった。これで事件は闇に葬《ほうむ》られるはずだったが、問題は主犯のリヒテルが母国ドイツの警察に窃盗《せっとう》脅迫罪で逮捕されてしまったことだ。彼は、自分の有罪の決め手になる証拠書類の写真を所持していたのである。いまなら「コピーを取っていた」というところだが、なぜ海の向こうの日本での犯罪が官憲にバレたのか？　なぜ有罪の決め手になる写真を逮捕に至るまで処分しなかったのか？　疑問は多い。とにかく裁判になり、「動かぬ証拠」としてシーメンス社の機密書類が法廷に提出された。そしてその裁判の判決文のなかに、リヒテルが盗んだ書類中に軍艦・兵器等の発注者の日本海軍将校に会社側からリベートが贈られたとの記載があり、これが外国通信社から全世界に打電されたので、日本の政界も上を下への大騒ぎになった。激動の大正政変（１９１３年）の翌年、年が明けたばかりの一九一四年（大正３）一月二十一日、日本では各紙がこの外電を大々的に取り上げ、二十三日の帝国議会衆議院予算委員会では野党の立憲同志会島田三郎《しまださぶろう》が厳しく山本内閣を追及した。島田は尾崎行雄と並び称される雄弁家で、この日の弾劾《だんがい》演説は世論をおおいに盛り上げた。世論沸騰の背景には、これまで海軍・薩摩閥に抑え込まれていた陸軍・長州閥の扇動もあったが、横暴な陸軍に対して海軍には清廉・謙虚なイメージを持っていた国民が、裏切られたと感じたことが大きい。

山本内閣は陸軍の二個師団増設要求を無視し、海軍力の増強を進めていた。これは必ずしも海軍優先策では無く、日本の軍事力のバランスを念頭に置いたものだったが、その財源として営業税・通行税などの増税を推進する予算案を提出していたため、野党や一般大衆のおおいなる反発を招いた。大衆の思いは「腐敗し私腹を肥やす海軍が増税を策すとは何事か！」であったろう。この世論の動向を見極めた新聞各紙は、日比谷焼打事件を招いたときのように日本の正しい方向性を示すことよりも、民衆を扇動することに重きを置いた。言うまでも無く、そのほうが新聞が売れるからである。

ちなみに、ドイツ法廷の判決文の内容は長文で、当時報道された日本語訳もいまとなっては非常に難解なので、それを現代語訳したものを紹介しよう。

『ベルリンからの報道によると、シーメンス・エンド・シュッケルト会社東京支社社員カール・リヒテルは、同支社から重要書類を窃取《せっしゅ》した犯罪をもって二ヵ年の懲役の判決を受けたが、公判においてリヒテルは、シーメンス会社は日本海軍の注文を受注するため、日本海軍将校に贈賄した事実を陳述したので、世人に大きなショックを与えた。被告弁護人の言によると、窃取した書類には、シーメンス会社は、すべて海軍関係の注文については三分五厘、無線電信機械の請負については、一割五分のコミッションを贈与することを、海軍官憲に申し込みたることを示している模様であり、法廷で朗読された唯一の書類は、被告よりシーメンス会社重役にあてたる書簡で、その文中に、窃取した書類から引用した文句が若干あった。その引用した文句の一つは、ベルリン本社から東京支社に申し送った一節であり、それによると、沢崎《さわざき》大佐と取り決めたコミッション契約はいまも存続してぶじに実施されているので、いますぐロンドン駐在の藤井《ふじい》提督《ていとく》とコミッションの取り決めをなすことは背信行為であり、軍艦一隻につき五分、他の海軍用品注文につき二分五厘というような法外なコミッション契約を藤井提督と取り結ばねばならない理由はどこにもない。(以下略)』

(『史話《しわ》・軍艦《ぐんかん》余録《よろく》　謎につつまれた軍艦「金剛」建造疑獄』紀脩一郎《きのしゅういちろう》著　光人社《こうじんしゃ》刊)

文中に登場する「沢崎大佐」は沢崎寛猛《ひろたけ》艦政本部課員海軍大佐であり、「藤井提督」は海軍艦政本部第四部長海軍機関少将藤井光五郎《てるごろう》のことで、二人はその後軍法会議にかけられ有罪となり、官位をすべて剝奪《はくだつ》された。「贈賄の事実はあった」ということである。東京に駐在していたロイターの東京特派員アンドルー・プーレーも警視庁に逮捕され、事件は大きく広がる様相を呈した。

この間、攻守所を代えた野党の動きは活発で二月十日には立憲同志会・立憲国民党《りっけんこくみんとう》などが衆議院に山本内閣弾劾決議案を上程した。この日、帝国議会議事堂と目と鼻の先の日比谷公園(当時、議事堂は隣町の内幸町《うちさいわいちょう》にあった)で内閣弾劾国民大会が開かれていたが、政友会優勢の衆議院で弾劾決議案が一六四対二〇五で否決された情報が伝わると、激高した群衆が議事堂を包囲し構内に乱入しようとした。アメリカでトランプ前大統領が大統領選での敗北が確定的になったとき、トランプ支持派が連邦議会議事堂に乱入したのと同じような事件が、日本でもこのとき起きていたのだ。ただし、日比谷焼打事件を経験していた警視庁は巧《たく》みに警備計画を遂行し、民衆の国会乱入は食い止めた。

ところが、山本内閣にとっては一難去ってまた一難だった。このシーメンス事件の取り調べのなかで、帝国海軍が初の超弩級《ちょうどきゅう》巡洋戦艦《じゅんようせんかん》としてイギリスに発注した『金剛』について、とんでもない疑惑が浮上した。仲介したシーメンス社のライバルであるイギリスのビッカース商会の日本代理店三井物産が、ビッカース社に受注させるために当時の海軍高官に多額のカネを贈賄した疑いが出てきたのだ。しかも、調べが進むうちにこの疑惑も事実であったとされ、当時の担当者松本和《まつもとやわら》はこの時期は海軍中将で呉鎮守府《くれちんじゅふ》長官を務めていて、次期海相候補の声もあったのだが、逮捕されてしまった。

これでは山本内閣はもたない。

■帝国海軍の栄光を象徴する花形艦に降って湧いた「贈収賄疑惑」

シーメンス事件をきっかけとして明るみに出た、戦艦『金剛』発注にまつわる日本海軍への贈賄疑惑。国民だけで無く、当の海軍も大きなショックを受けた。というのも、『金剛』とは帝国海軍の栄光を象徴する艦名だったからだ。このイギリスのビッカース社に仲介を依頼した『金剛』は二代目である。初代は明治十年代に僚艦の『比叡《ひえい》』、『扶桑《ふそう》』（ともに初代）などとともに日本がイギリスに発注した戦艦であり、一八七八年（明治11）にイギリスで進水した。『金剛』は一八九〇年（明治23）、日本の紀州《きしゆう》沖で遭難したオスマン帝国の軍艦『エルトゥールル』から救出された乗員を母国まで送って行ったことでも有名だ。のちに日露戦争の日本海海戦で活躍する秋山真之《あきやまさねゆき》も、これで遠洋航海を初めて体験した。『金剛』はそののち日清戦争にも参戦したが、老朽化し一九〇九年（明治42）に廃艦となった。

二代目の『金剛』は、世界最先端のイギリスの造船技術を学ぶため一九一〇年（明治43）にビッ

高速と強力な主砲を兼ね備えた２代目『金剛』は、太平洋戦争でもマレー沖海戦、ミッドウェー海戦、マリアナ沖海戦など数々の激戦に参加しながら生還。だが、レイテ沖海戦後に本土帰還途中、台湾海峡で米潜水艦の魚雷攻撃を受けて沈没した（写真提供／朝日新聞社）

カース社を通じて発注された巡洋戦艦である。戦艦の攻撃力と巡洋艦の高速性を併せ持ち、主砲は十四インチ（口径約35センチ）と当時の最強艦で、それまでイギリスの最大の戦艦等級をあらわすドレッドノート級を日本では弩級（ド級）と訳していたが、これを超えるという意味で『金剛』は超弩級艦と呼ばれた。そして、この『金剛』は日本以外で建造された日本海軍最後の大型軍艦となった。これ以後日本は『金剛』をモデルに『霧島《きりしま》』『比叡』『榛名《はるな》』といった主力艦を建造し、やがて独自の技術を開発して『長門《ながと》』『陸奥《むつ》』『大和《やまと》』といった旧国名を艦名とする国産の超弩級戦艦を建造するようになる。しかし『金剛』も改造によるスピードアップに成功し、アメリカとの戦いではミッドウェー海戦にも参戦したが、一九四四年（昭和19）、アメリカ潜水艦の魚雷攻撃で撃沈され任を終えた。相当に優秀な戦艦であることがわかるだろう。じつは、現在の海上自衛隊にもイージス艦の艦名（平仮名書きで『こんごう』）として継承されている。太平洋戦争でも活躍したぐらいだから、戦艦『大和』以前の海軍においては花形艦で、海軍にとどまらず日本の誇りでもあった。この建造に絡む贈収賄事件、「金剛・ビッカース事件」の概略は次のようなものである。

第二次桂内閣当時、斎藤海軍大臣は艦艇補充計画実施にあたって、外国というより、イギリスの造艦技術導入の目的から、巡洋戦艦四隻――「榛名」「霧島」「比叡」「金剛」――の一隻である「金剛」をイギリスの造船所で建造することとし、ヴィッカース社とアームストロング社に見積もりさせた。ヴィッカース社の日本総代理店は三井物産で、アームストロング社はたしか高田商会《たかだしょうかい》だった。ところが、海軍の受注成績はいつも高田商会がすぐれていた。そこで三井物産は、予備役造船総監松尾鶴太郎《まつおつるたろう》を技術顧問として艦政本部に働きかけていた。海軍省は、たまたま造船総監近藤基樹《こんどうもとき》と藤井光五郎機関大佐が英国造船協会記念式典で渡英したので、見積書をチェックさせたところ、ヴィッカース社が材料もすぐれ価額も低廉であることが判明した。藤井機関大佐は、その旨を松本艦政本部長に報告した。さらに、イギリス駐在造船造兵監督官加藤寛治《かとうひろはる》中佐からも同じ意見具申があったので、海軍当局は慎重な検討を加えた結果、ヴィッカース社に発注する方針をかためるに至ったが、明治四十三年（一九一〇年）八月ころには、海軍当局の肚もまだどちらとも決まっていなかった。そのころ三井物産技術顧問松尾鶴太郎は、艦政本部長海軍中将松本和が明治四十一年（一九〇八年）、横須賀《よこすか》海軍工廠《こうしょう》長の当時、造船部長として仕えたので、両名の間はとくに昵懇《じっこん》なのを奇貨とし、松本中将が請託《せいたく》を容《い》れる意向のあることを察知して、三井物産の陸海軍用達を担当する重役岩原謙三《いわはらけんぞう》に、「もし運動が奏功してヴィッカース社が受注したならば、海軍にいる友人に謝礼として、三井物産がヴィッカース社から受け取る口銭《こうせん》の三分の一を分与されたい」と懇請《こんせい》し、その承諾を得て、その旨松本中将に伝え、代金の二十五パーセントにあたる金四十万円を贈賄したというものであり、松本中将は、事件発覚当時は呉鎮守府司令長官で、次期海軍大臣の有力な候補にあげられていた。

（『史話・軍艦余録　謎につつまれた軍艦「金剛」建造疑獄』紀脩一郎著　光人社刊）

この著者は、在野の海軍史家と呼ぶのが一番適切だろう。海軍出身では無いが「海軍愛」の強い人で、この著書も公平な第三者というよりは「海軍弁護人」の弁としてとらえたほうがいいと思うが、実際の刑事裁判でも検察側の主張より弁護側の主張のほうが理に適《かな》っている場合があるように、その主張には聞くべきものがある。

まず事実関係を述べれば、シーメンス事件の関係者も「金剛・ビッカース事件」の関係者もほんの一部を除いて有罪となった。たとえば、松本中将は「謝礼の受け取り」を認めた。本人は「私利私欲では無く、将来海軍大臣に就任したときなどに備えて機密費として使うつもりだった」と述べ、実際に遊興費などには使った形跡は無いようだ。しかし、受け取った事実は認めたので収《しゅう》賄《わい》罪に問われ有罪となり、すべての位記《いき》・勲章を剝奪され、免官のうえ海軍から追放され刑務所で服役した。ちなみに四十万円とはどのくらいの金額かと言えば、物価の違いもあるので一概には言えないが、ちょうどこのころ生活に困っていた石川啄木《いしかわたくぼく》が朝日新聞社に就職できて「これで妻子が養える」と喜んだ月給の額が「二十五円」だった。途方も無い金額であることがわかるだろう。

『金剛』など海軍艦艇の莫大な購入費用は、すべて税金である。国民にしてみれば、ロシアの三《さん》国干渉《ごくかんしょう》以降「臥薪嘗胆《がしんしょうたん》」して海軍に「献金」していたような感覚だろう。昭和に入ってからの戦争で使われた標語に「欲《ほ》しがりません　勝つまでは」というのがあるが、まさに国民はそういう気分で重税に耐えてきた。それなのに、こともあろうに海軍はその血税《けつぜい》から支払われた代金の一部をキックバックさせリベートとして受け取っていたというのだ。国民が激高し世論が沸騰するのも無理は無いとも言える。それなのに「海軍弁護人」はいったい、なにを「弁護」しようというのか？

シーメンス事件はとにかく、巡戦金剛の汚職事件はすでに時効になっていた謝礼を、汚職にすり替えたもので、その根源は国防兵力増強に対する陸海軍の主導権争いにからみ、長閥陸軍の大御所《おおごしよ》山縣有朋元帥《げんすい》が薩閥海軍の統領《とうりよう》山本権兵衛大将の失脚を狙った陰謀《イントリーグ》の手段に利用された過程を解明された（以下略）

これは、前掲書の『史話・軍艦余録　謎につつまれた軍艦「金剛」建造疑獄』に、著者の「畏友《いゆう》」にして「旧海軍の老兵」と自称する高木惣吉《たかぎそうきち》が寄せた序文（むしろ推薦文）のなかにある文言である。つまり、この本の出版意義はここにあるということだ。

■シーメンス事件の真相は検察による「でっち上げ」だったのか？

高木惣吉とは誰か？　大日本帝国海軍史を少しでもかじった人間なら知らない人間はいない、というほどの人物である。

高木惣吉　たかぎそうきち

一八九三－一九七九

大正・昭和時代の海軍軍人で太平洋戦争の終戦に尽力した。熊本《くまもと》県球磨《くま》郡西瀬《にしぜ》村（人吉《ひとよし》市矢黒《やぐろ》町）に明治二十六年（一八九三）十一月十日出生。農業の父鶴吉《つるきち》と母サヨの長男。小学校だけの学歴で上京し苦学して海軍兵学校に合格、大正四年（一九一五）十二月に卒業。海軍大学校を首席で卒業したあと昭和二年（一九二七）十二月から約二年間フランスに駐在した。同十二年から十七年にかけて海軍省官房調査課長または海軍大学校教官として民間の知識人を集めてブレイン＝トラストを設け、思想・外交・政治を研究した。舞鶴《まいづる》鎮守府参謀長に転出して少将に進んだあと昭和十八年九月、東京にもどり翌年三月から海軍省教育局長。戦局の悪化に伴い十九年九月から海軍次官井上成美《いのうえしげよし》の密命により病気と称して終戦工作に従事し、海相米内光政《よないみつまさ》を補佐した。自身の見聞・活動を記録した著書として『高木惣吉日記』『山本五十六《やまもといそろく》と米内光政』『太平洋海戦史』『私観太平洋戦争』『高木海軍少将覚書』など多数ある。昭和五十四年七月二十七日神奈川県茅ヶ崎《ちがさき》市で死去。八十五歳。墓は鎌倉《かまくら》市の東慶寺《とうけいじ》にある。
（『国史大辞典』吉川弘文館《よしかわこうぶんかん》刊　項目執筆者野村実《のむらみのる》）

最近の研究では高木は一九四四年（昭和19）、戦争終結のために東條英機《とうじょうひでき》首相暗殺を計画したが未遂に終わったことも、あきらかにされている。ただこの計画については、成功していたら陸軍と海軍の対立が決定的となって収拾がつかなくなっただろう、との反省の弁も述べている。とにかく、小学校しか出ていないのに海兵を経て海大を首席で卒業するなど、大変な努力家で優秀な人間であることはわかるだろう。たしかに本人の「好き嫌い」を問題にするなら「陸軍嫌いの海軍好き」だろうが、高木は陸軍だけでは無く海軍に対しても歯に衣《きぬ》を着せぬ批判を浴びせる人物だった。だからこそ井上成美や米内光政といった

高木惣吉（写真）らが計画した東條英機暗殺計画は、東條が愛車で外出した際に前後をクルマで塞ぎ機関銃で射殺する、という手荒なものだったとされる。実行直前に東條が内閣総辞職したため計画は中止された（写真提供／毎日新聞社）

海軍の良識派にも深く信頼されたのだろう。その高木が高く評価する「陰謀の過程の解明」とは、いったいどんなことか？　ここは前掲書で展開されている紀脩一郎の「弁論」を私がわかりやすく代弁しよう。

高木惣吉も言っているように、「シーメンス事件はとにかく、巡戦金剛の汚職事件」は時効だったのである。そもそも「謝礼」というのは当事者の松本和がビッカース社を海軍に紹介した労に対する謝礼であって、海軍にビッカース社を仲介人に選ぶように受託《じゅたく》されその成功報酬として受け取った賄賂《わいろ》では無い。もし仮に賄賂だったとしても、現代で言う受託収賄罪については時効が成立していて立件できないはずだ。それなのに立件できたのは、検察当局が「受託収賄」の関係が現在も続いている、つまり犯罪が現在も継続進行中（これなら時効にはならない）という形を無理やりでっち上げて有罪に持ち込んだからである。

では、「でっち上げ」というのは具体的にどういうことかと言えば、受託収賄罪が成立するためには、賄賂を贈った側になんらかの「請託」があったと認めさせなければならない。これは先に紹介した昭和の「ロッキード事件」でも問題になったところだが、この場合だと当事者の三井物産側が「海軍がビッカース社を代理人に選ぶよう」に松本中将に「請託」し、その目的でカネを贈ったと認めさせなければならない。金銭そのものの授受《じゅじゅ》については三井物産側も松井中将も「あった」と認めているが、あくまで「単なる謝礼だった」というのが双方の主張だ。だから、その主張を崩さねばならない。ここで注意すべきは、三井物産側の審理は通常の裁判所だが、松本中将は軍法会議(軍事法廷)で裁かれていることだ。一括審理では無い。だから検察や裁判所がいちはやく三井物産側に賄賂の意識があったことを認めさせ、三井物産側を贈賄罪に問うことができれば、当然軍法会議もその結論は無視できず、松本中将に収賄罪を適用せざるを得なくなる。

ここで検察側が目をつけたのは、すでに現役を退き予備役であるため軍法会議では無く裁判所で裁きを受けることになっていた三井物産技術顧問の松尾鶴太郎だった。実際に三井物産から四十万円を受領し当時艦政本部長だった松本中将にカネを渡したのは、海軍OB（元・海軍造船総監）の松尾である。そこで検察は、松尾をまず詐欺取得罪《さぎしゅとくざい》で逮捕起訴した。金銭の授受が明確になった段階で、「松尾が、オレが松本中将に頼めば必ずビッカース社を代理人にできる。そのためにカネが必要だと三井物産に持ち掛け、カネを騙《だま》し取った」という罪状だった。だから詐欺取得罪、なのである。ところが、逮捕後に松尾はそれが贈賄であったと認めてしまった。なぜか？

戦前（昭和20年以前）は、予審《よしん》という制度があった。「旧刑事訴訟法で認められていた制度。公訴《こうそ》提起後、被告事件を公判に付すべきか否かを決定し、あわせて公判で取り調べにくい証拠を収集保全する手続きで、裁判官の権限に属していた」（『デジタル大辞泉』）というものなのだが、この事件の予審担当だった潮恒太郎《うしおつねたろう》判事が「トリック」を使って松尾に贈賄を認めさせた、と紀脩一郎は主張する。それは、現代においてはまったく忘れ去られた軍人の「習性」を利用したものだった。

■「破廉恥罪」を回避するため贈賄を認めた元海軍軍人・松尾の「心情」

日本人は「昭和二十年」の手痛い敗戦に懲《こ》り、「軍事から手を引く」と決心した。

この『逆説の日本史』を通してのテーマでもあるが、日本には基本的に二つの「人種」がいる。一つは弥生人《やよい》の末裔《まつえい》である「平安貴族《へいあん》」、そしてもう一つは縄文人《じょうもん》の末裔である「鎌倉武士《かまくら》」で、平安時代までは弥生人が優勢であり「弥生王」とも言える天皇家は「動物を殺さない文化＝死をケガレとして嫌う文化」の継承者であったために、その頂点に立った桓武《かんむ》天皇は軍事権および警察権を放棄してしまった。

しかし、これでは国家が立ち行かない。そのため、それらを拾い上げる形で幕府という軍事政権を作ったのが武士であった。日本にとって幸いだったのは、いわゆる元寇《げんこう》がこの軍事政権の時代に起こったことである。もう少し前の武士がまだ力を持っていないころに中国が攻めてきたら、われわれは対抗できなかったかもしれない。つまり日本という独立国家は存在せず、中華人民共和国日本省になっていたかもしれないということだ。日本の独立は鎌倉武士の軍事力によって守られたのだが、その事実を認めたくない平安貴族たちは神風《かみかぜ》のおかげだと主張し、世界中どこでも認められている軍事力の効用を認めなかった。いまのウクライナが好例だが、軍隊はやはり侵略をはねのけるためには絶対に必要なものである。しかし日本人だけがそれを認めたがらず、とくに戦後の日本人は平安貴族に戻ってしまった。元寇のとき、平安貴族が元の侵略をはねのけたのは鎌倉武士の軍事力では無く神風のおかげだと強弁したように、現代の日本人の一部は戦後日本が平和だったのは日米安保や自衛隊の抑止力のためでは無く、平和憲法のおかげだと主張している。こういう考え方はどちらも迷信、いや一応信仰と言っておこうか――というのが、私の歴史を見る視点である。

だから、学問の世界もできるだけ軍事から遠ざかることをよしとする傾向ができてしまった。本当に戦争を防ぐためには、戦争というものを徹底的に研究する軍事学部が必要である。ちょうど伝染病を根絶するために伝染病研究所が必要なのと同じことなのだが、日本の国立大学には軍事学部が一つも無い。あえて言えば防衛大学校がそれに当たるかもしれないが、あれはやはり一般人が戦争を研究する大学とは言い難いものがある。

言うまでも無く、昭和二十年以前の日本は軍事優先の国家であった。それは十九世紀に起こった帝国主義のなかで、日本を欧米列強の植民地にさせまいと考えたわれわれの先祖が武士の文化を優先させたからだ。しかしそれが行き過ぎて大日本帝国が滅びると、今度は貴族の文化が優先されるようになった。学問の世界でも、この時代を研究するなら軍事あるいは軍人に対する常識が必要不可欠なのに、歴史学者も含めてそれを持っていない人があまりに多すぎる。だから「海軍史家」紀脩一郎の分析も理解できない。前節で述べたように、予審判事潮恒太郎が元軍人の松尾鶴太郎に「トリック」を使って贈賄を認めさせた、と紀脩一郎は主張する。その主張をそのまま引用すれば次のようになる。


松尾鶴太郎被告の取り調べにあたって、潮判事は、検事調書を読み聞かせてから、松尾に向かって、検事は被告を詐欺取得罪という破廉恥《はれんち》罪で起訴しているが、いやしくも海軍将官（正確には元将官。引用者註）たる被告にとって、不名誉きわまる罪状ではないか。もし被告が三井物産から受け取った四十万円は、松本和中将に贈賄するためのものと認めるなら、破廉恥罪たる詐欺取得でなくて単純の贈賄罪にするがと、たくみに被告の弱点をにぎって誘導尋問をした。松尾は判事のトリックに気づかず、破廉恥罪で公判に付せられたくない一念から、三井物産から受けた四十万円は謝礼なのに、自分から松本被告に贈賄するために受領したと陳述し、マンマと予審判事の術中に陥ってしまった。

（『史話・軍艦余録　謎につつまれた軍艦「金剛」建造疑獄』光人社刊）

多くの読者の反応は「はあ?」だろう。理解不能ということだ。「詐欺取得罪であろうが贈賄罪であろうが、刑法上の犯罪であることには変わり無いではないか。なぜそんなことにこだわるんだ。無罪を主張するならともかく、有罪は有罪なんだから状況が変わるわけでも無いし」というのが多くの日本人の感想だろう。だが、じつは誘導尋問以前と以後で大きく変わったものがある。元海軍軍人松尾の「心情」である。それは軍人とはどういう「人種」かがわかっていないと理解できない。

その心情を説明する前に、まず現代社会にも通じる贈賄の一般的な常識を言っておくと、こうした外国相手の受注については贈賄と収賄の流れは次のようになる。

あくまで仮の話だが、ここにA国という国があるとしよう。鉄道でも橋梁《きょうりょう》でもいいが、この国には自力でそれを造る力が無い。そこで外国に発注することにした。衆目の一致するところB国というきわめて建設技術の優秀な国があり、費用もリーズナブルである。だったらB国に発注するのが理の当然なのだが、じつは往々にしてそうならないのが国際社会の現実である。それは、C国という技術は未熟でコストもかかる国が、A国の政府高官に賄賂を贈り自分たちに受注させてくれと運動するからである。A国の政府高官が収賄してしまえば、結局C国がそれを造ることになる。もちろん、そういう技術が未熟なのにワイロの力で受注するような国は、利益を上げるために手抜き工事もするから、当然のように事故が起こって国民が苦しむ。こうした汚職は、自国民を犠牲にしたものだから徹底的に追及されるべきだ。

■「私利私欲に走った破廉恥漢」か? 「国益に資した国士」か?

しかし、「『金剛』のビッカース社受注」については話がまったく違う。客観的に見て、この発注は帝国海軍にとって最善の道であった。『金剛』はきわめて優秀な巡洋戦艦で、その後の日本海軍の造船技術向上にも多大の貢献をした。費用もビッカース社が提示したものはリーズナブルなものであり、日本は「ふんだくられて」はいない。この点について、「この軍艦金剛が後年解体されたとき」(引用前掲書)、三井物産側の弁護人を務めた今村力三郎《いまむらりきさぶろう》が次のように述べている。

> 世人は、軍艦の請負に競争があって、なにか不正が行なわれたとすれば、必ずそのために註文すべからざるものを註文したのであろう、註文を受けた者は不正を行なったために競争に勝ったのであろう、したがって出来あがった軍艦にもどこかに欠点があるのだろう、と推測するのが常である。またこれが一般の人情でもある。(中略)この軍艦金剛が後年解体されたとき、それに従事した某武官は、この軍艦については忌まわしい疑獄の起こったことでもあり、どこかに手抜きがしてあるかと思って、詳細に注意して見たが、少しも左様な不正を発見し得なかった。さすがはヴィッカースであると感心したとのことである。
>
> (引用前掲書)

著者の紀脩一郎によれば、この今村の述懐に「解体」とあるのは実際には解体では無く、先に「金剛の履歴」で紹介したスピードアップのための改造ということだが、とにかく金剛は優秀な巡洋戦艦で手抜きなど一切無かったことは、昭和十九年に撃沈されるまで活躍したことでもわかる。今村の指摘しているような、いわゆる先進国と腐敗した開発途上国で起こる典型的な汚職の産物では無かった。そもそも、松本中将が松尾に頼まれビッカース社を海軍に紹介する以前に、ビッカース社の示した造艦計画および費用は最適なものと海軍自体が認めていた。このことは軍法会議に提出された資料を見てもあきらかなのである。では、三井物産側がなぜカネを払ったかと言えば、当時次期海相候補の呼び声も高かった松本に「謝礼」を払っておくことで、今後の関係を有利に保とうという思惑があった。松本は松本で海相に就任すればなにかと「機密費」が必要だと考え、プールしておくつもりで受け取った。実際、このカネはそのまま残され遊興費等に使われた形跡は無かったことはすでに述べたとおりだ。もちろん、これは一〇〇パーセント正しいことでは無いだろう。特定の企業と公的機関の人間が結びつくのは好ましいとは言えないし、受託収賄罪では無くても請託を伴わない単純収賄罪を構成するかもしれない。しかし、これも先に述べたようにどちらの罪に問うとしても時効が成立しているのである。

また松本は、海軍がビッカース社を選択し金剛を購入したのは間違っていなかった、自分は私利私欲で動いたのでは無いと自己弁護することはできる。自己満足と言われるかもしれないが、人間を最終的に動かすのは宗教や哲学や伝統などに触発された「心情」である、法律や理屈では無い。

しかし、その「自己満足」が不可能なのが詐欺取得罪で起訴された松尾なのである。このままだと松尾は、単に私利私欲のために卑怯《ひきょう》な手を使って三井物産を騙し金を稼いだことになる。「武士の風上にも置けない恥知らず」になる。つまりこれが「破廉恥罪」ということだ。だが、これが「金剛のビッカース社受注」をスムーズに進めるための贈賄罪だったとすると、松尾は「たしかに刑法上の問題はあったが、目的は間違っていない」と「思い込む」ことができる。帝国海軍には迷惑をかけていないし、国益にも資することができたと「思い込む」こともできる。これが松尾の「心情」なのである。

刑の軽重の問題では無い。詐欺取得罪なら「国益など関係無いと私利私欲に走った破廉恥漢」になるが、贈賄罪なら「手段には問題あったが、国益に資した国士」になる。この違いは大きい。元禄《げんろく》の昔、大石内蔵助《おおいしくらのすけ》ら四十七人の浪士が本来なら打ち首になるところを、武士の礼を以って切腹という処分になったとき、彼らは幕府の恩情に感謝したと伝えられている。「どっちも死刑なんだから同じこと」などと武士は絶対に考えない。無理やりに首を斬《き》られるのと、「自決」するのは天と地の違いがある。

しかし、あくまで近代社会の出来事なのだから、松尾が贈賄を認めてしまえばそのカネの贈り先である松本中将も収賄したことになってしまう。そうなれば海軍による、その海軍の中核たる軍艦についての「許しがたい汚職」ということになるから、そのころに海軍のトップにいた現首相の山本権兵衛の責任も問うことができる。まだ裁判が進行中の一九一四年（大正３）三月十三日、貴族院で行なわれた予算案審議で質問に立ち、山本権兵衛首相に最大級の罵倒を浴びせ辞任を迫った貴族院議員村田保《むらたたもつ》の「攻めどころ」もそこだった。

山本大臣閣下ヨ、閣下ハ人間ノ最モ尊ブ所ノ名譽、廉恥ト云フコトヲ本員ハ御存ジナクハナイカト云フコトヲ疑ヒマス、何トナレバ人民ガ閣下ニ對シマシテ、公然公衆ノ前ニ於テ閣下ヲ國賊ト言ッテ居ルデハアリマセヌカ、叉海軍收賄ノ發頭人ダト云フコトヲ申シテ居リマス、叉閣下ノ面貌ハ監獄ヘ行ケバ類似ノモノハ澤山アルト言ッテ居リマス、是等ノ語ハ人ノ名譽ヲ毀損シ、人ヲ侮辱スルコト是ヨリ甚シイモノハナイト本員ハ思ヒマス、田夫野人ト雖モ之ヲ聞ケバ容赦ハセヌ、之ヲ聞イテ默シテ居ル者ハ犬猫同様ダト言ハレテモ仕方ガナイ、山本大臣閣下ヨ、閣下ハ日本ノ刑法モ御存ジ遊バサレマセヌデゴザイマスカ、人ノ名譽ヲ毀損シタル者ノ罰ガゴザリマス、何故ニ法廷ニ持出シテ閣下ノ身ニ纒ヘル所ノ疑惑ヲバ靑天白日ノ如クナサレマセヌカ
（『貴族院議事速記録第十四號』国立国会図書館　帝国議会会議録検索システムより）

念のため簡単に現代語訳すると「山本首相、あなたは恥ということを知っていますか。ご存じないのではないかと私は疑っています。なぜなら国民はあなたに対して『国賊《こくぞく》』であるとか『海軍収賄の主犯』であるとか、あるいは『あなたの顔に似ている男は監獄に行けばたくさんいる』と言っています。これらはもちろん名誉毀損《きそん》でありますから、たとえ一市民であっても断じて許してはいけないことで、黙っているのは犬猫同然だと言って差し支えない。それなのに貴方はなぜ刑法に基づく名誉毀損で彼らを訴えないのですか。潔白ならばそうすべきです」ということだ。

村田の罵倒はまだまだ続いた。

■「使ってはいけない言葉」で山本を罵倒し続けた村田保とは何者か

一九一四年（大正3）三月十三日、貴族院の審議で質問に立ち山本権兵衛首相に最大級の罵倒を浴びせた貴族院議員村田保は、山本ら薩摩人にとっては「神」に等しい大西郷《だいさいごう》（西郷隆盛《たかもり》）のエピソードを挙げて追及を続けた。それは帝国議会会議録から現代語訳すると、次のようになる。

維新の初期に、東京府の職員であった薩摩人某が賄賂を受け取ったという嫌疑をかけられた。ただちに政府は当時の東京府知事由利公正《ゆりきみまさ》に命じて取り調べて、免職にしろと指令を出した。ところが由利が調べてみると、風聞ばかりで証拠が無い。それゆえ免職にはできない、と報告を上げた。これを受けて参議が集まり、確たる証拠が無いならばどうしようもないという意見にまとまりかけたが、そこで西郷隆盛が「一度でも国民の疑惑を受けたものは、その職にとどまるべきではない。私は彼に勧告して腹を切らせる」と主張した。山本首相よ、西郷隆盛がここにいたらあなたにも切腹しろと言ったでしょう。

こんなことが本当にあったのか、筆者は確認できていない。ただ、西郷隆盛はこうしたことに非常に厳しかったのは事実だ。ただし、ここでひと言弁護しておくが山本権兵衛首相もその腹心である斎藤実海相も、その後の調査で賄賂とは一切かかわりが無かったことが証明されている。だが、村田の罵倒はさらに続いた。ここは原文を引用しよう。

山本權兵衞伯ヨ、伯ハ今日小學校ノ兒童ナリト雖モ、閣下ヲ土芥糞汁ノ如ク惡口ヲ致シテ居ルデハゴザリマセヌカ、如何デゴザイマス、一國ノ宰相タル者ガ、海軍ノ大將トモ云フ者ガ、小學校ノ生徒マデニ斯ノ如ク侮辱セラルルト云フコトハ、實ニ我〻國民トシテハ慨嘆ニ堪ヘヌノデゴザイマス

(『貴族院議事速記録第十四號』国立国会図書館　帝国議会会議録検索システムより)

この村田の発言は、虚偽に等しい誇張と言うべきだろう。確たる証拠があるわけではないが、いかに新聞が山本内閣を強く批判していたとは言え、小学生までが天皇の信任を受けた総理大臣をここまでひどく言うとは思えない。土芥とは「塵《ちり》あくた」のことだし、「糞汁」については「訳す」までもあるまい。もちろん小学生のなかには新聞の批判を鵜《う》呑《の》みにし、そういうことを言っていた生徒が少しはいたかもしれないが、すべての小学生がそんなことを言っているように主張するのは、あきらかに誇張であろう。批判をするなら自分がそう思うと言うべきであって、小学生を引き合いに出すのは不公正であると私は思う。村田にもそういう感覚がまったく無かったわけではない。質問の最後に村田は、去年の桂内閣が政友会によって打倒された件を持ち出し、あなたは桂太郎公爵《こうしやく》を訪ね勧告して辞職せしめ内閣を引き渡させたではないか、と迫った。

人ニ辞職ヲ勸告シナガラ己ハ辭職セヌト云フヤウナ不徳義千萬ナル卑劣漢ハ、日本國ニ閣下ノ外ニハナイダラウト存ジマス
（前掲文書）

だが、この批判の前提にある「山本が桂に迫って退陣させた」という事実は無い。すでに述べたとおり、政友会が桂内閣を退陣に追い込んだのだし、山本は海軍増強のためだけで無く軍がこれ以上政治に口を出すべきではないとの信念から、陸軍および海軍大臣現役武官制改革を実現するために首相を引き受けたのだが、村田にはそのことがまるでわかっていない。挙句《あげく》の果て村田

は、「使ってはいけない言葉」まで使って山本を罵倒《ばとう》した。

奸臣《かんしん》山本權兵衞ハ陛下ヲ要シ奉ッテ御手許金三萬圓ヲ戴キ、松田正久ノ葬費ニ充テタリ、從來先例ナキ、斯ノ如キコトヲナシ、不埒千萬ナモノダト云フコトデアリマス

（引用同）

奸臣とは言うまでも無く「邪悪な心を持った家来」のことで、幕末ならこんなことを言ったら村田は山本に斬り殺されていたかもしれない。それぐらいひどい言葉なのである。すべての国民は臣民《しんみん》（天皇の臣下としての民）であるというのが大日本帝国のモラルの基本であり、確たる証拠の無い限り人を奸臣呼ばわりすることは絶対に許されない。では、「天皇から賜った三万円を山本は松田正久の葬儀費用に充《あ》てた」などという事実はあったのか？　松田正久とは、前に紹介したように西園寺公望とは留学生仲間でもあり同志であり、政友会の大物でもあったが、胃に持病がありこの審議の数日前に死去していた。男爵を授けられるほどの功労者であり当然弔慰金《ちょういきん》も出ただろうが、村田の言うような事実は無い。すなわち、村田の罵倒は根拠無き言いがかりなのである。結局、この日村田が山本に浴びせた罵倒の言葉を順を追って列挙すれば、「國賊」「海軍收賄ノ發頭人」「犬猫同様」「刑法モ御存ジ遊バサレマセヌ」「大西郷ガ居ラレタナラバ閣下モ亦切腹」「土芥糞汁ノ如シ」「不德義千萬」「卑劣漢」「奸臣」でありまったくひどいものだが、よくよく議事録を読んでみると村田は「土芥糞汁」や「奸臣」などもっとも強烈な罵倒についてはまっ「小学生がそう言っている」「家に来た無名の投書の主がそう呼んでいた」などと逃げをうっている。

本当に「卑劣漢」なのは、いったいどちらだろうか。

あまりのことに、貴族院議長の徳川家達《とくがわいえさと》公爵は村田に注意を与えた。議院法九十二条に触れる可能性があるというのだ。これは、議場ではこうした無礼な言葉を使って他人を貶《おとし》めてはならない、というルールである。これに対し村田は、皇室のことは決して批判していないと抗弁したが、徳川議長が九十二条は皇室だけで無く他の人々にも適用されると再度注意したところ、村田は開き直って山本に対し「速《すみ》やかに総理大臣の職を辞することを国民に代わって勧告する。もしそうしなければ、私はあなたを海軍の腐敗を醸成した大罪人と思う」と述べ、議長には「議場において不祥不吉なる言語を用いたことを謝罪する」と捨てゼリフを残し、そのまま議場を出て辞表を提出し二度と貴族院には戻らなかった。

■元老でありながら「塀の向こう側に落ちかけた」二人の長州人

ところで、議長の徳川家達とは最後の将軍徳川慶喜《よしのぶ》が「朝敵《ちょうてき》」となって隠居したあと養子に入って徳川宗家《そうけ》を継いだ、あの田安亀之助《たやすかめのすけ》のことだが、貴族院議員村田保というのは、いったいどんな人物だったのか?

明治—大正時代の官僚、政治家。天保(てんぽう)13年12月28日生まれ。肥前《ひぜん》唐津(からつ)藩(佐賀県)藩士の長男。太政官、内務省につとめ、明治23年貴族院議員。大正3年のシーメンス事件で、山本内閣弾劾の演説をおこない議員を辞職。水産伝習所(東京水産大の前身)の創設などで水産界に貢献し、水産翁《すいさんおう》と称された。大正14年1月6日死去。84歳。

（『日本人名大辞典』講談社刊）

経歴を一読すればおわかりのように、村田はとくに陸軍シンパというわけでは無い。しかし、この日の村田の「大演説」を新聞各紙は褒《ほ》め称《たた》え英雄扱いしたという事実はあったようだ。残念ながら、日比谷焼打事件のころから日本のマスコミは大衆を扇動し部数を伸ばすということしか考えていない。このときも、本当に考えるべきは第一に陸相海相の現役武官制を改革（廃止）することであり、日本にとって海軍と陸軍のバランスはこれでいいのか、冷静に判断することであった。新聞はそれをせず、ただただ山本内閣打倒のキャンペーンに専念した。山本は公平な人物で、しかも軍部があまりにも政治に関与することは危険であり、『軍人勅諭《ぐんじんちょくゆ》』だけではそれを防げないという見解の持ち主であった。だからこそ、このあたりから元老になった西園寺公望や政友会に推戴《すいたい》されて、首相になった。逆に村田はそういうことが全然わからず、ただ単純に新聞のキャンペーンに乗せられ、どんな形でもいいから山本内閣を退陣に追い込むのが正義だと確信していたようだ。だからこそ山本首相を徹底的に罵倒したのだろう。

村田は実業界とくに水産業界ではきわめて有能で、「水産翁」という「号」も自称したわけでは無く、水産業界における多年の業績を嘉《よみ》して小松宮彰仁親王《こまつのみやあきひと》がとくに贈ったものだ。日本は四面を海に囲まれ水産資源を活用するにはきわめて有利な条件にあったにもかかわらず、明治以来その運用は決して効率的なものでは無かった。それを改革したのが村田であり、日本における缶詰《かんづめ》生産を本格的に始めたのも村田だった。村田の生産した缶詰は兵糧として日清戦争の勝利におおいに貢献したようだ。あたり前の話だが、人間は完璧な存在では無い。神ならぬ人間にあらゆる分野に精通することは難しい。村田の甥《おい》は囲碁《いご》の大名人本因坊秀哉《ほんいんぼうしゅうさい》であり、村田自身も曲《きょく》馬《ば》をこなすほどの馬術の達人だったのだが、残念ながら優秀な実業人が三流の政治家であっても不思議は無いということだ。

だが、あえて後知恵で言うなら天保《てんぽう》十三年（１８４３）生まれの村田なら気がついて欲しいことがあった。それは明治維新以来、汚職という悪にもっともまみれていたのは俗に「薩長土肥」と呼ばれた人々のなかのどのグループであったか、ということだ。それはあきらかに長州人であろう。前原一誠《まえばらいっせい》のような例外もたしかにいたが、この大正時代まで元老として生き残っていた長州人井上馨《いのうえかおる》は尾去沢《おさりざわ》銅山事件への関与が疑われている。「明治維新後、尾去沢鉱山の経営は幕末に藩（盛岡《もりおか》藩。筆者註）から請け負っていた鍵屋村井茂兵衛《かぎやむらいもへえ》が継続するが、村井は藩が借り入れた外債の返済責任を不当にも負わされ、１８７２年（明治５）鉱山を大蔵省に没収された。大蔵省は村井の負債額と同額で同山を政商岡田平蔵《おかだへいぞう》に払い下げた。この払下げには当時の大蔵大輔井上馨が深くかかわっているとして、司法卿の江藤新平《えとうしんぺい》が調査を開始したが、江藤が下野、佐賀《さが》の乱で死刑になったため真相は解明されずに終わった」（『世界大百科事典』平凡社《へいぼんしゃ》刊「尾去沢鉱山」の項目より一部抜粋。項目執筆者菅井益郎《すがいますろう》）のである。思い出していただけただろうか？ 大西郷こと西郷隆盛が西南《せいなん》戦争に踏み切ったのにも、こうした風潮への強い不満が背景にあったことは、『逆説の日本史 第二十二巻 明治維新編』に詳しく述べたところだ。ここで思い出していただきたいのは、「山城屋和助《やましろやわすけ》事件」である。

山城屋和助　やましろやわすけ　一八三六―七二
明治初年の御用商人、貿易商。天保《てんぽう》七年（一八三六）周防《すおう》国玖珂《くが》郡本郷村に生まれた。幼くして両親を失い萩《はぎ》の竜昌院《りゅうしょういん》の小僧になったが、のちに還俗《げんぞく》して野村三千三《のむらみちぞう》を名乗った。文久《ぶんきゅう》三年（一八六三）長州藩奇兵隊《きへいたい》に入隊、山県有朋の部下となって馬関戦争・戊辰戦争に参加。明治維新後は横浜に出て貿易商人となり、山城屋和助を名乗った。生糸の売込みと兵部省など各省御用達として輸入業務に携わり、山県有朋の庇護によって陸軍省公金を有利に流用し莫大な利益をあげた。明治四年（一八七一）フランスに洋行したが、たまたま生糸相場の暴落で大損害を被り、パリに滞在中の山城屋の豪遊振りが日本公使館から外務省に通報され、これが政府部内の対立もあって陸軍攻撃の材料に使われた。山県に呼び返されて帰国したが、六十四万九千円に達する貸下げ公金を返済できず五年十一月二十九日陸軍省内で割腹自殺した。三十七歳。この事件で山県は陸軍大輔の職を辞した。墓は横浜《よこはま》市西区元久保町の久保山《くぼやま》墓地にある。

（『国史大辞典』吉川弘文館《よしかわこうぶんかん》刊　項目執筆者岩崎宏之《いわさきひろゆき》　傍点引用者）

山県にとってじつに都合がよかったのは、山城屋和助が死の直前に関係書類を焼き捨ててしまったことである。このために、公金流用あるいは贈収賄の証拠が無くなった。それでも和助が生きていれば自白を得ることもできただろうが、なぜか陸軍省内で切腹してしまった。通常なら書類を焼いた場所で自殺するものだろう。なぜわざわざ陸軍省に来たのか？　周辺は山県の息のかかった連中、つまり真相が明るみに出ては困る人間ばかりなのである。どう考えても、山県一人だけが甘い蜜《みつ》を吸っていたとは考えにくいし、奇兵隊の同志ならそのおこぼれに与《あずか》った人間も相当いたのではないか。つまり、長州人のことである。ここからは想像だが、数人がかりで押さえつければ本人に無理やり「切腹」させることはできるし、「覚悟の自殺」ということにすれば検死なども綿密には行なわれない。

さらに山県いや長州人にとって都合のよかったことは、井上馨のケースと同じで司法卿江藤新平が失脚敗死したことだ。つまり、大正初期の日本の元老のうち二人までもが「塀の向こう側に落ちかけた」長州人だったということで、いわば彼らは汚職について知り尽くした「専門家」なのである。

■金剛・ビッカース事件を一大汚職事件に仕立て上げた仕掛人は誰だ?

シーメンス事件いや金剛・ビッカース事件の背後には、「汚職の専門家」であった陸軍の法王山県有朋がいたのではないか、というのが私の推測である。歴史学者の先生方は否定するだろう。例によって「史料が無い」とおっしゃるのだろうが、そう言う向きは私が山県を「汚職の専門家」と呼んだ意味がまったくわかっていない。

山城屋和助事件で、山県は危うく失脚するところだったのである。和助の「切腹」そして司法卿江藤新平の「失脚」という望外の幸運によって、山県はまさに「九死に一生を得た」。山城屋がすべての「書類」を焼却してくれたのも助かった。そういう人間がその後の人生でシッポをつかまれるような、つまり史料を残すようなマネをするはずが無いではないか。それが人間というものだろう。ましてや山県を研究すれば誰でもわかることだが、彼は慎重で綿密な性格だ。だからこそ軍略的才能はまったくと言っていいほど無いが、軍政畑で頭角を現わしたわけだ。
それにもう一つ重要なことがある。山県にとっては陸相・海相現役武官制を復活させることは絶対の正義であり、それが彼の大正天皇への忠義でもある。結果的にこの制度は日本を滅亡に導いたが、山県がそれを大日本帝国にとって正しい政策だと考えていたのは何度も紹介したとおりだ。そもそも、この制度は山県内閣のときに成立しているのである。山県にしてみればせっかく成立させた「正しい」制度を、事実上廃止にしてしまった政友会そして山本権兵衛内閣はまさに国賊であり、明治を生きた人間の感覚で言えば絶対に放置してはいけない事態なのである。つまり、身体の不調があったとしても万難を排し、どんな手段に訴えても山本内閣は潰《つぶ》さなければいけない。それが維新の荒波を潜り抜けてきた男の感性というものである。

しかし陰謀、つまり時効になっている「単純収賄罪」を起訴できる受託収賄罪に変えることは、専門家でなければできない。おそらくは山県の「なんとしてでも山本内閣を潰せ」という命令（もちろん紙に書くバカはいない）を受けて、金剛・ビッカース事件を一大汚職事件に仕立て上げた専門家がいるはずである。私はその人間に心当たりがある。平沼騏一郎《ひらぬまきいちろう》である。

平沼は一八六七年（慶応《けいおう》3）、美作国《みまさかのくに》（現在の岡山《おかやま》県）で津山《つやま》藩士の子として生まれ上京し、帝国大学法科大学を卒業した。この聞き慣れない大学はのちに東京帝国大学と呼ばれるが、それは西園寺公望の奔走で京都《きようと》帝国大学が建学されて以降のことで、この当時の帝大は東京に一つしかないのでこう呼ばれた。昔はいまと司法制度が違い、司法省の官僚として採用された男子が判事や検事にも任じられる形だった。いくつかの裁判所で判事として勤務したのち、おそらく肌に合ったのだろう、検察畑に進んだ。問題はそのあとだ。ここで『国史大辞典』（吉川弘文館刊）

の「平沼騏一郎」の項から、その後の経歴を抜粋する。

この時期日糖疑獄の処理や幸徳《こうとく》事件（大逆事件）の取り扱いで名を上げた。四十四年刑事局長に任ぜられる。大正元年（一九一二）検事総長に補せられ、以後約十年その地位にあった。この間、大正三年のシーメンス事件、翌四年の大浦《おおうら》内相事件、七年の八幡《やはた》製鉄所事件などで腕を振るった。またこの間、明治四十年に法律取調委員、大正八年には臨時法制審議会副総裁に任命され、数多くの立法、法改正の事業に参画した。（以下略。項目執筆者伊藤隆《いとうたかし》）

平沼の経歴は、これから先も延々と続く。なにしろ首相にまで上り詰めた人物だから。ただし、首相のときにともに反共産主義外交を進めていたドイツが、突然に共産主義の総本山とも言うべきソビエト連邦と相互不可侵条約を結んだことに仰天し、「欧洲《おうしゅう》の天地は複雑怪奇《ふくざつかいき》」という捨てゼリフを残し内閣総辞職したのは、平沼の政治家人生の最大の汚点だろう。また平沼はいわゆる右翼で、右翼団体を主宰したこともあり、元老西園寺からは嫌われていた。ということは、記録には残っていないが山県や桂太郎の腹心だった可能性はおおいにある。

そこで経歴を見ていただきたいのだが、要するに平沼は大逆事件という桂太郎＝長州閥によってでっち上げられた日本最大の冤罪《えんざい》事件の仕掛人だったのである。しかも、その功績を賞せられ検事総長にもなっている。そして、この金剛・ビッカース事件はまさに平沼が検事総長時代の出来事なのである。

桂亡き後「自分が首相になるための親分」を求めていた平沼と、「自分の理想を汚した国賊内閣を絶対に潰す」と考えていた山県とは、利害がピタリと一致する。「史料が無い」ですって？　この二人は「冤罪でっち上げ」および「汚職」の専門家ですぞ。「名人」と言ってもいい。証拠（史料）など残すはずが無いではないか。

　これまで何度も紹介した『史話・軍艦余録　謎につつまれた軍艦「金剛」建造疑獄』（光人社刊）のなかで、著者の紀脩一郎は「わが国を亡ぼし、海軍を崩壊にみちびいた原因は三つある」と述べている。その第一に挙げているのが、この「軍艦『金剛』建造疑獄」によって「山本権兵衛、斎藤実両大将」が予備役に編入されてしまったことだという。予備役は通常の形で現役に復帰するのは不可能であるため、事実上の引退を意味する。つまり「長州軍閥の独裁に対する強力な制動機《ブレーキ》となっていた、海軍というよりも実力者山本権兵衛の失脚は、陸軍の独裁への扉を開き、ひいては昭和軍閥台頭の布石となり、やがて敗戦への一歩を踏み出したことは否定できない歴史的事象である」ということだ。この著者の立場を私は「海軍弁護人」と評したが、この見解つまり「軍艦『金剛』建造疑獄」によって山本・斎藤両大将が「失脚」したことが、「昭和軍閥台頭」を呼び「敗戦への一歩」となったことは、多くの史家、研究者が認める客観的事実だと思う。だからこそ、この「シーメンス事件」の陰に隠されてしまった「金剛・ビッカース事件（軍艦『金剛』建造疑獄）」の真相を究明することは、歴史のキーポイントを探ることにもなる。

　じつはこの二人、のちに奇跡の復活を遂げた。元老西園寺の篤《あつ》い支持によって、二人はともに首相となったのである。しかし、まず関東大震災《かんとうだいしんさい》（1923年〈大正12〉）直後に首相に返り咲いた山本は、共産主義者が摂政宮《せっしょうのみや》（のちの昭和天皇）を狙撃するという不祥事が起こったため総辞職に追い込まれた。こうした「主義者」を追い詰めたのは陸軍・長州閥であって海軍・薩摩閥では無かったのだから不運もいいところだが、これで山本の政界復帰の道は閉ざされた。おそらく西園寺は唇を嚙《か》み、山県はもう死んでいたが平沼はこっそり祝杯を上げたのではないか。

■「でっち上げと証拠隠滅の名人」平沼騏一郎と「帝人事件」

ところが、平沼にとってまたも不愉快な事件が起こった。一九三二年（昭和7）五月十五日、首相官邸に武装した陸海軍の青年将校たちが乱入し犬養毅首相を射殺するという、五・一五事件が起こった。これが平沼にとって不愉快だったのではない。いや、むしろ愉快だったかもしれない。平沼は右翼で陸軍とも友好関係にあったから、こっそり祝杯を上げた可能性もある。なによりも愉快だったのは、陸軍が後継首相候補に平沼を考えだしたことだ。ところが、その「平沼首相誕生」を潰したのが、元老西園寺であった。政党政治こそ本道と考えていた西園寺は、後継首相も政党人から選ぼうとしたが陸軍の反発が強くままならない。そこで妥協策として海軍穏健派の筆頭であった斎藤を天皇に推薦したのである。もちろん西園寺には、この非常時を利用して斎藤を復権させようという狙いがあったことは間違い無い。このころ海軍は軍縮して英米と協調していこうという「条約派」と、英米との対決も辞さないという「艦隊派」が対立していた。「条約派」のリーダーであった斎藤は、当然「英米協調路線」の支持者である。斎藤がその後も現役として生き残れば、結局反英米親独路線をとったその後の日本あるいは陸軍に対する歯止めになったかもしれない。西園寺も当然それを期待していただろう。しかし、斎藤内閣はある疑獄事件で吹き飛んでしまった。帝人《ていじん》事件という。

帝国人造絹糸《ていこくじんぞうけんし》（株）（現、帝人）の株式売買が汚職として追及され、斎藤実内閣の倒壊を招いた事件。１９２７年金融恐慌で鈴木《すずき》商店が破産したとき、子会社の帝人株を台湾《たいわん》銀行が担保としてとったが、台銀も日銀から特別融通を受けたため、その担保として同株は日銀に入れられた。その後、帝人が好調に業績をあげたので、同株を入手しようという動きが活発となり、33年5月財界グループ番町会《ばんちょうかい》の河合良成《かわいよしなり》らが10万株を入手した。これに対し34年1月武藤山治《むとうさんじ》（元鐘紡《かねぼう》社長）経営の《時事新報》が〈番町会を暴く〉を連載して番町会の帝人乗っ取りで、中島久万吉《なかじまくまきち》商工相らも関与した不正があると攻撃、3月武藤の暗殺で疑惑が拡大した。東京地裁への告発を機に、4月関係者が拘引され、5月次官黒田英雄《くろだひでお》ら大蔵省幹部の逮捕に発展し、さらに中島、三土（みつち）忠造鉄道相にも取調べが及ぶ形勢に、7月3日斎藤内閣は総辞職した。被疑者には２００日以上の長期拘留、革手錠などの過酷な扱いがなされ、〈司法ファッショ〉の非難を呼んだ。16名が背任《はいにん》罪・贈賄罪などで起訴されたが、37年12月虚構による起訴として全員無罪の判決が下った。平沼騏一郎を中心とする右翼勢力の倒閣策動に連なって仕組まれた事件とみられる。

（『世界大百科事典』平凡社刊　項目執筆者江口圭一《えぐちけいいち》　傍点引用者）

最近の研究書にも次のようにある。

「帝人事件は」「のちに被告人全員の無罪で結審するが、判決文は検察側の主張を『空中楼閣《くうちゅうろうかく》』『あたかも水中に月影を掬《きく》せんとするの類』とまで評した謎多き事件である」

（『昭和史研究の最前線　大衆・軍部・マスコミ、戦争への道』筒井《つつい》清忠《きよただ》編　朝日新聞出版刊　「帝人事件」の項より。項目執筆者菅谷《すがや》幸浩《ゆきひろ》）

しかし、この執筆者菅谷幸浩は前出百科事典の傍点部のような見解には批判的だ。とくに「平沼関与説」については否定している。近代史いや日本史にとってきわめて重要な部分なので、その根拠となる部分を引用する。

帝人事件を枢密院副議長・平沼騏一郎（司法官僚出身）の策謀とする説も根強い。平沼は国家主義団体「国本社《こくほんしゃ》」の会長を務め、元老の西園寺と対立する一方、軍や右翼の中に平沼を慕う勢力がいたのは事実である。このため、平沼陰謀説は当事者の間でも囁《ささや》かれていた。（中略）これに対し、近年では萩原《はぎはら》淳《あつし》氏による評伝的研究により、司法部における平沼閥や、1930年代の平沼内閣運動の全容が明らかになっている。そこでは平沼が帝人事件の捜査情報を知りえる立場にいたが、事件そのものに関与したと断定する根拠はないことが指摘されている（萩原淳『平沼騏一郎と近代日本』『平沼騏一郎』）。筆者も史料状況からして、この見解が妥当であると考えている。

（引用前掲書。傍点引用者）

つまり、「事件そのものに関与したと断定する根拠はない」から、この「史料状況」から見て、帝人事件は平沼の仕掛けた謀略ではあり得ない、ということだ。

私は話はまったく逆で、これは平沼の陰謀だと思う。平沼は「帝人事件の捜査情報を知りえる立場にいた」し、あきらかに自分が首相になる道を閉ざした西園寺を恨んでいただろう。なにより も、右翼としての正義において斎藤内閣は潰すべきだと考えていたはずだ。決断したら実行するのが右翼である。もちろん証拠を残すような愚かなマネはしない。長々と述べてきたように、平沼は日本最大の冤罪事件「大逆事件」の仕掛人であり、検察のトップである検事総長でもあった。そんな人間が自分の関与を示す証拠を残すはずが無いということが、どうしてわからないのだろう。

さんざん指摘したことだが、歴史学者の先生方には自分たちだけが史料を解析できるという、私に言わせれば傲慢《ごうまん》な思い込みからどうしても抜け切れないようだ。たとえば、孝明《こうめい》天皇が死に至るまでの記録や古文書は素人には読めない。それができるのは古文書に精通した歴史学者だけだ。しかし、そこから抽出された事実をもとに真相を判断するのは医者しかできないはずなのに、前にも述べたように何十年ものあいだ医療について素人の歴史学者は自分たちだけで「研究」していた。そういう研究姿勢のことを傲慢という。

この問題について言えば、平沼騏一郎は「日本一の冤罪でっち上げおよび証拠隠滅の名人」である。伊藤博文などとはまったく違う。そういう自覚も無しに単純に「史料が無いからそれに対応する事実も無い」などと考えていては、歴史の真相は決してつかめないだろう。

■山本権兵衛が辞任の弁で指摘した新聞マスコミの重大な「問題点」

結局、一九一三年(大正2)二月二十日に成立した第一次山本権兵衛内閣は翌一九一四年(大正3)四月十六日、わずか一年二か月足らずで潰れた。シーメンス事件そして金剛・ビッカース事件で世論の批判は海軍に集中し、山本内閣が進めていた陸軍よりも海軍に予算をつぎ込むと「見られた」予算案は、政友会が多数を占める衆議院では可決されたものの、貴族院で否決されたからだ。現在の憲法では、たとえ参議院で否決されても衆議院で可決されれば法案は成立するが、明治憲法下では両院の一致が原則であった。

前にも述べたように、山本内閣が海軍予算を優先したのは全体のバランスを考えてのことで、決して海軍びいきの結果では無い。それに対して山県有朋を頂点とする陸軍は二個師団増設こそ緊急の課題であり、そのためには海軍予算を削るのもやむ無しという考え方であった。しかし山本内閣は政友会による支持基盤が強力であり、軍部大臣現役武官制の改革もその強力な支持のもとになされたわけで、この方針に賛成の人間を陸相にするなどの政治力もあった。このまま山本内閣が続けば大日本帝国の陸軍の暴走に歯止めがかかり、後の大破綻を回避できたかもしれないのだが、シーメンス事件いや金剛・ビッカース事件ですべては逆転した。

とくに、この事件は海相時代の山本が直接かかわっていたと広く信じられたことが、山本内閣にとって致命的であった。マスコミつまり新聞はその「疑惑」を追及するというよりは一方的に糾弾し、その論調を信じた国民は山本内閣に激しい怒りをぶつけた。そうしたなか、「お調子者」と言うべき貴族院議員村田保が貴族院の予算審議で山本を徹底的に罵倒したのはすでに紹介したとおりだが、その「名演説」を新聞が大絶賛したこともあり、村田はヒーローとなり海軍はますます悪者にされてしまった。何度も述べたことだが、日本の新聞はしばしば国家にとって重要な問題を考察することはせず、その時々で時事問題をセンセーショナルに扱って国民を扇動するという「病気」がある。なぜそんなことをするかと言えば、そのほうが新聞が売れるからである。

この宿痾《しゅくあ》は現代も根絶されたとは言えないと、私は考えている。どうか国民の皆さん、くれぐれも新聞にはご用心を、と申し上げておこう。

山本権兵衛は、大正天皇に提出した辞表において「新聞紙（いわゆる新聞各紙）」が事件の真相解明よりも政府糾弾を優先したことについて、次のように批判している。

政界の一部に紛議を起こし、同気相連絡し、新聞紙のこれに呼応するあり、一時輦下《れんか》の一大騒擾《じょう》を醸《かも》さんとしたり。ことに群衆騒擾のことたる近年、ややもすればたちまち一種の習慣性を馴致《じゅんち》し、将来おおいに国家の安寧を害するの虞《おそ》れあるをもって、極力、これが鎮圧に従い、幸にしてははだしきに至らさらしむるを得たりといえども、新聞紙中往々事実のいかんを推究せず、道路の風聞を伝播して、人心をして頻《しき》りに海軍の高官を疑わしむるのみならず、臣が久しく乏を海軍の要職に承けたるの故をもって、流言蜚語《りゅうげんひご》紛然として加わるに至れり。予算は、この間をもってすでに衆議院の議に付せられ、多少の修正を経たりといえどもなお将来の施設を認めたるに、貴族院においてはさらに多額の削減を加え、両院ともにその決議を固執して、予算は為に不成立に訖《お》われり。

（『史話・軍艦余録 謎につつまれた軍艦「金剛」建造疑獄』紀脩一郎著　光人社刊）

文語調で少しわかりにくいところもあるので、私が簡単に「意訳」しよう。

（この事件について）政界の一部に政治問題化しようとする動きがあり、新聞各紙のうちにはこれに呼応する動きもあった。最近はこうした政治問題を大衆運動に結びつける傾向がある。これは一種の習慣性を招き、将来おおいに国家の安定を乱す恐れがある。それゆえ山本内閣としては極力こうした動きを鎮静化させるべく努力してきたのだが、新聞のなかには事実の追究を行なわずに単なる噂を書き立て、軍の高官に疑惑を抱かせるものがあった。また、私自身に対しても長年海相として海軍の政治面にかかわってきたので流言飛語を書き立てられた。そのため予算案は衆議院ではなんとか成立したものの、貴族院では否決されてしまった。

予算案不成立では内閣としての責任が果たせないから首相を辞任するということだが、まず問題は山本自身が海軍の汚職にからんでいたのか、ということだろう。

結論から言えば、平沼騏一郎を頂点とする強力な検察陣も山本首相や腹心の斎藤実海相を罪に問うことはできなかった。後の「帝人事件」と同じである。たしかに検察が立件できなかったから「犯罪そのものが無かった」とは言えない。しかし、平沼のような「冤罪でっち上げの達人」がなにもできなかったのだから、やはり山本首相、斎藤海相は完全に潔白であったと考えるのが妥当ではないか。潔白であったからこそ、山本内閣打倒をめざす勢力は新聞を使って流言飛語を書き立てたのだろう。本人にやましい点が少しでもあればそれを追及すればいい。しかし、そうしなかった（できなかった）ことは、やましい点がまったく無かったということではないか。たしかに、政治家はいまでも「あれはマスコミの憶測で、私自身は潔白だ」などと弁明する。いわば汚職政治家の常套手段としての弁明の「型」だが、それをこのケースにあてはめていいものか？

私はそれとは別に考えるべきだと思う。理由は述べたとおりだ。

■「陸軍の暴走で大日本帝国は崩壊した」というあまりに表層的な見方

最大の問題は、山本が「群衆」の「騒擾」が「ややもすればたちまち一種の習慣性を馴致し、将来おおいに国家の安寧を害するの虞れある」と指摘しているところである。これはきわめて重大な指摘である。すでに、日清戦争のころからその兆候はあった。そして、日露戦争終了後のポーツマス条約締結において『國民新聞』以外の日本の新聞各紙が「屈辱講和」などと事実とまったく違うことを書き立て民衆を扇動した結果、「輦下（天子の乗り物の下、つまり天皇のお膝元）の一大騒擾」である日比谷焼打事件が起こったことは『逆説の日本史 第二十六巻 明治激闘編』に詳述したところだ。前にも述べたが、歴史学者のなかにはこの日比谷焼打事件を、「大正デモクラシーの出発点」とか「民衆の政治参加の原点」などと高く評価する向きもあるようだが、ひょっとしたらこういう人たちは「60年安保闘争」に参加し国会を包囲したことが、完全に正しいことだと確信している人々やその弟子たちなのではないか。たしかに政府の強引な決定に異を唱える権利は民衆にはあるし、その一環としてのデモ活動も否定されるべきでは無い。しかし、それとあの時点で日米安保条約を延長することが日本の国益に適うことであったかどうかは、まったく別の問題で冷静に合理的に考察しなければならない。少なくとも、横暴な政府に対して国民がデモを実行することは絶対に正しいことだ、などと美化すべきでは無い。

日比谷焼打事件については、すでに「大正デモクラシーの出発点」どころか「向こう四十年の魔の季節の出発点」であったとする国民作家司馬遼太郎の見解のほうが的確であると評価した。

ここで忘れてはならないことは、司馬遼太郎は作家になる前に長年にわたって新聞記者として活動してきたことである。つまり、マスコミ問題の専門家と言ってもいい見識の持ち主であったということだ。こうした問題はマスコミ問題でもあるのだから、歴史学者としては評価を下す前にその分野の専門家に意見を聞くべきだろう。ここで思い出していただきたいのは、歴史学者は孝明天皇の病死の事情について専門家である医者の意見をまったく聞かず、何十年にもわたって論争を続けてきたという事実である。ここからは推測だが、日比谷焼打事件を「大正デモクラシーの出発点」などと評する先生方は一度でもマスコミの専門家の意見を聞いたことがあるのか。たぶん無いだろう。また、帝人事件についても法曹界の専門家に話を聞いたことは無いのではないか。自分が「ナマの史料」を読めるという他の分野の専門家には無いスキルを持っているとプライドを持つことはいい、それは事実でもある。しかし、それほど専門家としての自分に自信とプライドを持っているのなら、他の分野の専門家にも敬意を払い、その意見を尊重すべきだろう。つまり医療問題なら医者に、マスコミ問題ならジャーナリスト経験者に、法律問題なら検事か弁護士に、なぜ取材して意見をまとめないのか。

少なくとも日比谷焼打事件について「大正デモクラシーの出発点」などと能天気な評価を下す歴史学者は、まず間違い無くマスコミの専門家の意見は聞いてないだろう。なぜなら、ここで山本権兵衛が指摘しているきわめて重大なマスコミの問題点に、私の知る限り触れている歴史学者はいないからである。日比谷焼打事件と金剛・ビッカース事件の間には連関性があり、とくに重要なのは山本が「群衆」の「騒擾」が「一種の習慣性を馴致」するよう新聞が扇動している、という指摘である。歴史学界の定説では大日本帝国が破滅への道を歩んだのは軍部の横暴、とくに陸軍の独走が最大の原因であるということになっている。たしかに二・二六事件、満洲国建国《まんしゅうこく》、国際連盟離脱、英米との対決路線など、一見そのように見えることは事実だ。また、まだ日本と中華人民共和国との正式な国交が確立されていない一九六〇年代、中国はいまと違って「戦前の日本の侵略は一部の軍国主義者によるもので、日本人民には罪は無い」と言っていた。国交回復をスムーズに進めるための方便とも言うべきものだ。だが、中国は近代以前は皇帝と科挙《かきょ》で選抜されたエリート官僚が「愚かな民」を指導する国であり、毛沢東《もうたくとう》以降は共産党員という選抜されたエリートが「愚かな民」を指導する国となった。そうした「中国モデル」を日本にあてはめれば、そういう結論になるだろうし、たしかに戦前の日本にそうした傾向があったことは事実である。しかし、本当にそれだけだろうか？

そういえば、豊臣秀吉《とよとみひでよし》のいわゆる「朝鮮出兵《ちょうせんしゅっぺい》」も「国民は大反対だった」というのが歴史学界の定説だったが、これも事実はまったく反対だったことは、古くは『逆説の日本史 第十一巻 戦国乱世編』において、最近では『コミック版 逆説の日本史 戦国三英傑編』でも詳しく述べたところだから再説はしない。ポイントは、国民が本当に大反対だったら対外戦争など絶対不可能だ、ということだ。民主主義以前の社会でも、「殿《との》、御乱心《ごらんしん》」あるいは「主君押《しゅくんお》し込《こ》め」という言葉があったのをお忘れ無く。要は、あまりに民衆の欲望と乖離《かいり》していることを成し遂げようとした権力者は、どんなに絶対的な権力を持っていたとしても必ず排除される、ということだ。徳川綱吉《つなよし》が実現しようとした「生命尊重の社会」は「人殺しが仕事」の武家社会では「殿、御乱心」と受け取られおおいに反発されたが、それ以外の多くの民衆には支持されたので綱吉は排除されず結局実現した。民衆の熱い支持が無いとどんな体制も決して長続きしない。思想や言論の統制や軍国主義で欧米や日本ではきわめて評判の悪い現在の中国も、民衆が熱く支持しているから古くは「一人っ子政策」近くは「ゼロコロナ政策」のような暴政を敷いても簡単には崩壊しない。なぜ支持しているかと言えば、やはり中国史上初めて全国民が「食える」という夢を実現したからだろう。

こうした歴史的実例を考え併せてみれば、「陸軍の暴走で大日本帝国は崩壊した」などという見方がいかに表層的であるかがわかるだろう。その背景には、あきらかに民衆の熱い支持があったのだ。では、その熱い支持はどのようにして誕生したのかと言えば、本来は国民の耳目《じもく》となり国民が冷静で合理的で真に国益に適う判断を下せるように、情報という判断材料を提供するマスコミ、この場合は新聞が、本来の目的に沿った役目を果たせなかったということだろう。

ここで再び、山本の辞任の弁に注目していただきたい。「習慣性を馴致」した、というところだ。扇動にはそもそも人を興奮させるような言葉が必要だが、そうした刺激が習慣になってしまった人間は、ますます強い刺激を求める。これも人類の常識と言うべきものである。

■その後の日本の方向性を定めることになった「最初の一葉」とは？

この大正政変あたりから日本の新聞は国民の「耳目」という本来の役割を完全に忘れ、「アジテーター（扇動家）」として活動するようになってしまった。念のためだが、この時代は雑誌もあるがマスコミの主体はあくまで新聞で、当然ラジオもテレビもまだ存在しない。では、新聞がなぜそうなってしまったかと言えば、そうしたほうが新聞が売れるからだが、始末の悪いことに新聞人あるいは記者たちはそれを商売優先の悪行とは考えていなかった。むしろ腰の重い政府を叱咤することは「激励」であり、民衆の願望を果たすことにつながる「正義」だと考えていた。ちょうどいまの多くのマスコミが、なにがなんでも政府を批判することが正しいと考え、正確な情報の伝達というマスコミ本来の使命をなおざりにしているのとよく似ている。筆者は、残念ながら日本人はあまりに情緒的すぎて本来論理的合理的な思考を優先しなければいけないマスコミ報道および評論には向いていない、と考えている。言霊《コトダマ》に左右されて危機管理ができないのがその典型的な事例だが、この件についてはまた考察する機会もあるだろう。

とりあえず、話を山本権兵衛内閣崩壊の時点に戻そう。山本内閣が総辞職したのは、前節で述べたように一九一四年（大正3）四月十六日だが、その前年の一九一三年（大正2）九月五日、まだ内閣が維持されていた時代に外務省の局長が右翼青年に刺され、翌日死亡するという事件が起こっている。阿部守太郎《あべもりたろう》（1872〜1913）という、欧米列強との不平等条約改定の実務にあたったベテラン外交官で、『国史大辞典』（吉川弘文館刊）は西園寺内閣下における外務省政務局長時代の特筆すべき業績として、「満蒙《まんもう》問題は領土的企図を排して平和的伸張をはかり、中国との親善、露国・英国などとの協調、本施策遂行のため軍部その他を押えて外交の統一に努めんとする長文の『外交政策の基本方針』を執筆」していることを挙げている。つまり阿部は、山県有朋そして桂太郎を中心とする陸軍の強硬路線に対する、伊藤博文そして西園寺公望の平和協調路線の具体的政策立案者でもあったのだ。おそらく西園寺は「右腕」をもがれるような心地がしたに違いない。どんなことでもそうだが時代が大きく動くときは、そのきっかけとなる小事件が必ずある。「一葉《いちよう》落ちて天下の秋を知る」のように、夏の間にはあれほど生い茂っていた木の葉が、秋から冬にかけて全部落ちるのが落葉樹の宿命だが、そのきっかけは最初の一葉が落ちることである。この事件は外務省の高級官僚が殺害されたのだから「小事件」と表現するのはいささか問題があるかもしれないが、少なくとも普通の年表には載っていないから研究者もあまり注目していないと言える。しかし私に言わせれば、やはりこの事件はその後の日本の方向性を定めた「一葉」だろう。

どんなことでもそうだが、物事には必ず「躓《つまず》き」というものがある。人間の世界で政治なり外交なりが、なんの障害も無く一直線に進むことなどあり得ない。しかし、問題はその躓きが単なる躓きで終わるか、それをきっかけに方向性が変わってしまうかである。私がこの事件をどのように考えているか、もうおわかりだろう。それを語る前に、そもそもなぜこの事件が起こったか原因に触れておこう。

この時代、何度も触れたように中国では辛亥革命が一応成功し孫文が臨時政府の大総統になったものの、その政権は安定せず結局腹のなかでは皇帝になろうという野心を抱いていた袁世凱が政権の座に就いた。日本の大アジア主義者たち、つまり大陸浪人と呼ばれた右派勢力は当然この成りゆきに不満を抱いていた。もっと孫文を助け、袁世凱を排除すべきだということだ。しかし、それはじつに困難な道であった、すでに述べたように、袁世凱は民主派のリーダー宋教仁《そうきょうじん》を暗殺し最終的には皇帝になった男だ。軍事力も財力も手中にしている。

ところで、この時点で中国と協調するということは、袁世凱を中国人の代表として認めるということである。実際、日本は袁世凱を代表とする中華民国を国家として承認した。ここで忘れてはならないのは、英、仏、露といった列強も袁世凱の中華民国を相次いで承認したということだ。一見不思議に感じるかもしれないが、決して不合理な動きでは無い。なぜなら、列強は中国の真の近代化・民主化は望んでいないからだ。むしろ帝国主義の旗の下、中国からいかに搾り取れるかしか考えていない。そして中国から搾取したいなら、下手な民主政権よりも独裁政権のほうがくみしやすい。ロシアが専制国家である清国の時代にいかに「中国」から利権を獲得したか、思い出していただきたい。日露戦争に勝つまで遼東《りようとう》半島も南満洲《みなみまんしゆう》鉄道（当時は東清《とうしん》鉄道）もロシアが「確保」していたことを。

それゆえ話は前後するが、一九一三年（大正2）四月、宋教仁暗殺直後に開催された中華民国最初の国会で袁世凱は武力を背景に国会を無視し、英、仏、露と国内の塩税収入などを担保に約二千五百万ポンドにもおよぶ借款（善後《ぜんご》大借款）を受けた。名目上は近代化に向けてのインフラ整備のための資金調達だったが、実際には反対派を弾圧し自らの独裁体制を固める資金に使われることはあきらかだった。現にアメリカはこの借款供出国に加わることも可能だったのに、国内世論の反発で見送ったほどである。

当然、大陸浪人たちはきわめて不満である。袁世凱政権などは反動であり、打倒すべきものなのだから。そしてこうした流れのなか、実際孫文の同志たちが仕掛けた第二革命運動はことごとく袁世凱によって封殺された。これについてはすでに『逆説の日本史 第二十七巻 明治終焉編』に述べたところだが、これも思い出していただきたい。改めてまとめれば次のようになる。

中国、辛亥(しんがい)革命(第一革命)後の1913年、袁世凱(えんせいがい)の国民党《こくみんとう》弾圧に対する反袁の挙兵。1911年の辛亥革命により清(しん)朝が倒れ、中華民国が成立、12年3月袁世凱が北京(ペキン)で臨時大統領(大総統)に就任した。革命成功後、一時に種々の政党が誕生したが、潜在的に分裂の要素を抱えていた中国同盟会もまた内部分裂をおこした。袁世凱は反同盟会の諸党を集めて共和党をつくり、自己の御用党とした。革命派側も少数党を合併して同盟会を国民党に改組し、袁の独裁を政党内閣によって抑制しようとした。13年2月の国会議員選挙で国民党側が大勝すると、じゃまな国民党勢力をそぐために袁世凱はまずその領袖（りょうしゅう）である宋教仁（そうきょうじん）を暗殺するとともに、国民党系の3人の都督《ととく》（一省の軍事責任者）を罷免《ひめん》または左遷《させん》した。この袁の挑発にのせられ、13年7月、江西省《こうせい》の李烈鈞（りれつきん）などがたって反袁の軍事行動をおこした。これを第二革命という。しかし、準備不足のうえ、革命派の結集も弱く、軍事面では簡単に敗北した。第二革命失敗後、袁の権力は強化され、彼は一歩進んで帝制運動を推進するようになり、やがて第三革命が起こされた。

（『日本大百科全書〈ニッポニカ〉小学館刊　項目執筆者倉橋正直《くらはしまさなお》〉

この間、第二革命軍は江西省、湖南省《こなん》、福建省《ふっけん》など南部の省を根拠地としたので南軍と呼ばれ、袁の政府軍は北京が根拠地だから北軍と呼ばれた。中国史において北は保守勢力が支配するのに対し、南は外洋に面し外国文化が入りやすく革新的になる。現在でももっとも「民主的な中国」は「香港《ホンコン》」であり「台湾《たいわん》」であるのは、決して偶然では無い。しかし、この中国版「南北戦争」は袁世凱率いる北軍の完勝に終わった。当然、日本の大陸浪人は不満を募らせた。

■中国革命への強い「肩入れ」と理想主義に命を懸けた若者たち

こうしたなか、この年の八月から九月にかけて中国に駐屯していた日本陸軍と袁世凱の北軍との間で、小規模だが衝突事件が起きた。兗州《えんしゅう》事件、漢口《かんこう》事件、「南京《なんきん》事件」と呼ばれるものだ。まず兗州事件は、七月二十八日、軍命によって私服で兗州を偵察していた北支派遣隊中隊長の川《かわ》崎《さき》享一《きょういち》大尉が正体を見破られスパイ容疑で北軍の兵士に捕らえられた。その後八月八日まで兗州の北軍兵営内に監禁されたというものだ。漢口事件も、北軍偵察のため八月十一日、陸軍から漢口に派遣された西村彦馬《にしむらひこま》少尉が北軍の将校に発見され、相手の上腕部を短刀で刺して逃げようとしたところ、北軍兵士たちに取り押さえられしばらく監禁されたという事件である。南京事件は、言うまでも無く現在も中国が主張している「南京大虐殺」とはまったくの別の事件で、そもその発端は第二革命に共感した十四人の日本人が革命派の拠点である南京で革命軍の援助を続けていたことにある。九月一日、圧倒的に優勢な北軍が南京を陥落させたため、彼らのうち四人は逃亡を試み途中で合流した別グループの四人と計八名で日の丸を掲げて日本領事館に駆け込もうとしたところ北軍兵士に射撃され、二名が即死した。以上が、三事件の概要である。

容易に推測できるように、これらの事件の起こった背景には日本人の中国革命への強い「肩入れ」がある。これも第二十七巻でおおいに語ったところだが、梅屋庄吉《うめやしょうきち》、宮崎滔天《みやざきとうてん》など初期の「中国革命応援団」の思い入れは、きわめて純粋なものだった。言葉を換えて言えば、古くは勝海《かっかい》舟《しゅう》に見られたような中国・朝鮮・日本の「三国」が共に近代化を成し遂げて欧米列強に対抗していこう、という理想主義に根差すものであった。しかし、その理想はなかなか実現しなかった。朱子学《しゅしがく》という「呪われた哲学」に中国・朝鮮が毒されていたせいである。しかし、そのなかでもキリスト教の影響を強く受けた孫文は、その悪影響を脱し真の西洋近代化をめざしていた。だからこそ梅屋庄吉も宮崎滔天も孫文を熱心に応援したのだが、結局、中国は全体としては朱子学の悪影響を払拭することができず、それが袁世凱という保守的権力者の隆盛につながった。こうしたなか、福澤諭吉は早々と「勝海舟的アジアの連帯」の実現不可能を説き、「脱亜入欧《だつあにゆうおう》」こそ正しい日本の方向性だと断じた。その流れを象徴するのが、フィリピンの独立では無くアメリカによる植民地支配を容認した「桂－タフト協定」の成立である。別の言葉で言えば、「欧米列強という白人帝国主義者グループへの加入」だ。しかし、理想主義というのは簡単に滅びはしない。むしろ実現不可能であると主張されればされるほど、それに命を懸《か》けようという若者も出てくる。この時代のそうした風潮を体現した象徴的な人物と言えば、のちに軍事小説家として一世を風靡《ふうび》した山中峯太郎《やまなかみねたろう》だろう。

山中峯太郎 やまなかみねたろう［1885—1966］
小説家、児童文学者。大阪《おおさか》生まれ。3歳のとき1等軍医山中恒斎（こうさい）の養子となり、陸軍幼年学校、陸軍士官学校に学ぶ。陸軍大学校に進んだが中退、中国革命軍に投じた。亡命の形で帰国。大衆小説を書くかたわら、数奇な体験を生かして執筆した少年軍事冒険小説が、昭和初年代の少年たちの絶大な人気を得た。作風は押川春浪（しゅんろう）の流れをくむ正統的軍事冒険小説で、日露戦争に材を得た『敵中横断三百里』（1930）、作者の理想像を描いた主人公本郷義昭（ほんごうよしあき）が活躍する『亜細亜（アジヤ）の曙（あけぼの）』（1931～32）などを『少年倶楽部（くらぶ）』に、『見えない飛行機』（1935～36）を『幼年倶楽部』に、『万国の王城』（1931～32）を『少女倶楽部』に連載。第二次世界大戦後『実録アジアの曙』（1962）で文芸春秋読者賞を受賞した。

（『日本大百科全書〈ニッポニカ〉』小学館刊　項目執筆者二上洋一《ふたがみひろかず》）

私が歴史を理解する「極意」として推奨することの一つに、当時の人々の気持ちになって考える、ということがある。この『逆説の日本史』シリーズの愛読者は、「そんなこと簡単じゃないか」とは決して言わないだろう。では、この山中峯太郎の経歴を見て、戦前育ちの人だったらまずなにを考えるだろうか？　答えは「なんともったいない」だろう。陸軍大学まで進んだのである、しかも、幼年学校を優秀な成績で卒業した山中は、明治天皇に異例の御前《ごぜん》講義まで行なっている。その後、日本陸軍全体の頂点に立つことも夢では無かったということなのだ。それをあっさりと捨てた。中国革命という大義のために、だ。

さて、ここで改めて考えていただきたい。では、当時の人々の気持ちで考えれば「中国との親善」とはどのように進められるべきか、ということを。

■山中峯太郎が陸大を中退し中国革命戦線に身を投じた「やむを得ぬ」事情

せっかく優秀な成績で陸軍大学にまで進学しながら、民間に転進するとは「なんともったいない」と、当時の人々は考えた。陸大に行けるのは、当時の陸軍軍人のなかでもほんの一握り。そして行けば間違い無く将官（少将以上）になれるが、行かなければ陸軍士官学校を出ていても大佐止まりである。実際、陸士の一期先輩（卒業年次で言えば二期上）の東條英機は、陸軍大将そして内閣総理大臣にもなった。山中峯太郎は在学中から東條ときわめて親しかった。のちに東條のブレーン役も務めている。ちなみに、最下級の二等兵から始めた場合、どんなに優秀でも少佐止まりであり、その「象徴」がマンガ「のらくろ」の主人公であったことは以前述べたとおりだ。だが「当時の人々の気持ちになって考える」と、山中が陸軍のエリートコースを辞退した理由についてて「やむを得ない」と思わせる事情があった。

脚気《かっけ》である。山中は脚気のために陸士を一年休学せざるを得ず、卒業年次が一期遅れたのである。いまでは誰も恐れない脚気という病気だが、明治から大正にかけてはきわめて厄介な病気であったことは『逆説の日本史 第二十六巻 明治激闘編』の「軍医森林太郎《もりりんたろう》の功罪」の章で詳しく述べたところだ。結論だけ繰り返せば、森の「妨害工作」によって脚気の克服はとくに陸軍において遅れに遅れた。もしこれが無ければ、陸軍の出世コースを山中は突っ走っていたかもしれない。山中の伝記を見ると短期間で脚気を克服したように書いてあるが、実際には根本的治療法は無かったのだから、その後も悩まされていた可能性が高い。軍人の任務というのは、常に日常的なものが求められる。時々に立派な功績を挙げても日常の勤務に精励できなければ軍人の資格が無いと考えるのが、当時の常識である。そう考えれば、山中が最終的にめざした作家という新しい職業は、まったくの個人的作業だから日常のコンディションに合わせて仕事内容を調整できるが、日々のルーティンが決まっている軍人はそうはいかない。山中が帝国陸軍軍人を辞《や》めざるを得なかったのは、陰にそういう事情があったのだと私は推測している。

もちろん、それは脚気がいかに厄介な病気であったかという当時の常識を抜きにしては語れないのだが、政治や経済だけの専門家はそれを忘れてしまうというか最初から気がつかない。

歴史の研究は難しい。分野を分けて専門化するなどもってのほかで、むしろあらゆる分野に精通するという意欲を持たねばならない。もちろんそれはきわめて困難なことなのだが、たとえば山中峯太郎という人物については脚気だったという歴史的事実が伝えられているのだから、最低限当時の人々が脚気患者とは通常どのような考え方をし、それに基づいてどのように行動したかを意識しなければならない。決して難しいことでは無い。たとえば、二〇二四年にある人物がきわめて異常な行動に走って自殺したとしよう。その原因を調べたところ、本人は悪性のガンで余命幾《いく》ばくも無く自暴自棄となり異常行動の原因はそれだった、などということはじゅうぶんにあり得るだろう。しかし、いまから百年後にはどんなガンも克服され、ちょうど現在脚気や結核がそうであるようにほとんどの人が恐れない、少なくとも死を連想するような病気では無くなるだろう。だから、百年後の研究者はその点を注意しなければいけない。つまり、二〇二四年の時点では「そうでは無かった」という常識に基づく考察が必要だ。同じことで、脚気というのは繰返すが、当時は治療法の無い不治の病だったのである。それに山中は取り憑《つ》かれていたのだ。そして、そういう山中にとって帝国陸軍軍人としてのルーティンを伴う軍務に就くことは困難だが、軍人としての本分である戦いを通じて国に報じるという姿勢を貫きたいなら、孫文の革命軍に参加するという手がある。中国が孫文の下に近代化することは、多くの日本人が望んでいたアジアの大義を推進する道であり、なにより中国人民のためにもなる。そして重要なことだが、革命軍兵士として戦うことは職業軍人のようなルーティンを求められる仕事では無い。それを考えれば、陸軍大学を中退して中国革命戦線に義勇兵として参加するという、当時の人から見たらきわめて「異常な行動」もそれなりに説明がつくと私は思う。念のためだが、「そんなことは史料に無い」という形ですべてを否定する人々に言っておく。軍人にとって病気に負けるということは、それだけで恥なのだ。だから誰でも本心を吐露する日記にさえも、軍人的考えで言えばそういうことを書いてはいけない。たとえば「脚気がひどくて軍務が果たせない」などと書けば、それは武人として病気に負けたという恥を晒すばかりで無く、陛下からさまざまな恩恵を受けた（たとえば士官学校の学費はタダ）のに、帝国軍人としての義務を果たせなかったことについて言い訳をした、と誤解される恐れもある。プライドの高い人間ほど、そんなことはしないものなのである。

■「極悪人」袁世凱政権の「寛大なる処置」を非難した日本の新聞報道

さて、当時の一般大衆は中国問題をどう考えていたか？　繰り返すまでも無いかもしれないが、軍部はともかく普通の日本国民は孫文の「大応援団」であり、孫文の指導の下に中国が日本のような近代国家になることを心から望んでいた。山中が義勇兵として革命軍に参加したのも、中国軍人に多くの友人がいたからで、その友人たちは孫文の革命（辛亥革命）が成功した後、日本の士官学校に短期留学した人々であった。しかし孫文の理想は袁世凱に踏みにじられ、立憲国家を作ろうとした宋教仁に至っては暗殺されてしまった。たまりかねた革命派はいわゆる第二革命を起こしたが、袁世凱率いる「北軍」に革命派の「南軍」は次々と撃破された。山中が義勇兵として戦線に参加したのは、この時である。

当時の日本人の気持ちになって考えてみよう。言うまでも無いだろう、袁世凱は「極悪人」である。もちろんすでに詳しく述べたように、孫文が袁世凱に大総統の座を譲ったのは、それなりのわけがあった。中国の国内事情と言っていい。政治というものは、理想を求めると同時に必ず現実との妥協を余儀無くされる。辛亥革命の時点においては孫文にとって「清朝に終止符を打つ」というのが、もっとも重要な政治課題であった。そのためには現実と妥協することもやむを得ず、その妥協が具体的には大総統の座を袁世凱に譲ることであった。そして、それは中国国内においてはやむを得ないこととして現実主義者の支持を受けた政策でもあった。だからこそ、第二革命はことごとく失敗したのである。袁世凱が中国民衆に蛇蝎《だかつ》のごとく嫌われていたとしたら、第二革命は成功したはずだ。

しかし、日本国民の多くはそういう現実を見なかった。むしろ袁世凱が勝ったのは日本政府が中国人民の意向を無視して袁世凱政権を事実上承認する形で借款に応じたからだと見た。実際に袁世凱が中国の塩税収入を担保として日本を含む列強から受けた借款は、第二革命つぶしの軍資金として使われたので、日本国民はいまの日本政府の外交方針は間違っていると考えるようになった。そこで連続して起こったのが、前節で紹介した日本陸軍と袁世凱の「北軍」との間に起こった三つの衝突事件である。先にその概略を紹介したが、じつはあの概略は中国側の見解である。だから当然「中国側が正しい」ということを「主張」している。兗州事件は軍命によって私服で偵察していた陸軍の川崎享一大尉がスパイ容疑で北軍の兵士に捕らえられた、というものだが、スパイ容疑というのは当然の話なのである、なぜなら私服だったのだから。このあたりは日本人の常識に欠けている部分だが、戦争というのは近代においては必ず軍人同士でやるものであり、一般市民は巻き込んではならないというルールがある。そのために、軍人は一目で一般市民とは違うことが明確にわかる軍服を着用（その余裕が無い場合は、ウクライナのゼレンスキー大統領のように胸に軍務中であることを示す標章をつけるなど）しなければならない。私服で敵地に潜入するというのはスパイ行為というルール違反になる。問答無用で銃殺されても文句は言えない。それが、しばらく監禁されたものの結果的には無事に帰ってきた。取り調べ中は当然監禁という形になるからこれは決して不当な扱いとは言えず、むしろ寛大な措置で北軍に感謝してもいいぐらいのものなのである。

その次の漢口事件も、やはり偵察中の西村彦馬少尉が北軍将校に正体を見破られ捕まるまいと相手の上腕部を短刀で刺して逃げようとしたので、北軍兵士たちに取り押さえられしばらく監禁されたというものである。中国側の主張では先に凶器をふるったのは西村少尉のほうだから、それが事実なら北軍将校や兵士は自己防衛のため少尉を殺してもいい。それが国際法上のルールとも言えるのだが、北軍つまり袁世凱は少尉を殺害せず処刑もせず送り返してくれた。外交上の常識から言うなら、日本政府は「袁世凱政権の寛大なる処置に深く感謝する」と声明を発表してもおかしくないところである。もちろん、もうお気づきだろうが日本側は袁世凱政権の態度を非難した。正確に言えば、日本政府は格別にことを荒立てる意向は示さなかったが、世論が激高した。そうなった理由もおわかりだろう。新聞が中国側の主張とはまったく反対の報道をしたからである。一九一三年（大正2）九月六日付の『東京朝日新聞』は、この二つの事件をまとめて次のように報じている。なお、事件の起こった順番は兗州、次いで漢口なのだが、この記事では順番が逆になっている。当時のマスコミは漢口事件のほうがより重大だと考えたようだ。見出しはまず「帝國軍人凌辱事件」というセンセーショナルなものであり、「最近の二怪事實」「西村少尉事件眞相」という小見出しが記事の本文へと導く。内容は次のようなものだ。

△少尉包圍さる　八月十一日午後六時漢口派遣隊附歩兵少尉西村彥馬は兵一名を伴ひ江岸停車場附近を散歩し同地駐屯の支那軍中の日本留學生出身將校を訪問すべく宿營地に至りたるに言

語通ぜず要領を得ざりしより其の歩哨の指圖する儘轉じて停車場構内に赴き共同椅子に休憩せんとする際普通の支那服を着けたるもの（後に將校たりしを知る）の合圖と共に附近にありし三十四五名の支那兵は突然同少尉を包圍して身體檢査を行はんとせるもの丶如くなりしが彼等に猜疑を抱かしむべき何等の懸念なかりし同少尉は敢て抵抗を試むる事なく暫く彼等の爲すが儘に委ねしに

現代語訳するまでも無いと思うが、要するに少尉は別にやましいところはなにも無いので、あえて抵抗せず相手のするがままに任せたということだ。ところが調子に乗った北軍兵士は次のような行動に出た。

彼等は直ちに軍帽軍衣を剝ぎ指揮刀を奪ひ遂に無法にも少尉を地上に押倒し手を以て打ち靴を以て蹴り多數の打撲傷さへ與え尚軍袴及び長靴を脱せしめ同様の暴行を受けたる同行兵と共に之を停車場内の支柱に縛し衆人の觀覽に供する事約十分の後講舍内の一室に導き高く柱に吊し官姓名並に哨舍附近に來れる理由を詰問する事約一時間にして漸く腰掛に坐臥する事を許せしも尚縛を解かず午後十時頃漢口鎮守使參謀長張厚森の來るに及び始めて縛を解き同參謀長の率ゐる數名の支那兵により小蒸氣船にて鎮守使杜錫鈞の公館に護送されたり

ちなみに、「軍袴《ぐんこ》」とはいわゆるズボンのことなのだが、問題はどちらが先に手を出したかについて双方の見解がまったく異なっていることだ。つまり、どちらに多くの非があるかなのだが、この点についてはもうひとつ兗州事件も含めて次節以降で詳細に検討しよう。そしてもう一つの重大なポイントは、果たして日本の新聞報道が事実とは違うことを報じて、民衆を扇動していたかということである。

■阿部守太郎暗殺事件で消え去った「西園寺－山本ライン」の外交政策

これまで論じてきた一連の事件を時系列的に整理すると、次のようになる。

一九一二年（明治45）

一月　孫文が革命政府の臨時大総統に就任
三月　袁世凱が大総統になる
四月　善後大借款、日、英、仏、独、露が袁政権に供与
五月　米がいち早く袁政権を承認
七月　明治天皇崩御（以降大正）

（大正元）

十二月　第一回　憲政擁護大会

一九一三年（大正2）

二月　桂内閣崩壊、第一次山本権兵衛内閣成立
六月　陸相・海相現役武官制廃止

八月　兗州事件
　　　漢口事件
九月　南京事件（第二革命の失敗）、外務省阿部守太郎政務局長の暗殺
十月　日本、袁世凱政権を承認

一九一四年（大正3）

一月　シーメンス事件
三月　金剛・ビッカース事件で山本内閣崩壊

こうして見てくれば一目瞭然だと思うが、兗州、漢口、南京と三つ続いた袁世凱軍（北軍）と日本人（兗州、漢口は当事者が日本陸軍の軍人だが、南京は民間人）との衝突が、外務省の阿部守太郎暗殺事件を招いたのである。実際、暗殺犯であった岡田満《おかだみつる》（当時18歳）と宮本千代吉《みやもとちよきち》（同20歳）は友人同士で、汎アジア主義者の内田良平《うちだりょうへい》の影響を強く受けた大陸浪人岩田愛之助《いわたあいのすけ》の薫陶を受けていた。二人がかりで阿部を刺殺したあと、岡田は中国の地図を床に広げその上で割腹自殺し、宮本は逃亡を図ったが逮捕され岩田とともに服役し、獄中で病死した。彼らには彼らなりの「正義」があったことは間違い無い。でなければ、命を懸ける事などできないだろう。では、その正義がどういうものであったかと言えば、要するに外務省つまり国家の兗州、漢口、南京の3事件への対応が許せない、ということである。では、どう「許せない」かと言えば、その対応が国辱ものであるばかりか、中国人民を不幸に導く袁世凱政権を「助ける」ものであった、という

ことだ。

改めて、彼らがなぜそのように考えたのか考えてみよう。あたり前のことだが、彼らは実際に現地に行って事件を目撃したわけでは無い。もちろん、岩田の「誘導」（殺人教唆《きょうさ》の罪で有罪となっている）があったことには間違い無い。しかし、そもそもなぜ岩田の言葉に耳を傾ける気になったのか。当然そこには、ある程度の「予備知識」があったはずである。その予備知識をどこから得たかと言えば、実際には現地に行けなかったのだから新聞に頼るしかない。もちろん、それをまとめた形の雑誌ジャーナリズムもこの時代はすでに隆盛を迎えていたのだが、とりあえず頼るべきは新聞である。ここのところ日本の義務教育制度が優れていたことの証でもあるのだが、多くの新聞はルビ（読み仮名）入りで頭のよい子なら、いまの中学生程度でもかなり時事問題を理解できた。この時代、高校に行くことができるのはエリートである。男子に限っての話だが、一般的には中学を卒業すれば「大人」の扱いであった。商家に奉公し小僧になり、あるいは職人の弟子になれば一人前同然だ。二〇二三年（令和５）に生誕百年を迎えた作家池波正太郎《いけなみしょうたろう》（１９２３年〈大正12〉生）は、小学校を出た後すぐに「株式取引店（証券会社）」に奉公に出て独立して生計を立てていた。

こうした「庶民（男子のみ）」が国政選挙権を得ていくのがいわゆる「大正デモクラシー」の流れなのだが、彼らの情報源であり国政に対する判断材料であったのが新聞であったことは、この時代を研究するのに常に頭のなかに入れておかねばならない事実である。雑誌も、いわゆる大衆読物は別にして『中央公論《ちゅうおうこうろん》』などいわゆるオピニオン雑誌もあったが、それを購読するのはインテリ層で大衆に圧倒的な影響力があったのはやはり新聞である。だからこそ前節の終わりで述べたように、この三つの事件について真相はどうであったか、日本の新聞がそれを正確に報道していたかが、きわめて重要なのである。

しかし、この三つの事件、そしてそれが原因で起こった阿部守太郎暗殺事件はあまり有名では無い。実際、多くの読者にとっては初耳ではないだろうか。そんな事件があったのか、知らなかった、という感覚である。もちろんこの『逆説の日本史』シリーズの愛読者には歴史に造詣の深い人も大勢いるから、そんなことは知っていたと言う人もいるかもしれない。しかし、この問題に関する研究書や論文が少ないのもまた事実である。そのなかで比較的まとまっているのが、『山本内閣の基礎的研究』（山本《やまもと》四郎《しろう》著　京都女子大学刊）である。著者の山本四郎（1920〜2022年）は、戦前に陸軍士官学校を卒業し、戦後は京都大学文学部史学科卒業後ながらく神《こう》戸《べ》女子大学教授を務め、同大名誉教授となった。専門は日本近代史だが、『山本内閣の基礎的研究』の第三章において、この三事件とくに漢口と南京の事件についてさまざまな角度から検証している。

■「軍部の妄動を制圧し平和的方法で経済的利権を伸張すべき」

それに触れる前に、著者の阿部守太郎に対する評価を紹介しておこう。まず著者は、「山本内閣の外交政策、とくに対支政策は第二次西園寺内閣のそれを踏襲したもので（中略）中立不偏であり、紛争に乗じて特殊利益を獲得しようとする意志のない旨を訓令した」と大前提を述べたうえで、次のように言う。

実際の衝に当ったのは政務局長阿部守太郎である。阿部は一九〇四年（明治三七）年六月、清国に転勤していらい、一九〇九年九月帰朝して小村《こむら》（寿太郎《じゅたろう》。引用者註）の下に条約改正を主管するまで約四年間、一等書記官として内田《うちだ》・林《はやし》・伊集院《いじゅういん》の三代の公使を補佐し、その間両度臨時代理公使を勤めた、いわば中国問題の権威であり、第二次西園寺内閣の内田外相のときいらい政務局長兼取調局長の職にあった。

（引用前掲書）

その具体的な外交政策の内容については「注」の形で紹介しているが、西園寺—山本ラインの日本の外交政策の特徴をよく示しているので、以下全文を引用する。

（1）満蒙問題…巷間唱道せられている「満蒙問題解決論」＝領土占領論は、わが主義と財政・中国の反応・対外顧慮上とるべきでなく、平和的方法で経済的利権を伸張すべきである。
（2）関東州租借…期限延長をはかり、中国が還付を迫ればイギリスの威海衛《いかいえい》同様、消極的にこれに応ぜぬ態度をとる。
（3）満鉄…帝国利権の源流につき、権利の更新・延長をはかる。
（4）経済的利益の伸張。
（5）日露協約…領土的企図をなさず、ロシアと中国双方を牽制する。
（6）中国一般…日英協調による華中《かちゅう》・華南《かなん》への経済的進出、とくに漢冶萍《かんやひょうこんす》公司の把握・諸国協同の鉄道借款。

（7）福建省…従来台湾官憲らの行動は猜疑を招いている。
（8）領事館を増設し利益保護。
（9）満州における朝鮮人問題…朝鮮人の満州移住は邦人の朝鮮進出に伴なう自然の結果であるが、中国官憲はこれを喜ばず、圧迫を加えている。これを交渉により有利に導き、開放地外の居住（法律は中国法により中国人と平等）をはかる。
（10）外交の統一…廟議《びょうぎ》に基づき、外交機関を通ずる統一、軍部の盲動制圧、特に満州における統一。

（引用前掲書。原典は『日本外交年表並主要文書』上　３６９頁から３７６頁）

もう繰り返すまでも無いと思うが、阿部守太郎が暗殺されたということは、この路線（西園寺－山本－阿部ライン）が否定されたということなのである。このラインは政府主導で、（10）にもあるように「軍部の盲動制圧」とくに「満州における」国家政策の「統一」をめざしていた。陸軍では無く国家（外務省）がリーダーであり、だからこそ「領事館を増設」しなければならないのだ。その「利益保護」は「領土占領論」や「領土的企図」に基づくものであってはならない。「平和的方法で経済的利益を伸張すべき」なのである。わざわざ(4)にも強調してあるとおりだ。
ちなみに「漢冶萍公司」とは中国漢陽にあった大冶《たいや》鉄山と萍郷《ひょうきょう》炭鉱を統合して設立した会社で、中国最大級の製鉄所であり日清戦争以降は莫大な投資を続けていた。本音を言えば満鉄のように「支配」したかったのだろうが、あくまで「平和的方法で経済的利権を伸張すべき」だから「支配」では無く「把握」という言い方になる。

（7）で福建省についてとくに言及しているのは、これが当時日本領であった台湾の対岸にある日本に一番近い中国だったからだ。思い出していただきたい。今後満洲をどう扱うべきか西園寺公望が「研究会」を開いたとき、満鉄をイギリスやオランダの東インド会社のように植民地支配のための出先機関にすべきと唱えた陸軍の児玉源太郎は、台湾統治の実績を踏まえそう主張したのである。当然そうした首脳部の意向は末端の役人にまで伝わる。つまり台湾に駐在する日本の官僚に、中国の主権を軽視するような動きがあったということだ。（9）もこれと同質の問題と言えるかもしれない。そもそも朝鮮人（正確に言えば朝鮮民族出身の国籍は日本人）はなぜ隣接する中国に進出したのか？　それは朝鮮という領域から出て「外国」に行けば完全なる日本人として扱われるからだ。中華民国以前からいわゆる「中国人」は、朝鮮民族を自らに従属するものと見ていた。だからこそ朝鮮民族の王は中国皇帝に朝貢し、中国人は朝鮮人に臣下の礼を取らせていた。だが日本は、日清戦争に勝つことによって朝鮮は独立国家、つまり中国と対等だと当時の中国である清国に認めさせた。これを喜んだ朝鮮民族が中国への服属の象徴である迎恩門《ヨンウンムン》を叩き壊し独立門《トンニンムン》を建てたこと、すなわち独立門は日本からの独立では無く中国からの独立を祝うためのものだということはすでに記したが、これが中国にとってはじつに面白くない出来事であったことは理解できるだろう。アメリカで黒人奴隷が解放されたのは一八六三年だが、白人も黒人も同等の権利を持つようになったのは、その百年後の一九六四年、ジョン・F・ケネディ大統領の時代で正確に言えばその前年にケネディは暗殺されていた。差別解消にもっとも尽力したマーチン・ルーサー・キング牧師も暗殺された。その黒人差別がいまも完全には消滅していないのは、ご存じのとおりである。二百年足らずの歴史しか持たないアメリカの黒人差別に対し、中国人の朝鮮人差別の歴史は一千年以上の長きにわたって続いてきた。簡単に消滅するようなものでは無い。だが、朝鮮民族にとってこれを一気に解消する簡単な方法があった、「日本人になる」ことである。大韓帝国成立以後もなかなか近代化を実現できなかった朝鮮民族にくらべ、日本人は破竹の勢いで大日本帝国を隆盛に導いている。だからこそ、日韓併合に賛成する朝鮮民族も大勢いたのである。現在の韓国では、日韓併合に賛成した朝鮮民族は総理大臣李完用《りかんよう》を筆頭にすべて「極悪人」ということになっており、また日本の歴史学界にもそうした一方的な見方に賛成することが学者の良心だと勘違いしている人々が大勢いるので、歴史の真実がなかなか定着しないが、この『逆説の日本史』シリーズの愛読者にはわかっていただけるだろう。改めて『逆説の日本史第二十七巻 明治終焉編』を読んでいただくのもいいかもしれない。

では、いよいよ本題に入ろう。これら三つの事件の真相はどうだったのか、そして日本の新聞はそれをどのように報道したのか、である。ヒントになる言葉は、前出の「阿部十か条」の第一項目にある、「巷間唱道せられている『満蒙問題解決論』」というキーワードだ。

■「漢口事件」で先に手を出したのは日本側か? それとも中国側か?

先に紹介した『山本内閣の基礎的研究』(山本四郎著 京都女子大学刊)にある兗州事件、漢口事件、南京事件の三つの事件の詳細な分析を、ここですべて引用するつもりは無い。そんなことをしたら一冊の本になってしまうし、とくに兗州事件については双方死傷者も無く、当事者の日本陸軍の川崎亨一大尉も無傷で送還されたこともあり、新聞もそれほどセンセーショナルに扱っていない。したがって、まずは漢口事件の分析を紹介しよう。

事件の概略はすでに述べたので詳しくは繰り返さないが、ポイントは北軍（袁世凱軍）の支配地域に踏み込んだ西村彦馬少尉と部下の兵士一名が、北軍に包囲され捕らえられたときに無抵抗だったか、それとも逃げようとして北軍の将校に傷を負わせたのかである。

以下、〈　〉内は『山本内閣の基礎的研究』からの引用で、その原資料は外務省への公式報告（公電）である。まず日本側に伝えられた中国側の言い分は、

〈該日本士官（のち兵卒と訂正）ハ剣ヲ以テ週番士官ノ左ノ肘ヲ切リタル為其場ニ居合セタル支那兵六人大ニ怒リテ上衣ヲ剝キ帯剣ヲ取リ去リ拘留〉

中国語で無いのは、中国側が打電してきた公電（公式電報による報告）を日本側が翻訳したからである。だから「中国」兵では無く「支那」兵になっているのだが、内容は正確である。それに対し日本側の報告は、

〈普通ノ支那服ヲ着ケタル者ノ合図ニ依リ三十四五名ノ兵卒突然之ヲ包囲シ身体ノ検査ヲ行ハントセルモノノ如ク少尉ハ差シタル事モ無カランカト彼レノ為スガ儘ニ為シ置キシニ先ニ帽及上衣ヲ脱セシメ次テ刀ヲ奪ヒ終ニ無法ニモ地上ニ倒シ手ヲ以テ打チ靴ニテ蹴リ多数ノ打撲傷ヲ蒙ラシメ後軍袴及長靴ヲ脱シ兵卒ト共ニ之ヲ停車場ノ柱ニ縛スルコト約十分〉

ここでも注目すべき事実は、西村少尉と部下の兵士の衣服を剝《は》ぎ取ったことを中国側も否定し

ていないということだ。殴る蹴るの暴行をしたことは認めていないが、少尉と部下の衣服を剝いで「拘留」したことは認めている。じつは対立する日本と中国の見解のなかで完全に一致しているのは、この「中国側が衣服を剝いだ」つまり「二名の日本軍人に中国側が屈辱的な私刑（リンチ）を加えた」との一点だけなのだ。両者の見解が完全に一致するのだから、この「衣服を剝いだ」ということだけはこの事件のなかで間違いの無い唯一とも言える真実である。

　では、中国側がなぜそんな国際法上は許されない無法な行為を加えたのかという理由について、中国側は日本側の兵士が先に剣を抜いて中国側の士官を傷つけたからだと主張している。これに対し日本側は、それを否定している。これはどちらの言いぶんが正確なのか？　この中国士官は武《ぶ》開疆《かいきょう》という人物で、当直士官だった。武は、〈日本兵卒短剣ヲ以テ胸ヲ刺サントシタル刹那腕ヲ上ケタル為受ケタリトノ趣目下ノ傷面ハ横二「センチメートル」長サ一「センチメートル」ノ半円形〉と主張し、フランス人医師の診断も同じだとしている。つまり日本兵が（無法にも）自分の胸を刺そうとしたので慌てて左腕で庇ったところ刺され傷を負った、というのだ。この点、つまり「わが兵が中国軍将校に斬りつけたらしい」について著者の山本四郎は「ほぼ確実」としている。もちろんあくまで推定なので「ほぼ」と言っているわけだが、私はこれも推定だが山本との見解とはまるで反対で日本兵が中国将校に傷を負わせた事実は無かったと考えている。もちろん日本びいきで言うのでは無い。根拠はある。

　この時点で日本と北軍は交戦しているわけでは無い。だから日本側には極力北軍に戦闘を仕掛けたと誤解されるような行為は取るべきでは無い。だからこそ、当事者の西村少尉は相手のなすがままに身を任せたのだろう、抵抗しようと思えば武器を持っていたのだからできたはずだが、それをしなかった。そうしなかったからこそ、中国側も他に死傷者を出さず容易に西村少尉を拘束できたわけだ。もちろん部下の兵士にも「絶対に抵抗するな」と命令したはずであり、それにもかかわらず上官の命令には絶対服従しなければいけない兵士が、命の危険も無かったのに相手をいきなり殺そうなどとすることは、きわめて考えにくい。それに二人が軍装であったことは中国側も認めているわけだが、通常の軍装の場合将校はたしかに軍刀を所持しているが、兵士は帯剣していないはずである。もっともこの点は兵士がどのような兵科であったかによって違ってくるし、護身用に私物の刀剣を持っていた可能性もゼロでは無い。しかし、ポイントはもっとほかのところにある。

■領土的野心を抱く人々に好都合だった「南京事件」

中国側の主張が正しければ、「交戦中でも無いのに日本軍の兵士が所有する武器で中国将校を殺害しようとして傷を負わせた」ということである。中国側にとっては外交的、軍事的にきわめて大きなアドバンテージになる。犯人の兵士を拘留し続けて供述を取り証拠を固め、国際社会に日本の無法を訴えていけばいいのだ。しかしそうはしなかったのだから、実際は中国側に問題があり「傷害」は自作自演であると考えるのが筋というものだろう。

中国人の研究者はこうした見方に反発してくるかもしれないが、冷静になって考えていただきたい。このときの中国側の代表者は誰か、あの袁世凱ではないか。この事件については現場が揉み消そうとした形跡は無く、すぐに報告が上層部に達している。本当に「日本軍の兵士が中国将校を殺害しようとした」のならば、あの袁世凱が黙っているはずが無いではないか。にもかかわらず、中国側もこの件は穏便に済ませようとしている。あの「言い掛かりの天才」とも言うべき「ストロングマン」袁世凱が、である。

つまり、この事件においてはまず双方が一致して認めているように、国際法上はあきらかに違法である「西村少尉と部下に対する私刑」が実行された。その報告に接した中国側上層部はきわめてまずいと判断し、中国側がそのような蛮行に踏み切ったのは日本側の仕掛けがあったことにしろと上層部が命令したか、それとも現場が忖度して判断したかはわからないが、最終的に「日本側の兵士が先に手を出した」という形でこの問題を乗り切ろうとしたのだろう。報告書にあるような「刺し傷」なら簡単に作れるし、血糊《ちのり》も同様だ。

ただし、いま述べた見解はあくまで推測であって、事実を確定することはおそらく今後も不可能だろう。じつは当時の日本側いや陸軍もそう考えていた。では、双方水掛け論に終わらせずにこの事件を日本側のアドバンテージにするにはどうすればよいか？　中国側も認めている「私刑の実行」を、帝国陸軍ひいては大日本帝国に対する袁世凱政権の侮辱行為として大々的に宣伝することである。

そこで陸軍首脳は、これを「帝国軍人に対する凌辱事件」として、マスコミ（新聞と雑誌）に流した。

「大日本帝国国民煽動部門」の新聞にとっては、「待ってました」といったところか。世論はあくまで第二革命で袁世凱に敗れた孫文の味方であるし、袁世凱という「悪」を懲らしめるべしというのは多くの日本国民の思いでもある。その思いに沿ったのが、先に紹介した一九一三年（大正2）九月六日付の「帝國軍人凌辱事件」という『東京朝日新聞』の記事だが、その漢口事件の記事のなかで強調するために大きな活字を使った部分だけ述べると、「法外なる侮辱」「軍帽軍衣を剝ぎ」「手を以て打ち靴を以て蹴り」「軍袴《ぐんこ》及長靴を脱せし」「停車場内の支柱に縛《ばく》し衆人の観覧に供する事」「高く柱に吊し」である。

ただ、そうした思いと中国に対する領土的野心を混同してはならない、という良識派もいた。伊藤博文から始まって西園寺公望、山本権兵衛に連なる人々である。これに対して山県有朋、桂太郎に始まる陸軍強硬派、とくに桂太郎以降は欧米列強を見習った領土的野心を優先していた。先に紹介した阿部守太郎十か条の一番目にあったとおり、当時は満蒙問題論＝領土占領論のほうが「巷間唱道」つまり世間で広く叫ばれていたのである。要するに、隙あらば中国の領土をもっと奪ってしまえ、ということだ。そういう野望を抱いている人々にとって、次に起きた南京事件はさらに都合がよかった。

南京事件もすでに概略は紹介したが、基本的には中国の南北戦争（第二革命軍VS袁世凱軍）の過程で南軍が一時掌握していた南京を北軍が奪回したときに、民間の日本人が北軍の銃撃を受け殺害された事件である。そもそも、漢口事件において北軍兵士が西村少尉等に加えた私刑の例を見てもわかるように、この時代の中国軍とくに袁世凱軍は国際法のルールを守らない無法集団に近いものであった。中国史を紐解けば、近代以前の中国兵が民衆から蛇蝎のように嫌われていたケースが少なくないことに誰もが気がつく。国家の権威を笠に着て庶民から金品を奪ったり、婦女を凌辱することも珍しくなかった。この南京奪回戦においても勝ち誇った北軍兵士による蛮行は激しかった。この南京事件を報じた一九一三年（大正2）九月五日付の『東京朝日新聞』では、その様子を「虐殺掠奪頻々」という見出しを付けて次のように述べている。

南京に進入せる北軍は暴逆無道其極に達せり　武装無き南軍の新募兵一千の半數は虐殺され叉掠奪隊の爲《た》めに市民の斬殺せらるゝもの少からず貧富の論無く城内民家にして掠奪を免れたるもの一もある無し　掠奪品は城内三千の人力車を徴發し人夫を雇ひて之を曳かせ凱歌を奏して城外の司令部に運搬し門前山を成せり　富者は已《すで》に避難せるも中流以下の者は自ら掠奪せられたる上掠奪兵の手先に使はれ竹棒にて運搬せしめられつゝあり

日本でも、戦争に勝った兵士が侵入した敵地で略奪行為を繰り返した例はいくつもあった。ただし、それは戦国時代の話である。武田信玄《たけだしんげん》は捕虜として「掠奪」した女性たちをセリにかけて売り飛ばし、軍資金を稼いだ。海音寺潮五郎《かいおんじちょうごろう》の『武将列伝《ぶしょうれつでん》』にも紹介されている有名なエピソードだ。信玄だけでは無い。そもそも戦国大名というのはそういうものであった。ふだん平和に暮らしている百姓たちを、領主の権威で無理やり足軽《あしがる》として徴兵する。逆らうことはできない。そんなことをしたら家族はどんな目に遭わされるかわからないからだ。そして彼らは、戦場でいやいや人殺しをさせられる。当然士気は上がらない。そこで武士たちは、足軽たちに「この城を落としたら後は勝手だぞ」と発破《はっぱ》をかける。略奪も強姦もし放題ということだ。これを「乱妨取《らんぼうど》り(乱取り)」といい、そういう余禄があるから原則的には無給の彼らも一生懸命戦ったのである。しかし、唯一織田信長《おだのぶなが》だけが商業を盛んにすることによって兵士に給料を払った。だから、初めて上洛した兵士たちに略奪を厳禁することもできた。それゆえ信長は他の大名と違って、天下の人人から信頼を得ることができたのだ。このあたりが大河ドラマを見ていてもわからないところで、武田信玄のような旧大名と織田信長はまったく違うのである。ちなみに、その後も豊臣家の大坂《おおざか》城が落城したときは、信玄のように城内の女を略奪しようとした大名がいた。その有様は『大坂夏の陣図屏風』にも描かれている。

要するに世界の常識では勝者が敗者から略奪するのは当然で、一種の権利のようなものだと考えられていたのだ。しかし、日本でも欧米でもそうした野蛮行為は近世に至るなかで消滅した。ところが、近代に至っても「昔のまま」であったのが中国だ。中国人自身は中華思想によって自分たちの国が道徳的にも最高だと信じていたが、実態はまったく逆であった。とくにこの時代は、清朝が倒れてまだ間も無い時期だ。留学組の上級将校はともかく、下級兵士は「勝ち戦《いくさ》」における略奪があたり前だと思っている。国際法では「武装無き兵士」は殺さずに捕虜にしなければならないのだが、そんな常識は北軍兵士には無い。だから丸腰の南軍兵士は虐殺され、南京城内の日本人経営の商店もほとんどが略奪の対象となった。そこで略奪から逃れようと逃げ遅れた日本人が日の丸の旗を体に巻いて、日本人であることを示しつつ領事館に逃げ込もうとした。だが、彼らは北軍兵士によって殺害されてしまったのである。

■「カネが無くなったら殺される」という「世界の常識」

『山本内閣の基礎的研究』（山本四郎著　京都女子大学刊）では、南京事件については次のように記している。

『日本外交文書』によると、この一日、城内の日本人商店は国旗と赤十字旗を立てていたが掠

> 奪にあった(三六軒中三四軒)。城内のヨーロッパ諸国の場合は中国側の陸戦隊により守られ、日本は船津総領事が、すでに日本陸戦隊上陸を連絡しているとして断わった。(中略)この頃日本人は日本の領事館に避難していたが、昼間は危険が少ないというので就業していたものもあった。ところが昼頃危険が切迫したというので、雑貨商の館川勝次郎は店をしまい、村尾・後藤・栗山(うち館川と後藤は右翼浪人の櫛引武四郎《くしびきたけしろう》と行動を共にして領事館より注意をうけていた)および都督府にいた四名とともに、国旗を掲げて一団となり領事館に避難中、呼止められる都度金銭を渡して難を逃がれていたが、最後に金銭がなくなった頃、突如発砲され、二名即死、一名重傷(まもなく死亡)、他は池に飛込んだり匐伏《ふくふく》したりして領事館にたどりついた。市川書記生ら数名は危険のなかを夕方屍体を収容して帰館した

右翼浪人の櫛引武四郎とは、「1875－1913　明治－大正時代の中国革命運動の協力者。明治8年3月生まれ。工藤行幹(ゆきもと)の甥(おい)。日清(にっしん)戦争で重傷。快復後、同郷の山田良政《やまだよしまさ》をたよって中国にわたり、南京同文書院にまなぶ。孫文(そんぶん)の革命派をたすけ、恵州《けいしゅう》蜂起、辛亥(しんがい)革命、第二革命とたたかいつづけ、大正2年9月南京陥落の際に戦死した。39歳。青森《あおもり》県出身」(『日本人名大辞典』講談社刊)という人物だが、ここで注目すべきは「戦死」とあることだ。櫛引は自らの意思で武器を持って義勇兵として戦ったのである。

つまり、殺されても文句は言えない。武装解除された後に殺害されたのでなければ、虐殺とは言えない。

しかし一般市民は違う。戦争は軍人同士でやるものであり、市民は保護しなければいけないというのが国際法の常識である。兵士が一般市民から略奪することすら禁止されているのに、殺害するなど論外で絶対に許されることでは無い。もちろん「櫛引と行動を共にして」いたというのだから、北軍側に館川を一般市民では無く義勇兵だと誤解させるなにかがあったのかもしれない。しかし、少なくとも殺害されたときは武器を所持していた形跡は無いし、日章旗《にっしょうき》を身体に巻いていたのだから日本人だとわかったはずだ。もちろん、日章旗を巻いていたとしても中国人が日本人になりすまして逃亡したりするケースもあるかもしれない。しかしこの場合、北軍側の兵士が彼らを日本人だと認識していたことが確実である。なぜそうなのかと言えば、「呼止められる都度金銭を渡して難を逃がれていた」からだ、言葉のやりとりをすれば日本人かネイティブの中国人かはすぐにわかるし、じつは彼らが殺されたのは日本人だったからでは無い、と言ったら読者は驚くだろうか。仮に中国人が日本人になりすますために日章旗を巻いていたとしても、「この場合」は殺されていたことは間違いない。「この場合」の意味がおわかりだろうか？「最後に金銭がなくなった」ことである。

「日本の常識は、世界の非常識」というのは厳然たる事実で、この『逆説の日本史』シリーズでも何度か事例を紹介した。必ずしも「日本がダメで世界が正しい」わけでは無い。そういう事例のほうがたしかに多いが、じつはその逆もある。ほとんどの外国人が日本に来ると、自動販売機がそこらじゅうに設置してあることに驚嘆するということはご存じだろうか。このことは前にも書いた記憶があるので、読まれた方は次の文章をスキップしていただいて構わない。この『逆説の日本史』は三十年以上にわたって書き続けているので未読の方もいるかもしれないので、なぜ外国人が驚愕するのか理由を述べておこう。

技術の問題では無い。自動販売機というものは、そこにある限りそのなかには金銭かカネになる品物が入っている。自動ということは見張り番がいないということだ。だから外国では自動販売機を設置すれば、壊されて金銭か品物が盗まれるか自動販売機ごと持っていかれるか、いずれにせよ盗まれてしまう。現在は監視カメラが普及したのでそう簡単にはいかなくなったが、昔はそうでは無い。おわかりだろう、この事実はじつは日本の治安が外国にくらべて飛び抜けてよいという事実を示しているのである。それは素晴らしいことなのだが、そういう「日本の常識」にどっぷり浸かっていると「世界の常識」がわからなくなることがある。じつは南京事件について述べた「この場合」のこともそうで、意味がよくわからなかった人は次のエピソードを読んでいただきたい。

『逆説の日本史 第二十七巻 明治終焉編』で何度も引用した、日本きっての「知韓派」の漫画家高信《こうしん》太郎《たろう》の著書から、著者がおそらく七十年代に小説家中山あい子の主宰する「韓国グルメツアー」に参加したときのエピソードを紹介したい。


ソウル観光が終わり、次へ向かう高速道路で事件が起きたのです。突然バスが止まってしまった。というか、高速専門の白バイに止められてしまったのです。交通警察官はバスの中に入ってくると、運転手に向かって取り調べを始めました。それが……長いのです。そこで、あい子先生が「コーシン、ちょっと聞いてこい！」とおっしゃった。こんなにも早く出番があるとはです。

ガイドに聞くと、スピード違反だという。そんなバカなですよ。（中略）ピンときたぼくは、ガイドのミス・キムに「オルマ？」と聞きました。「いくら？」の意味です。するとミス・キムは、ぼくにだけ見えるよう指を一本立てて見せました。そこでぼくが、あい子先生のところに戻り、小声で「一万円だそうです」というと、先生はガハハと笑い、「早くいえ！　バカヤロウ！」といってサイフから一万円札を出し、ぼくに渡しました。これですべて終わりです。白バイは去り、バスは何事もなかったかのように元の猛スピードで次の目的地へと向かった。

（『笑韓《しょうかん》でいきましょう』高信太郎著　悟空《ごくう》出版刊）

これでほとんどの読者は私がなにを言いたいかわかってくれたと思うが、日本人のなかにはきわめて善良というか「お人好《ひとよ》し」（失礼！）の人が少なくないので、さらに次の文章を付け加えよう。

後に韓国人の友人にこのバスの話をすると、彼女は笑って「それは韓国では当たり前のことです」といいました。そのため、高速道路の白バイ警官をやると、一年ほどで豪邸が建ってしまうのだとか（マサカ!!）。もちろんバスの運転手のほうにもいくらか入るようになっているのでしょう。

（引用前掲書）

半世紀ぐらい前の話だし、若いガイド嬢は「恥ずかしそうでした」とあるから現在はこんなことはたぶん無いのだろう。しかし、いわゆる「開発途上国」では「小役人は常に賄賂を要求する」というのが世界の常識だったし、現在もたぶんそうだと思う。こういうことは旅行ガイドには絶対書かれない。「チップのつもりでお金を出せば解決する」などと書いてしまえば、贈賄罪という犯罪を推奨することになるからだ。しかし、日本でも江戸《えど》時代はそうだったことは時代劇ファンならよくご存じだろう。『必殺』シリーズの南町奉行所同心中村主水《なかむらもんど》も、あたり前のように「袖《そで》の下」を受け取っていた。これはフィクションだが、歴史上もそれは事実だった。つまりこのころは、世界の常識と日本の常識は一致していたのである。

　それがいつ変わったのかというのが、じつはきわめて重大な問題であることに初めて気がついた方もおられるだろう。明治維新で変わったのである。たしかに上層部には井上馨を筆頭とする汚職政治家がいた。山県有朋ら陸軍軍人のなかにも怪しい人間はいたし、シーメンス事件で一部の海軍軍人は有罪になってしまった。そして小役人でも賄賂を強要するような人間が根絶されたわけでは無いが、それでも日本の小役人いや官僚ならぬ官吏のモラルは非常に高いものがあった。最近イギリスでリメークされて評判になっている黒澤《くろさわ》明《あきら》監督の名画『生きる』を見ても、それがわかるだろう。あれもフィクションだが、完全に実態と異なっているフィクションは決して名画として評価されない。ではなぜ官吏のモラルが高くなったかと言えば、やはり吉田《よしだ》松陰《しょういん》の主唱した「草莽崛起《そうもうくっき》」の意識が明治人の心に、たとえ現場の下級職員といえども等しく天皇の家臣なのだから高いモラルを持つべきだ、という考え方を育てたのではないだろうか。とにかく日本の官吏のモラルは、とくに東アジアのなかで飛び抜けて高かったということを認識していただきたい。

■「野蛮な中国を膺懲すべし」という世論に冷水を浴びせた阿部談話

さて、あなたがその時代の日本国民だったとして、この南京事件の報道を見てどう思うか？ カネさえもらえば「敵」であっても見逃す現場の兵士のモラルの低さ、そして金が尽きた途端に冷酷に丸腰の人間を射殺する野蛮さ、文明国とは到底言えない無法地帯、それが当時の中国の実態であった。ただちに軍隊を派遣して中国を膺懲《ようちょう》（＝懲《こ》らしめる）すべきだという世論が新聞報道によって盛り上がったのだが、それに冷水を浴びせたのが外務省の阿部守太郎政務局長だった。一九一三年（大正2）九月一日に南京事件が起こってから四日後の九月五日付の『東京日日新聞』（現在の『毎日新聞』）には、「賠償要求の程度」という小見出しで「阿部政務局長談」が載っている。

南京に於《おい》て在留邦人が張勲《ちょうくん》の兵に掠奪《りゃくだつ》の害に遭《あ》ひたるのみならず邦人三人が惨殺せられたるは實《じつ》に遺憾に堪《た》へざる所にして支那政府に對《たい》し嚴重なる交渉談判を開始すべく該報告に接するや直《ただち》に事實の調査を山座《やまざ》公使に電訓《でんくん》したれば不日詳細なる報告に接すべし而《しか》して之《これ》が善後策として世論は問責師《もんせきし》を派すべし陸軍に命じ要地を占領して嚴重なる談判を試むべし等と輿論《よろん》の沸騰却々《なかなか》に甚《はなは》だしきものあるが如し然《しか》れども之に關する詳細なる報告に接せざる以上確言し難きも這次《しゃじ》の事件は左程重大なる如く考へ得ず元より責任ある張勲の兵に惨殺せられし事なれば團《だん》匪《び》の為《た》め惨殺せられしとは趣《おもむき》を異《こと》にするを以て直に問責の師を派すべし等唱ふるは早計なりと云《い》はざるべからず尚《なほ》如何の程度に賠償を要求すべきか懲罰的意味を含むや否や等は未だ確定し居《を》らず外務は輿論を容《い》るゝは元より乍《なが》ら國家の體面《たいめん》を保つ爲め某國の如き不遠慮《ぶえんりょ》なる行動に出《い》

で他の感情を害するが如きは考へものならん云々《うんぬん》

ところどころわかりにくい言葉があるので解説しよう。まず「張勳」とは、北軍の南京占領軍の指揮官である。「電訓」とは電報で訓令を出すこと。「師」とは軍隊のことで、「無名の師」なら「大義名分無き軍事行動」の意味になる。「這次」は「このたび」。「團匪」は「国家の統制に属さない野盗や匪賊《ひぞく》」(「匪賊」とは「徒党を組んで略奪・殺人などを行う盗賊」『デジタル大辞泉』)である。

要するに阿部は、事件については現在調査中で詳細な報告が上がってくるまでは慎重な態度をとるべきである。これが匪賊の仕業ならば日本人の安全を守るために陸軍を派遣するということもありうるが、北軍の兵士によって日本人が殺されたことはあきらかなので、外交交渉によって問題を解決すべきである。一部で叫ばれているような「問責の師を派すべし」とか「國家の體面を保つ爲め某國の如き不遠慮なる行動」に出るべきでは無い、と言っている。それでは「某國の如き不遠慮なる行動」とはなにを指すかと言えば、同じ紙面の「近事片々」を見れば一目瞭然である。このコラムは現在の『毎日新聞』にも存在するが、『読売新聞』の読者には「よみうり寸評」、『朝日新聞』の読者には「素粒子」と同じものだと言えばわかるだろう。短文で社会問題を批評するやり方である。たとえば、二〇二三年五月二十二日付夕刊の「近事片々」には、「『広島のように、私たちの町も再建したい』。訪日したウクライナのゼレンスキー大統領、停戦への思いにじませ」とある。

それでは、阿部局長の談話と同じ紙面にある「近事片々」にはなんと書いてあるか?

▲善後　の處置《しよち》は獨逸《ドイツ》の膠州灣《こうしゆうわん》占領に倣《なら》ふ可《べ》き耳《のみ》と戸水《とみづ》博士の論亦傾聽《またけいてう》に値ひす

戸水博士、常に対露強硬論を唱え、ポーツマス条約締結にも徹底的に反対した、あの戸水寛人《ひろんど》である。

■コラムで「火事場泥棒」を煽る新聞の常套手段と「バイカル博士」の主張

北軍（袁世凱軍）によって日本人が虐殺された南京事件。その解決にあたって、あくまで外交手段で平和的に解決すべきだと主張した外務省政務局長阿部守太郎の談話と同じ紙面（大正2年9月5日付『東京日日新聞』）にあるコラム「近事片々」にはなにが書いてあるか？　その一部を紹介したが、ここは冒頭から見てみよう。なお全部で十八項目あるのだが、前半九項目が南京事件に関するもので、とくに問題なのが最初の五項目である。わかりにくいので番号をつけた（記事原文にはこの番号は無い）。

①△南京　の邦人虐殺は我が國旗を侮蔑し國威を凌辱せるもの擧國憤慨是《こ》れ當然耳《のみ》

②△外務　省不取敢《とりあへず》北京政府に抗議を提出せるは當然の職責依例《れいによつて》曖昧裡に葬る勿《なか》れ

③△談判　の保障として要地を占領せよと曾我子《そがし》説く狡猾なる袁に對す是或《あるひ》は必要

④△此機　會に於て滿蒙問題の解決を圖《はか》れと大石氏論ず談判は此處迄《ここまで》行かねば駄目

⑤△善後　の處置は獨逸の膠州灣占領に倣《なら》う可《べ》き耳《のみ》と戸水《とみづ》博士の論亦傾聽《けいてう》に値ひす

冒頭①で、南京事件は邦人虐殺だけで無く日本国旗を侮辱し国威を凌辱しているものだから、国民としては憤慨する以外には無い、と強調している。もう新聞の「常套手段」という言葉を使っていいだろうが、「国民を扇動して売り上げを伸ばす」という手口である。そして、外務省（つまり政府山本権兵衛内閣）の対処方法は手ぬるいと、「陸軍の応援団」に回っている。前にも述べたことだが、このように「政府の尻を叩く」という姿勢が「新聞の売り上げを伸ばす」つまり「商売のため」という自覚が少しでもあれば「やり過ぎではないか」という反省が生まれる余地があるのだが、それが大日本帝国にとっての正義だと考えているので始末に悪い。「山本内閣に対して強硬であればあるほど御国のためにもなるし新聞も売れる。一石二鳥だ」などと考えてしまうから歯止めがかからないのである。

③に登場する「曾我子」とは「曾我氏」の誤植では無く略語で、大隈《おおくま》伯といえば大隈伯爵を指すように曾我子爵を意味する。曾《そ》我《が》祐準《すけのり》（１８４３〜１９３５）のことだろう。筑後国柳河藩《ちくごのくにやながわ》（現在の福岡県柳川市）出身の陸軍軍人である。山県有朋と対立し政界に転じて貴族院議員となったが、「大正三年の第三十一議会では、シーメンス事件に直面し、予算委員長として海軍廓清《かくせい》の立場から製艦費削減による第一次山本内閣倒閣に一役買った」（『国史大辞典』吉川弘文館刊　項目執筆者鳥海靖《とりうみやすし》）という人物である。要するに、反主流派だったとは言え陸軍の方針には大賛成だった、ということだ。「要地を占領」とは、保障占領のことである。保障占領とは「国際法上の占領の一つ。条約条項の実施、賠償支払義務の履行などを相手国に強制するために、義務国の領土の一部または全部に対して行なわれる占領」（『日本国語大辞典』小学館刊）で、平たく言えば

陸軍を動かして中国の領土の一部を占領し「人質」にしろ、ということなのだ。中国の国家主権を無視した侮辱行為であることは言うまでも無い。「お前が約束を果たすかどうか保証の限りでは無いから人質を取る」ということなのだが、「狡猾な袁世凱」にはそれが必要だと、ただの人では無い、後に山本内閣の「葬送人」となる元陸軍軍人の貴族院議長が声高にそれを主張していたのである。当然そうした強硬路線を正しいとするなら、この際一気に日中の懸案事項である満蒙問題も軍事的手段で解決してしまえ、ということになる。④にある「大石氏」とはおそらく大《おお》石正巳《いしまさみ》（1855〜1935）のことだろう。高知《こうち》藩士の子として生まれ、早くから自由民権運動に加わったが板垣退助《いたがきたいすけ》を批判して独立。三菱の岩崎弥太郎《いわさきやたろう》の知遇を受け官界に転じ、朝鮮駐《ちゅう》箚《さつ》弁理公使として朝鮮弾圧の端緒になったと言われる防穀令《ぼうこくれい》問題の処理にあたった。その強硬姿勢が評価され大隈内閣の農商務大臣となり、その後衆議院議員として当選を重ね、一時は犬養毅と立憲国民党を創立したが意見が対立して一九一三年（大正2）一月、つまりこの「近事片々」の八か月前に脱党していた。となれば、政党人犬養毅はこの問題をどう解決しようと考えていたかもうおわかりだろう。じつは、翌日の九月六日付『東京朝日新聞』の紙面には犬養毅の談話が載っている。長文にわたるのでポイントを紹介すると、

「今回の事件は當然外交談判にて解決すべきものにして（中略）犯人を嚴罰に處すると共に被害者に對し賠償を要求し代表者を以て政府に謝罪せしむれば足るべし」

ということだ。政府のやり方に対して犬養は同じ談話で、「伊藤、桂の内閣時代より歴代の内

閣を通じて我國に對支外交なるものあることなし」と厳しく批判はしている。ここは読者の方々にはもうおわかりだろうが、伊藤－西園寺ラインと山県－桂ラインの深い対立があったため、対中国政策が一本化しなかったのである。そう批判しながらも犬養は、今回の問題はやはり外交問題として解決すべきであるとしたうえで、

「此機に乗じて火事場泥棒《かじばどろぼう》を爲さんと欲する一部の論者に對しては絶對に反對するものなり」

と念を押している。伊藤博文もそうだったが、日本の政治家の良識を示した言葉と言えよう。しかしその「火事場泥棒」をやれと煽っているのが、⑤の日露戦争開戦に際し「ロシア帝国のバイカル湖東からの領域をすべて日本の領土とせよ」と叫んだ「バイカル博士」こと戸水寛人である。この戸水の主張を『逆説の日本史 第二十五巻 明治風雲編』で紹介したが、そのとき私は戸水の主張にも一理無いわけでは無いとしながらも、「それでも、この戸水という人物の行動については私は批判的である。それどころか彼は今後日本の運命に大いにかかわってくる人物なので、ぜひこの名は記憶されたい」と述べた。その理由がこれである。「獨逸の膠州灣占領に倣う可き」とは、すでに述べたことだが、まだ中華民国が清国だった頃の一八九七年（明治30）、イギリスやロシアに続いて清国内に拠点を持とうとしていたドイツは、たまたま山東省《さんとう》でドイツ人宣教師が殺害されたことを奇貨とし、直ちに艦隊を派遣して清国を脅迫し、翌一八九八年から九十九年期限で膠州湾全域を租借し、ドイツ東洋艦隊の根拠地とした。その「故事」を見習えということだろう。まさに「火事場泥棒」である。

■「支那人は弱味を見すれば際限もなくつけ上がる国民にして而も恩義を忘却する」

ところで、冒頭の「近事片々」や「阿部外務省総務局長談話」が載せられている九月五日付『東京日日新聞』には、「大《おほい》に膺懲せよ」つまり「袁政権を徹底的に懲らしめるべし」という見出しで、「陸軍某當局者」の「談話」も載せられている。これが当時の陸軍、そして陸軍の大応援団だった新聞の考え方を如実に示しているので煩をいとわず全文を引用する。原文を読みやすくするため句読点を施して段落分けした。また、傍点部は原文では活字が拡大されている。

今回の南京に於ける邦人虐殺事件は、決して輕々に看過すべからざる大問題なり。外務當局が果して如何の態度に出づべきかは、我々國民が充分の注意を怠るべからず。

元來特別なる國民性を有する支那に對しては、叉特別なる外交を以てせざるべからず。支那人は弱味を見すれば際限もなくつけ上る國民にして、而《しか》も恩義を忘却する事も亦《また》他に類なきなり。支那人としては最も紳士的性格を有する孫黄《そんこう》（孫文と黄興《こうこう》。引用者註）諸氏の如きさへこの傾向ありて、犬養、頭山《とうやま》等の諸氏も此點《このてん》に於ては大《おほい》に手古摺《てこず》り居れるやに聞けり。

要するに支那人は七分の威壓《いあつ》と三分の懷柔とを以てして始めて治まりのつく國民なれば、我が外務當局者の如く一分の威もなくして對支外交に成功する筈なし。

這般《しやはん》（「このあたり」の意。引用者註）の呼吸は露國最もよく呑み込み居りて、今日まで常に成功を収めつゝあるは絶好の教訓にあらずや。然るに我國は如何。滿洲に於ては常に彼の乘ずる所となり、最近にありては天津《テンシン》附近に於ける川崎大尉の凌辱事件叉漢口に於ける西村少尉の凌辱事件あり。我が外務當局が煮え切らぬ態度を取りつつある閒に再び今回の虐殺事件を發生す。外交の無能も此に至りて極まれりと云ふべきなり。而も西村少尉事件に際しては同地の芳澤《よしざわ》總領事が支那側の報告を其儘外務省に傳達したるが如きは實《じつ》に言語道斷なり。今假《か》りに獨逸人《ドイツ》にあれ露國人にあれ、かかる凌辱虐殺に遇ひたりとせよ、此等の國は決して日本の如く優柔軟弱ならざるべし。嘗《かつ》て一宣教師が暴徒に殺害されたるの理由を以て膠州灣を割取せる例あるにあらずや、況《いは》んや如上の事件は悉《ことごと》く北京政府の正式軍隊が之を敢てしたりといふに至つて問題の眞に重大なるを思ふべし。

こうした陸軍軍人の言を、戦後は一〇〇パーセント否定するのが正しいと考えている人々もいるのであえて言っておくが、少なからず真実を含んでいることは事実である。「支那人は弱味を見すれば際限もなくつけ上る國民にして、而も恩義を忘却する」とあるのもそうだ。一九八九年(平成《へいせい》元)、中国は天安門《てんあんもん》事件を起こし日本や欧米各国からさまざまな制裁を受けた。このまま制裁が続けば中国はジリ貧になったところだが、この苦境を脱出するために中国が取った作戦が「お人好しの日本を利用する」ことだった。具体的には、当時の宮沢喜一《みやざわきいち》首相に働きかけて天皇(現・上皇)訪中を実現しようとしたのである。つまり、日本の天皇が訪問するような国であれば欧米も警戒心を緩めるだろうということだったのだが、この策略に宮沢首相はまんまと乗ってしまった。宮沢内閣は苦心して天皇訪中を実現し、その結果中国は国際社会に復帰できた。いわば当時の中国にとって日本は大恩人だったわけである。にもかかわらず中国は、それで得た貿易の利を国内の反日教育につぎ込み、共産党の地位を強化するとともに日本を貶《おとし》めた。さらに一九九八年

(平成10)、国賓として来日した中国の江沢民《こうたくみん》国家主席(当時)は、天皇主催の晩餐会で日本に感謝するどころか過去の日本軍国主義を口を極めて非難した。これはまったくの事実であり、私がでたらめを言っているわけでは無い。それどころか、この策略に加担した中国の銭其琛《せんきしん》外相(当時)は、回顧録でいかにお人好しの日本人を騙して外交的苦境を乗り切ったかという自慢話を展開している。この回顧録は日本語版も出ているから、ぜひ宮沢直系(宏池会《こうちかい》)である岸田文雄《きしだふみお》首相には読んでいただきたい。そして、二度と同じ轍《てつ》を踏まないでいただきたい。そんなことをすればまたまた中国は日本をバカにし、自慢話のタネにするだろう。少なくとも中国共産党は恩をすぐに忘れる政権であることは間違い無い。ただ、孫文も黄興もその類だという決めつけには反論しておかねばなるまい。たとえば、孫文がせっかく日本人の強力な援助によって政権を成立させたのに、ただちにそれを袁世凱に譲ってしまったのは、日本人から見れば「恩知らず」に見えるかもしれない。だが、そこにやむを得ぬ事情があったことはすでに詳しく説明したとおりである。

もちろん、中国にも「いいひと」はいる。それは万国共通だが、中国は紀元前から「孫子《そんし》の兵法」があり、敵国を騙すことは戦争で多くの人命や財産を失うより美徳とされていたことを忘れてはならないだろう。われわれは、いずれにせよ今後もこの「面倒くさい」隣国と付き合っていかねばならないのである。ただし、だからと言って本来は言うまでも無いことなのだが、「火事場泥棒」をしていいということにはならない。ならないのだが、当時の帝国主義というのは「国家が公然と火事場泥棒をする」ことであり、イギリスはアヘン戦争で、ロシアは義和団《ぎわだん》事件で、ドイツは宣教師殺害事件を奇貨として、次々と利権を拡大しつつあった。「やらねばやられてしまう」という恐れもたしかにあった。いわばこの大正二年九月というのは、孫文が後に述べた「西洋の覇道の番犬となるのか、東洋の王道の干城《かんじょう》（守る城）になる」のか、最初の分岐点であった。
そして、「近事片々」「大に膺懲せよ」「阿部談話」など一連の記事が朝刊に載った日の夜に、外務省の阿部守太郎は襲撃されたのである。

■良識よりも商売を重んじる組織になってしまった日本の新聞社

『東京日日新聞』が、あきらかに「海軍主体の山本権兵衛内閣は軟弱。この際、陸軍の主張に沿って軍事的強硬手段によって中国問題を解決すべし」という論調で紙面を作った結果、唯一同じ紙面で「あくまで外交手段で平和裏に解決すべきだ」と主張していた外務省政務局長阿部守太郎は、右翼青年に刺殺された。

もちろん推測ではあるが、犯人たちはこの『東京日日新聞』の記事を読んで「阿部は殺すべきだ」と考えた可能性が非常に高いことはわかっていただけるだろう。現在、若い人は宅配の新聞を取らなくなったというし、電子版を契約している人もそれほど多く無い。スマホのニュースサイトを見ればじゅうぶん、というのがいまの若者の考え方だろう。

昔は違う。テレビもラジオも無い時代、雑誌と違って新聞は毎日の情報が得られる貴重なソースであった。またこれまでさんざん述べたように、この時代の新聞はあきらかに過激な方向へ国民を扇動する体質があった。阿部談話が載った一九一三年（大正2）九月五日付の『東京日日新聞』の紙面は、それ以外の部分で名物コラム「近事片々」も含めて「阿部の主張は悪である」と断じていた。これを読めば、「純粋な若者」ほど「日本のためにも中国のためにも、阿部は討つべきだ」と思うだろう。そして実際にそうなった。阿部暗殺の翌日九月六日の「近事片々」も、次のような調子である。冒頭は再び「南京」というキーワードだ。

▲南京《ナンキン》に於《おけ》る虐殺邦人更に一名行方不明數名を出《いだ》すと張勳《てうくん》の暴狀愈《いよ〱》容赦不成《ようしやならず》

▲掠奪 全市に及び虐殺千餘名に上ると文明の世此暴虐を敢《あへ》てする張は人道の敵

▲袁世《えんせい》凱却《がいかへつ》て彼が功を錄し江蘇都督《こうそととく》に任じ勳一位に敍す乃其《すなはちその》暴狀を是認する也

▲北京《ペキン》政府の帝國を輕侮するは正に顯然《けんぜん》たり此の勢を馴致《じゆんち》せるは抑《そも〱》何人《なんぴと》ぞや

▲露國 當局例に依《よ》りて事件を重大視せずと放言す不謹愼沒常識驚くに堪へたり

▲國旗 侮辱の如きも猶《なほ》研究の餘地《よち》ありと當局叉云《い》ふ是《これ》では宛然《えんぜん》北京政府の言草《いひぐさ》

まだまだ続くのだが、このあたりにしておこう。

要するに、主張は変わらない。袁世凱が張勳を都督に任じ勲一等を与えたのだから、その張が南京における掠奪および虐殺の責任者である。また北京政府の代表である袁世凱も当然その責任は免れない、と言っている。また例によってロシアは「大した事件じゃない」などと放言しているし、「国旗侮辱事件（南京事件において、日本の民間人が身体に日章旗〈日の丸〉を巻き付けていたのに射殺されたこと）」についても外務当局は「（これが国旗侮辱事件と言えるかどうか）研究の余地がある」と言っているが、それは北京政府の言い草（つまり言い逃れ）ではないかと非難している。この「研究の余地」については、外務省側の見解が同じ紙面に載っているので紹介する。

國旗凌辱と云《い》ふも公館軍艦等に掲揚せるものと事理《じり》を異にし又虐殺掠奪の如きも前後の事情を闡明せざれば遽《にはか》に強硬なる態度に出《い》づるを得ず殊《こと》に列國との關係もあり支那《しな》分割の端を開くの誹《そしり》を受るも得策に非ず斯《かく》の如き事件を以《もっ》て對手方《あいてがた》一應《おう》の辯解《べんかい》も態度をも究《きは》めずして直《ただち》に出兵するが如きは決して文明國の採《と》るべき手段に非ず

いたって良識的な意見と言えよう。国旗といっても、政府公館や軍艦に掲揚されていた公的なものとは違い、一民間人が所持していたものを銃撃したからといって、国旗侮辱事件とまで言い切れるかというのが外務省の見解で、また調子に乗って戸水寛人の主張するような軍事出兵を伴う強硬な態度に出れば、欧米列強がふたたび乗り出してきて中国分割のきっかけとなってしまう可能性もある。とりあえず責任の所在ははっきりしているのだから外交交渉によって解決すべきだ、というのが外務省そして政府つまり山本権兵衛内閣の基本方針であった。

先に紹介した九月五日付の記事と、この翌九月六日付記事の間に外務省の局長が殺されるというテロ事件が起こったのに、なんの影響も無かったのか？　と思う読者がいるといけないので念のために言っておくが、いまと違って夕刊は無く、テレビもラジオも無いからニュースが速報されるということは戦争勃発ぐらいの大事件を報じる号外ぐらいしかあり得ない。阿部が刺されたのは九月五日の夜になってからであり、即死では無かった。この時代にも通信社による速報というのはあったから、「阿部局長襲撃される」の一報は五日の夜に新聞社にもたらされただろうが、紙面に反映する時間は無かった。そして、この九月六日付の新聞記事はちょうど阿部が刺されたころに書かれていたか、すでに校了《こうりょう》つまり紙面製作が終了して印刷に回されていた可能性が高い。

先に紹介した九月六日付の『東京朝日新聞』に載った犬養毅の「この機に乗じて支那に出兵するなど火事場泥棒のようなものだ」という見解も、阿部事件を知らずにコメントされたものだろう。だから、逆に双方の本音が現われているとも言える。要するに、山本内閣も外務省もそして政治的には対立点もあった犬養毅も平和裏に外交的に解決すべきだと主張していたのに、新聞だけが軍事的に解決せよ、つまり中国を侵略すべきだと扇動していたのである。

テロというものの影響は意外に大きい。なぜならば、被害者の賛同者に「次は自分の番か」と思わせる効果があるからだ。誰だって命は惜しいし、家族を守らねばならない。だから問題は、社会がこういうときにテロリストに対してどういう評価を下すかであろう。もうおわかりだろうが、日本人の多くはこのとき「よくぞ殺した」と思っていたのである。新聞がそのように世論を誘導したからである。時系列的には逆になってしまったが、シーメンス事件も金剛・ビッカース事件も、この後の話である。阿部が貫こうとしていた平和路線、それは前にも述べたように伊藤博文、西園寺公望を経て山本権兵衛に引き継がれたものなのだが、その山本内閣にあって南京事件を平和的に解決しようとしていた阿部は、はっきり言おう、『東京日日新聞』の扇動的な記事によって殺されてしまった。もしそれが「悪」であると日本の大衆が認識したのなら、「阿部局長の遺志を継げ」という形で山本内閣への支持は強化され平和路線はさらに追求されたはずである。しかし、実際は逆だった。山本内閣は新聞によって四面楚歌の状態に追い込まれ、やむなく辞職せざるを得なかった。おわかりだろう。このテロは支持されたのであり、それは『東京日日新聞』がその方向へ日本の世論を誘導したからである。では、ライバルである『東京朝日新聞』はどうだったか？　朝日も日比谷焼打事件で攻撃の対象にならなかったという点で実は「同じ穴のムジナ」なのだが、それでもこの時点では「犬養の火事場泥棒発言」を大きく取り扱うなど少しは良識があった。ところがこれ以降、大日本帝国自体が「『近事片々』路線」を取るようになると豹変し、山本内閣打倒運動にも与《くみ》するようになった。理由は簡単で、そのほうが新聞が売れライバルに負けなくなるからだ。日比谷焼打事件以後、日本の新聞社は良識よりも商売を重んじる組織になっている。だからこそ日比谷焼打事件の意義は大きいので、繰り返しになるがこれを「大正デモクラシーの出発点」などと捉えるのはとんでもない話で、司馬遼太郎が喝破した「向こう40年の魔の季節の始まり」と捉えるのが正しいのである。

■阿部暗殺事件の影響によって起こった昭和史の分岐点とも言うべき重大事件

ところで少し先の話だが、この阿部守太郎暗殺事件の影響によって起こったと私が考える、昭和史の分岐点とも言うべき重大事件について述べなければならない。歴史学者はこの二つの事件に因果関係があるとは夢にも考えていないようだが、それは五・一五事件である。「おいおい、それは昭和七年（１９３２）の事件じゃないか。いま書いているところは大正二年（１９１３）だろう」と思われる向きがあるかもしれない。たしかに、両事件の間には十九年もの月日が流れている。しかし、この『逆説の日本史』シリーズの愛読者ならご存じのように、遠い昔に起こったことが現在の事件に影響を与えていることも珍しくは無い。言霊の影響などその典型的な事例だが、ここではまず五・一五事件の内容を詳しく知ってもらう必要があるので、百科事典の記述を長めに引用する。じっくり読んでいただきたい。

1932年（昭和7）に起きた海軍青年将校を中心としたクーデター事件で、血盟団《けつめいだん》事件の第二陣として計画されたもの。1931年の十月事件失敗後、海軍青年将校は井上日召（にっしょう）らと結んでクーデター計画を進めてきた。32年の血盟団事件で団員が検挙されると、海軍側は上海（シャンハイ）事変で戦死した藤井斉（ひとし）にかわって、海軍中尉古賀清志（こがきよし）、三上卓（みかみたかし）らが中心となって計画を進めた。当初、陸軍側青年将校と協同して決行するつもりであったが、陸軍側は陸相荒木貞夫（さだお）による合法的国家改造に期待して動かず、結局、海軍側が中心となって決行することになった。32年3月末に第一次実行計画をたてたのち、チャップリン歓迎会場襲撃計画など計画はしばしば変更されたが、5月13日の第五次計画を実行に移すことになった。右翼の大川周明（しゅうめい）（神武会〈じんむかい〉）、本間憲一郎（ほんまけんいちろう）（紫山塾〈しざんじゅく〉）、頭山秀三（とうやましゅうぞう）（天行会〈てんこうかい〉）らが資金や武器の援助を与えた。5月15日午後5時ごろから古賀ら海軍士官6名、後藤映範（えいはん）ら陸軍士官候補生11名、それに元士官候補生や血盟団残党を加えた総勢19名は、4組に分かれて、首相官邸をはじめ内大臣邸、三菱（みつびし）銀行、日本銀行、政友会本部、警視庁などを襲撃し、犬養毅（いぬかいつよし）首相や警備巡査を射殺、巡査ら数名に傷を負わせた。他方、農本主義者橘孝三郎（たちばなこうざぶろう）が主宰する愛郷（あいきょう）塾の塾生を中心に編成された別働隊は、東京市内6か所の変電所を襲ったが、機械や建物の一部を破壊しただけで首都を暗黒化するという所期の目的は達せられなかった。また、同日血盟団の残党川崎長光《ながみつ》は、陸軍側の決起を妨げた裏切り者として西田税（みつぎ）を襲い重傷を負わせた。彼らのねらいは、一連の暗殺と破壊によって既成支配層に威圧を加え、同時に市中を混乱に陥れて戒厳令を施行させ、軍部中心の内閣をつくって国家改造の端緒を開くことにあり、彼ら自身の具体的政策、方針はなかった。
　戒厳令施行は実現されなかったが、この事件は次の点で日本のファッショ化に大きな影響を与えた。（1）政党政治の時代に終止符を打ったこと、（2）軍部の発言権を増大させたこと、（3）右翼団体の続出、（4）出版界の右傾化、（5）急進的国家改造運動に対する国民の共感、などである。犯行後、海軍士官や陸軍士官候補生らは東京憲兵隊に自首したが、民間側も11月5日までには全員検挙された。公判は、33年7月24日の海軍側を皮切りに開始され、控訴、上告を行った大川、本間、頭山を除いて、34年2月3日までには刑が確定した。一般に民間側に比べて軍人側、とくに陸軍側の刑が軽いのが目だつし、また、この間、１００万を超える減刑嘆願書が寄せられたことが前記（5）との関連で注目される。

（『日本大百科全書〈ニッポニカ〉』小学館刊　項目執筆者安部《あべ》博純《ひろずみ》）

「この事件のことなら知っているよ。歴史ドラマでも見たことがある」という方もいるかもしれない。たしかに、歴史ドラマだけで無くＮＨＫなどの歴史ドキュメンタリーでも何度も扱われている。しかし、あなたがたぶんご存じでなかったか、深く認識していなかったことが一つある、と私は思う。失礼な言い方かもしれないが、少なくとも多くの日本人はそのことを忘れている。
　それは「１００万を超える減刑嘆願書」が政府に寄せられたということだ。「１００万」とは途方もない数である。いまと違いメールも無ければＳＮＳも無い、それどころかワープロも無い。すべて手書きで郵送しなければならない。かつて新聞社では連載小説について読者からハガキが一枚くると、読者は数千人いるという計算をしていた。それをこの百万人に当てはめてみたらどういうことになるか。ハガキは出すのが簡単だが、封書はそうはいかない、たしか、血書で書かれたものもあったと記憶している。しかし、この事件では現役の海軍将校が国を守るために支給された武器を使って丸腰の首相を問答無用で撃ち殺したのである。

きわめて卑劣なテロではないか、しかし、じつは日本人のほとんどがそれを「正義」と考えたのである。なぜそうなったかは、繰り返すまでもあるまい。

■「犬養暗殺は正義」とする世論の完成で終止符を打った日本の政党政治

現役の海軍将校が拳銃で丸腰の犬養毅首相を問答無用で射殺した五・一五事件。このきわめて卑劣なテロについて歴史を探求する者がもっとも注目しなければならないのは、百万を超える「犯人たちへの減刑嘆願書」が寄せられたことだろう。この罪状では死刑は確実だから、「減刑嘆願」とはじつは「助命嘆願」つまり「死刑にするな」という請願であったことに注目する必要がある。その嘆願書はもちろん国民が自発的に送ったもので、社会的な強制は一切無かった。「たしか、血書で書かれたものもあったと記憶している」と先に私は記述したが、改めて確認するとそれどころではな

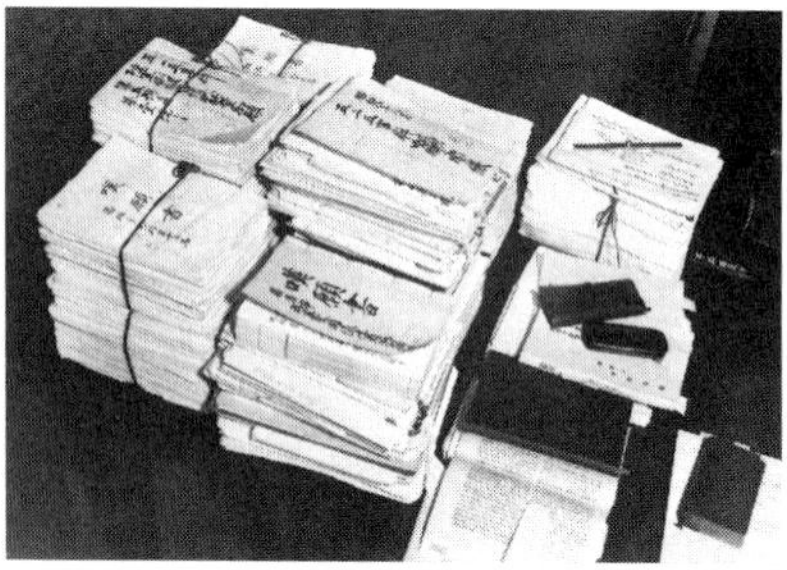

五・一五事件を実行した陸海軍の軍人たちが主張した「昭和維新」という主張は国民の熱烈な支持を得て、多くの「助命嘆願書」が集まった。写真は被告らへの減刑を求める「嘆願書」の山（写真提供／毎日新聞社）

かった。

五・一五事件発生後の国民感情は、またさらに大きな渦の中に巻き込まれる。それは事件の実行犯への国民の熱烈な助命嘆願が澎湃《ほうはい》として日本全国にひろがった。彼らを救国の英雄とまで祀り上げ、自らの小指を封筒に入れて助命を乞う者まで現われた。このように犬養暗殺の行動を支えた民衆の力を忘れてはならない。

（『犬養毅 党派に殉ぜず、国家に殉ず』小林惟司《こばやしただし》著　ミネルヴァ書房刊）

国民が政党を見放し犬養暗殺を支持したのは、新聞の扇動もあるが政党自体も腐敗堕落していたからであった。いわゆる大正デモクラシーの歴史は、じつは「政党腐敗堕落史」でもある。それが、昭和になっても解消されるどころかますますひどくなったのだが、そうした汚職政治とはあきらかに一線を画していた政党政治最後のエース犬養毅まで、とばっちりを食って暗殺されてしまったわけだ。この時代背景を分析した前掲書著者の小林惟司は、次のように指摘している。

犬養の暗殺犯は海軍中尉らの軍人であるが、間接的に葬ったのは当時の日本の民衆である。それは世論という形で表われた。当時の日本の世論は、満洲国の即時承認を強く要求していた。その先頭に立ったのはマスメディア、とりわけ新聞だった。

満州や中国への侵略は軍閥・官僚だけが侵略を推進したのではなく、それと併せて日清戦争の頃から国民の間に徐々に浸透してきた東洋人蔑視《べっし》の感情があったことは見逃せない。当時は幼い少年までが中国人を蔑称で呼んだりしていた。中国への無知無関心という根深い心理的基盤がなかったら、中国への侵略はやすやすと実行されなかったであろう。（中略）それゆえ、すべてを「支配階級」の罪にして済ますことができるであろうか。一国の政治は、国民性やその時代の国民感情の反映である。民衆も責任を逃れることはできない。

（引用前掲書）

この「犬養暗殺を正義」と考える世論、それはその犯人の助命嘆願書に自分の小指を切断して入れるほどの熱烈なものだったが、そうした熱烈な感情も、また根深い「東洋人蔑視の感情」も一朝一夕で国民に浸透するはずがないことはおわかりだろう。「千里の道も一歩から」と言うように、物事には必ず始まりというものがある。「東洋人蔑視の感情」つまり中国人と朝鮮人に対する蔑視は、たしかに日清戦争のころからすでに醸成されていたが、「犬養暗殺を正義」とする世論の第一歩は、おわかりだろう、一九一三年（大正2）の山本権兵衛内閣下における外務省阿部守太郎政策局長暗殺事件なのである。そして、その傾向が「完成」したのが一九三二年（昭和7）の犬養首相暗殺事件（五・一五事件）で、これによって日本の政党政治は終止符を打った、というのが近現代史の一つの構造と言えるだろう。

ちなみに「中国人に対する蔑称」はなんと言うのか、あえて記しておこう。それは「チャンコロ」という。中国語で「中国人」の発音は「チュンクオレン」（カタカナでは正確に表記できない）だが、それから派生した言葉だろう。アメリカ人の日本人に対する蔑称は「ジャップ」だが、これも正式な英語「ジャパニーズ」から派生した言葉である。とにかく「幼い少年」までこういう言葉を口にしていたのは歴史的事実なのだから、歴史家としてはそれをきちんと記録し後世に残さねばならない。言うまでも無いことだが、もちろん日常では決して使ってはいけないのは当然だ。だからと言って、記録しないというのは歴史家としてはきわめて怠慢であると私は考える。ちなみに、ロシア人に対する蔑称は「ロスケ」といった。

この五・一五事件でさらに重要なことは、結局この「助命嘆願」が功を奏して犯人が一人も死刑にならなかったということだ。犬養首相が「話せばわかる」と暴徒を説得しようとしたのに対し、彼らは「問答無用、撃て！」と叫び、二名が拳銃を発射。このうち黒岩勇《くろいわいさむ》海軍予備少尉と三上卓《みかみたく》海軍中尉が放った弾丸合計二発が首相に命中し、これが致命傷になった。いずれこの事件のことは昭和史のなかで詳しく扱うことになると思うが、ここで言っておかねばならないのはこの二人とも軍法会議で死刑を求刑されたにもかかわらず、黒岩が禁固十三年、三上が禁固十五年という、きわめて軽い判決が下されたことである。それればかりでは無い、三上に至っては紀元節などを機に数度の恩赦による減刑を受け、服役わずか四年九か月で出所した。とくに三上が「特別扱い」されたのは、こうした「国家改造」を志したすべての人々の愛唱歌と言っていい『青年日本の歌』の作者（作詞・作曲）でもあったからだろう。この歌は、一般には『昭和維新の歌』として知られている。

■「昭和維新の歌」に込められた侵略国家へ突き進む「思想」

この五・一五事件の直後に成立したのは、軍人内閣ではあったが伊藤博文、西園寺公望、山本権兵衛という反侵略路線の流れをくむ齋藤実海軍大将を首班とする内閣であった。だが、それでも満洲国承認（それは、国際連盟脱退を意味する）の流れを食い止めることはできなかった。逆に言えば、齋藤内閣は満洲国承認に踏み切ったという点で「侵略派」に一歩譲ったということでもあるのだが、彼らはそれでも満足せず、すでに述べた帝人事件で齋藤内閣を崩壊させ、さらに四年後の一九三六年（昭和11）に二・二六事件で当時内相を務めていた齋藤を暗殺した。その中心となった陸軍若手将校の愛唱歌が、この『昭和維新の歌』であった。結果的に二・二六事件の首謀者たちは軍法会議で死刑になったものの、彼らが決行に踏み切ったのは先行する五・一五事件で首謀者がまったく死刑にならなかった、という「安心感」があったからという見方もある。それを体現していたのが三上卓だ。なにしろ首相を殺しても五年足らずの服役で娑婆《シャバ》に戻ってこられる。「国士《こくし》」としての誠実さによって行なわれたことなら、どんな蛮行も超法規的に許されるという風潮を五・一五事件は生み出してしまったのである。そして、その端緒はそれよりも十九年前の阿部守太郎暗殺事件と、それを「誘発した」マスコミの報道に端を発すると言っていいだろう。

先ほど「チャンコロ」という中国人への蔑称をわざわざ記述したのは、この当時いや「戦前」と呼ばれる時代、誰もが知っていた常識だったからである。「その当時はなにが常識であったか」をまず認識し分析するのが歴史研究者の常道のはずだが、日本はこうしたことがなおざりにされている。それは言霊信仰の影響で、「言葉を消せば実体も消える」から「嫌なこと、繰り返したくないことは百科事典にも載せない」などということになる。かつて「紙の百科事典」しかなかったころ、評論家の山本夏彦《やまもとなつひこ》は「教育勅語という項目を引くと批判はさんざん載っているが、肝心の内容についての解説が無い」と批判していた。それにくらべれば、インターネット上の百科事典はさまざまな問題はあるものの必ず本体の解説があるのは評価できる。本当にそんなことがあったのかと思われる方もいるかもしれないが、納得できないとおっしゃるなら、たとえばこの『青年日本の歌』を古い百科事典で引いてみるといい、内容の解説どころか項目すらないのが珍しくない。そういうことなので、幼い少年までとは言わないが戦前の日本人なら誰もが知っていたと言っても過言では無い『昭和維新の歌』の内容をちょっと解説しよう。ちょっとというのは、この歌が作られたのは昭和に入ってからだから、大正二年の歴史を語っている現在取り扱うのは早すぎるからだ。しかしそれでも紹介するのは、この阿部守太郎暗殺事件を「誘発」し、その後マスコミつまり新聞の扇動によって大きく育てられた「思想」がエッセンスのように盛り込まれているからである。全部で十番まであるが、とりあえず「昭和維新」という言葉が出てくる四番までを引用すると次のようになる。

一、
汨羅《べきら》の淵に波騒ぎ
巫山《ふざん》の雲は乱れ飛ぶ
混濁《こんだく》の世に我立てば
義憤に燃えて血潮湧く

二、
権門上《けんもんかみ》に傲《おご》れども
国を憂うる誠なし

財閥富を誇れども
社稷《しやしよく》を思う心なし

三、
嗚呼《ああ》人栄え国亡ぶ
盲《めし》ひたる民《たみ》世に踊る
治乱興亡夢に似て
世は一局の碁なりけり

四、
昭和維新の春の空
正義に結ぶ益良夫《ますらお》が
胸裡《きようり》百万兵足りて
散るや万朶《ばんだ》の桜花

汨羅というのは、中国戦国時代の楚《そ》の愛国詩人屈原《くつげん》が投身自殺した川の名である。政治家でもあった彼は最初は王に信任されたが、のちに中国を統一する秦《シン》と戦うべきだという進言が退けられ流罪となり、秦によって滅亡に追い込まれていく祖国を見るに見かねて自ら命を絶った。つまり、いまの日本も亡国の危機にあるとこの歌はまず訴えているわけである。「巫山の雲は乱れ飛ぶ」

についてはさまざまな解釈があるが、この中国に実在する山は太陽の光を遮るほどの高山だから、アマテラスという太陽神の子孫である天皇が治める大日本帝国の「威光」が、さまざまな「雲」（そのなかには中国そのものも含まれている）によっていま邪魔されている、という解釈を私はしている。だからこそいまは「混濁の世」なのであり、男子たるもの義憤をもって立ち上がらなければならないのである。しかし、現状は二番にあるように権門（権力者）は国を憂うること無く、財閥も社稷（国家）のことを忘れている。だから三番から四番で人が栄華をきわめても国が亡ぶこともある、だが、いまの日本の国民は愚かでまったく先が見えていない。国家の運命とは勝ったり負けたり一局の碁のようなものだが、ここで多くの国士が昭和維新に命を懸けて桜のように散ることを惜しまなければ世の中を変えることができるだろう、と言っているわけだ。昭和史はいずれ綿密に語らねばならないので、五番以下は省略し最後の十番だけ引用しよう。

十、

やめよ離騒《りそう》の一悲曲
悲歌慷慨《ひかこうがい》の日は去りぬ
吾等《われら》が剣《つるぎ》今こそは
廓清《かくせい》の血に躍るかな

もう悲憤慷慨などしている場合ではない、実行あるのみということだ。ではどうやって実行するか？　「剣（武器）」を用いて廓清すること。現在のガンの手術でも悪いところをすべて切除してしまうことを廓清と言う。それは彼らにとってはまさに二・二六事件の標的となった重臣や財閥を流血を恐れず取り除く、つまり殺すことであった。「廓清の血に躍る」からこそ「問答無用、撃て！」ということになる。

さて、この項では日本が中国との融和の道を進み、侵略国家にならないように国家の方向性を定めようとした試みがことごとく粉砕され、最終的に中国との泥沼のような戦争に突入し、それがきっかけとなってアメリカやイギリスまでを敵に回した「戦前史」のなかで、まさにその分岐点となった山本権兵衛内閣の崩壊を詳しく分析した。理解を深めるための説明の関係で話が前後したので、最後に年表にまとめておく。発端は一九一二年（大正元）、西園寺公望首相の「平和路線」に不満を抱く陸軍が軍部大臣現役武官制を利用し、上原陸相が辞表を提出して西園寺内閣が崩壊したことである。これで第三次桂太郎内閣が成立したが、軍閥支配の内閣に対して政党政治の確立を求めた第一次護憲運動が起こった。

山本内閣の後は、それまで冷や飯を食っていた大隈重信に大命が降下され大隈内閣がスタートした。そして新内閣が発足した年、世界を震撼させる大事件が起こった。

第一次世界大戦の勃発である。

1913年（大正2）	2月	第一次護憲運動が奏功し桂内閣崩壊、第一次山本権兵衛内閣成立。
	6月	山本内閣、軍部大臣現役武官制を廃止。
	9月	阿部守太郎暗殺事件。
1914年（大正3）	1月	シーメンス事件発覚、金剛・ビッカース事件へと発展。
	3月	山本内閣総辞職。

第四章

大日本帝国の確立Ⅶ

勃発！ 第一次世界大戦

そのとき日本は
狂喜乱舞した

■「『明治天皇の大業』を損なう悪」とみなされ民衆から嫌われた政友会

形のうえでは軍人内閣ではあったが、伊藤博文《いとうひろぶみ》、西園寺公望《さいおんじきんもち》という反侵略路線の流れを汲む山《やま》本《もと》権兵衛《ごんべえ》海軍大将を首班とする内閣（第1次山本権兵衛内閣）は、一九一四年（大正《たいしょう》３）三月二十四日、総辞職に追い込まれ崩壊した。「中国侵略推進路線」を正しいと考える陸軍強硬派と、その方針を熱烈に支持するマスコミ（新聞）の勝利であった。

ここで「侵略推進派」としては、その方向性を支持する人間か、この路線の熱烈な支持者では無くてもその方向に進むようにコントロールできる人間を首相にしたいところである。しかし、首相を推薦する元老《げんろう》のメンバーには「陸軍の法王《ほうおう》」山県有朋《やまがたありとも》だけで無く、「侵略反対派」の西園寺公望もいる。つまり陸軍出身者の大物などをいきなり推薦することは難しい。そこで、「この人物なら首相就任を誰もが認めるだろう」という観測のもとに「選ばれた」のが、貴族院議長徳《とく》川《がわ》家達《いえさと》公爵《こうしゃく》であった。幼名田安亀之助《たやすかめのすけ》、最後の将軍徳川慶喜《よしのぶ》が朝敵《ちょうてき》として事実上の追放処分になった（のちに許されて公爵になる）後、徳川宗家《そうけ》を継いだ若君《わかぎみ》である。このとき五十一歳だった。

大正天皇も元老の意見に従い、三月二十九日に徳川家達に首相を受けるよう命じた。すなわち大命降下《たいめいこうか》したのだが家達は即答せず、翌日辞退した。たしかに長年にわたって家達は貴族院議長だったが、大臣経験も行政経験も無い。要するに経験不足で自信が無い、というのが辞退の理由だったから周囲も無理強いはできず、次に白羽の矢が立ったのが貴族院議員や大臣を歴任していた清浦奎吾《きようらけいご》だった。清浦は一八五〇年（嘉永《かえい》３）肥後国《ひご》（現熊本県《くまもと》）山鹿郡《やまが》の生まれだから、このとき六十四歳。僧侶（浄土真宗本願寺派《じょうどしんしゅうほんがんじは》）の息子として生まれたが松方正義《まつかたまさよし》そして山県有朋の知遇を受け、主に司法・警察畑を歩み大臣経験も豊富であり、当時は枢密院《すうみついん》顧問官であった。枢密院は、そのメンバーである枢密顧問官が天皇の諮問に応じて憲法や緊急勅令《ちょくれい》、条約等についてアドバイスする機関である。当然天皇も清浦なら首相の任に堪えうると判断し、大命降下となった。三月三十一日のことである。

　だが、これではせっかく軌道に乗りかけた政党政治の確立を求めた護憲《ごけん》運動の成果を無にすることになる。そこで政友会《せいゆうかい》は内閣成立阻止に向けて動いたが、護憲派の致命的弱点は首相にふさわしい人材がいないことだった。生粋の政党人でのちに首相になる犬養毅《いぬかいつよし》はこの時点では大臣未経験で、尾崎行雄《おざきゆきお》と原敬《はらたかし》は大臣を経験していたが、まだまだ経験不足である。となれば、超然《ちょうぜん》主義内閣（政党政治を無視した内閣）になってしまうが清浦しかいない。

　ところが、清浦内閣は結局成立しなかった。海軍大臣に内定していた加藤友三郎《かとうともさぶろう》が、山本内閣で予定されていた海軍予算の執行について清浦の確約を求めたために事態は紛糾したのである。日露《にちろ》戦争の折には聯合艦隊《れんごうかんたい》司令長官東郷平八郎《とうごうへいはちろう》大将、秋山真之《あきやまさねゆき》中佐とともに旗艦『三笠《みかさ》』の艦橋に立ち日本海海戦《にほんかいかいせん》を勝利に導いた加藤だったが、広島《ひろしま》出身でもあり海軍のなかでは薩摩閥《さつまばつ》に属していなかった。清浦内閣は薩摩閥の山本内閣を倒した形で跡を継ぐことになるので、清浦は薩摩閥に属さない加藤なら、すんなり海相を引き受けてくれると考えたのだが、加藤とて海軍の一員であり海軍全体の利益については敏感だった。結局清浦はこの問題があって組閣を断念し、内閣は成立しなかった。そして実際には成立しなかった内閣なのだが、「清浦内閣」は「鰻香《まんこう》内閣」と呼ばれた。鰻屋《うなぎや》の店先まで行ったが匂いを嗅《か》いだだけで結局食べられなかった、ということだ。清浦がそういう感想を述べたことがこの言葉の由来となったようだ。

しかし、文字どおり冗談を言っている場合では無かった。国政の空白が二十日にもおよんだからである。とにかく、一刻も早く総理大臣を決めなければいけない。そこで元老のなかで最長老クラス（松方正義が最長老）でもある井上馨《いのうえかおる》が考えたのが、首相経験はあるものの政界を引退してひさしい大隈重信《おおくましげのぶ》を引っ張り出すことであった。大隈はこのとき、なんと七十六歳。それまで最高齢の首相は第三次内閣を率いたときの桂太郎《かつらたろう》で、六十五歳だった。しかも、最初に首相として第一次大隈内閣を率いて以来、十六年の歳月が流れていた。これだけの空白の期間を経て再び首相となった人物は、日本憲政史上大隈ただ一人である。

一般には、最初の首相を辞めてからの大隈は教育者あるいは文化人として認識されていた。この間の出来事として、一九〇八年（明治《めいじ》41）にアメリカからやってきた大リーグ選抜チームと早稲田《わせだ》大学野球部の国際親善試合で、大隈が日本初の始球式を務めたことは有名である。大隈の投げたのはストライクゾーンを大きく外れたボール球《だま》だったが、儀礼としてバッターボックスに立っていた早稲田の一番打者でキャプテンの山脇正治《やまわきまさはる》は、早稲田の総長でもあり総理大臣経験者でもある大隈に恥をかかせるわけにはいかないと故意に空振りをして、それをストライクにした。これ以降、始球式では打者は投手役に敬意を表すためにとんでもないボール球でも空振りをすることが慣例となった、と言われている。

そういうわけで、庶民に絶大な人気のあった「大隈さん」は教育者あるいは文化人だったのだが、大隈自身は現代で言えば九十歳にも匹敵する七十歳を超えた後も、体力抜群・頭脳明晰で陰では政界の調整役を務めカムバックを狙っていた。井上から見れば路線の違いはあったものの、大隈は幕末から明治維新《めいじいしん》にかけて倒幕を成功させた「同志」でもあるし、気心《きごころ》も知れていた。その点、清浦奎吾や犬養毅などといった「若造《わかぞう》」とはまったく違う。そういう意味で、井上馨や山県有朋ら長州《ちょうしゅう》閥の元老に批判的だった西園寺公望、松方正義あたりも大隈への大命降下に賛成した。そこで井上は、大隈と面会した。

四月一〇日の日中に元老会議が大隈推薦を決めると、夜八時半に元老の求めにより大隈が井上邸を訪れ、元老中で最も親しかった井上と会見した。まず井上はこれまでの元老会議経過を述べ、大隈が組閣を引き受けてくれるかどうかを、元老を代表して打診した。また井上は、陸海軍軍備の調整などを含めた財政・国際問題、中国への経済進出と中国「保全」に関し、ロシア・ドイツ・イギリス・ベルギーに利権の面で遅れを取っていると不満を述べる。さらに、これらに根本的な政策がない、政党、とりわけ政友会が横暴だなどと言い、大隈の反応を見た。大隈はいちいち井上に相槌《あいづち》を打った。

(『大隈重信(下)「巨人」が築いたもの』伊藤之雄《いとうゆきお》著　中央公論新社《ちゅうおうこうろんしんしゃ》刊)

このとき井上は大隈に対し、「山県・大隈・松方と自分が明治天皇の『大業《たいぎょう》』を助けたが今の状況ではとても安心しては死ねない」(引用前掲書)とまで述べた。ここで注目すべきは、井上が「中国の保全」つまり日本が獲得していた中国への利権の維持拡大を正当なものと思っており、その方向性に反対する政友会の動きを「横暴」すなわち「悪」だと考えていたことだ。そして、そう考える理由をこの動きは「明治天皇の大業」を損なうものだから、と認識していたことだ。この事実は、日本の近代史とくに対中関係史を考えるうえでもっとも重要な視点であるのだが、きわめて軽視されている視点でもある。なぜ軽視されたのかと言えば、大日本帝国が崩壊した一九四五年（昭和《しょうわ》20）以降、日本の近代史研究の主流がマルクス史学になったからだろう。マルキシズムは根本が無神論であり、宗教を否定する。そのこと自体は「学問の自由」なのだが、だからといって宗教が歴史に与える影響を軽視したり無視するのは間違っている。人間はたしかに経済的欲望によって戦争もするのだが、その欲望のなかには宗教的情熱を満たしたい、というものもあることを忘れてはいけない。

具体的に言えば、江戸《えど》中期から昭和二十年まで日本は「天皇教」という宗教によって動いていた。宗教はしばしば理性的判断を狂わせる。そもそも政友会を作ったのは伊藤博文であった。そして、その伊藤はすでに述べたように「満洲《まんしゅう》は中国の領土である」という良識をわきまえており、その方向性で日本を導こうとしていた。その路線を確立しようとして失敗したのが西園寺公望なのだが、西園寺はなぜ失敗したのか？　それは、必ずしも山県有朋や桂太郎の陰謀によるものでは無い。「天皇教」の信者たる国民が西園寺や政友会を「悪」と見たからである。では、なぜ「悪」と見たのか？　おわかりだろう、そうした動きを「明治天皇の大業」を損なうものと見たからである。「十万の英霊《えいれい》と二十億の国帑《こくど》」という言葉を覚えておられるだろうか。日露戦争に勝利し南満洲に利権を確立するために、日本は十万人の戦死者と二十億円の国費を費やした。この犠牲は絶対に無駄にしてはいけない、ということである。そして、日露戦争で弱小国日本が大国ロシアに勝つという「奇跡」が起こったのも、明治天皇という「神の御子孫《ごしそん》」がこの国を治めていたからだ。だからこそ、中国から獲得した利権はイコール「明治天皇の大業」なのである。

■「袁世凱と和解協調すべき」と説いた山県有朋の「良識」

こういう考え方をすれば、いやそれはすでに信仰と言っていいものだが、その方向性に反することはまさに極悪人の所業になってしまう。幕末、「朝敵」と呼ばれたらそれは極悪人を意味したが、それと同じことになっていることにお気づきだろうか。だからこそ政友会もそのリーダーである犬養毅などの政治家も、民衆からおおいに嫌われることになったのである。明治以降の教育制度によって「天皇教」は確固たる日本人の信仰になった。それは、そもそも明治維新の目的が欧米列強の侵略を撃退し、日本の独立を確保するためであったからだ。そのためには西洋近代化は不可欠だがそれだけではダメで、国民が一つにまとまるための宗教が必要である。だからこそ「天皇教」が強調された。しかし「薬の効《き》きすぎ」で、日本いや大日本帝国は破綻への道を進むことになった。

これまで、山県有朋という人物を伊藤博文の対極にいる軍国主義化路線の巨頭として紹介してきた。たしかに、昭和二十年の破綻からその原因を探っていくと山県に突き当たるのは事実だが、山県とて幕末から明治維新の修羅場をくぐり日清《にっしん》・日露の両戦役も経験した百戦錬磨の男である。桂太郎や児玉源太郎《こだまげんたろう》といった「若造」とは違う見識を持っていた。

この時点から少し先（大正3年8月）のことになるが、山県は日本がこれからどのような国際関係をめざすべきか政府に意見書を送ったことがある。その内容は次節以降で詳しく取り上げるが、一部その主張を紹介しておこう。じつは山県は、次のように建言しているのである。

世上には、この際わが国の軍事力を頼んで中国を威圧し、中国に対する帝国主義的地位を強化すべきであると論ずるものもあるが、それは素朴、単純である。

（『山県有朋――明治日本の象徴』岡義武《おかよしたけ》著　岩波書店《いわなみしょてん》刊）

要するに、『東京日日新聞』が「近事片々」で主張していたような路線は危険である、と考えていたのだ。もちろん、それは「十万の英霊と二十億の国帑」という犠牲を無視しろということでは無い。むしろ、それを生かすためにも袁世凱《えんせいがい》と和解協調すべきだと説いているのである。

彼はこのように日中両国の提携を力説しながらも、満蒙《まんもう》におけるわが国の諸権益については、これをきわめて重要視した。（中略）それらは二十余万人（原文ママ。筆者註）の生命の犠牲と二〇億円にも近い「財貨」の「消尽」とによって獲得したものであることを指摘し、満蒙経営の維持・発展のためにロシアおよび中国との友好関係保持につとめなければならないと力説している。

（引用前掲書）

おわかりだろうか。「十万の英霊と二十億の国帑」についての認識は同じだが、それから先が国民や『東京日日新聞』などの扇動的なマスコミとは違う。むしろ中国（袁世凱）やロシアとは対立すべきでは無く、友好関係を確立すべきだと言っているのだ。これはやはり修羅場《しゅらば》をくぐってきた山県なりの良識と評価すべきものであろう。

ところが、実際には日本はこの「陸軍の法王」山県有朋すら否定した路線を行くことになる。

そのきっかけとなったのは、日本史だけで無く世界史上の重大事件であった。
第一次世界大戦の勃発である。

■なぜ「日本史」に第一次世界大戦の詳細な分析が必要なのか？

先の話になるが、日本は第一次世界大戦後に作られた国際連盟の常任理事国《じようにんりじこく》となる。それが日本の「国際舞台への主役の一人としての参加」であった。これにくらべれば、日清・日露の両戦役は「デビュー」にすぎない。そして国際連盟が誕生したのは、第一次世界大戦という世界の二十五か国が参戦した人類史上未曽有の大戦争があったからだ。その惨禍《さんか》を繰り返すまいという反省の下に、国際連盟（英語名　League of Nations）という人類始まって以来の組織が作られたのだが、残念ながらその戦争抑止機能はうまく働かず、結果的に第二次世界大戦を招いてしまった。そして、その第二次世界大戦の惨禍を繰り返すまいと今度は国際連合（略称「国連」。英語名　United Nations）が創設されたが、その戦争抑止能力も最近のロシアによるウクライナ侵攻という事態を見れば、やはり機能不全に陥《おちい》っていることがわかるだろう。この欠陥は、核戦争を回避し人類の存続を図るためにはなんとしても改善しなければならないのだが、そのためにはまずなぜ国際連盟がうまくいかなかったのかを歴史上の問題としてきちんと分析する必要がある。従来のいわゆる「日本史」の本には、この第一次世界大戦の記述があまりにも少なすぎると、私は思う。日本史を書いているのだから「世界史の記述はできるだけ簡略にとどめたい」「日本がどのようにこの大戦に関わっていったのかを詳細に述べればよい」という意識が働くのだろう。くだらない考えである。

この時代、日本は世界史に深く「参加」しているのだから、世界各国の歴史も大戦の進行状況も詳しく分析するのが「日本史」としても必要な作業なのである。前にも述べたように、クリミア戦争でロシア帝国が敗北したため、日露戦争のときにロシアは自国にとってもっとも有利である黒海《こっかい》では無く、艦隊運用には不向きなバルト海に海軍基地を置かざるを得なかった。だからこそ日本の聯合艦隊はロシアのバルチック艦隊に勝つことができたのである。いま、ロシアがウクライナの支配下にあったクリミアを最初に奪ったのも、その背景には黒海に艦隊基地を置くのがベストという強いこだわりがある。歴史はすべてつながっているのである。と言っても、実際に各国の状況を詳しく書けばそれこそ一冊の本になってしまうのでできるだけ簡略に記述しようとは思うのだが、ここ数回は「世界史の話」になってしまうことはご了解願いたい。もちろんそれは結局「日本史の話」でもあるのだが、そういう意識が無いと日本人は今後、平沼騏一郎《ひらぬまきいちろう》首相が一九三九年（昭和14）に「欧洲《おうしゅう》の天地は複雑怪奇《ふくざつかいき》」として政権を放り出したのと同じ轍《てつ》を踏むことになるだろう。

第一次世界大戦のきっかけは、日本では第二次大隈重信内閣が成立した一九一四年（大正3）の六月二十八日、当時オーストリア＝ハンガリー帝国領（現在はボスニア・ヘルツェゴビナ領）のサラエボを訪問していたオーストリア＝ハンガリー帝国の帝位継承者フランツ・フェルディナント大公《たいこう》とその「妃《きさき》」であったゾフィー・ホテクが、テロリストに暗殺されたことである。なぜ「妃」としたのかと言えば、彼女の貴族としての家格が低かったため「大公妃」の称号が許されず、二人の間に生まれた子供も帝位継承権が認められていなかったからで、まさに「複雑怪奇」なのだが、こうしたことも細かく解説していくときりが無いので、このあたりにしておく。こうした事実は指摘はするが深入りはできるだけ避けたいので、興味のある方はご自分で調べていただきたい。

しかしオーストリア＝ハンガリー帝国については、この暗殺事件（サラエボ事件）の原因に関わることだから、説明を省略するわけにはいかない。この国はオーストリア＝ハンガリー二重帝国ともいう。オーストリア帝国がハンガリー王国を支配する形態で、ハプスブルク家のオーストリア皇帝がハンガリー国王を兼任するので「二重帝国」という。現在はオーストリアもハンガリーも共和国（君主のいない国）で、公用語もオーストリアは基本的にドイツ語、ハンガリーはハンガリー語であり、民族的にも異なる。つまり、この事件の背景には民族的対立があった。ハプスブルク家はドイツ、正確に言えばゲルマン系で、「神聖《しんせい》ローマ帝国およびオーストリアの王家。10世紀なかば南ドイツに興り、13世紀以降しばしばドイツ国王に選ばれ、1438年から1806年まで神聖ローマ皇帝、また1918年までオーストリア皇帝を占

軍の演習を観閲するためサラエボを訪問していたフランツ・フェルディナント大公は、セルビア人テロリストのガヴリロ・プリンツィプに至近距離から拳銃で撃たれ死亡した。写真は暗殺直後の混乱した現場（写真提供／ユニフォトプレス）

め、その間１５１６年から１７００年までスペイン王、１８６７年以降はハンガリー国王を兼ねた」（『デジタル大辞泉』小学館《しょうがくかん》）という名家である。ちなみに「神聖ローマ帝国」とは、「９６２年、オットー１世がローマ教皇の手で戴冠してから、１８０６年、ナポレオンに敗れたフランツ２世が帝位を辞するまで続いたドイツ国家の呼称。11世紀が全盛で、以後は衰退。13世紀以後は七選帝侯の互選で皇帝を選出したが、１４３８年以降はハプスブルク家が帝位を独占した」（引用前掲書）というものである。なぜ国王では無く皇帝なのかと言えば、「ローマ教皇が戴冠《たいかん》」したからである。

これも以前に述べたことだが、本来「皇帝」「国王」は中国語であり、皇帝は中国全土の支配者で国王はその皇帝の臣下である周辺国家の首長を指す。つまりこれらは純然たる東洋史の用語であるにもかかわらず、明治期の日本の西洋史学者はまったく異なる概念である「エンペラー」と「キング」の翻訳として皇帝と国王を採用してしまった。本来なら混乱を避けるためまったく別の、たとえば「教皇《きょうこう》」のような新しい訳語を造るべきであった。

ヨーロッパ社会において「皇帝」、正確には「ローマ皇帝」とはローマ帝国という多民族多宗教国家を総合的に支配する国の首長を指し、原則として一民族しか支配していない首長は国王と呼ぶ。ただ本当のローマ帝国が滅びてしまった後、西欧においては教皇がローマ帝国の後継者と認めた君主に対し、皇帝の冠《かんむり》を授《さず》けることによってそれを追認するという慣習ができた。たとえば、西欧をほぼ統一したカール１世（シャルルマーニュ、チャールズ）は、紀元八〇〇年に教皇から皇帝と認められた。だから単なる国王では無くカール大帝（偉大なる皇帝）なのである。逆にそういう習慣が成立する以前に実質的な世界帝国を築いたアレクサンドロスは、大王《だいおう》と呼ばれても大帝とは呼ばれない。またナポレオン・ボナパルトはフランス革命後、勝手に自分で戴冠して皇帝を名乗った。だからブルボン王朝のルイ一族は国王ではあるが皇帝では無いのだ。そしてアドルフ・ヒトラーのナチス・ドイツが第三帝国と名乗ったのも、神聖ローマ帝国の後継者だという意識があったからである。イギリスと革命以前のフランスは王国であったのに、ドイツとロシアは皇帝が君臨していたのもそういう事情による。ポイントは一民族一国家では無く、多民族を支配する帝国の首長だということだ。いまでこそオーストリアと言えばモーツァルトなど多数の芸術家を生み出した文化国家であるというイメージが強いが、第一次世界大戦までは列強の一員であった。だから民族的にはまったく違うアジアにルーツを持つマジャール人の国であるハンガリーを支配していた。そして、この時点でオーストリア皇帝の皇太子は早死にしていたため、皇帝の甥《おい》であるフェルディナント大公が後継者であった。

■ドイツとロシアの参戦を促した「ゲルマン民族vsスラブ民族」という構図

その大公夫妻を拳銃で射殺したのが、セルビア人テロリストのガヴリロ・プリンツィプである。産業革命によって欧米列強が台頭する以前は、西ヨーロッパの領域はイスラム系のオスマン帝国に深く侵食されていた。西洋文明の源流であるギリシアですらオスマン帝国の支配下にあって、住民は「潜伏《せんぷく》キリシタン」となってキリスト教への信仰を維持していた。しかし、西欧社会が産業革命そして市民革命による近代化によって軍事的にも強国になったのに対し、東洋における中国と同じように西洋におけるオスマン帝国はこうした近代化ができず没落への道をたどった。明治以前の日本が下関《しものせき》戦争や薩英《さつえい》戦争で惨敗したように、オスマン帝国のキリスト教徒支配はあらゆる地域で打ち破られた。

ちなみに、日本はその惨敗がきっかけで西洋近代化の道を歩んだが、中国・朝鮮はそれに失敗したことはすでに述べたとおりだ。しかしオスマン帝国の中核を占めるトルコ民族は日本を見習って近代化を成し遂げようという路線を歩み、それがトルコ共和国への成立とつながった。それゆえ、トルコは大の親日国なのである。

一方、セルビア人はゲルマン系では無くロシアと同じスラブ系で、宗教もキリスト教東方《とうほう》教会の流れを汲《く》むセルビア正教であった。セルビアの歴史は長く複雑なので要点だけ言うと、オスマン帝国の全盛期にはギリシアなどと同じくその支配下にあったが、その弱体化にともなってセルビア王国として独立した。問題はオーストリア＝ハンガリー帝国の領域にもセルビア人の居住区があったことだ。当然そこに住むセルビア人はセルビア王国との合体を望む。一方、オーストリア＝ハンガリー帝国から見ればそれは帝国からの分離独立運動であり、いたずらに放置しておけば帝国の解体にもつながりかねないから、徹底的に弾圧することになった、逆にセルビア王国は分離独立運動を支援していたが、その推進母体が黒手組《くろてぐみ》（セルビア語で「ツルナ・ルカ」）というテロ組織である。英語名「ブラックハンド」とも呼ばれる。この組織の目的は、国外にあるセルビア人居住地域をす

フェルディナント大公の暗殺に成功したガヴリロ・プリンツィプは、直後に服毒自殺を図ったが失敗して取り押さえられた（写真中央）。犯行時に未成年だったため死刑は免れたものの、劣悪な環境の刑務所に収監されそこで病死した（写真提供／Ulstein Bild/アフロ）

べてセルビア王国に組み込むことである。これを大セルビア主義と呼び、彼らはとくにオーストリア＝ハンガリー帝国領であったボスニア・ヘルツェゴビナ（セルビア人居住者が多く、中心都市はサラエボ）の「奪還」を目標としていた。それでは、この黒手組はセルビア国王に忠実だったかと言えば決してそうでは無く、創設者アピスことドラグーティン・ディミトリエヴィッチはセルビア国軍の青年将校でもあったにもかかわらず、セルビア国王アレクサンダル1世オブレノヴィッチを王妃とともに暗殺している。共和制を志向していたからであった。こうした背景のなか、この大公夫妻暗殺事件が起こった。暗殺犯は直《ただ》ちに逮捕されたが、オーストリア＝ハンガリー帝国にとってセルビア王国の「行動」は見逃すことはできない。大公夫妻暗殺事件の一か月後の七月二十八日、オーストリア＝ハンガリー帝国はセルビア王国に宣戦布告した。この際、大セルビア主義を叩《たた》き潰《つぶ》すしかない、と思い定めたのだろう。

当初、この戦いはオーストリア＝ハンガリー帝国とセルビア王国の2か国間の限定戦争であり、軍事的に優位なオーストリア＝ハンガリー帝国の勝利に終わると考えられていた。ところが、そうは問屋が卸《おろ》さなかった。まずロシア帝国が総動員令を発し、参戦の体制を整えた。この背景には、同じキリスト教徒ではあるが西欧系のゲルマン民族と、東欧系のスラブ民族の対立があったからだ。とくにロシアは多少の教えは違っても同じ東方教会系のキリスト教徒であるスラブ民族が大同団結して国家を作ればよいと考えていた。これを汎《はん》スラブ主義と言い、現在のロシア共和国のウラジーミル・プーチン大統領にもその意識が濃厚にあるが、その支持者から見れば大セルビア主義はその第一歩である。ゆえにロシア帝国はセルビアが潰されないように応援しなければならないと考えていた。だからこそ戦時体制へ移行したのである。

一方、支配階級がドイツ語を話し、ゲルマン民族優位のオーストリア＝ハンガリー帝国やドイツ帝国にとっては、これ以上汎スラブ主義の「蔓延《まんえん》」を放置するわけにはいかない。ドイツはオーストリア＝ハンガリー帝国がセルビア王国を打倒することを支持した。最良の結果は、セルビア王国がこの世から消滅しオーストリア＝ハンガリー帝国の領土となることである。もちろんロシアはそんなことになれば汎スラブ主義が決定的な打撃を受け、クリミアなど西欧側の不凍港《ふとうこう》支配をめざした自らの南下政策にも悪影響が出る。そこで七月三十日に参戦を前提に総動員令を出し、これに対しドイツが八月一日、ロシアに対して宣戦布告《せんせんふこく》をした。

ところが、この戦争はオーストリア＝ハンガリーおよびドイツと、セルビアおよびロシアの戦いだけに終わらなかった。日本もイギリスと日英同盟を結んでいたように、各国は他の列強と軍事同盟を結んでいたからである。

■ヴィルヘルム2世の外交的愚挙が引き起こしたドイツ帝国の「不幸」

のちに「第一次世界大戦」と呼ばれた戦いは、前節で述べたように、最初はオーストリア＝ハンガリー帝国とセルビア王国の戦争に終わるはずだった。一九一四年七月二十八日、オーストリアはセルビアに宣戦布告した。この争いにドイツ帝国とロシア帝国が加わった。ドイツ帝国はセルビアを中心とした汎スラブ主義を叩き潰すためにオーストリアに味方することにしたのだが、当初そのドイツにはスラブ系では最大の大国であるロシアがセルビアに味方するかもしれないという危惧があった。ドイツ皇帝ヴィルヘルム2世とロシア皇帝ニコライ2世はイトコ同士であったため、ドイツはロシアにこの戦争に介入しないよう要望したのだが、汎スラブ主義を支援する姿勢を取っていたロシアはドイツの申し入れを拒否したので、やむを得ずドイツはロシアに宣戦布告した。

ドイツはフランスにも中立を保つよう要請していた。この時代、フランスはロシアと同盟関係にあったからである。一般に「三国協商《さんごくきょうしょう》」と呼ばれる同盟だが、なぜ「三国」なのかと言えばイギリスもその一員だったからである。しかし、この関係は当初は第二次世界大戦で日本がドイツやイタリアと結んだ日独伊《にちどくい》三国同盟のような強固なものでは無かった。フランスとロシアそしてフランスとイギリスがそれぞれ経済的協力関係を密にしようと結んだ関係が、結果的に仏・露・英のゆるやかな同盟を自然に成立させたもので、三国で一か所に集まり軍事同盟を結んだのでは無かった。それが結果的にドイツ包囲網になったのには、さまざまな理由がある。

まずフランスだが、ナポレオン・ボナパルトの時代にヨーロッパすべてを敵に回し、最終的にはイギリスに敗れて一時没落し、その後戦争下手なナポレオン3世の時代になったこともあり、ドイツ帝国の前身であるプロイセンにも惨敗することになった。いわゆる普仏《ふふつ》戦争（1870年）であり、第二章でも述べたがこのときフランスはプロイセンの鉄血宰相《てっけつさいしょう》オットー・フォン・ビスマルクに手玉に取られ、皇帝ナポレオン3世も捕虜とされた。そしてこの勝利によって、プロイセン王国が盟主となったドイツ帝国が誕生した。そしてドイツ帝国宰相となったビスマルクが留意したのは、ドイツ帝国に多くの人命だけで無くアルザス＝ロレーヌ地方という領土まで奪われ復讐心に燃えるフランスをいかにして封じ込めるかである。現在は第二次世界大戦という大惨禍の後の時代なので、どんな理由であれ戦争を仕掛けるのは許されない（だからロシアは許せない）という時代だが、原爆や毒ガスなどが使用される以前の時代は、復讐心《ふくしゅうしん》が戦争を起こす最大の原因の一つであった。普仏戦争におけるフランス軍の戦死者は約二十八万人である。最大八千万人が犠牲になったと言われる第二次世界大戦の結果から見れば「少ない数字」に見えるかもしれないが、日露戦争での旅順《りよじゆん》攻防戦で乃木希典《のぎまれすけ》大将が短期間で旅順要塞を陥落させたにもかかわらず、約一万五千人の戦死者を出したことで強く非難されたことを思い出していただきたい。それと比較しても二十八万人という戦死者は途方もない数字であり、その二十八万人には遺族や友人がいる。それがフランスという民主国家の世論をリードすることは容易に想像がつくだろう。わかりやすく言えば、「ドイツ討つべし」という公約を掲げる政治家あるいはそれを支持する民衆に、異議つまり平和を唱えるということはきわめて難しいということだ。

優秀な政治家であるビスマルクは、フランス人の心情はよくわかっていた。そこで、有能な外交官でもあったビスマルクは最初は三帝同盟（共に帝国であり皇帝を戴《いただ》くドイツ、ロシア、オーストリアがメンバー）、のちにはオーストリアやイタリアと三国同盟を結ぶなど、フランス封じ込めを目的とした「ビスマルク体制」を完成させた。

ドイツ帝国にとって最大の不幸は、これも第二章でも述べたように比較的若くして皇位についたヴィルヘルム2世が決して名君と呼べる人物では無かったことだ。ビスマルクを嫌ってクビにしたヴィルヘルム2世は外交家としても有能では無く、せっかくビスマルクが築いたフランス封じ込め体制を瓦解《がかい》させてしまった。発端は、ビスマルク退任直後のことだ。ドイツはビスマルクが苦心して秘密裏にロシアと結んでいた独露再保障条約の更新を拒否してしまったのである。これはドイツかロシアのいずれかが戦争に突入した際に、お互い中立を守るというものだった。つまり、フランスがドイツに戦争を仕掛けてきてもロシアはフランスに味方しないという確約を取っていたのが、それを無効にしてしまったのである。

なんともバカなことをしたものだ。どうしてそんな外交的愚挙《ぐきょ》を演じたのか、理由はまったくわからない。とにかく当時のドイツは、ビスマルクのやったことをなんでもかんでも否定するという空気になっていたのだろう。ロシアは帝政の国家であり、フランスは革命で王様の首をギロチンにかけた共和国だから、体制があまりにも違いすぎて両国が軍事同盟を結ぶはずが無い、という見通しもあったようだ。ひょっとしたら、すでに述べたようにドイツとロシアの皇帝はイトコ同士、という安心感もあったのかもしれない。ナポレオン・ボナパルトのとき、フランスとロシアは血で血を洗う戦争をしたという歴史的事実もこの安心感につながったのかもしれない。

だが外交の世界では「昨日の敵は今日の友」であり、留意すべきは過去の歴史では無く現在の状況だ。それと、人間を大きく動かす心情の一つに復讐心があることを忘れてはいけない。憎しみの心はイデオロギーを超える。このときドイツに「軍事同盟」を拒否されたロシアは、フランスに接近した。フランスにしてみればロシアと組めば憎っくきドイツを挟み撃ちにできる。そこで大歓迎して、まず協商関係に入った。とりあえずは経済的に協調して助け合う、ということだ。もちろん、それは戦争になれば容易に軍事同盟に発展する。つまり、ビスマルク体制はここで事実上崩壊したのである。

■ビスマルクも読めなかった「英・仏・露の結束」という想定外の事態

ビスマルクがいくら優秀だとは言え、所詮《しょせん》は人間である。神ならぬ身の人間には想定外の事態もある。それは、このフランスとロシアの「同盟」にイギリスまでもが参加したことであった。

そもそもビスマルクの時代、『逆説の日本史 第二十五巻 明治風雲編』で詳しく解説したように、大英帝国イギリスは「栄光ある孤立」政策を取っていた。帝国主義の最先端を切ったイギリスは「七つの海を支配する」「太陽の沈まぬ帝国」であり、他国と軍事同盟を結ぶ必要性を感じなかったからだ。だが、そのイギリスにとっての「ベトナム戦争」とも言うべき「ボーア戦争」の勃発が、この根本方針を変えた。この鎮圧に手を焼いたイギリスは極東《きょくとう》まで手が回らなくなり、日英《にちえい》同盟を結んで日本をイギリスの極東における代理人とした。日本はその方針転換のおかげで日露戦争に勝つことができたが、方針あるいは原則というものは一度見直してしまえばすぐに崩れるものである。この日英同盟によってイギリスは「他国と軍事同盟を結ぶ普通の列強」に転換した。ということは、場合によってはナポレオン1世の時代には最大の敵国だったフランス、中国の領土獲得における最大のライバルであったロシアとの同盟の可能性すら出てきた。

さすがのビスマルクも、そこまでは読めなかった。だから、ビスマルク体制においてイギリスの存在はほとんど無視されていた。イギリスは大国ではあるがロシアやフランスと結ぶ危険性は少なく、ドイツの安全にとって脅威では無いという認識だったのだ。

この間、ドイツでは近代工業が発展していた。産業革命以後軍艦にしても工業製品にしてもイギリス製が最良であり、その輸出が植民地経営と並んでイギリスの財源となっていた。日本でも機関車や軍艦はイギリス製を輸入し膨大な外貨を払っていたが、ドイツの発展はイギリスに警戒心を抱かせた。このままドイツの近代工業が発展すれば、工業製品の輸出で世界一であったイギリスの地位が脅《おびや》かされるということだ。それは単なる杞憂《きゆう》で無かったことは、のちの話だが第一次世界大戦の敗北でボロボロになったはずのドイツで、世界最初の大衆向け自動車フォルクスワーゲンが生まれ、人類史上初の「弾道ミサイル」V2ロケットが製造されたことでもわかるだろう。イギリスはドイツに対する警戒感を高めていった。

さらに、植民地政策における対立もあった。イギリスの世界戦略は3C政策と呼ばれていた。エジプトのカイロ（Cairo）、南アフリカのケープタウン（Capetown）、インドのカルカッタ（Calcutta。現コルカタ）の三都市の頭文字《かしら》Cを取ったもので、この三都市を鉄道で結び強大な経済圏を確立する、というものだ。このケープタウンへのこだわりがボーア戦争の原因となりイギリスはつまずくことになるのだが、これに対抗するドイツの植民地政策が3B政策であった。

これはヴィルヘルム2世が主導したドイツのベルリン（Berlin）、そしてオスマン帝国のビザンティウム（Byzantium。現イスタンブール）とバグダッド（Baghdad）を鉄道で結び経済圏を確立する、というものだ。じつはこの政策、ヴィルヘルム2世時代には「3B政策」と呼ばれたことは無い。後世の人間が作った言葉だが、イギリスとドイツの植民地政策が立体的に把握できるのでいまも使われている。言うまでも無く、これはイギリスの植民地政策と深く対立するものだ。

ヴィルヘルム2世は、発展してきたドイツの近代工業力を背景に大海軍の建造をめざした。当時、世界一の海軍国と言えばイギリスであり、日露戦争でバルチック艦隊と旅順艦隊を失ったロシア帝国は世界的優位を失い、フランスがそのぶん失地を回復し、発展途上の海軍国はと言えばアメリカと日本であった。そこにドイツは食い込んでいこうとしたのである。イギリスはさらにドイツに対する警戒心を高めた。そこで「敵の敵は味方」という感覚でフランスに接近し協商関係を結び、そのフランスを仲介とする形でロシアとも友好を深めた。もちろん極東ではライバル関係であったのだが、ヨーロッパにおいてはむしろ共通の敵ドイツに対して団結するという形を取ることになった。フランスを完全に封じ込めることによってドイツの安全を確保したと考えていたビスマルクにとっては、想定外の信じられない事態が実現してしまったのである。

こうした事情から鑑《かんが》みて、イギリスはドイツ対フランス・ロシアの戦いに参戦する機会を虎視眈々《こしたんたん》と狙っていたと考えられる。参戦すればフランス・ロシアと共同でドイツを叩くことができるからである。そして、その機会はやってきた。ドイツが永世中立国ベルギー、そしてルクセンブルクに侵入してフランスを攻めたからである。ドイツはフランスと国境を接しているが、当然この国境地帯はフランスも警戒を怠っていない。この国境地帯からパリへ向かうルートの途中には、フランス最大のヴェルダン要塞もある。しかしベルギーやルクセンブルクからのルートはそうでは無い。ドイツにしてみれば攻めやすいということだ。だからこそと言うべきか、この両国はさまざまな経緯があったが戦争を助長しない緩衝国としての地位が認められ、ベルギーは一八三九年のロンドン条約で、ルクセンブルクも一八六七年の第二次ロンドン条約で、ともに永世中立国となっていた。日本人にとってベルギーはあまり馴染《なじ》みの無い国だが、産業革命がイギリスより早く起こったのはベルギーであり、非常に優秀な国民性を持つ国である。それもあって、ロンドン条約ではドイツもベルギーの中立を認めた。

しかし、いざ西にフランス、東にロシアという敵国に挟《はさ》まれた形で戦争が始まってみると、ドイツにとっての最善策はまずフランスを全力で撃破し、返す刀《かたな》でロシアと戦うことである。そうなれば一刻も早くフランスに進撃することが重要であり、ドイツ軍はベルギールートでフランスに侵入した。これはロンドン条約違反であるから、イギリスはほくそえんだ。参戦の口実ができたからだ。

そして、この事態に狂喜乱舞《きょうきらんぶ》した国があった。大日本帝国である。

■「火事場泥棒」に大義名分を与えることになったイギリスの参戦

第一次世界大戦へのイギリスの参戦。その参戦に、大日本帝国はなぜ狂喜乱舞したのか？
前章で紹介した当時の日本の世論や、『東京日日新聞』の「煽動《せんどう》コラム」近事片々を思い出していただきたい。とくに注目すべきは、例の南京《ナンキン》事件（中華民国《ちゅうかみんこく》軍による日本人虐殺）について、「善後の處置は獨逸《ドイツ》の膠州灣《こうしゅうわん》占領に倣《なら》う可《べ》き耳《のみ》と戸水《とみず》博士の論亦傾聴《またけいちょう》に値ひす」と述べているところだ。改めて繰り返せば、これは「〝バイカル博士〟戸水寛人《ひろんど》が主張しているように、ドイツが清国のドイツ人宣教師虐殺《ぎゃくさつ》を奇貨《きか》として軍隊を派遣し膠州湾を奪ったのを見習って、日本も同じようにすべきだ」と主張しているのである。戸水寛人は、客観的に見れば外交的に大成功だと評価できるポーツマス条約についても、そもそも講和会議をボイコットすべきだと主張した強硬派である。そうした乱暴きわまりない主張を、外務省や良識ある政治家の犬養毅らは「相手の弱みにつけ込む火事場泥棒《かじばどろぼう》のようなものだ」と批判した。念のためだが、その火事場泥棒をやれと言っている面々は、膠州湾を奪えと言っているわけでは無い、そのようなやり方で別の場所（あるいは利権）を中国から奪え、と言っているわけだ。具体的には、南満洲《みなみまんしゅう》近辺の都市かそれに関する利権が狙いである。

ところが、イギリスがドイツと戦うことになったので、話はまったく変わってきた。まず、日本とイギリスは日英同盟を結んでいる。これは軍事同盟だから、日本はイギリスを助けるためにドイツに宣戦布告してもまったく問題は無い。つまり、ドイツが事実上植民地化している膠州湾そのものを攻撃する大義名分《たいぎめいぶん》ができたのである。幸いにして主戦場はヨーロッパである。ドイツはアジアに派兵する余裕は無い。つまり、アジアにおけるドイツとの戦争は日本が勝利できる可能性が非常に高いし、勝てば大陸の戦争がどうなろうと日本が膠州湾をそのまま占領できる可能性が高い。つまり、イギリスの参戦は「火事場泥棒」に「正当な軍事行動」という大義名分を与えてしまったのである。これだといわゆる「火事場泥棒批判派」も、「やはり膠州湾には手を出すべきでは無い」とは言いにくい。「日露戦争はイギリスとの同盟のおかげで勝つことができた。そのイギリスに借りを返すのがなにが悪い」と反論されてしまうからだ。

だから強硬派は狂喜乱舞したのである。当時、元老のなかで最長老クラスだった井上馨は、「大正新時代の天佑《てんゆう》」と叫んだそうだ。おや、井上馨はまだ生きていたのか、と思われた読者もいるだろう。彼は長州人で、同郷の高杉晋作《たかすぎしんさく》や桂小五郎《かつらこごろう》（木戸孝允《きどたかよし》）らとともに明治維新を成功に導いた立役者である。しかし、明治になってからは第三章でも紹介した尾去沢《おさりざわ》銅山事件に代表されるように、「貪官汚吏《たんかんおり》（職権を悪用して悪事を働き、私利私欲を貪《むさぼ》る官僚や政治家）」という言葉がこれほどぴったりはまる人物はいないというほどの「悪人」になってしまった。歴史に深い洞察を示す作家海音寺《かいおんじ》潮五郎《ちょうごろう》が『悪人列伝《あくにんれつでん》』に取り上げたのも、そこのところだろう。

海音寺はこう嘆く。

馨の生涯を眺める時、文久《ぶんきゅう》二年から元治《げんじ》元年までの三年間が最も美しい。張り切った男性の美がある。頭も切れるし、意気も昂揚し、心事も清潔だ。この期間の彼は天才児であり、英雄であるといってよい。それほどの彼が維新運動が一段落し、新政府の大官となると、こうもきたなくなってくる。人間は生涯天才であり、英雄であり、清潔であることはむずかしいものと見える。

(『悪人列伝 近代篇』海音寺潮五郎著　文藝春秋《ぶんげいしゅんじゅう》刊)

なぜ井上馨は、明治維新前と維新後でかくも豹変《ひょうへん》してしまったのか。常々述べているように、日本の歴史学者は他の分野の学者と共同研究しないという「悪癖」があるのだが、この「井上馨の豹変」は心理学者と共同研究すべき、きわめて興味深いテーマではないか。『逆説の日本史第二十二巻　明治維新編』でも述べたように、西郷隆盛《さいごうたかもり》が西南《せいなん》戦争という挙兵に踏み切った大きな原因の一つに、長州人を中心とした維新の功臣たちの恥知らずとも言える汚職があった。また海音寺潮五郎は前掲書で、「国会開設の運動、自由民権の運動がおこったのも、ここにその最も大きな原因がある」と喝破《かっぱ》している。山県有朋も、日本史上最大の汚職事件「山城屋和助《やましろやわすけ》(この男も長州人)事件」への関与が疑われたことは、同じく第三章で述べたとおりだ。わかりやすく言えば、西郷は「維新を成し遂げるのにどれだけ多数の同志が犠牲となったか忘れたか!　彼らの霊に対して申し訳ない」という心情だったと思うのだが、ひょっとしたら井上は(あるいは山県も)、「高杉も木戸も死んでしまったが、彼らに代わってこの世の楽しみをきわめることこそ供養になる」と考えていたのかもしれない。だからこの問題は単なる個人の「豹変」や「変節《へんせつ》」では無く、「長州人の汚職好み」が日本史に多大の影響を与えていたという点がポイントなのである。前にも述べたが、長州人には独特の「カネへの汚さ」があって、そこが西郷ら薩摩人、江藤新平《えとうしんぺい》ら肥前《ひぜん》人とまったく違うところである。私が共同研究を期待する理由がおわかりだろう。

■大戦勃発に狂喜乱舞した〝強硬派〟元老・井上馨

とにかく、まさに第一次世界大戦が勃発したこの時点で、日本の元老の頂点に井上馨が君臨していたことは、後の大日本帝国の没落を見れば大きな不幸だったと言えるだろう。この時期の井上は日本を代表する貪官汚吏《たんかんおり》であり、私利私欲の権化と見てもさしつかえない。よりによってその井上が、伊藤博文が始め西園寺公望が引き継いだ「穏健外交派」が外務省政策局長阿部守太郎《あべもりたろう》暗殺で大打撃を受け、山本権兵衛内閣が「金剛《こんごう》・ビッカース事件」で崩壊した時点で元老の頂点に君臨していたのである。

山本内閣が崩壊した直接のきっかけは汚職だが、その背景には穏健な外交政策に対する民衆の不満があった。それを『東京日日新聞』などが「戸水博士の主張が正しい」などと繰り返し扇動した結果、まさに日本の世論は「支那《しな》討つべし」の方向性を持っていた。それでも、いくら袁世凱の中華民国軍が民間の日本人を虐殺した南京事件があったとはいえ、「ドイツの膠州湾事件を見習うことは火事場泥棒であり絶対にすべきではない」という主張には良識と正当性があった。

なぜなら、膠州湾事件は一八九七年(明治30)の出来事で、この時代の中国はまだ清《シン》国の時代であった。西洋近代化を野蛮の極致と決めつけ、世界の中心は中国だと自負し近代的な外交関係を結ぼうとしなかった帝国である。この時代なら軍事力で押し切ることもやむを得ないという考え方は成立した。膠州湾事件をドイツが外交的交渉で解決できた保証は無いし、いわゆる「北京《ペキン》の55日」もそうした状況下で起こり、解決には列強の軍事力の行使が必要だった。また、朝鮮国の独立を頑として認めない清国に対し、日本は日清戦争を仕掛け勝つことによってようやく認めさせた。だから清国の時代は、そうした軍事力の行使も正当性が無いわけでは無かった。
しかし、その清国は孫文《そんぶん》らの民主革命派によって打倒され、当時は中華民国という共和国に生まれ変わっている。その指導者袁世凱は、民主派を弾圧しており決して完全な民主国家とは言えないが、近代国家であることには間違いない。だから膠州湾事件のような火事場泥棒はすべきでは無く、「近代国家中華民国」とは何事も外交で解決すべきだという意見は、良識と正当性を持っていたのである。

相手の意見が正当性を持っている場合は、論破するのは難しい。だからこの際、中国の一部を奪ってしまえという強硬派から見れば、「この壁」をなんとか乗り越えられないか切歯扼腕《せっしやくわん》していたのである。そこへ第一次世界大戦が勃発し、イギリスが参戦した。前半で述べたように、中国への軍事行動が正当化され、逆に穏健派の批判が通用しなくなった。井上馨ら強硬派がなぜ狂喜乱舞したか、これでおわかりだろう。

尾去沢銅山事件のときは、銅山の正当な所有者村井茂兵衛《むらいもへえ》から強引に銅山を奪い、厚顔無恥にも「従四位《じゅしい》井上馨所有地」という看板を立てさせた井上である。それにくらべれば、中国に「大日本帝国所有地」という看板を立てることなど当然だと考えていただろう。先にも述べたように、日本の中国進出には「明治天皇の大業を継承する」という心理的大義名分がある。さらに、当時の中華民国は正統なる革命家孫文では無く、「悪人」袁世凱が支配している「悪の帝国」である。これが必ずしも日本人の一方的思い込みでは無いことは、袁世凱が民主派のリーダー宋教仁《そうきょうじん》を暗殺した事実によっても確認できるだろう。孫文も弾圧されている。さらに、この時点で袁世凱の中華民国は日本に対して南京事件も起こしているのである。

こうしたなか、「軟弱外交」の主体であった山本内閣が倒された。井上ら強硬派は、「悪の帝国に対して明治天皇の大業を継続するのは正義」と考える、「明治維新の志士」大隈重信に日本を託した。犬養毅や原敬といった政党人は近代国家日本の育ちで、植民地主義は露骨すぎると考えている。だから、「戸水の主張」は「火事場泥棒」だと非難した。そんなやり方は古いし危険だ、ということだ。それに対して井上ら強硬派の気持ちをわかりやすくまとめれば、「若造どもはなにもわかっておらん。そもそも欧米列強の日本植民地化の野望を食い止めたのはわれわれだ。明治大帝を中心として日清・日露両戦役にも勝ち、日本を欧米列強に伍する国にしたのもわれわれだ。そのために十万の英霊が犠牲となった。だから、この犠牲によって獲得した支那への権益は死守せねばならない。また、この権益を拡大していくことこそ大日本帝国の繁栄につながり、彼ら英霊の供養（その死を無駄にしないこと）にもなる」

これがいかに強力な論理であるか、日本人にはよく理解できるだろう。さらに、これに加えて「いまの中国は孫文では無く、袁世凱が仕切る悪の帝国だ」という「見方」が加わる。それでも「火事場泥棒は許されない」という良識が「支那から土地や利権を奪ってしまえ」という強硬派に対する最後の歯止めとなっていたのだが、何度も繰り返すようにそれが第一次世界大戦におけるイギリスの参戦で吹っ飛んでしまった。強硬派の「狂喜乱舞」がどれほど大きかったか、わかっていただけただろうか。

こうなれば、まさに一瀉千里《いっしゃせんり》だ。第二次大隈内閣は一九一四年（大正３）四月十六日に成立していたが、同年七月二十八日に第一次世界大戦が勃発し、八月四日にイギリスがドイツに宣戦布告をすると、そのわずか四日後の八日には元老の承認を得て内閣は対独参戦を決定。翌九日には、新任の加藤高明《かとうたかあき》外相が駐日イギリス大使を呼び参戦を通告した。じつは、「イギリスは日本の姿勢が積極的すぎることに恐怖を覚え、軍事行動開始を見合せるよう希望してきたが、12日にいたり、戦地局限を条件に日本の参戦を承認した」(『読める年表 7 明治大正編』 奈良本辰也《ならもとたつや》監修 自由国民社《じゆうこくみんしゃ》刊)のである。「恐怖」というのは、いまも昔も諜報が得意なイギリスは、ここまでに私が述べたような日本の国内事情をすべて把握していたからだろう。「待ってました」とばかりに日本が中国への領土的野望を剝《む》き出しにすること、それが「恐怖」ということだ。しかし、せっかく日本が参戦してくれるというのを断わるのも得策では無い。日本が参戦しないとなれば、ドイツは膠州湾周辺を守備している陸海軍をヨーロッパ戦線へ回すからだ。だから、それを防ぐためにイギリスは「戦地局限」つまり主戦場では無い東アジアあるいは南洋《なんよう》諸島においてドイツ軍と戦うことを認めたのである。

これは、まさに日本にとっては願ったりかなったりであった。主戦場であるヨーロッパ戦線に日本軍を派遣し、ドイツの精強な本軍と戦う必要は無いということだ。膠州湾あるいは南洋諸島に派遣されている、いわば「二軍」と戦えばいいということになる。

じつは、井上以外の元老は参戦にもう少し慎重な態度を取るべき、という意見だった。戦争というのは、どちらが勝つかわからないからである。万一に備えて袁世凱とも融和をしたほうがいい、という見方もあった。

だが、井上がすべて押し切った。

■満洲問題の「タイムリミット」解決の「天佑神助」となった対独宣戦布告

第一次世界大戦開戦前夜の日本のとくに強硬派が、どんな形でもいいから中国からなんらかのアドバンテージを引き出せる形を作るべきだと声高に主張していたのは、これまで何度も述べてきたとおり「十万の英霊、二十億の国帑」という大きな犠牲を払って成し遂げられた「明治天皇の大業」をなんとしても守るために必要だと考えていたからだが、その背景に見逃されがちだが「タイムリミット」という大きな問題もあった。

欧米列強が清国から得た租借地つまり実質的な「植民地」には、「使用期限」が付いていた。しかし、それはイギリスが得た香港《ホンコン》についてもドイツが得た膠州湾にしても、「九十九か年」という、きわめて長いものであった。ところが、日本が日露戦争（1905年講和）で獲得した権益については、遼東半島《りょうとう》についてはー九二三年（大正12）、南満洲鉄道に関してはー九三九年（昭和14）という、欧米列強にくらべればきわめて短い、五十年にもおよばない期限しか設定されていなかった。

植民地獲得競争では「後進国」だった日本の悲哀、と言っていいだろう。皮肉なことに、欧米列強の中国領土の長期間の租借が漢民族のナショナリズムを刺激し、租借期間は絞られる傾向があった。それゆえ日本では、日露戦争以後に獲得した満洲に関する権益の期限をいかに延長するかが、外交の重要課題として認識されていたのである。

あの「貪官汚吏」の元老井上馨が「天佑神助《てんゆうしんじょ》」だと叫んだのも、ここがポイントだったろう。ドイツの膠州湾を奪うのは、膠州湾そのものが目的では無い。それを「人質」に取って満洲に関する権益の期限延長を図ろうと考えたのだ。ドイツが膠州湾を維持する限り、返還期限（なんと1997年！）まで中国に返還されることは無い。そこで、膠州湾を日本がドイツから奪い、早く返してやるから満洲のほうの期限を延長してくれという形で、この問題を解決しようとしたわけである。これまで述べたとおり、当初日本は「南京事件」をネタに、ドイツが膠州湾を獲得したのと同じような形で満洲問題を解決しようとしていたのだが、「それは火事場泥棒だ」という国内の強い反発もあって軍事行動に踏み切れずにいた。ところが、日本の同盟国イギリスがドイツと戦う第一次世界大戦が起こったため、「同じような形」では無く膠州湾をドイツから直接奪うという道が開けたのである。

一九一四年（大正3）八月二十三日、日本はドイツに宣戦布告した。すでに述べたようにオーストリア＝ハンガリー帝国がセルビア王国に宣戦布告したのが七月二十八日で、イギリスがドイツに宣戦布告したのが八月四日である。当時の通信事情や交通手段などを考えれば、日本は異例の速さで参戦したことがわかるだろう。日本は同盟国のイギリスから「戦地局限」されていたので（前節で述べたように、これは日本にとって好都合だったが）、膠州湾とドイツが領有していた南太平洋の島々に派兵した。

このうち膠州湾は攻略するのにしばらく時間がかかったが、南太平洋の島々（のちに日本はこれを「南洋諸島」と呼び、大戦後には実質的な日本の領土となった）については日本海軍の陸戦《りくせん》隊《たい》がこれを無血占領した。「無血占領」ということは、島々を守っていたドイツ軍の守備隊が戦わずして撤退したということである。プロ野球にたとえれば、ヨーロッパでフランスやイギリスと戦っていた精強なドイツ軍が「一軍」であるのに対し、中国の膠州湾を守っていたのは「二軍」

だが、太平洋の島々を守っていたのはそれ以下の「三軍」に過ぎなかった。それが「一軍」の日本海軍に敵うわけが無い。遠隔地であるため日本軍が到着するまで少し時間がかかったが、到着した十月にはドイツ軍守備隊はすでに「撤退」しており、日本の「勝利」が確定した。

中国は南太平洋よりははるかに日本に近いので、早くも九月二日に日本陸軍は山東《さんとう》半島に上陸したのだが、膠州湾攻略には少し手間取った。膠州湾は、旅順がロシアの太平洋艦隊の基地であったように、ドイツ東洋艦隊の根拠地であり防御のための砲台で固めた青島《チンタオ》要塞があったからだ。もっともドイツは戦争が始まると東洋艦隊の主力をヨーロッパに派遣し膠州湾には戦力になる艦艇をほとんど残さなかったので、日本海軍も戦艦を中心とする第一艦隊では無く、巡洋艦《じゅんようかん》が主力の第二艦隊を派遣するにとどまった。ちなみに、このドイツ東洋艦隊の主力は南米フォークランド沖でイギリス艦隊の待ち伏せに遭《あ》って撃滅され、ヨーロッパ戦線にたどり着けなかった。

とにかくドイツ東洋艦隊がヨーロッパに向かったので、この「青島の戦い」では艦隊決戦は起こらず、陸軍同士の要塞攻防戦となった。その詳細について語る前に、この第一次世界大戦を契機に「日本領」となった南洋諸島についてその概要を述べておこう。この時点から約三十年後の第二次世界大戦の太平洋《たいへいよう》戦線では、これらの島々が主戦場になったからである。

■上皇ご夫妻も慰霊に訪れた世界有数の親日国パラオ

まずは南洋諸島の定義だが、「太平洋西部の赤道以北、ミクロネシアのうち東端のギルバート諸島と西部にあるグアム島を除くほぼ全域、すなわちマリアナ諸島、マーシャル諸島、カロリン諸島をさす」（『日本大百科全書〈ニッポニカ〉』小学館刊　項目執筆者大島襄二《おおしまじょうじ》）で、「1914

年（大正3）日本海軍がマーシャル諸島ヤルート島のドイツ海軍を攻略して以後全域を占領し、講和条約締結後、国際連盟から統治を委任されて南洋諸島委任統治領となった。面積2136平方キロメートル、1932年当時の総人口7万5909であった。パラオ諸島のコロール島に南洋庁を置き、パラオ、ヤップ、トラック（チューク）、ポナペ、ヤルート、サイパンの6支庁を置いて統治した」（引用前掲書）というものである。

日本の統治の特徴は、以前述べたようにイギリスのインド統治などとはまったく異なり、学校を建てインフラを整備し、地元産業を育成し現地住民に近代化の恩恵を与えようというものだった。その反面「日本人になってしまえ。そのほうが幸福になれる」という「押しつけがましさ」（キリスト教などにもこういう側面がある）があるもので、それでもこの方式は多くの地域で広く受け入れられたが、唯一「自分たちは日本人よりはるかに優れている」という朱子学《しゅしがく》的プライドを持つ朝鮮では大反発を招いたことは、『逆説の日本史　第二十七巻　明治終焉《しゅうえん》編』で詳しく述べたとおりだ。逆に、パラオなど南洋諸島ではこの日本方式が支持されたと言えるだろう。現在パラオは日本と大使を交換する独立した共和国だが、在パラオ日本大使館の公式ホームページの「二国間関係」という項目には次のような記述がある。

> パラオは日本の南の隣国です。そして、日本とパラオは、国連など国際機関の場や捕鯨問題などで常に協調してきた親密な友好国です。そして、このような友好関係の基盤には、深い経済的な結びつきと、長い歴史的な絆があります。

日本は、パラオの経済発展のために、独立以前から今日まで無償資金援助約276・

297億円、技術協力78・88億円（2020年度までの累積）にのぼる開発協力を行ってきました。日本は、パラオの経済的繁栄のための重要なパートナーとなっています。

日本とパラオには深い歴史的な繋がりがあります。第一次世界大戦後、日本はドイツから南洋群島を引き継ぎ、第二次世界大戦の終わりまで統治していました。この時代に、南洋庁が設置されたのがパラオのコロールです。南洋群島には、数万人の日本人が生活し、農業や漁業、養殖業などを営んでいました。このため、現在に至るまでパラオの言語や文化には日本の影響が見られます。また、終戦後も、独立時の大統領である故クニオ・ナカムラ氏など多数の日系人が活躍してきました。日本統治を経験した世代が高齢化する中、日本とパラオの文化的な絆の維持は重要な課題となっています。


いわばこれは外務省の公式見解であるから、一種の宣伝文書のようなもので日本にとって都合のよい誇張があるのではないか、と疑う向きもあるかもしれない。そういう「疑うセンス」は大切にしていただきたいが、この文書の場合は必要無い。パラオが台湾と並ぶ世界有数の親日国であるということは、世界の常識である。

パラオはいわゆる島嶼《とうしょ》国家だが、主要な島であるコロール島とバベルダオブ島との間に橋が無かったので一九七七年（昭和52）に建設された。ところが、この橋はわずか十年でたわみ始め、補強工事も行なわれたが一九九六年（平成《へいせい》8）、大音響とともに突然真っ二つに折れてしまった。初回工事を担当した外国のゼネコンの手抜き工事が原因と見られ、パラオ政府のクニオ・ナカムラ大統領（当時）は非常事態宣言を発した。橋はバベルダオブ島からコロール島への電気・水道等のライフラインも兼ねていたからだ。ここで救援に立ち上がったのが、「深い歴史的な繋がり」のある日本政府だった。結局、日本の政府開発援助（ＯＤＡ）資金で、鹿《か》島《じま》建設によって橋は再建された。現在この橋は「日本・パラオ友好の橋」と呼ばれ、建設十周年を記念してパラオでは記念切手も発行された（下写真参照）。

現在の上皇《じょうこう》ご夫妻も、パラオを二〇一五年（平成27）四月に直接訪問されている。その事情について、かつて『週刊ポスト』誌は次のように報じていた。

> 4月8～9日にかけて、天皇・皇后《こうごう》（当時。引用者註）の悲願だった「パラオ慰霊」が実現する。
>
> 天皇はこれまでに硫黄島《いおうじま》（94年）、サイパン（05年）などで「戦没者慰霊の旅」を続けてきたが、太平洋戦争屈指の激戦

Celebrating the 10th Anniversary
of Japan-Palau Friendship Bridge
Palau 50¢
Palau 50¢
Palau 50¢
Palau 50¢
January 11, 2012 marks the 10th Anniversary of the Japan-Palau Friendship Bridge. The bridge is a 412.7m long cable-stay bridge connecting the major islands of Koror and Babeldaob It was constructed through a $25 million Japan Grant Aid Project to replace the prior bridge that collapsed in September 1996. The Japan-Palau Friendship Bridge was offered as a token of friendship from the People of Japan and symbolizes the long lasting friendship of the two nations.

パラオ共和国本島のコロール島とバベルダオブ島の間には韓国のゼネコンが建設した橋が架かっていたが、1996年に突如崩落。電気、水道、電話等のインフラが一気に不通となった。当時のナカムラ大統領の要請に応えた日本政府は、32億円もの資金供与を行なって橋の再建を援助。2002年に「日本・パラオ友好の橋」が完成した。2012年にはその建設10周年を記念した切手が発行された（画像は外務省ホームページより）

地であるパラオ訪問は10年前から検討されていたものの「受け入れ態勢が整わない」という理由で実現してこなかった。パラオのペリリュー島は、戦力に劣る日本軍が激しいゲリラ戦を展開したことから米軍内で「天皇の島」と呼ばれ、日米双方で約1万2000人が戦死。天皇は9日にペリリュー島に上陸し、両国兵士の慰霊碑に祈りを捧げる。

日程でとりわけ注目されたのは一行の宿泊先だった。今回、天皇・皇后はパラオの宿泊施設ではなく、洋上に停泊する海上保安庁巡視船「あきつしま」の船長室に宿泊する。

異例の船中泊が決まるまでには滞在を巡って官邸と宮内庁の間で駆け引きがあったという。官邸筋が明かす。

「パラオの警察官はわずか200人で、警備にあたるのは50人足らず。警備態勢の整ったホテルもないため、訪問はご遠慮いただきたいというのが官邸側の本音だった」

だが、それをはねのけたのは「天皇の意向」といわれている。

「パラオ訪問が警備の都合で実現しなかった経緯を残念に思っておられる両陛下が、〝宿泊は船内でも構わない〟との見解を示されたと聞きます」（ベテラン皇室記者）（以下略）

（『週刊ポスト』2015年4月10日号　小学館刊）

このご訪問が大歓迎されたことは、言うまでも無いだろう。その他、南洋庁が置かれた島々も簡単に紹介しておこう。

ヤップ島はカロリン諸島の西部にある島々で、ヤップ、ルムング、マップ、ガギル・トミルの四島が密接しているのでヤップ諸島ともいう。陸地面積は約百平方キロメートル。日本人は「島」

というと小さな地域を連想するが、南太平洋のニューギニア島やアフリカ大陸に隣接するマダガスカル島は日本よりはるかに大きいし、中央アジアと東ヨーロッパの間にある世界最大の湖「カスピ海」は、日本とほぼ同じ大きさである。世界は広いのだ。

このヤップ島は南太平洋地域では古くから独自の文明が発達した地域で、人間の背丈を越えるものもある石製の貨幣「石貨」でも有名である。この貨幣は、流通するというよりは所有権が移転する形で財貨として使われていたらしい。

またトラック島も諸島で陸地面積は約百平方キロメートルあるが、その特徴は火山活動によって形成された大環礁《かんしょう》があることだ。サンゴ礁が島を取り囲む堤防のようにつながっているということで、その内側の湾は太平洋の荒波が遮断された天然の良港になっている。

ここも日米激戦の地となった。戦艦『大和《やまと》』など大型艦が停泊するのに適していたため、聯合艦隊の基地とされたからである。

■多くの日本人が身を投げて亡くなった「バンザイクリフ」の悲劇

第一次世界大戦において日本がドイツから「奪い」支庁を置いた南洋諸島六地域のうち、残りの三地域についても述べておこう。その三地域とは、ヤルート、ポナペ、サイパンである。

まずヤルート島だが、これはドイツ語読みで現在はジャルート環礁と呼ばれている。環礁は大小多数の島で構成されているが、陸地の面積は約十一平方キロメートルしかないのに、ラグーンは約六百九十平方キロメートルもある。ラグーンとは、サンゴ礁などが天然の堤防となって外海の荒波から遮断された水深の浅い水域のことだ。トラック島の項でも述べたように、大型船舶が停泊しやすい天然の良港になる地形で、それもあってヤルートは日本のマーシャル諸島統治の中心地となった。日本は他の島々と同じく学校を建設し、水道などのインフラを整備して産業の振興に努め、このあたりはヤシの木から取れるコプラ（ヤシ油の原料）の一大産地となった。この島も戦前（昭和10年代後半）にはアメリカ軍の攻略目標となったが、他の五島にくらべ基地の規模も小さく戦略的価値が低かったのでアメリカ軍による上陸も無く、大規模な戦闘は免《まぬが》れた。

それにくらべて、島民を巻き込んだ大規模な戦闘があったのはポナペとサイパンである。

ポナペ島は西太平洋、ミクロネシアのカロリン諸島の東にあるトラック島などと同じ火山島で、現在はポンペイ島と呼ばれている。島の面積は約三百三十四平方キロメートル、全島が熱帯雨林のジャングルで覆われているため人の住める地域は少ない。かつては独自の古代文明が栄えていたが、大航海時代にスペイン人の侵入によりキリスト教が入り、スペインの領土となった。一八八六年（明治19）のことである。しかし新興国アメリカとの米西《べいせい》戦争（一八九八年）に敗れたスペインは、南太平洋やアジアに展開する巨大な領土を失った。その植民地だったフィリピンは同年アメリカに二千万ドルで売り渡された（『逆説の日本史　第26巻　明治激闘編』参照）が、このときグアム島もアメリカ領となった。またこの地区から撤退を決意したスペインは、翌年グアム島を除くマリアナ諸島、マーシャル諸島、カロリン諸島の権益を二千五百万ペセタでドイツに売り渡した。「ポナペ」とは、ドイツが命名した名称である。ドイツの植民地政策はキリスト教を背景とする強圧的なものだったので、一九一〇年（明治43）には住民の反乱が起こったが、ドイツは東洋《とうよう》艦隊を派遣してこれを鎮圧した。日本がドイツに宣戦しここへ艦隊を送って無血占領したのは一九一四年（大正3）十月だから、「悪代官」ドイツを追い払った形でどうやら住民には歓迎されたようだ。日本の占領政策は他の島と同じ同化政策で、学校を建て水道を完備し、農業や漁業の振興策を進めた。日本からの移民も一九四五年（昭和20）の終戦時点では約一万三千人いた。これはパラオ、サイパンに次ぐ三番目の規模で、日本人の移民が多かったということは軍事上、産業上日本にとって重要な拠点だったということで、だからこそ前節で触れたパラオのように日米両軍激闘の場となったのだ。海軍の拠点であるトラックを防備する役目を持っていたポナペはそのためにアメリカ軍の爆撃を受けたのだが、それ以上の悲劇が起きたのがサイパンだった。

　サイパン島は面積百二十二平方キロメートル、マリアナ諸島の中心にあるが日本から一番近く砂糖の生産に適しており、漁業も盛んなうえ南洋諸島の玄関口として他の南洋の島々との貿易の中継点としても栄えた。当然、日本からの移民も増加し準国策会社の南洋興発《こうはつ》株式会社（本社サイパン島）によってアジア最大の製糖地となった。南洋興発の創立者松江《まつえ》春次《はるじ》は「砂糖王（シュガーキング）」と呼ばれ、島内には彼の銅像が建立されたほどである。

　ところが、この「日本に一番近い」という特質が不幸を招いた。アメリカ軍が総力を挙げてこの地を奪おうと動いたからである。ここで注意していただきたいのは、戦前にはＩＣＢＭ（大陸間弾道弾）など無く、敵国の国土に直接の打撃を与えるのは「爆撃」という手段しか無かったことである。したがって、爆撃機の航続距離が問題となる。まさか「片道特攻《とっこう》」というわけにもいかないから、爆撃機には往復できる航続距離が必要だ。当時最新鋭のＢ－29爆撃機でも、アメリカ本土から飛び立って日本を爆撃して帰ってくるのは不可能だった。しかし、サイパンを手に入れればそれが可能になる。つまりアメリカ軍は日本本土爆撃が可能になり、きわめて有利になる。

実際、このサイパン攻略後アメリカ軍の日本への爆撃は頻繁に行なわれるようになり、日本側に大打撃を与えた。日本に最後のとどめを刺した広島・長崎《ながさき》への原爆投下もこのサイパン島のすぐ南西にあるテニアン島から出撃したB－29によって行なわれたのだが、これもサイパンが陥落していなければあり得なかった事態と言えるだろう。

とにかく、アメリカはなにがなんでもサイパンを手に入れようと全力で総攻撃を掛けた。ところが日本側にはこの認識が薄く、サイパンがそれほどの激戦地になると予想していなかったので、多くの島民が犠牲になり残留した日本人も戦闘に巻き込まれ、結局集団自決する羽目になった。「バンザイクリフ」あるいは「スーサイドクリフ」と後に呼ばれることになる断崖から、多くの日本人男女が海に投身自殺したのである。そのため、先に紹介したようにパラオより早い二〇〇五年（平成17）、皇室としては初めて当時の明仁《あきひと》天皇・美智子《みちこ》皇后（現上皇ご夫妻）がバンザイクリフ等を慰霊のため訪問したというわけだ。

■戦死者わずか五百人余りと完璧な勝利に終わった「青島要塞攻略戦」

さて、この南洋諸島の激戦についてはいずれさらに詳しく語ることになるだろうが、ここでは一九一四年の第一次世界大戦における、日本とドイツの最大の戦いであった膠州湾攻略戦（青島の戦い）について述べよう。現在、青島と言えば中国のビール『青島啤酒《ビージウ》』を思い浮かべる人がほとんどだろうが、この中国でもっとも古くから造られているとされる『青島ビール』は、膠州湾がドイツの租借地になってからビール造りの得意なドイツ人が技術を伝えたことが起源で、日本がこの戦いに勝って以後この会社も一九四五年までは日本人が引き継いで経営していた。つまり、「日本のビール」だったのである。

膠州湾は中国山東半島南側にあり、湾の入り口に青島がある。ドイツはこの湾を東洋艦隊の根拠地としていたが、すでに述べたように開戦後主力は直ちにヨーロッパ戦線に派遣されたため、青島に残ったのは旧式の駆逐艦《くちくかん》や巡洋艦それに水雷艇《すいらいてい》だけであった。したがって日本も旧式艦が主体の第二艦隊を海上封鎖に派遣したが、このうち防護巡洋艦『高千穂《たかちほ》』は脱出を図ったドイツ海軍の水雷艇の魚雷攻撃で撃沈させられた。油断大敵とはこのことだろう。

一方、九月に山東半島北側に上陸した日本陸軍第十八師団は慎重に兵を進めた。総司令官の神《かみ》尾光臣《おみつおみ》中将は危険を避けて安全な北岸に上陸し、偵察を繰り返しゆっくりと前進。二十八日には青島背後に到達した。当初の攻撃目標は、日露戦争のときの旅順攻防戦の二〇三高地と同様の地形の、浮山《フーシャン》と孤山《グーシャン》だった。そこからは青島を眼下に見下ろすことが可能で、重砲を据《す》えれば要塞を直接砲撃できるからである。しかしドイツ軍は要塞に籠《こ》もって戦うという「籠城《ろうじょう》作戦」を採用したため、かつての二〇三高地をめぐる大激戦のようなことは一切無く、日本軍は容易にこの地を占領できた。こうなれば日本は強力な砲台陣地を建設しじっくりと攻めればいい。膠州湾は日本海軍第二艦隊によって海上封鎖されているから、敵軍が補給する心配は無い。そもそも海上封鎖されていなくてもドイツ軍はここに応援を派遣する余裕も計画もまったく無かった。ヨーロッパが主戦場だからだ。ヨーロッパで負ければここで勝ってもなんの意味も無い。早い話が、膠州湾派遣軍はドイツ本国に見捨てられたのである。

日本軍は砲台工事に取り掛かった。途中、季節外れの大雨が一か月近く降り続いたため予定より完成は遅れたが、そのような事情なので焦《あせ》る必要はまったく無かった。また、日露戦争の旅順攻防戦では他にも戦闘地域がいくつもあったので、とくに巨大な榴弾《りゅうだん》砲などの供給が容易に進まなかったが、この第一次世界大戦において戦場はもうここだけである。日本軍は余裕を持って攻撃計画を進めることができた。逆に言えば、ドイツ軍の勝ち目はまったく無かったということだ。

　十月三十一日、砲台が完成し満を持して日本軍は陸から第十八師団が、海からは第二艦隊が呼応して総攻撃を開始した。要塞に籠もるドイツ軍兵力は約四千三百名だったが、圧倒的な火力を誇る日本軍によって同夜半には要塞の周辺部分が破壊され、明治節《めいじせつ》（明治天皇誕生日）の十一月三日を期しての第二次総攻撃によって要塞主要部分も破壊され戦闘不能となった。要塞の中枢にはビスマルク砲台と名付けられた強力な砲台があったが、これも十一月五日には戦闘能力を失い翌々日の七日早朝ドイツ軍は降伏の白旗を掲げ、日本の勝利が確定した。

　ところで、一九六三年（昭和38）に公開された東宝映画『青島要塞爆撃命令』（監督古澤憲《ふるさわけん》吾《ご》、特技監督円谷英二《つぶらやえいじ》、主演加山雄三《かやまゆうぞう》、佐藤允《さとうまこと》、夏木陽介《なつきようすけ》）では、「難攻不落のビスマルク要塞」を当時日本軍に採用されたばかりの航空機を使って史上初の「爆撃」で破壊するという筋立てになっていた。映画としては大変面白く見ごたえのある作品だが、実際には要塞は日本陸軍の集中砲撃によって破壊されたのであって爆撃によってでは無い。ただし、この戦いで日独両軍ともに初めて航空機を戦場に投入したのは歴史的事実だ。とくに海軍は『青島要塞爆撃命令』にも登場する初の水上機母艦『若宮《わかみや》』を使って、モーリス・ファルマン式（以下モ式）複葉水上機を投入した。モーリス・アラン・ファルマン（１８７７〜１９６４）は、フランス人のパイロットでのちに航空機設計も手がけ会社を設立した人物で、「モ式」は言うまでも無くこの会社の製品である。ドイツ軍はオーストリア＝ハンガリー帝国製の単葉機ルンプラー・タウベを戦場に投入した。この機名も設計者のオーストリア人エドムント・ルンプラー（１８７２〜１９４０）に基づくが、タウベは「鳩」を意味する。ファルマンは全面的に設計にかかわったが、ルンプラーはそうでは無かったことが、命名の微妙な違いの理由のようだ。しかし運動性能はタウベのほうが優れていたようで、日本陣地上空に飛来し砲台の位置を攻撃目標として自軍に知らせていたタウベに対し、日本軍は「モ式」でこれを撃退しようとして日本軍初の空中戦を挑んだが、タウベにうまく逃げられ目的を果たすことはできなかった。いずれにせよこの時代の航空機は戦闘機では無く、偵察機として使うことが主目的だったのである。

ところで、この青島要塞攻略戦に際して総司令官の神尾光臣中将が取った戦略は日本軍の戦術的、時間的余裕を最大限に生かしたもので、強襲戦法を取らざるを得なかった乃木希典大将と異なり、戦死者も総兵力二万三千人中わずか五百七人（海軍２７１人、陸軍２３６人）で済んだ。旅順攻囲戦での戦死者が約一万五千人だったことにくらべれば、まさに完璧な勝利であり神尾光臣は乃木希典に勝るとも劣らない名将である、という評価が下されてもいいはずである。

その姿からタウベ（ドイツ語で「鳩」）と名付けられたルンプラー・タウベは、グライダーの研究を元に設計・開発された機体であった。そのためとくに飛行安定性に優れており、各国でライセンス生産された（写真提供／毎日新聞社）

ところが、国民の間での評判は逆だった。「神尾は慎重すぎる」と世間では言われた。「慎重」なら褒《ほ》め言葉だが、「慎重すぎる」というのはじつは「臆病者」ということだ。この時代、軍人は天皇直属であり「陛下の信頼を得て戦場に派遣されている」という形だったから、直截に悪口は言えない。天皇を批判したのと同じことになってしまうからだ。明治末の大逆《たいぎゃく》事件以降そういう傾向が強まったように私は感じているのだが、それでも軍人を批判したいときはどう言うか。このように言うのである。

しかし、とんでもない話ではないか、将兵の犠牲を最低限に抑え見事に戦争目的を果たした軍人が、なぜこんな評価をされなければならないのか？

■言葉の真偽を疑いもせずそのまま報じる「客観報道」というマスコミの手口

ドイツの青島要塞攻略の最高司令官だった神尾光臣中将が取った戦略について、当時の新聞はどのように伝えたか？　たとえば、『東京朝日新聞』一九一四年（大正3）十月六日付朝刊には、日本初の「航空母艦」とも言える『若宮』が機雷に接触して戦闘不能になった件を、次のように報じている。その前置きだが、

▲松村侍従武官《まつむらじじゆうぶくわん》語る
▽若宮丸の遭難を目撃す
═四日門司《もじ》特電═
四日出征艦艇所在地より歸來《きらい》せる御慰問使《ごいもんし》侍従武官松村海軍大佐は往訪の記者に對《たい》し左《さ》の如

く物語れり
勅諚《ちよくぢよう》を奉ぜる予（松村海軍大佐。引用者註）は廿七日佐世保《させぼ》より某船に便乗して廿九日勞山《ろうさん》灣《わん》に到着し直《ただち》に御使《おんつかひ》たるの大任を以て第二艦隊司令官に會《くわい》し茲《こゝ》に優渥《いうあく》なる▲御慰問の聖旨と有難き御下賜品《ごかしひん》を傳達《でんたつ》したるが長官を始め將卒《しやうそつ》は聖旨の海よりも深きに感泣し長官よりは辱《かたじけ》なく奉答《ほうたふ》の辭《じ》を述べられたり

言わば、こうしたときの決まり文句である。大正天皇の現場激励の意を受けた侍従武官の松村大佐は、九月二十七日にたぶん九州の門司を出港し、二十九日には現地に到着した（詳細な日程は軍事機密になるので、ぼかしてある）。そこで海上封鎖の任務に当たっていた第二艦隊の司令長官に「優渥なる」陛下のお言葉を告げたところ、長官以下大変に感激したということである。そして松村大佐は「一駆逐艦（これも艦名は明記されない）」に搭乗して湾内の艦艇を激励していたが、そこで若宮の災難を目撃した。

當日《たうじつ》午前八時恰《あたか》も哨界《せうかい》▲司令船若宮丸の敵機械水雷に觸《ふ》れ偶難に遭へるに會し且《かつ》や叉掃海船第三長門丸《ながとまる》之《こ》れを救はんとして叉も敵の水雷に觸れ轟然たる大音響を發し瞬間に於《おい》て船體《せんたい》の聳《そばた》てるを見るや水煙天《すゐえんてん》に冲《ちう》して凄《すさま》じく船體を沒し去り戰死者を出《いだ》したる

（引用前掲紙）

要するに、湾内には日本海軍来襲を予想していたドイツ海軍によって機雷が多数バラまかれており、大変危険な状況だったということだ。しかし「日本兵はそんなことでは屈しない」というのが、この時代の報道の「立場」である。

此處《ここ》に臨《のぞ》める予は水雷爆破の爲《た》めに頭部及び顔面に甚《はなは》だしく火傷《くわしやう》を負へる一兵卒《へいそつ》を見舞ひ嘸《さぞ》や痛みやすらんと尋《たず》ねたるに『イヤ少しも痛みを覺《おぼ》えず』と健氣《けなげ》にも答へたり

（引用前掲紙）

もちろん、こう報告しているのは松村大佐であって朝日新聞記者では無いが、こうした言葉の真偽を疑いもせずに他人が言ったことをそのまま報じているのだから「客観報道」だというのが、朝日新聞のみならず日本の大手マスコミの「手口」である。そして、戦前いわゆる「昭和二十年以前」は、軍部つまり陸軍海軍についてはすべてこのような応援団的報道をしていたのに、戦後になると自衛隊に一人でも悪いことをした人間が出現すると、自衛隊全体に問題があるかのような「客観報道」をしていたのも日本のマスコミである。それは逆に、かつてのソビエト連邦や中国や北朝鮮については応援団的報道しかしないという「立場」にも通じる。もう少し高いレベルのマスコミが日本に存在しないものかと願うのは私だけでは無いだろうが、話を続けよう。

基本的にこの時代の航空機は偵察用であったと述べたが、戦闘機としてはともかく爆撃機としては有効であった。上空から搭乗員が爆弾を投げつけることは物理的に可能だからである。そしてこの松村大佐も爆撃を目撃している。

若宮丸遭難の際敵は遙《はるか》に之を認めたりけん我所在艦艇及び救助船を攻撃せんとして靑島《せいたう》より一飛行機に搭《たふ》じて予等《よら》の頭上に飛び來《きた》り爆彈を投下せしも外《そ》れて危《あやふ》くも附近に落ち徒《いたづ》らに海水を跳《をど》らしたり

（引用前掲紙）

初期の航空機は飛ぶのが精一杯で積載能力も低く、それゆえ大型爆弾は積めなかった。それどころか、上空から釘の束のようなものを投げて攪乱したという話すらある。ちなみに、前節で紹介した東宝映画『青島要塞爆撃命令』を観ると、航空隊は海軍にしかなかったように見えるが、陸軍にも「モ式」飛行機を中心とした航空隊があった。日本初の空中戦には、陸軍の飛行機も参加している。

■日本軍の総攻撃を大幅に遅らせた「山東百年來と稱する暴風雨」

それでは、肝心の青島要塞に対する直接攻撃を朝日がどのように報じていたか見てみよう。この若宮の沈没記事と同じ紙面に、この戦いに「●眞先《まつさき》に火蓋《ひぶた》を切つた　▽某艦長某大佐の實話《じつわ》」という見出しが躍っている。これは湾内の塔連島《とうれんとう》という拠点を占領したということであり、要塞本体とは関係が無い。この戦いの中心は海軍第二艦隊による湾内封鎖では無く、あくまで山東半島の北側に上陸し南下して青島に向かった陸軍の要塞に対する直接攻撃である。それは要塞を包囲する砲台陣地を構築し、多数の重砲を配置して徹底的に砲撃を加えるというものであった。

その攻防がこの記事から四日後の『東京朝日新聞』十月十日付の紙面に、「●青島攻圍軍の經過」という表題で掲載されている。特派員「美土路《みどろ》春泥《しゅんでい》」の署名記事である。「春泥」の本名は美土路昌一《ますいち》。入社六年目の若手だが、後に朝日新聞社の社長になる人物だ。記事は長文にわたるので要約すると、冒頭で敵の主要砲台であるイルチス砲台からわずか「二里」の攻囲軍総司令部にたどり着いた美土路は、「未《いま》だ滿《まん》を持して放たず重砲攻城砲の到着を待つて愈《いよく》　一擧敵《いっきょてき》の死命を制すべく血河屍山《けつかしさん》の總攻擊は愈本月二十五日前後を以て開始さるべし」と気勢を上げている。しかし、美土路は肝心なことがまるでわかっていない。その証拠が「血河屍山」というおどろおどろしい言葉である。これは間違い無く日露戦争の旅順要塞攻撃をイメージしている。すでに述べたように、攻撃軍の総司令官である乃木希典大将は限られた期間内で要塞を陥落させる必要があったし、逆にそのために本来なら切り札となるはずの重砲が簡単には入手できなかった。戦場は旅順だけでは無かったからである。だからこそ歩兵による強行突撃という、兵士を多数犠牲にする作戦を取らざるを得なかった。その結果、争奪の地となった二〇三高地は屍《しかばね》が累々《るいるい》と並び多数の血が流れた。文字どおり「血河屍山」となったのである。

しかし、この青島要塞攻略戦ではそんなことをする必要がまるで無かった。主戦場はここだけだし、敵の援軍が来るはずも無い。だからじっくり時間をかけ、歩兵の突撃では無く砲兵の砲撃で攻撃すればよい。つまり、最初から「血河屍山の総攻撃」など必要無いし、結果的にそうなることもあり得なかったのである。それが総司令官神尾光臣中将の当初からの作戦だった。それなのにそういう言葉を使うということは、要するになにもわかっていないということである。

『逆説の日本史　第二十六巻　明治激闘編』でも述べたように、朝日に限らず当時の新聞記者たちの多くは、きわめて短期間で旅順を陥落させたと恐れた敵将クロパトキンのように乃木を名将として評価せず、一万五千人もの日本兵を「犬死《いぬじ》に」させた愚将として軽蔑していた。にもかかわらず、乃木が明治天皇に殉死すると「嗚呼《ああ》、忠臣乃木大将」と礼賛し、そのことによって旅順攻防戦を「聖戦」にしてしまった。だからこそ状況を無視した「血河屍山の総攻撃」などという「美辞麗句」が出てくるわけで、もうおわかりだろうが、こういう見方は日露戦争終了後に締結されたポーツマス条約が日本にとっては大きな成果であったにもかかわらず、「屈辱講和」などと事実とまったく異なる報道をし大衆を扇動することによって日比谷焼打《ひびややきうち》事件を起こした姿勢にも通ずるものだ。

しかし、実際の総攻撃は美土路が予測した十月二十五日前後では無く、三十一日に行なわれた。じつは、これよりずっと早い時期に総攻撃が行なわれると、新聞だけで無く東京の陸軍参謀本部も予測していた。だがそうはならなかったのは、異常気象とも言ってもいい天候不順があったからである。神尾率いる第十八師団は九州長崎から海を渡り山東半島の北にある龍口《りゅうこう》に上陸したのだが、ここに至るまですでに九州で暴風雨によって鉄道路線が寸断されるという「困難」に悩まされた。そして、じつは上陸してからも同じような困難に遭遇した。ここは美土路の文章を借りると、

然《しか》るに我軍は更に不可抗力の第二の困難に遭遇せり運送船は豫定《よてい》の如く第一期上陸隊を乗せて豫定の如く九月二日龍口に到着直《たゞち》に上陸を開始せり。此時に際して何等《なんら》敵軍の抵抗を受けざりしも此處にても山東《さんとう》百年來《ねんらい》と稱《しょう》する暴風雨の爲上陸に非常の困難を生じ時には全然上陸する

能《あた》はざるの日もあり。夫《それ》が爲に我軍の全部龍口に上陸を完了する迄に凡《およ》そ十數日間遲延を生ずるの已《や》むなきに至れり
（引用前掲紙）

この記事の「山東百年來と稱する暴風雨」というところは活字を大きくしてある。よほど印象的な大豪雨だったのだろう。そしてその猛威は上陸してからも収まらなかった。

加ふるに一度《たび》上陸を終りて前進を開始するや連日の暴風雨の爲めに濁水《だくすゐ》は山東の野に漲《みなぎ》り時には腰、甚だしきに至つては路上水深乳部《にうぶ》に達するに至る
（引用前掲紙）

なんと、道路を歩いているはずなのに水が胸のところまで来たと言うのである。当然、橋なども流され肝心な糧食の輸送もままならない。こうしたなか、騎兵はまったく難渋しついに水馬術《すいば》も使わざるを得なかった、という。水馬というのは戦国時代からある武芸の一つで、武士が馬に乗ったまま馬を泳がせることによって川を渡る技術だが、大正時代になっても日本騎兵に継承されていたようだ。とにかく、最後尾から進軍した神尾司令官直属の部隊ですら糧食の補給がままならず、「數日間兵卒と同一の食事を取りつゝ前進を繼續《けいぞく》せり」という有様だった。その内容は「一日に米二合を給せらるゝのみにて他は麥粉《むぎこ》二合、粟《あは》二合、甘藷《かんしよ》百匁《め》宛を給して一日の糧とするに至れり」というものだった。ちなみに甘藷はサツマイモで、百匁は三百七十五グラムである。

ドイツ軍に妨害されることを恐れて山東半島北側の龍口から上陸したにもかかわらず、思わぬ「伏兵」の大豪雨に散々痛めつけられた陸軍は、方針を転換して一部部隊を南の労山湾から上陸させることにした。海軍の第二艦隊が湾を封鎖しているうえに、すでに述べたように援軍が来るはずも無く、上陸を妨害される心配は無い。唯一の障害は若宮を戦闘不能にした湾内にバラまかれた機雷だが、このころになると海軍の哨戒《しょうかい》活動が進み湾内の航行に支障は無くなっていた。陸軍の将兵を満載した輸送船が触雷して沈没するなどという可能性はゼロになったということだ。そこで陸軍は、龍口上陸部隊と労山上陸部隊を要塞付近の即墨《そくぼく》（地名）で合流させた。九月二十四日のことで、九月二日に最初の部隊が上陸してからすでに三週間が経過していたが、二十六日午前六時には夜明けとともに進軍を開始した。もちろん目的は要塞への「歩兵突撃」では無く、重砲を設置できる要塞周辺の拠点を占領することだ。目標拠点は、日露戦争の二〇三高地にあたる青島要塞を砲撃可能な浮山と孤山だったが、ドイツ軍はこの地点を死守する気は毛頭無かった。そもそも日本軍は陸海合わせて約二万三千人もいる（このほかに同盟国のイギリスから約二千人の応援が来ていた）。ドイツ軍は孤立無援で明確では無いが、兵員数は一万人を下回っていたようだ。これでは兵力を分散するわけにはいかない。青島要塞への「籠城策」を取るしかなかった。

これに対し、日本軍は余裕綽々《しゃくしゃく》である。何度も言うように、焦る必要はまったく無い。そこで神尾中将は全軍を挙げて強力な砲台の構築を開始した。ところが、またしても大豪雨が彼らを悩ませたのである。いかなる場所にせよ土木工事の最大の敵は大雨である。また重砲というきわめて重い「荷物」を砲台に設置するということは、坂道を運搬することでもある。高いところにあるから「砲台」なのだが、お気づきのようにこうした作業にもっとも障害となるのも大雨である。したがって作業日程は大幅に遅延した。

そういう現地の事情をまったく無視すれば、日本軍は九月の頭に上陸を果たしたのに十月が終わりに近づいても一向に総攻撃を始めないし、当然青島要塞を陥落させられない。いったいなにをしているのか、という見方が出てきても不思議は無い。もちろん、それはあくまでも「山東百年來と稱する暴風雨」という事情を無視すれば、の話である。ところが、正確に物事を伝えるのがジャーナリストの使命であるはずなのに、この世の中にはそうでは無い連中もいる。

■「長篠城籠城戦」を考察すればわかる軍事常識からかけ離れた新聞記事

「山東（半島）百年來と稱する暴風雨」のため、予定より遥かに遅れた青島要塞総攻撃。だが、スケジュール的にはなんの問題も無かった。何度も繰り返すが、ドイツ軍は孤立しており援軍が来る心配はまったく無かったからである。そしてこれもすでに述べたように、日本軍は要塞攻略にあたり兵士の戦死を最低限に抑えることが可能だった。時間をかけて砲台陣地を構築し重砲を多数配備すれば、一方的な攻撃ができるからである。

総司令官の神尾光臣中将がそうした戦略を採用したのも当然で、考え得る作戦のなかでは最上のものだ。逆に言えば、批判の余地など無いはずだ。ところがこの戦略に対しての批判が、前節で紹介した特派員美土路春泥（昌一）の記事（『東京朝日新聞』1914年〈大正3〉10月10日付）のしばらく後に同紙に掲載された。十月二十八日付のその記事は、「二十五日 上海《シャンハイ》特派員發《はつ》」（記者名は無い）となっているが、「米記者の攻圍戰報」と題されており、アメリカ人記者「ブレース氏」（ファーストネームは載っていない）の記事を翻訳したという触れ込みである。「触れ込み」というのは、アメリカ人記者の所属も書いていないのでいまのところ私が原文を確認できないからだが、これも長文にわたるので要点を紹介する。

まず、「日本軍の意思は急がず迫らず氣長く事を行はんとするに在るが如し蓋《けだ》し同軍は永久的兵營を造り叉平度には法廷を設け裁判官を置き其他各種の點《てん》に於《おい》て支那人をして日本人の治に馴れしめんとするの風あり其意茲《ここ》にあらざらん乎」との前置きがある。つまり、「日本軍は急いで青島要塞を攻略しようという意図は無く、周辺に裁判所などを作って将来日本の統治に現地の民が馴染《なじ》むようにするのが最大の目的のように見える」ということだ。それゆえ、以下のように続く。

日本兵の優勢を以てして豈《あに》決戰を急ぐ能《あた》はざるの理あらんや而《しか》も日本軍の此遲緩《ちかん》なる前進に對《たい》して獨逸守備隊の士氣は益々振ひ最初に於ける神經過敏的狀態も今や醫《いや》せられ人は漸く日本の彈丸に馴れつゝあり叉青島砲臺《ほうだい》修築せられ益々堅固となり防備事業着々進捗せるは日本軍が守備隊に二箇月の時日を與《あた》へたる賜《たまもの》ならずんばあらず而《しか》して叉青島にては何時外部の形勢變化し或は歐洲の平和を見、或は支那の日本反對を見るや知れずなどと憶想するものありと

（引用前掲紙）

青島要塞攻略を指揮した神尾光臣中将は、若き日に西南戦争に従軍。その後、日清戦争で第二軍参謀、日露戦争では歩兵第二十二旅団長を努めた。青島攻略の戦功により1915年（大正4）、陸軍大将に任じられている（写真提供／近現代PL）

〈大意〉
日本軍は優勢なのだから、決戦を遅らせる理由はなにも無い。それなのに、日本軍がこの悠長な戦略を続けている間に青島を守るドイツ軍の士気はますます高まり、かつてみられた神経過敏的な症状も無くなって、彼らは日本の砲声にも動じなくなった。また砲台がますます堅固となったのは、日本軍が2か月間もの猶予《ゆうよ》をドイツ軍に与えてしまったせいだ。そんなことをやっている間にヨーロッパでは戦争が終結してしまうかもしれないし、中国の反日運動も激化するかもしれない。

つまり、暗に「このままではいけない。一刻も早く総攻撃を開始せよ」と煽《あお》っているわけだが、不思議なのはこの記事がいわゆる軍事常識から完全にかけ離れていることだ。どこが軍事常識と異なるのか？　それを理解してもらうには、日本の戦国時代の長篠《ながしの》城籠城戦〈1575年〈天《てん》正《しょう》3〉〉を思い出してもらうのが一番早いかもしれない。この時代から見ても三百年以上前の、しかも日本の戦いになんの関連があるのかと思われるかもしれないが、中国の孫子《そんし》が紀元前に「敵(彼)を知り己を知れば百戦危うからず」と言ったように、千年以上経っても変わらない戦場の常識はある。この場合は籠城の常識と言ってもいいかもしれないが、あの戦いは二〇二三年〈令《れい》和《わ》5〉NHK大河ドラマ『どうする家康《いえやす》』でも登場したので思い出していただきたい。武田勝頼《たけだかつより》率いる軍勢約一万五千が、織田信長《おだのぶなが》・徳川家康連合軍の最前線の城である長篠城を包囲していた。城兵はわずか五百だったが、長篠城は堅固な城で武田軍の猛攻もなんとか凌いでいた。だが兵糧《ひょうろう》も乏しくなり、このままでは落城してしまう。そこで城将奥平貞昌《おくだいらさだまさ》は、家康のいる岡崎《おかざき》城へ援軍を要請することにした。その使者を買って出たのが、鳥居《とりい》強右衛門《すねえもん》勝商《かつあき》だった。鳥居は夜陰に紛れて城を脱出し、武田包囲網をまんまと突破し岡崎城までたどり着いた。だが、帰り道で武田軍に捕らえられてしまった。勝頼は強右衛門を殺さず、それどころか城兵に援軍は来ないと言え、そうすれば命を助け、金を与えると言った。ところが強右衛門は承諾したふりをして城の近くまで行くと、「援軍は必ず来る」と大声で叫んだため、怒った勝頼に殺されてしまった。しかし強右衛門の言葉を聞いた城兵は勇気百倍し、ついに長篠城は持ちこたえた、という話である。

ここからわかる軍事常識とはなにか？　まず、包囲され補給を絶たれた城の兵士は、徐々に精神的にも物質的にも損耗し弱っていくということだ。ゆえに、このままでは落城しかないと城将奥平貞昌は考え、援軍要請に踏み切った。これが実現すれば兵士は希望を持ち、さらに何日か戦えるからである。もちろん、そういう籠城兵の常識は百戦錬磨の勇将である武田勝頼も熟知している。それゆえ強右衛門を殺さず籠絡して「援軍など来ない」という偽情報を城兵にもたらし、それによって士気をくじこうとしたのだ。結果的には失敗に終わったが、もし成功していれば長篠城は落城していただろう。だからこそ、勝頼の意図を命を懸けて阻止した鳥居強右衛門は英雄視されたのだ。

■「アメリカ人記者ブレース氏」の記事を転載した朝日の真意はなにか？

この常識を青島の戦いにあてはめてみよう。この戦いは、ドイツ軍から見れば青島要塞籠城戦である。つまりドイツ軍は「包囲され補給を絶たれた城の兵士」であり、「徐々に精神的にも物質的にも損耗し弱ってい」たはずなのである。なにしろ補給ができないのだから、食料も弾薬もどんどん減っていくし、医薬品にも限りがある。しかも籠城というのは、狭い場所に閉じ込められ行動の自由が利かなくなるということだ。相当タフな人間でも拘禁ノイローゼのような状態になることはおわかりだろう。ではこれに対する特効薬はなにかと言えば、「援軍が来る」という希望だ。援軍さえ来れば当然食料も弾薬も補給されるだろうから、事態は好転する。長篠城が絶体絶命のピンチを乗り越えられたのも、「たしかに援軍が来る」という情報を全員が共有したからだ。

では、青島要塞ではどうだっただろう？

まったく逆であった。主戦場はヨーロッパ戦線で、本来なら膠州湾を守るべきドイツ東洋艦隊の精鋭はヨーロッパへ派遣された（フォークランド沖でイギリス艦隊の待ち伏せを受け全滅したことは、すでに述べた）。肝心なのは、このとき少なからずの量の食料、弾薬、医薬品などを要塞備蓄のなかから持ち去ったであろうということだ。末端の兵士というのは、戦局全体を知らないことが多い。本能寺《ほんのうじ》の変《へん》のところでも述べたが、最高指揮官である明智光秀《あけちみつひで》は自分の軍団に「信長を殺せ」などという命令を発する必要は無い（むしろ、そんなことをしたら兵士のなかで従わない人間が出たかもしれない）。指揮官は詳しい説明抜きに、ただ「この寺を取り囲め。なかに居る人間は皆殺しにしろ」と命令するだけでいい。それで軍隊は動く。「上官の命令は絶対」だからである。もっとも、日露戦争の旅順要塞攻略戦で乃木希典大将が「白襷《しろだすき》隊」に攻略意図を説明したように、また日本海海戦で東郷平八郎大将が「Z旗」をあげて総員を激励したように、説明することによって士気が上がる場合もある。しかし、この青島要塞「籠城戦」ではそんなことは一切できなかった。籠城軍はドイツ本国から見捨てられたからである。その状況を上級士官だけが把握していて現場の兵士がまったく知らないというならまだいい。希望は無くても、絶望を認知できなければ人間はそこそこ戦えるからだ。しかしこれまでの説明でおわかりのように、おそらくは現場の一兵卒に至るまでドイツ軍は「援軍など来ない」ことをじゅうぶんに認識できただろう。繰り返すが、主戦場はヨーロッパであり自軍の精鋭はそちらへ派遣されてしまったのである。通常ならあり得ないことだが、この場合はドイツ軍すべてが「このままでは補給も無く、陥落の運命しかない」ことを熟知していたはずなのである。

ところが、この記事は「獨逸守備隊の士氣は益々振ひ」「神經過敏的狀態も今や醫せられ」「人は漸く日本の彈丸に馴れつゝあり」などと述べている。おわかりだろう。そんなバカなことはあり得ないのだ。

一方、「青島砲臺修築せられ益々堅固となり」というのは、あり得ないことでは無い。時間をかければ、どんな要塞でもコンクリートなどで固めて堅固にすることはできる。しかし、その建築資材にも限りがある。日本軍は逆に無限に補給ができる。籠城兵の士気をくじくにじゅうぶんな、この事実もドイツ兵にはわかったはずだ。何度も繰り返すが、主戦場はヨーロッパなのだから日本軍の補給をドイツ軍は妨害できない。

アメリカ人記者「ブレース氏」というのは、ほかの記録にも登場するから実在したことはたしかなようだ。のちにアメリカはイギリス側に立ってドイツに宣戦布告するが、この時期はまだ中立国であり、中立国であるがゆえに記者の代表が青島要塞内の取材もできたようだ。だからこの記事が書かれ、それを朝日は「アメリカは青島要塞攻防戦をこう見ている」という形で翻訳して紹介したのだろう。

しかし、わからない。ブレース記者は、なぜこんな記事を書いたのか？　戦場の常識から言って事実であるとは到底思えない。こうした場合、当然の話だが戦場を熟知した優秀なベテラン記者が派遣されるはずである。にもかかわらず、記事内容は戦場の常識にまったく反している。なぜこんな記事が配信されたのか？

アメリカの国策に沿う記事（つまり謀略）ではないかと一応は考えてもみた。この時期アメリカは日本の中国進出に強い警戒感を抱いていたから、膠州湾が日本の「モノ」にならないように日本の総攻撃を遅らせるべきだという記事を書いたのならば、話はわかる。結果的にこの第一次世界大戦は終結までに数年かかったが、それはこの時点で予測できることでは無い。戦争が早期に終結し「歐洲の平和を見」れば、日本は膠州湾を攻撃し占領する大義名分を失うから、「総攻撃はもっと遅らせるべきだ」という記事を書くなら納得できるのだが、中身はまったく逆である。

この記事に関しては、今後も検証していく必要があると思う。問題はこれ以降徐々に、この記事の影響としか思えないが「青島攻略総司令官神尾中将の作戦は慎重すぎる」という見方が日本に広まっていくということだ。朝日新聞がそういう見方が日本の世論になることを期待していたなら、もっと露骨に言えばそういう世論操作を意図していたとすれば、この記事をわざわざ転載したのも理解できる。しかし、じつはその後の朝日の報道を見ると、朝日は神尾中将の作戦に必ずしも異を唱えていたわけでは無い。たしかに、のちに朝日新聞社長となった青島特派員美土路春泥の記事中にある「血河屍山の總攻撃」という表現はあきらかに神尾批判で問題だが、それ以外の記事はそうでも無い。神尾中将が隙間無く砲台を構築し、重砲を多数配備して満を持して総攻撃を開始したのは、十月三十一日である。そして十一月七日早朝には、ドイツ軍は降伏した。

結果的に日本の戦死者は、戦後現地に建立された慰霊碑によれば、陸軍六百七十六人、海軍三百三十八人の計千十四人だが、海軍戦死者のうち二百七十一人は、十月十八日にドイツ水雷艇S90の捨て身の攻撃（のちにS90は膠州湾内で自沈）で撃沈された防護巡洋艦『高千穂』の乗組員であり、それを除けば海軍の戦死者はわずか六十七人で、陸軍も約一万五千人を失った旅順要塞攻略戦にくらべれば「ほんのわずか」である。神尾中将の作戦は、大成功に終わったと評しても間違いはあるまい。

そして、じつは朝日も総攻撃が開始された十月三十一日の翌日、十一月一日付の紙面で、神尾中将の作戦を高く評価しているのである。

■降伏した相手にまずかつて受けた指導に対する謝意を示した日本陸軍

一九一四年（大正3）十月三十一日に開始された日本軍の青島要塞総攻撃。これを『東京朝日新聞』は翌十一月一日付の紙面で詳しく報じているが、その内容は総司令官神尾光臣中将の作戦を高く評価するものだった。（以下〈　〉内は当該紙面からの引用）

まず見出しに、〈●總攻撃《そうこうげき》の幕開く　▽陸海から一齊の砲撃　▽青島《せいたう》の運命愈《いよ〱》　切迫す　‖戰地特報門司《もじ》發電‖〉とある。書き出しは、〈我青島攻圍軍の作戰は十月中旬に於ける降雨の爲故障を生じ一時は根本より變更さるゝに至らずやと悲觀せしめたるも（中略）愈三十一日天《てん》長節《ちゃうせつ》祝日の拂曉を期して壯烈なる總攻撃は開始されたり〉である。ちなみに天長節とは天皇誕生日のことで、当時の天皇（大正天皇）の誕生日は八月三十一日であったが、この日は暑く式典には不向きだということで十月三十一日も天長節として扱う、ということになっていた。

これは日本軍のあまりよくない習慣だと私は考えるが、天長節を期して総攻撃とか、紀元節《きげんせつ》に目標を陥落させるとか、とくに陸軍はこれ以降、天皇に関する祝日に作戦の重要な節目を持っていくという傾向が出てくる。それをよくないと私が思うのは、スケジュール的に無理な場合でも逆に日付に縛られて戦うことになってしまうからである。もっとも、この青島総攻撃については日程的に恵まれていたのでマイナスは無かったが、このやり方だと総攻撃などの日時が敵に予測されてしまうという問題も出てくる。それでも日本軍がこの習慣に固執したのは、やはり日本軍の総司令官は天皇であり、日本軍は天皇の御稜威《みいつ》（霊力）によって守られているという意識が強かったからだろう。当然それが高じれば「皇軍」は無敵であり、無謀な作戦も成功するという驕《おご》りにつながっていく。

しかし、このときの日本軍にはそんな驕りは微塵も無かった。総司令官の神尾中将は、合理的な頭脳の持ち主だったからだ。朝日の記事によれば、総攻撃前日まで敵の砲撃に耐え満を持して〈死せるが如き沈黙を守〉っていた攻囲軍は三十一日、号令一下砲撃を開始した。〈世界文明の粋《すゐ》を集めたる大砲は一齊に砲火を開けり砲聲《ほうせい》天地に震撼《しんかん》し硝煙曉霧を破つて山東《さんとう》の日色《につしよく》爲《ため》に暗澹《あんたん》たり〉という。最新鋭の大砲の集中砲火に天地を震わすような砲声が轟きわたり、硝煙であたりは昼なお暗い状況になったというのだ。

これに続いて記事は、〈▲堅固なる敵の防備〉と小見出しをつけ青島要塞の防備について触れているが、要塞の防備は朝日（つまり日本）が評価するほど堅固で無かった。この点は後で触れよう。この記事のポイントはもう一つ、〈●陥落は何《い》つか　▽新しき戰術の實現《じつげん》〉という項目だ。再三述べたように、それはじっくりと時間をかけ砲台を多数構築するという戦術である。そのことをこの記事は、〈我軍も決して猪突的《ちよとつてき》の悪戰を試みることなく飽《あく》まで最近の攻城戰術に規《のつと》り正攻法を行ふのであらう〉と述べている。もちろん、この「猪突的の悪戰」とは日露戦争の旅順要塞攻防戦において乃木希典大将が取った、いや取らざるを得なかった歩兵による突撃戦術を揶揄《やゆ》した言葉だろう。しかし、この記事は乃木戦術に対する単純な批判では無い。その証拠に、これに続く部分で〈今回の青島攻圍が旅順の場合と全く情況が違ひ敵は來援の望みなき孤軍であるから攻撃の戰略もそれに據《よ》り決して奇襲、强襲の如き火急なやり方を選ばないのである〉としている。先に紹介したアメリカのブレース記者はなにもわかっていなかった（わかっていないふりをしたのか）が、この朝日の特派員（署名は無い）はすべてわかっている。まさにそのとおりで、軍事常識もよくわきまえていると言えるだろう。だからこの記者自身の締めの言葉は、〈兎《と》に角《かく》一齊砲撃の開始は野戰的攻城戰が終りを告げ眞《しん》の攻城戰に移つたことを意味して居《ゐ》る〉であり、記事の最後の最後に〈某軍事通〉の〈此閒《このくわん》塹壕《ざんがう》に隱忍《いんにん》して輕擧猪突のはやり氣を押へた士卒は慥《たしか》に賞贊に値する〉という言葉を紹介していることでもわかるが、この記事はそういう命令を下した神尾中将の戦術を高く評価している、と言っていいだろう。

さらに十一月十九日付の同紙には、降伏した「敵の総大将」マイアー・ワルデック海軍大佐のインタビュー記事が掲載された。いわば、「敗軍の将、兵を語る」というべきものだが、彼も神尾作戦を高く評価しているのである。青島要塞に籠《こ》もっていたドイツ軍は、十月三十一日から始まった日本軍の総攻撃に、わずか一週間しか耐えられなかった。降伏したのは十一月七日の早朝で、それから要塞の明け渡しや捕虜となったドイツ軍人の移送も粛々《しゆくしゆく》と進められた。

印象に残るのは、初めて敵側のドイツ軍と同じ交渉のテーブルに着いたときに日本軍側がまず述べたのは、かつてドイツが日本の陸軍を強くするためさまざまな指導をしてくれたことに対する謝意であったことだ。まだドイツ帝国がプロイセン王国だった時代、日本の指導教官派遣要請に応じた陸軍参謀総長ヘルムート・カール・ベルンハルト・グラーフ・フォン・モルトケは、クレメンス・ヴィルヘルム・ヤーコプ・メッケル少佐を日本へ送った。陸軍大学校教官となったメッケルは、児玉源太郎ら後に日本陸軍の中枢となる人材を多数育成した。そのことが日露戦争を勝利に導いた、と日本陸軍は認識していたのである。ちなみに、この第一次世界大戦のヨーロッパ戦線でドイツ軍を指揮していたのはヘルムート・ヨハン・ルートヴィヒ・フォン・モルトケで、プロイセンのモルトケ参謀総長の甥《おい》である。伯父《おじ》を「大モルトケ」、甥を「小モルトケ」と呼ぶこともあるが、参謀本部システムを考案した名将の伯父にくらべ甥はいまいちだったようで、結局ドイツ軍を敗北させてしまった。

■青島要塞陥落後に「敗軍の将」が記者に語った神尾中将への絶賛

青島に話を戻すと、日本は大正天皇の「思《おぼ》し召《め》し」として、ドイツ軍最高司令官マイアー・ワルデック海軍大佐ほか数名の幹部将校に帯剣《たいけん》を許可した。通常、捕虜となった軍人はすべての武器を没収されて丸腰となるのが普通だが、このときは軍刀を帯びることを許されたわけで、「軍人」の面目《めんぼく》を認めた厚遇と言える。現在の日本ではこうした感覚がまったく失われたので少し解説しておくと、たとえば江戸時代の江戸城内を思い浮かべていただきたい。あれは現在ならホワイトハウスか首相官邸にあたる場所だが、登城している（かつて徳川と敵対した）外様大名《とざまだいみょう》も、大刀《たち》は預けているが殺傷能力のある脇差《わきざし》を帯びることが許されている。それは将軍から見れば「お前たちがそれを変な目的に使わないと信じている」から、「武士の面目が立つように帯刀を認める」ということなのである。前にも述べたことだが、逆に言えば大名が江戸城内で私事で刀を抜くということはそうした将軍の信頼を裏切ったということになる。だからこそ浅野内匠頭長矩《あさのたくみのかみながのり》は直ちに切腹を命ぜられても文句は言えないし、その裁きが結局刀を抜かなかった吉良上野介義央《きらこうずけのすけよしひさ》にくらべて不公平だとも言えないのだ。

こういう扱いを受ければ、昨日まで殺し合っていた相手でも悪い気はしない。正式にはドイツ膠州総督府《そうとくふ》総督だったマイアー・ワルデック海軍大佐は、早くも十一月十七日午前に日本の『薩摩丸』で門司港まで護送されたが、駆けつけた朝日新聞記者（これも名前は書いていない）は早速同船に乗り込み、〈上甲板を逍遥《せうよう》せる（拘束されていなかった）〉ワルデック総督に話しかけた（通訳を使った様子は無いから、記者はドイツ語が話せたのかもしれない）。以下、同紙に掲載された記事〈●ワ總督と語る　▽降伏の不可已《やむべからざる》を説《と》く〉によれば、まずワルデック総督の健康を記者が祝すと総督は感謝の意を示し、かつて日本を訪ねたことがあるが貴国の風光明媚なところは素晴らしいと絶賛した。これは半分外交辞令だろうが、本題に入ると総督が強調したのは〈青島の防備は之を要塞と云ふべからず單に防備地帯に過ぎざりき〉ということと、〈貴國（＝日本。引用者註）を敵に相戰はんとすることは予等《よら》の毫《がう》も豫期《よき》せざりし所なり〉ということである。ワルデックは「敗軍の将」だから当然そこには負け惜しみもあり、ドイツ帝国軍人として義務を果たせなかった点についても弁明をしなければならない。見落とされがちだが、民主主義国の軍人と違って「帝国軍人」は軍務に怠慢《たいまん》であると見なされたら、軍法会議で死刑のような極刑を科せられる可能性もある。その点を踏まえて見ていかなければいけないが、要するに彼は、①青島は要塞というほど堅固な基地では無かった。しかるに、②英、仏、露軍では無い精強な日本軍の想定外の攻撃を受けたためにやられてしまった。だから降伏は「不可已」だった、と主張しているのである。この主張は正しいのか、それとも軍法会議で罰せられないための逃げ口上なのか。

まず②については、おおむねそのとおりと言っていいだろう。欧米列強による中国進出は清朝の段階で一段落しており、ドイツは膠州湾を得た。その租借《そしゃく》権は渋々ながら中華民国も認めている。したがって、もし膠州湾が戦場となるならばそれは欧米列強同士の争乱によるものであり、本国が中国に近く軍の精鋭を派遣でき補給も心配無い日本との戦争はドイツにとっては想定外であったはずである。①についても、相当程度事実である。欧米列強同士「中国の分割」については「共存」が成り立っている。したがって、そもそも中国に展開している、ヨーロッパにある各国の精鋭とはまったく違う「二軍」に攻められる可能性も少ない。それでも万一攻められたときの用心をしておけというならば、ドイツ軍も「二軍」の装備でいいことになる。実際、ワルデックは青島の〈平常の守備兵員千八百名なりしも事實定員よりは二百名の不足〉があったため、急遽青島周辺在住の一般市民男子を徴兵して砲台の守りに就かせざるを得なかった。とくに大砲は熟練した砲兵が使用してこそ威力を発揮するが、かなりの部分素人がそれをやっていたということである。しかも肝心の大砲は、〈大部分は團匪《だんひ》事件の際分捕《ぶんどり》せしものと他は古き普佛《ふふつ》戰爭の際戰利品〉だったのである。なんと、義和団《ぎわだん》事件（１８９９年）や普仏戦争（１８７０年）の、しかも自国製で無く他国から分捕った旧式の大砲をそのまま防備に充てていたというのだ。まさに「二軍の防備」である。前半で「要塞の防備は朝日（つまり日本）が評価するほど堅固で無かった」と述べたが、根拠はこのワルデックの弁明である。

もっとも、最新鋭の大砲が無かったわけではない。要塞の中心のビスマルク砲台と灰泉角砲台には最新式の大砲が合計六十門、機関砲が百門装備されていた。しかし日本軍の攻撃は砲撃主体だったため、これら最新兵器も集中砲撃を受け〈殆《ほと》ど總《すべ》ては日本軍の猛烈なる射撃に逢ひ有効なるものは殘り甚《はなは》だ少く〉という状態になった。

最終的に戦いは、〈日本陸軍砲兵の猛烈なる射撃はイルチス、ビスマーク及び小湛山砲壘《しやうたんさんほうるゐ》に雨《あめ》霰《あられ》の如く注がれたるが其最も砲火を受けたるは中央と臺東《だいとう》諸砲壘にて殊に中央砲壘の損害著るしく一砲壘にて百の砲彈を受けたるものあり。されば守備兵は穴倉中に隱れたるのみにて如何にしても出る能《あた》はざりき〉という形で終わった。

おわかりだろう。もし日本軍がドイツ砲台に歩兵突撃などしたら多数の戦死者を出していたかもしれないが、神尾中将の砲台を構築し要塞を包囲し重砲を多数配備するという作戦は見事に効を奏し、ドイツ側は最新式の大砲もほとんど使えなくなり、日本砲兵の集中砲撃により戦うどころか塹壕から出てくることさえできなかったのである。

それればかりでは無い。ワルデックは、日本軍は勇敢だがそのぶん死傷者も「莫大」であると考え、〈之《これ》（＝死傷者。引用者註）を凡《およ》そ五六千と推定〉していた。ところが、実際には予想よりはるかに少なかった。そこでワルデックは、〈然《しか》るに其實《そのじつ》千七百の死傷に過ぎざりしは今更ながら戰鬪の巧《たくみ》なるに驚かざるを得ず〉と、日本軍を激賞しているのだ。これは同時に、総司令官神尾中将への絶賛に他ならない。要するに、敵も味方も神尾作戦を絶賛しているのだから、それが歴史の真実として定着していいはずなのだが、不可解なことにそれとはまったく違う見解が次第に日本国内で有力になっていくのである。

■新聞業界同様「戦争は儲かる」と味をしめてしまった出版界

第一次世界大戦では航空機、戦車、毒ガスといった新兵器が実用化されたが、その時代は戦争報道の分野でも日清・日露のころにくらべて格段の進歩があった。

それは、今日で言うグラフ雑誌（写真を主体とした雑誌）の普及である。戦場写真は昔からあり新聞にも必ず掲載されてはいたが、カメラもフィルムも精度は低く、そのわりには高価で写真が主体のグラフ雑誌に使えるようなものでは無かった。粒子が粗いため、拡大すれば写真というより「デッサン画」になってしまうからである。ところが技術の進歩はカメラを小型化しフィルムの精度を上げ、価格は下げた、印刷技術も進歩した。そこで、写真を中心とした雑誌が良質で採算が取れるものに変わった。ここに目をつけたのが、当時の大手出版社だった。

そもそも日本のマスコミ、いや大日本帝国の「歴史的な分岐点」である日比谷焼打事件で、マスコミの代表である新聞はどのように変化したか。『逆説の日本史 第二十六巻 明治激闘編』で述べたとおり、大衆に迎合するようになった。その具体的な迎合の中身とは、「戦争を煽《あお》ること」である。煽れば煽るほど読者は増え、収益を上げることができる。新聞はなにかと言えば号外(これは無料）を出し、それで本紙の購読者を増やして大儲けする、というビジネスモデルを確立していた。

当初は指をくわえて見ていたのが出版界である。新聞と雑誌は同じ印刷物ではあるが、雑誌は新聞にくらべて速報性が劣るため、速報よりも分析に重点を置くようになった。それは活字だらけになるということで、どうしても知識階級向けになるから部数の点では新聞には遠くおよばない。新聞のような薄利多売のビジネスは、出版界では無理だと諦めていたのである。

　ところが、ここに大橋《おおはし》佐平《さへい》という天才的な出版人が現われた。一八三六年（天保《てんぽう》6）越後《えちご》長岡《ながおか》の生まれで、藩を率いて新政府に最後まで抵抗した河井継之助《かわいつぐのすけ》（1827年〈文政《ぶんせい》10〉生まれ）よりは九歳下だが、佐平は材木商の息子だった。新政府に早くから恭順し地元で『北越《ほくえつ》新聞』を創刊した後、こうした稼業のほうが性にあっていたのだろう、上京し「博文館《はくぶんかん》」という出版社を起こした。ちなみに、社名の「博文」は伊藤博文から取ったと言われているが、その経営方針は一般大衆向けの教養物を大量印刷でコストを下げた廉価版とし、売り尽くしをめざして一気に販売するというものだった。このビジネスモデルは大当たりして、博文館は日本一の出版社にのし上がった。

　たとえば、日本初の総合雑誌『太陽《たいよう》』、本格的な文芸専門誌『文藝倶楽部』は同じ一八九五年（明治28）に博文館が創刊した雑誌である。『太陽』では後に天皇機関説をめぐって美濃部《みのべ》達吉《たつきち》と上杉慎吉《うえすぎしんきち》が誌上で論争したし、『文藝倶楽部』には泉鏡花《いずみきょうか》、樋口一葉《ひぐちいちよう》、国《くに》木田《きだ》独歩《どっぽ》といった錚々《そうそう》たるメンバーが寄稿している。

博文館は創業以来雑誌を事業の柱とし、高山樗牛が主幹の総合雑誌『太陽』（1895創刊）、巌谷小波編集の『少年世界』（1898創刊）、田山花袋編集の『文章世界』（1906創刊）などの大衆向け商業誌を次々に創刊。薄利多売で成功を収めた。さらに学術書、実用書なども刊行し一時代を築いたが、新興出版社が台頭すると勢いを失い、1947年（昭和22）に廃業した。写真は初代社屋（写真提供／毎日新聞社）

また「読んだことは無いがタイトルは誰でも知っている」当時の文壇の大御所、尾崎紅葉《おざきこうよう》の小説『金色夜叉《こんじきやしゃ》』、これ自体は『読売新聞』連載だが、主人公「間貫一《はざまかんいち》」に「来年の今月今夜のこの月を僕の涙で曇らせてみせる」と言わしめた恋敵「富山唯継《とみやまただつぐ》」のモデルは、なんと大橋佐平の息子で博文館二代目社長となった大橋新太郎だという。また「富山唯継」という名も、「親の山のような富（財産）をただ継いだだけの男」という意味だそうだ。ひょっとしたら読売新聞の博文館に対するライバル意識がこのあたりに秘められているのかもしれない。

こうして、さまざまな分野でヒットを飛ばした出版社博文館のドル箱となったのが、日清・日露戦争の写真入りの実録レポート『日清戰爭實記』および『日露戰爭實記』である。週刊では無かったが、現在のように新聞やテレビが一報した内容をもう少し詳しく知りたいという読者の欲求に応えたもので、第一号は一部十銭だったがこれだけで十万部を売り尽くしたという。もちろん日本が勝ち進むにつれて部数は伸び、博文館は莫大な利益を上げた。これで出版界つまり雑誌ジャーナリズムも、新聞業界と同じく「戦争は儲かる」と味をしめてしまったのである。

そこへ第一次世界大戦が始まり、大方の予想どおり日本は参戦した。言うまでも無く戦争は勝つ場合と負ける場合がある。日露戦争の場合はどちらに転ぶかわからなかったのだが、この世界大戦では日本がドイツに勝つことは確実に予想できた。じゅうぶんに準備をする時間もあった。幸いにして技術の進歩で日清・日露のころより遥かに質の高い報道写真を、一般大衆も手が届く値段で大量に印刷できるようにもなっていた。博文館はここぞとばかりに『歐洲戰爭實記』を大量印刷し、莫大な利益を上げようと策した。人間の社会の常識だが、儲かるとなれば真似しようという連中が必ず出てくる。具体的に言えば、他の出版社もグラフ雑誌を発行しておおいに儲けようとした。ここで『歐洲戰爭實記』はそれまでのライバルの新聞だけで無く、他の出版社発行のグラフ雑誌も競争相手とすることになった。一般的に「競争」と言えば、望ましいというイメージを誰もが持っているのではないだろうか。私もじつは昔はそう思っていた。どんな分野でも競争が盛んになれば「生産物」の質は上がり価格は下がり、いいこと尽くめだと考えていた。ところが、歴史を研究しているうちに必ずしもそうで無いことに気がついた。競争というものが、かえって社会へ悪影響をもたらすケースが長い歴史のなかにはあるということだ。じつは、人類全体の歴史のなかでも私の知る限り、この「日比谷焼打事件以後、昭和二十年までの日本マスコミ史」は、その典型的な例なのである。

■ドイツという強力なライバルの没落を正確に報道したロシアの新聞

そのことについて詳しく触れる前に、『歐洲戰爭實記』に掲載された日本の青島要塞攻略についての外国の反応を紹介しておこう。

「靑島《せいたう》陥落に對する世界の反響」と題した特集記事「歐洲戰爭實記（第九号）」である。世界各国の新聞が南京陥落をどのように評したか、順を追って紹介してある（以下、〈　〉内は同記事からの引用）。まず、同盟国英吉利（イギリス）の反応だが、『ロンドン・タイムス』紙は、〈比較的僅少の損害を以《もつ》て戰爭の目的を達したるを欣幸《きんかう》と爲《な》す〉と述べている。これは名指しこそしていないものの、総司令官の神尾光臣《かみおみつおみ》中将の戰略に対する絶賛に他ならない。さらに〈我聯合軍（＝英軍と日本軍。引用者註）は、十七箇年來の獨逸《どいつ》の事業を根柢より覆し、獨逸人の陰謀は茲《ここ》に極東より掃攘《そうじやう》せられたり。而《しか》して獨逸勢力の驅逐《くちく》は、啻《ただ》に北京《ぺきん》政府に對する獨逸の威望《ゐぼう》を打破したるのみならず、更に支那の境域を超え、亞細亞《あじあ》全土を通じて印度《いんど》、更に或は埃及土耳其《えじぷととるこ》の遠きに亙《わた》る獨逸の信用と勢威を減削せんこと必せり〉と続けている。現代語に訳すまでも無いとは思うが、要するに「ドイツの勢力は中国だけで無く、インド（印度）やエジプト（埃及）やトルコ（土耳其）でも失墜した」。つまり、ドイツ皇帝ヴィルヘルム2世によって画策された「3B政策」、つまりBが頭文字のベルリン、ビザンティウム（イスタンブール）、バグダッドを鉄道で結びドイツの勢力範囲とする政策が破綻した、と快哉《かいさい》を叫んでいるのである。

また同じ英紙の『イヴニング・スタンダード』紙は、とくに神尾戦略について〈我同盟軍は戰術上三箇月を要すべしと豫期《よき》せられたる要塞を、僅《わづ》か二三週間にして攻略せり。而して其《その》損害は僅に數百の戰死者に止《とど》まれりと云ふ。該《がい》要塞が、三千の獨逸兵に依りて防禦せられ、且最近戰術の許す有《あら》ゆる設備を有するに鑑みる時は、其成功たるや殊《こと》に顯著たりと云ふべし〉と、これも絶賛している。たしかにドイツ側のワルデック大佐の「弁明」にあったように、青島要塞はこの記事の言うようにすべてが最新鋭だったわけでは無いが、それでもビスマルク砲台には最新鋭の大砲が配備されていたから、この評価は妥当なものと言っていいだろう。

さらに記事は、〈日本軍は最も激烈なる戰闘に得意なりと云ふの外《ほか》、今次の戰爭に於《お》ける、周《しう》密《みつ》なる獨逸の努力に対しても、之に打勝《うちか》つの素質を有することを證《しよう》するに足《た》る〉と続けている。「日本軍と言えば、日露戦争における旅順攻防戦のように激しい戦闘にはとくに強いという定評があったが、今回青島要塞攻防戦においては精密な作戦を立案し実行する能力もあることを証明した」ということだ。これも神尾戦略に対する高い評価と言っていいだろう。神尾戦略については『ウエストミンスター・ガゼット』紙も、〈日英両軍は、稱揚《しようやう》すべき思慮分別を用ひて青島包圍を行へり。卽《すなは》ち無益に士卒《しそつ》を犧牲とすることなく（中略）其明晰なる頭腦を以て頗《すこぶ》る巧みなる攻圍戰を行ひ、終《つひ》に獨逸に重大なる打擊を與《あた》へたり〉と述べている。

そして今後の日本の採るべき道については、『マンチエスター・ガーヂアン』紙が、〈日本が戰後之（＝占領した膠州湾。引用者註）を支那に還附して、其對支政策に對する支那一般人心の疑惑を氷解せしむるならんと信ず〉と述べているのが注目される。「信ず」とあるのは、これが論理的予測であるというよりは希望的観測つまり「こうあって欲しい」であるからだろう。だが、日本はさまざまな理由により、その道を行かなかった。「何故そうしたか」というのがこれから先の重要なテーマだが、ここではこの時点で「同盟国」イギリスは中国への無条件での膠州湾返却を望んでおり、その期待を日本は結果的に「裏切る」ことになっていくことを認識しておいていただきたい。

続いて露西亜（ロシア）だ。日本の同盟国イギリスと違って、日露戦争で中国の利権を取られたロシアにとって、日本の勝利は愉快では無い。だから神尾戦略に対する絶賛などの評価は無いが、それでもこの勝利がなにを意味するかについては客観的に正確に報じている。

『ダリヨカヤ・オクライナ』紙は、青島陷落を〈卽ち獨逸の太平洋沿岸に於《おけ》る最大有力なる根據《こんきよ》地《ち》の喪失にして、是れ單《たん》に軍事上に止まらず、國際政局上最も重大なる價値《かち》を有せり。之を以て獨逸は極東に殖民地を領有する列强の仲間より永久に抹殺せられたり〉と述べている。他の露紙もこの点を強調している。感情的には不愉快で日本を褒める気にはならないが、ドイツという強力なライバルが没落したという事実は事実として正確に報道するということだろう。それはロシアにとっての国益でもあるからだ。

米国（アメリカ）はどうだろう？『紐育（ニューヨーク）タイムス』紙は、むしろドイツに同情的である。たしかに青島陥落自体については〈カイゼル（＝ドイツ皇帝ヴィルヘルム2世。引用者註）は、之に依つて極東に於ける根據地を失ひ、日本軍は正《まさ》しく此大戰に於ける最初的勝利を得たる名譽《めいよ》を博したるなり〉と客観的な評価をしているものの、神尾戦略に対する評価は一切無く、逆に〈獨軍の抵抗は遖《あつぱ》れ剛勇を示したりき〉と高く評価している。具体的には、〈彼等は、膠州灣に於て、佛蘭西《ふらんす》に白耳義《べるぎー》に、將又波蘭《はたまたぽーらんど》に戰ひし如く戰ひたり。而して、彼等は其征服者に砲臺《ほうだい》の小部分を渡せるのみ。海陸の攻撃軍に威嚇せられざりし砲臺は、防禦軍に爆破され、猶《なほ》港内の軍艦も破壞せられしとの報あり〉としている。大砲など退却の際に持って逃げられないものは、敵軍に利用されないように破壊するのが戦場の常識であり、軍艦も同様である。したがって、これらの行為は剛勇であったことの証拠にはならない。そして実際には、ドイツ軍が大陸における長い歴史のなかでフランスやベルギーやポーランドと戦ったように勇猛に戦ったという事実は一切無かった。実際には完璧に包囲され、日本軍の猛攻の前にわずか一週間程度で降伏した。とても「あっぱれ！」と言えるような状況では無かった。先に『東京朝日新聞』に転載されたアメリカの「ブレース記者（ファーストネームは不明）」の記事を紹介したが、この記事も要塞籠城中のドイツ兵は意気軒昂だったように書いており、私はこの記者が能力に欠けるためそう書いたと思っていたが、ニューヨークタイムスまで同じ書き方をするところを見ると、そうではないようだ。つまり、アメリカの新聞がドイツ軍の勇猛さだけを一方的に強調し、それを叩きのめした神尾戦略をまったく評価の対象にしていないのは、根底に共通する理由があるということである。

■「日本は中国に領土的野心を抱いているのではないか」という米紙の懸念

ドイツが中華民国から租借していた膠州湾の中心基地青島要塞を日本が陥落させたことについて、ジャーナリストあるいはマスコミが報ずべき点は三つあったと私は考える。

第一に、これでドイツは中国への足掛かりを完全に失い、植民地獲得によって大国をめざす欧米列強の一員から脱落したことだ。第二には、そのドイツに勝った日本の戦略が日露戦争などにくらべて洗練され、強力なものになったという事実である。そしてここまでは事実だが、第三として日本がとりあえず占領した膠州湾が今後どうなるかについて予測をすることも、きわめて重要であった。いわゆる「今後の見通し」というものだが、これには単純な論理的予測だけで無く、希望的観測の要素が入る場合があるので注意しなければいけない。決して難しいことでは無い。「こうなるだろう」という事実に基づいた冷静な予測と、「こうあって欲しいという」事実を無視した願望とはまったく違う、ということだ。それでも人間のやることだから、どうしても後者の要素は入ってくる。

この三点について各国の報道を比較してみると、第一点については日本に好意的なイギリスも、そうでは無いロシアや他の国もしっかりと報道しているのだが、第二点については、先に紹介したようにアメリカの報道はかなり問題がある。いわば偏《かたよ》った見方なのである。公平に見て、日本側の総司令官神尾光臣中将が取った作戦は兵員の損傷を最小限にして最大限の戦果を挙げた見事なものであったが、アメリカの報道にはこうした視点が見られない。そして神尾戦略が上手くいったのは、ドイツ軍がまったく補給を受けられないなど日本軍にとって幸運があったからであり、それゆえドイツ軍の戦意も高まらず「敗れるべくして敗れた」。それが真実なのに、アメリカの新聞は客観的な報道で定評のある『紐育《ニューヨーク》タイムス』紙もその他の各紙も、ドイツ軍が勇戦敢闘したように書いている。そのなかには、先に紹介した青島要塞内の取材を許された記者の記事もあるから、これは事実誤認というより一種の捏造《ねつぞう》報道だろう。

では、第三点については米紙はどう述べているか。

ヘラルドは、日本が如何《いか》に速《すみや》かに青島《せいたう》を還附《くわんぷ》するやは、是を今後に見ざるべからざるも、公平なる推測としては戰亂《せんらん》の終局迄之を支配すべしと論じ、ジヨルナルは、日本が相當《さうたう》の期間内に、容易なる條件を以て青島を還附し以て米人の誤解を釋《と》き且《か》つホブソニズムの毒牙を抜き去るを望むと述べ、トリビユーンは、若《も》し獨逸《どいつ》にして歐洲《おうしう》に敗るれば、血を以て青島を贖《あがな》ひ、且戰後國際的地位を昂上《かうじやう》し、殆ど東亞《とうあ》の全局を左右すべき日本が、果して無報酬にて満足すべきや。云々《うんぬん》と論じたり。

（『歐洲戰爭實記《おうしゆうせんそうじつき》』博文館刊）

少しわかりにくいが、要するに『ヘラルド』紙は「日本がドイツから奪った形の青島を、本来の持ち主である中華民国にすみやかに返還するかどうかはわからないが、公平に見てこの戦争がすべて終了するまでは占領し続けるだろう」と予測し、『ジャーナル』紙は、希望的観測として「近い将来、日本が難しい条件をつけずに青島を返還することが望ましい。それはアメリカ人の（日本は中国に対して大きな領土的野心を抱いているという）『誤解』を解くことにもなり、結果的に帝国主義の方向性を転換することにもなるだろう」と述べているわけだ。ホブソニズムのホブソンとは、以前紹介したことがあるがイギリスの学者でレーニンよりも早く『帝國主義論』（1902年）を書いたジョン・アトキンソン・ホブソン（1858〜1940）のことだろう。もっとも、ホブソンの思想（ホブソニズム）は帝国主義そのものには批判的なのだが。

お断わりしておかねばならないのは、これは当時のアメリカの新聞各紙を博文館の記者が要約したもので、原文にあたったわけでは無いので、極端なことを言えば正確であるかどうかも保証の限りでは無い。それに仮に訳文が正確であったとしても、膨大な記事のなかからどの部分を取り出すかによって読者の印象はかなり変わってくる。そこでまず内容の正確さについてだが、それはかなり信頼していいと私は考えている。この時代になると、明治とくらべて英文を読める日本人も現地に滞在している日本人も格段に増えている。いい加減なことを書けばそれを批判する人間が必ずいるはずだが、いまのところ私もそれは確認できていない。そして、要約の中身もかなり的確であると私は考えている。つまり、当時のアメリカには広く「日本は中国に対して深い領土的野心を抱いているのではないか」という懸念があったということだ。そして、アメリカにそう思わせる原因は日本にあったことは、すでに述べたとおりだ。日露戦争のとき、日本はアメリカから外交的・財政的にさまざまなサポートを受けた。それが無ければ勝利は無かったかもしれないし、有利な講和(ポーツマス条約)は確実に無かっただろう。もちろん、アメリカは純然たる好意だけで日本を応援したのでは無い。南北戦争のために中国への進出が遅れてしまい、あわてて中国への「門戸開放宣言」をしたのも、列強間の中国の利権獲得競争に本格的に参加するためであった。日本勝利の直後にアメリカの「鉄道王」エドワード・ヘンリー・ハリマンが来日し、南満洲での鉄道共同経営を申し入れたのもそのためである。しかし日本は、一度は桂－ハリマン協定を結びながら破棄してしまった。それはアメリカのモルガンからもっと条件のいい話があったからだという説もあるが、最終的には日本はアメリカを南満洲から締め出す形を作ってしまった。「アメリカのおかげで勝利し、南満洲鉄道の権益を得たにもかかわらず」である。

つまり、一九〇五年の頃からアメリカは日本に裏切られたという思いと、騙《だま》されたかもしれないという懸念を抱いていたのである。それはこの日本側の仕打ちを見ればあきらかなことではないか。だからこそアメリカは（じつはイギリスも）日本がこの第一次世界大戦に勇躍して参戦したとき、これは日本の領土的野心を満たすための参戦であると感じたのである。それゆえアメリカは、できるだけ早く難しい条件もつけずに日本が中国に膠州湾を返還することを望んでいたのである。そして、そうしたアメリカ人の思いは国際的センスのある記者なら誰でもわかることだから、この博文館の記者は「アメリカ人はこう思っている」という部分を重点的に紹介したのだろう。その内容を一言でまとめれば、「日本は果たして無報酬（膠州湾無条件返還）で満足するだろうか？」ということだ。

■「驕傲無禮」どころか至極まっとうな主張を述べていた『上海マーキュリー』紙の記事

そうした危惧を一番強く抱いていたのは、言うまでも無く膠州湾の本来の持ち主、中国である。そこで、この『歐洲戰爭實記』の「支那」の項目を見てみよう。まず冒頭に、「青島占領に關《くわん》する支那新聞の論調は、概《おほむ》ね驕傲無禮《けうがうぶれい》にして、中には殆ど獨逸人の口吻《こうふん》を聞くが如き感あるものすらあり」と述べている。いかにも感情的だが、この時代の日本人は袁世凱政権下で起こった「南京事件」に対して強い憤《いきどお》りを感じていたということを思い出していただきたい。しかし、そういう前置きをつけた記事を実際に読んでみると中身は決してそうでは無い。たとえば、

北京デーリー・ニユースは、その社說に於て論じて曰く、靑島陥落の結果、開戰以來支那人心に蟠《わだかま》りたる緊張の念減殺するに至るべきは疑ひを容《い》れざる所なり。去りながら、日本の行動は此後益《ますます》注視せらるべきに付《つき》、飽迄《あくまで》對獨最後通牒の趣旨を恪守《かくしゅ》し、支那人の疑惑を一掃せん事を望む膠州灣を支那に還附し、平和を確保せば、日本は必ずや支那國民の好意を受くるを得《う》べし。

話は前後するが、大隈重信内閣が参戦つまりドイツに対する宣戦布告をする前に、じつは最後《さいご》通牒《つうちょう》なるものを突きつけていた。後で詳しく述べるが、日露戦争に日本を導いた「陸軍の法王」山県有朋ですら、参戦には慎重だった。膠州湾では勝てるだろうが、肝心のヨーロッパ戦線でドイツが負けるとは限らないからである。伊藤博文などにくらべればはるかに積極戦争論者である山県も、幕末の激動を潜《くぐ》り抜けてきた古強者だ。戦争の恐ろしさはよく知っている。しかも前にも述べたように、イギリスは日本の参戦を積極的に望んでいたわけでは無い。イギリスも日本の領土的野心を疑っていたからだ。そのため、大隈内閣では世論を味方につける目的もあって、いきなりの宣戦布告では無く、「ドイツよ、膠州湾から兵を引け。日本はドイツが膠州湾を中国に返還することを望んでいる」という形で最後通牒を突きつけたのである。そして一週間待ったが、ドイツがおとなしく兵を引くはずが無い。それは予測されたことであったが、せっかく平和裏に

物事を解決しようと最後通牒を出したのに、拒否されたのでは仕方が無いという形で参戦が正当化される。この間、大隈内閣では最大の参戦推進派であった加藤高明外相が準備を急ぐなか、大隈首相は宣戦布告を実行し、一方では得意の弁舌で「これは領土的野心の発露では無い」と言い続けた。もちろん、中国もその経緯については熟知している。だから『北京デーリー・ニュース』紙は、「飽迄對獨最後通牒の趣旨を恪守し、支那人の疑惑を一掃せん事を望む」と書いたのだ。この記事には、その他三紙（『北京ガゼット』『黄鐘日報』『上海マーキユリー』）の記事も訳出紹介されているが論調はほぼ同じで、博文館の記者が〈最も冷静穏健に論じたるもの〉と評した『上海マーキユリー』紙の記事の結びは次のようになっている。

日本は青島を支那に還附すべしと誓約せり。吾人は、日本が必ずや、出來得る限り速かに、其約を履むに至らんことを信ずる者なり。日本が青島還附に對し、代償を求むべきは疑ひなし。若し日本にして賢明ならんには、其要求は、千八百九十七年の獨逸の夫れに比し、遙かに寛大のものならん。日本の最良の報酬は、支那の好意と、之より生ずる日支貿易の増進中に發見されん。

（引用前掲書）

改めて訳すまでも無いだろうが、あえて訳せば「日本は内外に、青島を攻める目的はそこを中国に返還させるためであり、領土的野心は無い、と表明している。われわれ中国人はそれを信じている。もちろん、日本がなんらかの代償を求めることは避けられないだろう。だが、もし日本が賢明であるならば、膠州湾返還についての代償は、一八九七年の膠州湾事件でドイツが求めたきわめて悪質なものにくらべ、はるかに寛大なものにすべきである。そうすれば日本は中国の好意を得て、そこから生じる日中貿易の多大な利益にあずかることができるだろう」というものだ。至極まっとうな意見であり、日本がこの後そのようにしていたら、支那事変（日中戦争）も無かったかもしれないと思わせるほどのものである。ただ注意すべきは、これらの記事が「概ね驕傲無禮」という前置きの元に紹介されていることである。ほかの二紙の記事も読んでみたが、そんなところは少なくとも私は微塵《みじん》も感じられなかった。それなのにこうした「見出し」をつけざるを得ない、褒《ほ》め言葉を見出しにつけると日本人が記事を読まなくなる、という傾向があったのかもしれないと危惧される。じつは、「驕傲無禮」なのは他ならぬ日本人のほうだったかもしれないのである。

たしかに、中国だけでは無く朝鮮半島も含めて自主的な西洋近代化に失敗した。それは朱子学という亡国の哲学に毒されていたからである。これまで何度も繰り返したことだし、拙著『絶対に民主化しない中国の歴史』（KADOKAWA刊）でも詳細に触れたから興味のある方はそちらを見ていただきたい。肝心なのは、朱子学という「毒」に染まると西洋近代化などというものは「悪」で決して実行してはならない、と考えることだ。小銃も大砲も西洋式にしなければ欧米列強には勝てない。それなのに、火縄銃《ひなわじゅう》や青銅砲《せいどうほう》にこだわるということになる。日本もこの朱子学の毒にやられていた。それを吉田《よしだ》松陰《しょういん》や渋澤栄一《しぶさわえいいち》などがうまく「解毒《げどく》」して近代国家になれたのだが、日本人の悪い癖で昔のことをすっかり忘れてしまい、いつまでたっても近代化できない中国人や朝鮮人をバカにするようになった。そしてその傾向は、日露戦争の勝利などでますます強くなっていたのである。

■「支那事変」を「日華事変」と言い換え歴史を改変し破壊する「差別語狩り」

ここでちょっと用語の問題を整理しておこう。

とくに、中国の国号に関する問題である。これについては、『逆説の日本史 第一巻 古代黎明《れいめい》編』を書き始めたときにすでに「原則」として述べているのだが、考えてみればそれを書いたのはもう四半世紀以上前である。二十代の読者ならばほとんど生まれてもいないだろうし、三十代でもまだ子供だった時代である。この連載の当初からの愛読者ならば繰り返すまでも無いだろうが、これだけ時間がたつとそういうわけにもいかないので、もう一度確認しておきたい。

たとえば、この時代に大日本帝国は一貫して中国のことを「支那」と呼んでいた。この「支那」という言葉をいまだに差別語扱いする向きもあるが、これは決して差別語では無い。これも前に説明したことだが、中国の最初の王朝は秦《シン》だったため、ローマ帝国では中国のことをCHINA（チーナ）と呼ぶようになった。これはローマ帝国の国語であったラテン語の発音で、英語では同じ綴《つづ》りだが発音はチャイナになった。そのうち中国はヨーロッパ人が自分たちのことをそのように呼んでいることに気がつき、中国にはカタカナ（表音文字）が無いので発音に見合う漢字を当てた。しかし、これも繰り返し述べたことだが、中国人は「悪癖」を持っている。自分たちが「中華の国」つまり世界の中心にいる文明人だというプライドがあるので、周辺地域に住む人間をバカにして「邪《や》」馬台国《またいこく》とか「卑《ひ》」弥呼《みこ》とか、わざわざ悪い意味をもった字を当て字に選ぶのである。「モンゴル」もそうで、この発音は尊重するのだが、それに対して当て字をする際わざわざ「蒙古《もうこ》（無知蒙昧《むちもうまい》で古臭い）」という字を選んだ。

しかし、「支那」の場合は中国人自身がシナという言葉に当て字をしたのだから、悪い字を選ぶはずが無い。この両方の字には差別的意味はまったく無いのである。それなのに、若い人には信じられないかもしれないが、かつてはこれが差別語だという誤った説が一部のインチキ歴史学者どもによって唱えられ、それを鵜呑《うの》みにしたテレビ局が歴史的用語である「支那事変」という言葉を使わないようシナリオライターに強要し、結果的に歴史ドラマなのに「日華事変」と言い換えさせられていた。同じ時代、テレビやラジオのニュース番組で北朝鮮のことを報じるときも、アナウンサーは必ず「北朝鮮、朝鮮民主主義人民共和国」と言わねば上司に叱《しか》られた。韓国《かんこく》も本当は大韓民国なのに、「韓国、大韓民国《だいかんみんこく》」とは同じニュース番組では決して言わなかった。

注意して欲しいのは、これは歴史上の事実としてあった「差別語狩り」とは違うものであるということだ。差別語狩りというのはかつて視覚障害者を指す「メクラ」などという言葉を差別語とし、それを歴史から抹殺しようという一大運動である。私もいまは視覚障害者というちゃんとした言葉があるから、ことさらにこの言葉を使おうとは思わない。だが、この言葉はそもそも「目暗」すなわち「目の前が暗い」という意味であって差別的な意味は無く、それゆえかつては「めくら判《ばん》」とか「めくら縞《じま》」という派生語が普通に使われていたのだから、少なくともその時代の歴史を語る場合は使わなければいけない。また、昔の時代を描いた文芸作品や映像作品には登場させるべきなのである。江戸時代の人間が「視覚障害者」などという言葉を使うはずがないからだ。

ちなみに、江戸幕府は彼らを保護するために通常は認めない高利貸の営業を彼らには認めていた。だから「めくら金《がね》（金融の意味）」という言葉もあった。幕末の英雄勝海舟《かつかいしゅう》は将軍の家来である旗本《はたもと》だが、三河《みかわ》以来の旗本では無い。それどころか、この「めくら金」で一代にして巨万の富を築いた男が子供のために「旗本株（旗本の家に養子に入る権利、金銭で売買されていた）」を買い、それで旗本の身分を獲得した家柄の子孫である。こういうことを知っていれば勝海舟の破天荒さも、三河以来の旗本が彼をどんな目で見ていたかもわかるだろう。それが歴史の探究ということだ。「差別語狩り」は歴史の改変どころか歴史の破壊であり、学問の本義にも反するものだが、それを一部の歴史学者たちが先頭に立って文豪谷崎潤一郎《たにざきじゅんいちろう》の名作ですら「差別語を使っているのだから図書館から追放すべきだ」などというバカな運動をやり、それを左翼マスコミが支持し応援したというのが、かつての日本の姿であった。

そうした流れのなかで本来差別語では無い「支那」が差別語とされ、支那事変という歴史用語が使えなくなった。若い人は驚くかもしれないが、これも実際にあった「歴史的事件」である。もうおわかりだろうが、仮にシナが差別語であったとしても当時使われたのは事実なのだから、歴史を語るときはそれを使わなければならない。これから先の話になるが、「大東亜《だいとうあ》戦争」という用語もそうだ。昭和前期に始まった現在は「太平洋戦争」と呼ばれるこの戦争は、実際にはアメリカだけで無くイギリスなど連合国に対する戦争であった。太平洋で日本が戦ったのは主にアメリカだから、アメリカはこの戦争を当初から太平洋戦争と呼んでいたが、実際には日本はインドまで戦線を拡大していたのだから太平洋戦争という呼び方は的確では無い。やはり「支那事変」のように、「大東亜戦争」と呼ぶべきなのである。その当時の日本人はそう呼んでいたのだから、歴史的事実として尊重すべきだ。歴史の探究とは、まず当時実際はどうであったか事実を正確に確定するところにある。それに対する分析評価は、事実の正確な確定ができてから後の話だ。ところが、これについても「アジア太平洋戦争」などと言い換えが行なわれている。新しい用語を作るなとは言わない。しかし、まずは当時実際に使われた言葉を尊重すべきだろう。別に大東亜戦争という言葉を使用したからといって、当時の大日本帝国の政策である大東亜共栄圏の確立を支持したことにはならない。ところが、こんな本来なら中学生でもわかるはずのことがわからない人々たちがどうも存在するようだ。このことについては、いずれ詳しく語ることになるだろう。

■「植民地獲得レース」でドイツを追い抜き「金メダル」を狙える位置につけた日本

話を一九一四年（大正3）十一月の時点に戻そう。

この時代、日本は朝野を挙げて中国を「支那」と呼んでいたのは事実なのだから、言い換えてはいけない。これまでたびたび引用した博文館の『歐洲戰爭實記』のように、当時の史料に「支那」と書かれている場合はそのまま使うことに私はしている。それが歴史を探究するということだからだ。しかし、史料の引用では無く私自身の文章でこの時代の中国を語るならば、それは「中華民国」あるいは略称として「中国」にしなければならない。この時代の中国が中華民国であったことも歴史的事実なのだから。

ところが、ここから話は微妙になるのだが、支那という言葉自体には差別的意味は無いものの明治後期から大正そして昭和前期にかけて、当時の日本人が支那という言葉を差別的に使ったのは事実である。中国は辛亥《しんがい》革命（1911年）の後に国号を「清」から「中華民国」と正式に改めたのだから、以後その国のことを呼ぶ場合は中国と言うべきなのである。

この原則は二〇二四年の現在もまったく同じで、大陸にある北京を首都とするあの国家は中華人民共和国と国号を定め、しかもここが肝心だが日本はそれを外交的に承認しているから、客観的な文章で語る場合はやはり中国とすべきなのである。感情的に言うなら私はあの国の行動は不愉快だし、共産党政権は早く潰れるべきだと思っている。そのほうが中国人のためになるとも思っている。しかし、だからと言っていま「あの国」を中国と呼ばず、ことさらにシナとかチャイナとか呼ぶのは、たしかに「シナ」とか「チャイナ」という言葉自体に差別的意味は無いものの、問題であると思っている。繰り返すが、われわれの民意によって選ばれた日本国政府が中華人民共和国を外交的に承認しているのだから、少なくとも国号に関しては「中国」と呼ぶべきなのである。「あんな国、中国なんぞと呼びたくない」という気持ちはわかるが（笑）、そういうことを言い続けて中国側が「ではわれわれもお前の国が日本（日出《ひい》づる国）などという仰々《ぎょうぎょう》しい国号を名乗るのを許さない」などと言ってきたらどうするのか。またこれも前に述べたことだが、日本を外交的に承認しているはずの韓国の一部マスコミは、いまだに「天皇」を「天皇」と呼ばず「日王《イルワン》」と呼んでいる。これは朱子学に基づく中華思想によるもので、「日本の如き小国が『国王』よりも格の高い『皇帝』の『皇』の字を使うのは許せない」という差別感情の発露だ。だから私は昔から断固抗議しているし、韓国人も日韓友好を本気で進める気持ちがあるなら、この点を真っ先に改めるべきだ。立場を逆にして考えればわかることだが、私が「韓国など小国で人口も日本の半分しかない。だから元首が大統領などというのは片腹痛い。〈小統領〉などと呼べばじゅうぶんだ」などと言ったら、どんな気がするか、それと同じことを、いまの韓国人はやっているのである。これは改めるべきことだということはおわかりになるだろう。同じことで、現在の中国をシナとかチャイナなどと呼ぶべきではない、もちろん、思想上の理由であえてそう呼びたいというならばその気持ちは尊重する。あくまで思想は自由であるべきだからだ。しかし、歴史家としての私はそういう態度は取らない。少し長くなったが、これが私の歴史家および著述家としての原則である。

以上、『逆説の日本史』シリーズではもうすでに何度も述べた原則であるが、新たにまとめて述べた。あえてそうしたのは、冒頭に述べたようにこの原則を述べてから何年も月日が経ったということもあるのだが、最大の理由はいま述べている青島要塞が陥落した一九一四年十一月の時点で日本人の「民族感情」がどのようなものであったか、実感してもらいたかったからである。早い話が、当時の日本人は「天皇を日王としか呼べない」きわめてレベルの低い、外交的にも問題のある一部の韓国マスコミと同じレベルだったということだ。もちろんそうなってしまったのには長い経緯があるが、一言で言えばそれは朱子学という亡国の哲学のなせる業である。この悪影響からなんとか脱し、近代化に成功した日本人は、朱子学の呪縛を自力で解くことができず簡単に近代化できなかった朝鮮人や中国人を軽蔑するようになった。勝海舟は「日中朝の三国が団結して欧米列強の侵略を跳ね返すのが本筋だ」と主張し、日本の草創期には朝鮮人のおかげで国土建設がスムーズに進んだなどという実例も紹介し、なんとかこの路線を発展させようとしたが失敗した。それは勝海舟の責任では無く、あまりにも朱子学の説く祖法《そほう》にこだわり近代化の道を進むことができなかった中国人、朝鮮人のせいなのだが、それであるがゆえに最初は朝鮮の自力近代化を応援していた福澤諭吉《ふくざわゆきち》も絶望し、「脱亜入欧《だつあにゅうおう》」すなわち「欧米列強クラブ」への、孫文の言葉を借りれば「西洋の覇道《はどう》」への加入をめざした。別の言葉で言えば帝国主義、とくにアジアにおける植民地獲得競争への参加である。

その分岐点となったのが日露戦争であった。桂太郎内閣は日本と同じくアジアへの「参入」が遅れたアメリカのフィリピン領有を支持し、その代わりに日露戦争への応援を獲得して南満洲に足がかりを築いた。そして第一次世界大戦の青島の戦いにおいて、欧米列強の中国からの植民地獲得レースにおいて白人国家では最下位を走っていたドイツを追い抜き蹴落《けお》とし、ようやくほかの列強に追いつき追い越し、「金メダル」を狙える順位に入ったのである。

問題は、その取っ掛かりとなった第一次世界大戦という「レース」への参加にあたって、時の大隈重信内閣は「中国への領土的野心は無い」、日露戦争のとき世話になった同盟国イギリスへの恩返しだという立場を表明して、このレースに参加つまりドイツに宣戦布告した。もちろん、その表明を一〇〇パーセントまともに受け止めていた国はいない。戦場となった中国つまり中華民国も日本が膠州湾をドイツから奪い、それを「人質」にしてなんらかの領土的要求をすることは覚悟していた。それはすでに紹介した中国の各紙が予想していたところでもある。しかし、実際はこの先大隈内閣は領土的野心を剝き出しにしたとしか思えない主張を中国に突きつけることになる。なぜそんなことになったかと言えば、最大の理由はこの時点における日本人の中国人に対する差別感情にある。人間は感情的動物だからである。

■戦勝後に変化していった神尾中将の戦略と功績に対する評価

青島要塞攻略戦において日本側の総司令官神尾光臣陸軍中将が取った作戦は、兵員の損傷を最小限にして最大限の戦果を挙げた見事なものであった。この点については、『東京朝日新聞』も神尾中将の作戦を日露戦争の乃木希典大将の作戦とくらべて「猪突的の惡戰を試みることなく飽まで最近の攻城戰術に則り正攻法」を取ったと評価しているし、「敗軍の将」マイアー・ワルデック海軍大佐も朝日記者のインタビューに「（日本側の戦死者が）其實千七百の死傷に過ぎざりしは今更ながら戰闘の巧なるに驚かざるを得ず」と答えている。一方、アメリカの各紙が「ドイツ軍が勇戰敢闘した」ように書いているのは、反日感情に基づく一種の捏造《ねつぞう》報道だと私は考えるが、じつは博文館刊の戦場レポート『歐洲戰爭實記』を見ていくと、戦勝後は神尾中将の戦略あるいは功績に対する評価が次第に変化しているのだ。たとえばこんな具合に、である。

青島《せいたう》は陷落した。アツケなく陷落して了《しま》つた。旅順《りよじゆん》にも優る防備が施《ほどこ》されてあると噂されたにも拘《かゝは》らず、總攻撃開始後僅《わづ》かに一週間を支へるに過ぎなかつた。（中略）獨逸《どいつ》軍の死傷の極めて少くして、其《そ》の大部分が徒《いたづ》らに生命を全《まつた》うして俘虜《ふりよ》となつたのは、彼等が本氣で防守の責《せめ》を盡《つく》さなかつた一證《しよう》である。俘虜の或る者は明言してゐる、『我々は日本軍の突撃を今か〱と待つてゐた』と、殊勝氣《しゆしようげ》にも或は聞かれるが、彼等の眞意は『いざや好《よ》き敵ござんなれ！』と待ち構へたのではなく、突撃さへして來て呉《く》れゝば、早速降伏して怪我せぬうちに俘虜となり、命を助からうといふのであった。（中略）獨逸兵にして決死の覺悟で防いだならば、各砲《ほう》臺《だい》の奪取せられるまでに、日本歩兵の少くとも十分の一は犧牲とならなければならなかつた筈である。獨逸兵が青島の防御に本氣でなかつたのは、敵味方の孰《いづ》れも死傷の過少であつたので證明される。

（「青島陷落の後」澁川玄耳《しぶかわげんじ》『歐洲戰爭實記　第十號』掲載）

この澁川玄耳という人物、なかなかのジャーナリストで文筆家としても筆の立つ人間だった。

渋川玄耳　しぶかわ－げんじ

１８７２－１９２６

明治－大正時代の新聞記者。

明治5年4月28日生まれ。東京法学院（現中央大）、国学院《こくがくいん》にまなぶ。熊本の第六師団法務官をへて、明治40年東京朝日新聞社社会部長にむかえられる。朝日歌壇を再設し、石川啄木《いしかわたくぼく》を選者に登用。藪野椋十《やぶのむくじゅう》の筆名で随筆を連載した。のち国民新聞社などにつとめた。大正15年4月9日死去。55歳。佐賀県出身。本名は柳次郎《りゅうじろう》。

（『日本人名大辞典』講談社刊）

澁川は、熊本時代には当時第五高等学校の教師をしていた夏目漱石《なつめそうせき》と親交があり、その縁を生かしてのちに漱石を朝日新聞の専属作家とした。『三四郎《さんしろう》』『それから』『門』といった名作は朝日新聞連載であり、澁川が提供した生活の安定がこうした名作を生んだと言ってもいいだろう。生活の安定と言えば、石川啄木を歌壇の撰者に抜擢したのもそうだ。澁川は「右」であり、啄木は「左」で思想的にはそりが合わないはずだが、啄木の才能を高く評価した澁川は啄木の第一歌集『一握《いちあく》の砂《すな》』にも藪野椋十の筆名で序文を書いている。それは思想信条にかかわらず才能を高く評価するということで、澁川の美点と言っていいだろう。また、歌壇のみならず投書欄や家庭欄も一新し、朝日の発展におおいに尽くしたが、性格に狷介《けんかい》なところがあり社の幹部と対立し辞表を叩きつけて退社し、以後は主にフリーランスのジャーナリストとなった。日本初のフリーランスジャーナリストではないかという人もいる。一九一二年(大正元)に朝日を退社したときは、新聞の死亡広告欄の横に「自分の告別式はしない」と書いたとも伝えられている。相当ユニークな個性の持ち主だったのだろう。日露戦争のころから軍務の片手間に戦場報告を書いており、いわば戦場レポーターとしての筆にも定評があった。

つまり文才にも恵まれた優秀なジャーナリストなのだが、正直言ってこの『歐洲戰爭實記』に掲載された戦場ルポを、私は高く評価できない。どうしてそうなのかは、これまで述べてきたことでわかっていただけると思うが、まず青島要塞が「アッケなく陥落」したことを、「彼等(ドイツ兵)が本氣で防守の責を盡さなかつた(要塞を守る気が無かったから)」と断じているのが問題だ。たしかに、ドイツ本国から見放され補給も期待できなかった青島守備隊の兵士たちの士気は低かった。それはそのとおりなのだが、それを見透かして余裕を持って砲撃のための包囲網を完成させ、満を持して攻撃した神尾中将の戦略があったからこそ要塞はあっという間に落ちたし、日独両軍の犠牲者も少なくて済んだ。これは神尾中将の最大の功績であるにもかかわらず、澁川はその点をまったく評価しないばかりか逆にドイツ軍の死者が少なかったことを、彼らが戦う気が無かったことの証拠だとしている。本来なら、この攻防戦では「日本歩兵の少くとも十分の一は犠牲とならなければならなかった」はずなのに、それがきわめて少なかったのは神尾中将の功績では無く、ドイツ兵の士気喪失が原因である、という本末転倒の論理になっているわけだ。澁川は日露戦争に従軍し高い評価を得た戦場ルポも書いている。法務官とはいえ陸軍に所属し現地を自分の目で見ている人間なのに、どうしてこういう評価になるのだろう？　ひょっとしたら、乃木大将が旅順要塞攻防戦で実行した「猪突的の惡戰」のほうを「模範」と考えていたのかもしれない。朝日新聞ですら神尾の作戦は乃木の戦法を超えた見事なものであると評価しているにもかかわらず、である。そして神尾戦略を高く評価するなら、この戦争は日本陸軍にとってきわめて有意義な体験であり、今後こうした要素を作戦に取り入れていくべきだということになるのだが、澁川の評価はまるで逆である。

戰争としては、青島攻圍《こうゐ》は格別の直打《ねうち》はなかった、戰争の經驗として、我が軍が獲《う》る所のものは少なかつたことと思ふ。此《こ》の戰争が、結果に於《おい》て良好であつたに拘らず、嚴密に批評すれば、却《かへ》つて日本軍の幾多《いくた》の欽陷《けつかん》を暴露した點《てん》がある。

（引用前掲記事）

どうしてこんな結論になってしまったのか？　公平な評価を述べるならば、戦ったドイツ軍側も認めている神尾中将の名戦略で、要塞攻略の新しいパターンが生まれたことを強調すべきであろう。「結果に於て良好」な大勝利となったのはそのためである。それなのに、なぜ「格別の直打はなかつた」「戰争の經驗として、我が軍が獲る所のものは少なかつた」などと言えるのか。まさかとは思うが、あえて朝日新聞とは逆の評価をして朝日に一矢報いようと思ったのか。どう考えてもよくわからない。ひょっとしたら、澁川の頭のなかは「軍神《ぐんしん》乃木大将の作戦こそ正しい」という固定観念に支配されていたのかもしれない。

■青島要塞攻略の戦場レポートで指摘された日本軍の「幾多の欽陥」とは？

では、この戦いで示された日本軍の「幾多の欽陥（欠陥）」について、澁川は具体的にはなんと記しているのか？　じつは、この後の記述を読んでも澁川はそれにまったく言及していないのである。これも不可解な話だが、同じ号に代議士川原茂輔《かわはらもすけ》の現地ルポが掲載されており、そのなかには日本軍の改良すべき点について詳細に述べた文章がある。川原は一八五九年（安政《あんせい》6）生まれで、『佐賀日日新聞』を経営した後に地元から代議士に当選している。一八七二年（明治5）生まれの澁川にとってみれば、「郷土の大先輩」である。おそらく現地青島で二人は顔を合わせただろうし、その後同じ雑誌に寄稿することになれば、記述内容がダブらないように調整したこともじゅうぶんにあり得る。「澁川君、軍の改良すべき点はワシに書かせてくれ」とでも言われれば、「後輩」は譲らざるを得まい。そこで川原のルポから、そうした部分を拾ってみよう。

要塞を蔽《おほ》うて居《ゐ》る鐵筋《てつきん》コンクリートの如きは、厚《あつさ》二尺四五寸（1尺は約30センチメートル。1寸は約3センチ。引用者註）にも達し、我が二十四珊《さんち》（センチメートルのこと。引用者註）二十八珊の如き巨砲も、之《これ》に對《たい》して何等の威力をも示して居ない。最も效力を奏したと認めらるゝものでも、僅々《きん〳〵》深さ一尺位の穴を穿《うが》つて居るのみで、其他は僅に或る一部分を少し許《ばか》り欽《か》き取つて居る位に過ぎない。其防備の强固なることは到底旅順などの及ぶ所ではない。余は是等の戰跡を見て切《せつ》に感じたのは、我國の兵器改良の急切なることである。今後益々《ます〳〵》要塞の構築法が進歩して行《ゆ》つたならば、今の儘《まゝ》の我砲では何等の效力も示さない事になるのは明《あきら》かなる事である。

（「青島視察によりて感じたる事共」川原茂輔　『歐洲戰爭實記　第十號』）

また川原は、こうも言っている。

青島一帶の道路は甚《はなは》だ險惡にして、一度《ひとた》び雨が降れば忽《たちま》ち一面の泥の海と化し、その泥土は馬の腹部に迄《ま》で達するのである。その中を只《た》だ歩くだけでも容易でないのに、車には莫大の兵器彈藥を滿載して居るので、其困難はとても想像の及ぶ所でない。これが爲《た》め、多くの馬匹《ばひつ》の中《うち》には、過勞に堪へずして、腹部まで泥中に沒した儘斃《まゝたふ》れたものも澤山《たくさん》ある。

（引用前掲記事）

だから川原の結論は当然こうなる。

此度《このたび》の兵站《へいたん》部の苦難の程度は、到底日露戰爭の夫《それ》の比でなかつたといふことである。神尾將軍も『自分は敵は少しも恐れないが、一番恐ろしいのは雨である』と云はれた位だ。世人《せじん》は命を棄《す》てゝ戰陣に立つものに對しては相當《さうたう》尊敬も拂《はら》ふが、後方勤務に對しては、一般に深く意を留《とど》めない。是れは實《じつ》に過つた考へである。

（引用前掲記事）

これは、まさに川原の指摘どおりだと言っていいだろう。日清・日露戦争でも兵站《へいたん》（補給）がきわめて軽視され、それが日本軍の苦戦の最大の原因だった。そして、なぜそうなるかと言えば、日本人は最前線で「勇戦敢闘する兵士」は尊敬し万雷の拍手を送るが、その「勇戦敢闘」を可能ならしめた兵站部門はまったく評価しないからだ。それどころか、担当する輜重《しちょう》（輜重兵。兵站部所属）輸卒《ゆそつ》（実際に物資を輸送する兵站部所属の兵卒）をバカにする「歌」まであった。「輜重輸卒が兵隊ならば、チョウチョ・トンボも鳥のうち」「輜重輸卒が兵隊ならば、電信柱に花が咲く」等々であり、このことは『逆説の日本史　第二十四巻　明治躍進編』ですでに紹介しておいたが、川原もこのルポで「電信柱」の歌を引用し、日本人の兵站部門への軽視いや蔑視を「實に過つた考へである」と糾弾しているのである。ひょっとしたら、川原はこの糾弾はぜひともすべきではあるが、陸軍出身の澁川にはやりにくいだろうと考えて「ワシが書く」ということになったのかもしれない。

　残念ながら、川原の指摘は生かされなかった。日本軍の、主に陸軍の最大の欠点の一つである「兵站蔑視」は大日本帝国が崩壊し日本陸軍が壊滅するまで改善されなかった。一九四一年（昭和16）から始まった大東亜戦争では、ガダルカナルの戦いでもインパール作戦でも日本軍の兵士は餓えに苦しみ、少なからずの兵士が餓死した。その最大の理由が、補給軽視による食料不足であることは否定できない事実である。

　しかし、このことは考えてみればじつに不思議な話である。日本人は昔から「裏方の苦労」というものを高く評価する民族である。たとえば、甲子園《こうしえん》の高校野球で優勝したチームのドキュメンタリーをやれば「選手に美味《おい》しい料理を提供した寮母《りょうぼ》」「練習グラウンドを常に整備した職員」

等々の努力が必ず語られるではないか。また映画館で外国映画が上映されたとき、エンドロールのスタッフ一覧表を多くの観客が最後まで見ている。じつは、世界にそんな国は他に無い。普通の国では本編が終わったらさっさと映画館を出るのがあたり前である。「人間は一人では生きられない。多くの人々の世話になって生きている」そのように父母から教えられた人も多いはずである。それなのに、大日本帝国陸軍においてはすでに日清戦争で「裏方の苦労の無視」が指摘されていたのに、日露戦争でも第一次世界大戦（青島の戦い）でも痛い目に遭ったにもかかわらずそれが改まらず、最終的には陸軍壊滅の最大の原因の一つになったのである。じつに不思議な話ではないか。なぜそんなことになったのか？

■「兵站部門軽視」の帝国陸軍はなぜ「白米」にこだわったのか？

なぜ、日本人は軍隊の「兵站（補給）部門」をまったく評価しなかったのか？

じつは、この問題に対する明確な解答は無い。それどころか一般的には、この「兵站部門の軽視」が日本軍の宿痾《しゆくあ》つまり「不治の病」であったという認識も乏しいように思う。

軍隊は戦うことが仕事である。戦争を実際にやってみて勝利の障害になった点が指摘されたら、当然世界各国どこの軍隊でもそれを改めようとする。たとえば、日本は島国でありしかも江戸時代は鎖国をしていたために、馬が近代的な戦闘や輸送に適さない在来種しかいなかった。日清、日露戦争の時代には列車はあるがトラックなどは無い。補給には強壮な馬が欠かせなかったのだが、欧米の優秀な馬に対して日本の軍馬はかなり見劣りするものであった。このことは乗馬をたしなんでいた明治天皇も痛感したようで、その鶴の一声で日露戦争直後の一九〇六年（明治39）、どの省庁にも属さない独立した馬政局《ばせい》という行政組織が作られた。トップは局長では無く長官で、内閣直属の組織だ。きわめて異例のことで、もちろん目的は「軍馬の改良」である。普通の国では「馬匹《ばひつ》の改良」は、作物の品種改良と同じく農林水産を所管する省庁の仕事だ。当然日本でも農商務省が担当すべきだったのだが、やはり「明治天皇のお声掛り」だったという意識は特別なものだったのだろう。

「馬匹の改良」はその後も陸軍が主導となって行なわれ、陸軍出身の桂太郎が首相となった時代に、それまで禁じられていた「馬券を買って勝ち馬に賭ける」近代競馬の開催が認められた。日本には古くから神事として馬の競走はあった。競馬《くらべうま》といい流鏑馬《やぶさめ》なども その一環だが、神事であるがゆえにそれを賭博の対象とすることは、少なくとも公式には認められていなかった。しかし、桂内閣では日本の軍馬の改良を進めるために、業界の活性化と資金の流入を可能にする近代競馬の開催を認めたのである。つまり国や自治体が開催する「公営ギャンブル」でもっとも古い歴史を持つ競馬は、日本においてはそもそも軍馬の改良を目的として始められたものだった。他の公営ギャンブルである競輪、ボートレース、オートレースには無い天皇賞が競馬にあるのは、そうした歴史的経緯があるからだ。

このように、兵站部門の「手段」であった馬は外国との差が指摘されるとただちに改良する方策が練られたのに、兵站部門自体の改善はまったく行なわれなかった。誰が見ても改めなければならない点は、兵站部門の兵士を実際には戦闘に参加しない人間として蔑視する傾向であり、それは素人から見ても一目瞭然だったから、代議士川原茂輔は「じつに誤った考えである」と強く警告した。にもかかわらず、兵站部門の功労者に勲章を与えるとか優秀な軍人を兵站部門に移動させるとか、方策はいくらでもあったと思うのに、そういうことはまるで実施されなかった。軍馬の改良は進められたのに、兵站部門そのものの改善はなされなかったのだ。きわめて不思議な話であることはおわかりだろう。

　この謎を解くためには、日本陸軍が最後の最後まで改良しなかった他の欠陥と比較してみるという方法がある。たとえば、すでに述べたように陸軍は一九〇五年（明治38）に採用した小銃（三八式《さんはちしき》歩兵銃）を、一九四一年（昭和16）に始まった大東亜戦争でも使い続けた。この間、日露戦争、第一次世界大戦、支那「事変」、ノモンハン「事件」等多くの対外戦争があり、その欠陥が認識されていたにもかかわらず、である。もちろんその背景には日本の工業生産力の乏しさがあるのだが、もっとも大きな原因はそれが「菊の御紋章」入り、つまり「天皇ブランド」の「下賜品《かしひん》」であったことだろう。兵器に限らず工業製品はユーザーが使ってこそ、初めて「使い勝手」がわかるものである。それが小銃なら「引き金が引きにくい」とか「照準が合わせにくい」とか、苦情が寄せられることによってメーカー側も初めて欠陥がわかり、結果的に製品は改良されていくことになる。ところが「天皇ブランド」ではこれができない。「畏《おそ》れ多くもかしこくも陛下からいただいたもの」だからだ。「使いにくいとは何事だ、お前の練習が足らんのだ」ということになる。だから改良は遅れに遅れる。

　さらに陸軍のもう一つの欠点と言えば、「飯盒炊爨《はんごうすいさん》」である。これも前に「八甲田《はっこうだ》雪中《せっちゅう》行軍《こうぐん》遭《そう》難《なん》事件」のところで書いたが、そもそも雪中行軍なのに飯盒炊爨で食事をとろうとしたことが大量遭難の大きな原因だった。いや、雪中行軍だけでは無い。酷暑のジャングルでも同じことで、飯盒炊爨をやるにはカマドと清潔な水および大量の燃料を必要とする。時間と労力が掛かるし、炊事の煙は敵に発見されやすい。キャンプや物見遊山に行くのでは無い、戦争に行くのだから軽く栄養価がありすぐに食べられる保存食を兵糧として持って行くのが当然のはずだ。ビスケットは酷寒の大地でも酷暑のジャングルでも変質せず、しかも水無しで食べられカロリーもある理想の携行食だ。前にも述べたように、幕末には日本に伝わっており徳川慶喜も食べたことがある。つまり、その存在は周知の事実だった。また、それ以前から日本には干し柿や干し魚といった軽量の保存食があった。これからは飯盒炊爨などやめてそうした食料を支給する、という形で軍そのものを効率的機動的にすることはできたはずなのに、陸軍は一九四五年（昭和20）の崩壊までそれをしなかった。

兵站の軽視が大東亜戦争におけるガダルカナルの戦い、インパール作戦などで多くの餓死者を出したこともすでに述べたが、じつはガダルカナルのようなジャングル戦では餓死体から携行していたコメが発見されることが珍しくなかった、という。生米はそのままでは絶対に食べられない。関ヶ原《せきがはら》の戦いのときに、徳川家康が生米は絶対に食うな、腹を壊すから、と注意したという話も伝わっている。だから餓死した兵士たちは結局食料を携行していたのに食べることができずに死んでしまったというわけだ。こんなバカな話は無いのだが、どうしてそんなことになってしまったのか？

この点、つまり「なぜ帝国陸軍はかくも白米（飯盒炊爨）にこだわったのか？」についても、「なぜ帝国陸軍は兵站をかくも軽視したのか？」と同じく、私の知る限り先行する研究は無い。しかし、この『逆説の日本史』シリーズで何度も強調しているように、合理的・論理的に考えて絶対あり得ないようなことを組織あるいは個人が実行している場合は、その理由が宗教に基くことがほとんどである。この場合もそう考えるのが妥当で、その宗教はなにかといえば、やはり「天皇教」、平たく言えば天皇を信仰の対象とする宗教だろう。

■コメとは神の霊力によってもたらされた「スーパーフード」である

ここで一言お断わりしておく。本来、日本以外では、とくに民主主義の確立された先進国ではお断わりする必要の無いことであるし、この連載の古くからの読者にもお断わりする必要の無いことなのだが、明治以降の大日本帝国はバックボーンに「天皇教」があり、とくに帝国陸軍はその強い影響を受けていたと私が指摘したとしても、そのことはただちに私自身が「天皇教信者」であることを示すわけでは無いし、ましてや天皇をすべて肯定的にとらえる右翼でも無いということだ。

若い読者にはなんのことだかわからないかもしれないが、ずっと以前から歴史学界では天皇のことをできるだけ否定的にとらえる、つまり左翼的見方が正義だとされていた。本来歴史学とは過去になにがあったかを探究するものであって、歴史上の事実は事実だからイデオロギーとは関係無いはずなのだが、こういう左翼的学者は日本史の最大の特徴が「天皇」という存在にあるにもかかわらず、これを徹底的に無視し、私が天皇という存在の日本の歴史に与える影響を述べると、「井沢元彦は右翼だ」などと罵倒《ばとう》した。若い読者は信じられないかもしれないが、いまから三十数年前はそれがあたり前だった。近代史の専門学者のなかには「朝鮮戦争は韓国の奇襲で始まった」などと吹聴する連中がいて、それに対して「実際は北朝鮮の奇襲で始まった」などという事実を述べると、やはり右翼と罵倒された。もう一度言うが本当の話である。だから「北朝鮮は日本人を拉致《らち》していた」というまったくの事実が確定するのにも長い時間がかかった。

二〇二三年（令和５）のＮＨＫ大河ドラマ『どうする家康』の第三十八回のサブタイトルが「唐入《からい》り」だったことに、私はほっとした。かつては、「唐入り」と呼ばれたことを無視して「朝鮮侵略」と言え、という歴史学者が大勢いたからだ。実質的にはそうであっても、歴史の探究においては当時使われた言葉を無視してはいけない。大東亜戦争も同じことで、当時大日本帝国はそう言っていたのだから、それをまず使うべきである。ところが、「大東亜戦争」という「呼称」を使えばそれは「侵略戦争を肯定したことになる」などという理由で「アジア太平洋戦争」と呼ぶべきだという歴史学者がいまもいるのである。バカな話だ。たとえば、陸軍が日中戦争を支那事変と言い換えたのは「対外戦争」では無いと強弁するためだが、言ったのは事実なのだから歴史の記述としてはまずはそう書かねばならない。では、それを実行したらそれだけで「井沢は日中戦争を支那事変と書いているから陸軍の支持者だ」と決めつけるのか。それに「天皇制イデオロギー」に関わるまいと思えば思うほど、ここで提出した二つの難問に答えることができなくなるだろう。関わるまいと思えば当然それに対する分析もおろそかになるからである。

じつにくだらないことに紙数を費やしたが、こういうことをわざわざ言わねばならないのが日本の現状である。ともかく問題の解析に入ろう。

二つの難問のうち、「なぜ帝国陸軍はかくも白米（飯盒炊爨）にこだわったのか？」のほうがわかりやすいと思うのだが、いまでも皇室のかかわる公式行事のなかには、農耕とくに稲作にかかわる「神事」が多いことをまず認識すべきだ。「御田植《おたうえ》」や「新嘗祭《にいなめさい》」「大嘗祭《だいじょうさい》」などである。また、天皇の祖先神であるアマテラスは自分の孫ニニギノミコトをオオクニヌシから「献上」されたクニに「天下《あまくだ》り」させるにあたって、クニの名を「豊葦原瑞穂国《とよあしはらのみづほのくに》」と改めた。その意味は、

「《神意によって稲が豊かに実り、栄える国の意》日本国の美称」（『デジタル大辞泉《だいじせん》』小学館）でである。つまり、日本人はこういう経緯からコメを単なる食物では無い、と考えるようになったのではないか。

陸軍は明治の創成期において、就職先の無い農民の次男坊、三男坊を入隊させるために「軍隊に入れれば腹いっぱい白米が食べられるぞ」と宣伝した。それが白米に対するこだわりになり、「脚気《かっけ》の原因は白米食で、玄米を増やせば病を減らせる」という経験則が無視され、病気の克服という点ではきわめてマイナスになった。『逆説の日本史　第二十六巻　明治激闘編』で述べたとおりだ。しかし、それは戦場でも白米を常食とするため飯盒炊爨にこだわった原因では無い。戦争の無い平時には、いくらでも兵営で白米食を出すことができるからだ。だから、戦場では飯盒炊爨はきわめて非効率だから別の保存食に切り替えると言えば、次男坊、三男坊たちも決して文句は言わなかっただろう。つまり、理由は別にある。

ところで、みなさんは「御神饌《ごしんせん》」と書かれた食品（コメ煎餅《せんべい》や昆布）を食べた経験は無いだろうか？　商品では無い。氏子《うじこ》などに神社側から無料で提供される食品である。なぜ無料かと言えば、それは「神饌」という言葉の意味が「神様への御供え物としての食品（稲、米、酒など）」であり、その「おさがり」だから『御』神饌」になるわけだ。

大日本帝国の時代、天皇は神の直系子孫であると教育で教えていた。だから大嘗祭も新嘗祭も、現在と違って完全な神事（宗教行事）である。大嘗祭は即位の時一回限りだが、新嘗祭は毎年新しいコメを神に供え天皇がその「御神饌」を食する儀式だ。その「供物」であるコメはその年大日本帝国で収穫したコメの「代表」だから、国民が食するコメもすべて「御神饌」であるということになる。つまり、コメとは神の霊力によってもたらされたスーパーフードということになる。

この信仰が、陸軍が最後まで飯盒炊爨にこだわった最大の理由だろう。むしろ敵と戦う戦場でこそ、食料はその「スーパーフード」でなければならなかったということだ。それ以外にこの「非効率」の理由を合理的に説明することは不可能である。

■「輜重輸卒が兵隊ならば、チョウチョ・トンボも鳥のうち」

コメは天皇あるいは祖先神の霊力が乗り移った「スーパーフード」である。それゆえ、むしろ戦場でそれを必要とした。これが前節で提示した「二つの難問（謎と言うべきかもしれないが）」のうち、「陸軍はなぜ、戦場ではきわめて非効率な飯盒炊爨にこだわったのか？」の解答である。

しかし問題は、そうするともう一つの難問「陸軍はなぜ、軍隊の『兵站（補給）』部門を評価するどころか蔑視したのか？」の解答がさらに難しくなる、ということだ。というのは、戦場にそのスーパーフードを運ぶのはまさに「輜重輸卒」の仕事だからだ。「今日もオコメを食べられるのは、兵站部門のおかげです」となっても不思議は無いのに、実際には「輜重輸卒が兵隊ならば、電信柱に花が咲く」である。どうしてこうなってしまったのか？

史料絶対主義の日本の歴史学では、解明不可能と言ってもいいだろう。この『逆説の日本史』で何度も強調したように、人間は誰もが常識で知っていると考えることは記録しない。だから、記録つまり史料によってすべてを解明しようとする日本の歴史学は、こういうところで挫折する。それどころか「なぜ非効率な飯盒炊爨にこだわったのか」や、「なぜ兵站部門を評価するどころか蔑視したのか」という重大な問題点にも気がつかなくなる。ここでは、あくまで当時の常識に立ち戻って考えてみよう。

まず、「兵隊」とはなんだろうか。国語辞書には、〈へい‐たい【兵隊】1 兵士を隊に組織・編制したもの。軍隊。「―に行く」。2 下級の軍人。兵〉(『デジタル大辞泉』小学館)とある。この場合は2の意味で、しかも「輜重輸卒」は組織上、大日本帝国陸軍の一部なのだから、論理的に考えるなら「輜重輸卒は兵隊」であるはずだ。しかし、一方で「輜重輸卒が兵隊ならば、チョウチョ・トンボも鳥のうち」という「歌」が広く知られていたのだから、「国語辞典とは違う別の兵隊に関する定義」があったということになる。それは常識であったが故に誰もが書かなかった。つまり史料を残さなかったが、明白にその区別はあったということである。

ではそれはなにかと言えば、「兵士とは、命を懸けて天皇に奉公する職種である」という自覚だろう。サムライと同じである。武士道の古典とも言うべき『葉隠《はがくれ》』には、冒頭に「武士道と云《いふ》は死ぬ事と見付たり」とある。「サムライは結局、主君のために死ぬことが御奉公《ごほうこう》(の本筋)だ」という意味だ。なぜ死なねばならないかと言えば、それは敵と戦うからである。これが常識なら、敵と直接は戦わず命の危険も少ない兵站部門の兵士は真の兵士では無い、ということになる。もちろん、戦場で活動するのだから敵の攻撃を受け死者が出る可能性は常にある。しかし、その場合の「死」は一応「戦死」にカウントはされるものの、敵と直接戦っての死では無いから価値が低い、というような考え方があったのだろう。そうでなければ、「輜重輸卒は(真の)兵隊では無い」という結論になるはずが無い。

徳川家康がまだ今川《いまがわ》家の「人質」つまり松平元康《まつだいらもとやす》だった時代に、桶狭間《おけはざま》の合戦が起こった。ここで注目すべきは、松平軍(三河兵)が東海地方最強だったことだ。「三河兵一人は、織田軍

（尾張兵《おわりへい》）三人に匹敵する」と言われたという。もちろん今川軍（駿河兵《するがへい》）よりもはるかに強い。しかし総司令官今川義元《よしもと》がその最強部隊に与えたのは、「大高城《おおだかじょう》への兵糧入れ」すなわち兵站任務だった。なぜ、そうだったのか？　今川義元は、織田信長に楽に勝てると思っていたからである。だから信長の首を取るという攻撃軍にとっての最大の名誉は、今川軍で独占できると考えたのだ。もし信長が手強いと考えていたのなら、松平軍を最前線で織田軍と戦わせるか親衛隊として本陣のそばに配置しただろう。この戦いで今川義元が討ち取られた後、元康改め徳川家康は姉《あね》川《がわ》の戦いでは最前線で最強の敵浅井長政《あざいながまさ》軍を撃破し、小牧《こまき》・長久手《ながくて》の戦いでは羽柴《はしば》秀吉軍の裏をかいて奇襲を成功させた。だから、桶狭間で義元が本陣警護を松平勢に任せていたら、信長は義元を討ち取れなかったかもしれない。では、なぜ義元はそうしなかったかと言えば、楽に勝てるという甘い見通し以外に理由がある。「植民地の兵士はいまひとつ信用できん」からである。NHK大河ドラマ『どうする家康』では、今川義元と松平元康の仲がよかったように描かれていた。ドラマだから仕方が無いが、歴史上の事実で言えばあれはあり得ない設定である。もし本当に二人の関係が良好だったとしたら、なぜ元康は「恩人」義元の仇《かたき》を討とうともせず信長と手を握ったのか。結果的には奪還したが、あの時点では人質に取られている妻（築山殿《つきやまどの》）と嫡男竹千代《たけちよ》（信康《のぶやす》）が処刑される恐れもあった。にもかかわらず信長との同盟に踏み切ったのは、今川の横暴な「植民地支配」からなんとしても独立したかったからだろう。逆に義元から見れば、いつも収奪しているという後ろめたさがあるから、最強部隊を親衛隊として活用することはできなかったのである。いつ寝首をかかれるかわからないからだ。その点信長は家康を同盟者として絶対的に信頼していたからこそ姉川の合戦において自陣の近くに徳川軍を置き、浅井軍を撃破することができた。寝首をかかれるかもしれないなどと少しでも考えていたら、あんな配置は絶対にしない。それが今川義元と織田信長の器《うつわ》の違いと言ってもいいだろう。

■「軍人だけが本当の忠臣であり他はニセモノ」という恐るべき結論

ところで、「植民地」という言葉にニヤリとした読者がいたかもしれない。先日、作家の百田《ひゃくた》尚樹《なおき》氏が自身のX（旧ツイッター）で、テレビの「ニッポンで戦争が起きたら　あなたはどうする？」というインタビューに、高校生が「植民地になってもいい」と答えた画像を提示し（この高校生を私は実見していないが、こんなことを捏造するはずも無いので信用するとして）、「この高校生が悪いのではない。こんな高校生に育てた学校教育と家庭の責任。植民地がどんなものかも知らず、そこでの暮らしがどんなに悲惨で過酷なものかも知らずに育つと、こんな風になるという例」と嘆いている。

民主主義社会には思想の自由があるから、意見の相異というものは必ず生じる。そうした場合、どちらが正しいか明確に定められるケースは少ない。むしろ双方の意見ともに一理あり、結論は出せないということもあり得るだろう。ところが、あくまでこの問題に関してだが、ここは百田氏の見解が一〇〇パーセント正しい。これは思想とかイデオロギーの問題では無く歴史的事実の認識の問題で、見解がわかれる問題ではな無く例えば「水とはH_2Oである」というのと同じであるからだ。

説明しよう。と言っても古くからの愛読者には自明のことだが、十三世紀にモンゴルが攻めてきたとき、つまり元寇《げんこう》という侵略があったとき、日本に攻めてきた軍団の構成はどのようなものであったか？　一〇〇パーセントモンゴル兵だったわけでは無く、かなりの部分が高麗《こうらい》兵と旧南《なん》宋《そう》兵だった。念のためお断わりしておくが、これは井沢新説などでは無く、どんな思想の立場の人間も認める歴史上の事実である。ではなぜそうした人々が元の侵略に加わったかと言えば、侵略を受けて「植民地」になったからだ。侵略軍に占領されるということは、国民全体あるいは家族全員が人質に取られるということである。だから侵略者のどんな命令でも従わなければいけなくなる。「私は平和主義者で、絶対に戦争には行かない」などと主張できるのは、言論の自由や思想の自由がある独立国だけの話だ。しかも侵略者という「悪人」も人間である以上、死にたくないしケガもしたくないから、もっとも戦死率の高い危険な最前線には「植民地の兵を行かせよう」ということになる。これが歴史の法則というより人類の常識であり、本来ならば誰もが知っているべきことなのである。

ところが、それが常識になっていないということは、歴史教育がいかに歪《ゆが》んでいるかということだ。高校生にこういう思いを抱かせた教育者は、「平和こそ絶対であり、侵略者に無条件降伏しようが、その結果植民地になろうが、人を殺さなくて済むのだからそれでよいではないか」と思っているのだろう。そこが愚かの極みであって、侵略者に自国の占領など許してしまえば、次は無理やり武器を持たされて侵略の尖兵にされてしまうのである。もう一度言うが、それが人類の常識であり、だからこそウクライナのゼレンスキー大統領も抵抗しているのである。もし彼が「ウクライナ人を一人も殺したくない」ということでロシアに全面降伏したらどうなるか？　当然それを受け入れられないウクライナ人はパルチザンとなってゲリラ戦を展開するだろう。では、それを掃討するのは誰の仕事になるか？　もうおわかりだろう、死に物狂いの抵抗に遭《あ》いたくないロシア軍は、降伏してきた旧ウクライナ軍にそれをやらせるだろう。そのときになって「そんなことは絶対にしたくない」と叫んでも手遅れだ。もう一度言うが、家族が全員人質に取られているのである。占領軍の命令には絶対に従わざるを得ない。私はもう老人だから、あるいは女性だから侵略に加担することは無いと思っている人がいるかもしれないが、戦争というのは直接武器を持って戦うだけでは無い。兵站もあるし、武器の製造部門もある。現に、元寇のときに使われた軍船は全部高麗製だった。芸術家だから関係無いと思うことも間違いで、作曲家なら軍歌を作らされ、漫画家なら侵略を正当化した作品を描かされるだろう。家族がいない人間でも、「お前が従わなければ町内の人間を全員収容所に送るぞ」と言われたらどうするか。それでも抵抗するのか。そこで抵抗するくらいならば、そもそも最初に抵抗しておくほうが結果的には平和を維持し戦争を助長しないことがおわかりだろう。こんな常識が定着しない日本は、まことに嘆かわしいと言わざるを得ない。

さて、話を戻そう。日本軍の宿痾とも言うべき「兵站部門の蔑視」は、『葉隠』以来の「主君(明治以降は天皇)のために戦死することこそ真の忠義であり、御奉公である」という「思想」が原因である。これは、これ以降の大正史そして昭和史を陰で動かしたじつに重大な思想だということがおわかりだろうか。ここで、明治時代、日清戦争に勝つために盛んに歌われた軍歌『元寇』の一節を再びご紹介しよう。問題は三番である。

こころ筑紫《つくし》の海に　浪《なみ》押し分けて往《ゆ》く
ますら猛夫《たけお》の身　仇《あだ》を討ち帰らずば

死して護国の鬼と　誓いし箱崎《はこざき》の
神ぞ知ろし召す　大和魂《やまとだましい》いさぎよし

「死して護国の鬼」となるということは、具体的には靖国《やすくに》神社に祀《まつ》られる軍神となるということだが、ここで注意すべきはそう「なれる」のは軍人だけで、政治家や外交官あるいは官僚などは基本的になれないということである。これを軍人の側から見れば、政治家や外交官がどんなに天皇あるいは国家に忠義を尽くしていると主張しても、「われわれの忠義にははるかに及ばない。われわれは自分の命を捧げるところまで奉公しているのだ」ということにもなる。要するに、「政治家、外交官が忠臣ならば、チョウチョ・トンボも鳥のうち」にもなってしまう。つまりは「軍人だけが本当の忠臣であり、他はニセモノだ」という恐るべき結論になってしまうのである。

この「思想」は、当然ながら陸軍内部においても重大な影響があった。「死して護国の鬼」にならずとも済む勝利、具体的に言えば青島要塞攻略戦において総司令官の神尾光臣中将が取った戦死者を極力抑えたうえで見事要塞を陥落させたような勝利は、本来大絶賛されるべきものであるはずなのに、むしろ乃木希典のやり方のほうが評価されたということだ。

じつは神尾中将の女婿《じょせい》つまり次女安子《やすこ》の夫は、日本文学史に名を残す小説家有島武郎《ありしまたけお》であり、二人の間には三人の子が生まれている。長男は黒澤明監督の映画『羅生門《らしょうもん》』にも出演した俳優、森雅之《もりまさゆき》だ。安子が若くして死んでしまったので有島は後に人妻と心中してこの世を去るが、特筆すべきは神尾は娘が小説家と結婚するのを許したということだ。この時代はまだまだ小説家という職業に偏見のあった時代で、とくに軍人は「文弱の徒《ぶんじゃくのと》」として嫌っていた。にもかかわらず、結婚を許したというのは、そういう文化に理解があったということだ。神尾のような人物が名将としてもてはやされていたら、その後の陸軍の動向もかなり変わったかもしれない。

しかし、そうはならなかった。理由はすでに述べたとおりである。

■「苦戦を尊ぶ」がため無謀な戦争を好んで行なうようになった帝国陸軍

NHK BSの『突撃！ストリートシェフ』という番組をご存じだろうか。世界各国の屋台や大衆食堂のシェフが作っている名物料理を、作り方も含めて紹介する「グルメドキュメンタリー」なのだが、『@モンゴル・ウランバートル「社会主義時代の歴史を乗り越えて」』と題された回は興味深かった。

番組では、中国の圧政から独立するためソビエト連邦の力を借りたモンゴル人が、その傘下に入った途端に民族の伝統である遊牧を禁止され、無理やり農業をやらされたという苦難の歴史が語られる。そして、中盤で登場するブリヤート系モンゴル人の女性シェフ「ハンダ」さんは、いまでもロシア連邦の一部であるブリヤート共和国の同胞たちがどんな目に遭っているかを同胞とともに語る。

番組のナレーションをそのまま記すと、「ロシアに暮らすブリヤート人は常に差別の対象となってきた、と彼らは言っています。彼らによると、ブリヤート人への抑圧はいまでも続いているとのこと。ウクライナ侵攻の際、ロシアに真っ先に最前線に送られたのがブリヤート人だと、ハンダさんは言います」

続いて彼女が自らの口で語る。「ブリヤートの同胞が大勢徴兵された。最初にひどい目に遭うのはいつもブリヤート人です」。この番組はＮＨＫオンデマンドなどで現在も視聴可能だが、「教育番組」としても価値がある。

先に、大国に「占領」され「植民地」あるいは「属国」となったところの民衆がどんな目に遭うかを十三世紀の元寇の例で説明したが、同じことが二十一世紀になった現在も実際に行なわれているのだ。もう一度言うが、どんな形にせよ独立を失うということは、家族をすべて人質に取られ侵略者の言うことに絶対服従しなければならなくなるということだ。そしてもう一つ、きわめて重大なことを言っておけば、こういう状態のときにもっとも被害を受けるのは女性だということである。言うまでも無く、性加害の対象になるからだ。自分の母や妻や妹がレイプされても黙って見ているしかないなどという事態は、世界史上決して珍しくない。日本人だって昭和二十年に満洲国が崩壊したとき、きわめて多くの女性がソビエト兵に襲われているのである。そういうことをきちんと教え、国民の常識とするのが歴史教育の目的である。もちろん改めて言うのも馬鹿馬鹿しいが、それは決して「戦争を絶対的に肯定すること」では無い。むしろ平和を絶対視するあまりに、こうした常識を身につかないように教育することは教育では無く洗脳であり、絶対にしてはならないということだ。

たとえば日教組の「平和教育」なるものもそれで、戦争の悲惨な面だけを徹底的に強調し本来国際人として知るべき常識を教えず、自分の頭でものを考えられない人間にするのは教育では無く洗脳だ。そしてこの「平和教育」なるものがもっとも滑稽な点は、方法論については彼らが否定してやまない戦前のものとまるで同じだからだ。戦前は逆に戦争の効用だけを教え、戦争に否定的な常識は否定するかすり替えて青少年を「戦争肯定論者」にした。つまり自分の頭でものを考えられないようにするという点で、なんら変わり無いということだ。

たとえば軍事同盟を結ぶこと、あるいは自前の軍事力を持つことは抑止力であり、外国の侵略を防ぐ効果がある。これが人類の常識であり歴史の法則だ。ウクライナの現状を見れば中学生でも理解できることだ。以前にも述べたように、ウクライナ軍がいなければウクライナはロシアの侵略に対抗することはできなかった。では、なぜロシアがそれでも侵略したかと言えば、ウクライナがＮＡＴＯ（北大西洋条約機構）という軍事同盟に入っていなかったからだ。ＮＡＴＯに加盟している国家を侵略すれば、ヨーロッパの主要国家だけで無くアメリカとも戦うことになる。いくらプーチンが自信家でも、それは不可能だ。日米安保条約でも同じことだが、そうした軍事同盟は戦争を抑止し結果的に平和を保つことにつながるのである。その効用を教えず、ただただ「戦争に巻き込まれる」とだけ強調し、あまつさえ「自衛隊は人殺し集団」などと主張することは、教育では無く洗脳なのである。若い人はひょっとしたら「自衛隊は人殺し集団」などという言い方は極端だと思うかもしれないが、日教組はかつてこういう言葉を使って青少年を「教育」していたのである。いまでこそそんなことは無かったように口を拭っているが。

じつは、いままで述べたことは青島要塞攻略戦とはなんの関係も無いこと、では無い。おそらく多くの読者は、この戦いの内容について詳しく知らなかったと思う。実際は「桶狭間の合戦」や「旅順要塞攻防戦」のように日本戦史のなかでも賞賛されるべき戦いであったのは、すでに述べたとおりだ。しかし、実際には日本人は乃木希典の名は知っていても神尾光臣の名は知らない。彼の戦略は日本には好意的で無かったアメリカは別として世界の賞賛を浴びたし、その後の日本軍も見習うべき模範的なものだった。しかし実際にはそうならず、神尾の名も忘れ去られた。だからこそ現在でもこの青島要塞攻略戦は大きく取り上げられない。なぜそうなのか、きわめて不思議な話ではないか。これは日本軍が、とくに陸軍が飯盒炊爨にこだわり兵站部門を蔑視したのと同じく大きな謎なのである。

その謎について私の解答を言えば、「神尾のやり方では兵も将校も軍神になれない」からだろう。神尾戦略のもっとも優れた点はなにかと言えば、「人的犠牲」つまり「戦死者を極力少なくした」ということだ。ただそのためには時間をかけて青島要塞を包囲する必要があったので、大雨の影響もあり総攻撃はかなり遅れた。それに対して「悠長だ」などという批判がこれ以降徐々に出てくる。この批判の意味がおわかりだろうか？　それを理解するには、その逆を考えてみればわかる。「悠長では無い攻め方」である。それは旅順要塞攻防戦において乃木希典大将が採用した強襲戦法ということになる。だがあのときは、バルチック艦隊が旅順艦隊と合流しないように一刻も早く旅順を落とす必要があった。だから強襲戦法を採らざるを得なかったのである。戦略的前提がまったく違う。乃木希典が青島攻略戦の総司令官だったら、やはり神尾光臣と同じ作戦を採ったに違いない。しかし、結果としては強襲戦法を採らざるを得ず、旅順要塞攻防戦では多くの戦死者が出た。その死者の魂は「死して護国の鬼」となり、乃木大将命名の「爾霊山《にれいさん》」（『逆説の日本史　第25巻　明治風雲編』参照）や靖国神社に祀られた。「軍人は戦闘で戦死しなければ軍神になれない」のである。「戦闘」とわざわざ断わったのは「兵站の途中で敵の攻撃を受けて死亡」というのとは違う、ということだ。もちろんこうした場合でも靖国神社には合祀されるはずだが、陸軍の考え方ではこれは「本物の軍神」では無い。「武士道」と同じく「大元帥《だいげんすい》陛下の臣の道」は「（戦闘で）死ぬことと見つけたり」であり、「戦闘では絶対に死ねない」輜重輸卒（兵站担当者）は真の軍人では無いからだ。青島攻略戦は作戦が上手くいったからこそ、戦死者が少なく結果的に日露戦争における広瀬武夫《ひろせたけお》のような軍神を出さずに済んだ。だが皮肉というか恐ろしいことにと言うべきか、それがゆえに神尾中将への評価は低かったのである。もちろん国民の評価も同じで、広瀬のような軍神が出た戦争は高く評価するが、有名な軍神の出なかった戦争は評価しないということにもなる。しかし広瀬の戦死の状況を思い出していただけばわかるが、軍神というのは苦戦のときに生まれる。苦戦で無ければ、そもそも戦死者などめったに出ない。だが陸軍は「軍神をめざす」組織になってしまった。こういう傾向が続けば陸軍はいったいどういう組織になるか？

戦死者が多数出てもかまわない、よく言えば苦戦を恐れない組織になる。その反面、戦死者は極力抑えるべきだという世界の常識が通用しなくなり、それがゆえに無謀な戦争（戦死者が多く予想されるから避けるべき戦争）を好んでするようになる。しかも自分たちこそ「戦死という究極の形」で最後まで天皇に忠義を尽くす「忠臣《ちゅうしん》」だと考えるから、「そこまで忠義を尽くさない」つまり最初から戦死などしない政治家や外交官の言うことは聞かなくなる。そして、こういうときに批判能力を発揮し国家の行く末を修正するのがマスコミ報道機関の役目であるにもかかわらず、その代表である新聞も雑誌も「戦争を煽《あお》れば売れる」ので「軍隊応援団」に回ってしまい、この傾向はますます強化されてしまう。

その一方で陸軍は本来身内であるべき兵站部門は仲間と認めないので、兵站部門には人材が集まらず結果的に補給が行き届かず、死なくてもいい兵士が餓死するということにもなる。それは本来組織の欠陥として批判され改善されるべきなのだが、兵站部門への蔑視があるうえに「苦戦を尊ぶ」という傾向が強いため、一向に改善が進まないことにもなる。

■戦争の効用ばかり強調し国民を洗脳した結果が招いた多くの戦死者と餓死者

ここで、一九三九年（昭和14）にレコードが発売された軍歌いや民間の軍国歌謡『父よ　あなたは強かつた』（作詞・福田節）の一番と二番を見ていただきたい。

一.
父よ　あなたは強かつた
兜《かぶと》も焦《こ》がす　炎熱を
敵の屍《かばね》と　共に寝て
泥水すすり　草を嚙み
荒れた山河《さんが》を　幾千里《いくせんり》
よくこそ　撃つてくださつた

二.
夫よ　あなたは強かつた
骨まで凍る　酷寒を
背も届かぬ　クリークに
三日も浸《つか》って　ゐたとやら

十日も食べずに　ゐたとやら
よくこそ　勝つてくださつた

じつはこの歌詞は、レコード発売前年の一九三八年（昭和13）に『東京朝日新聞』と『大阪朝日新聞』が合同で募集した「皇軍《こうぐん》将士に感謝の歌」の懸賞募集の一等に当選した作品なのである。第一章でも述べたが、これより七年前の一九三一年（昭和6）には、朝日新聞は公募当選作品と称し、実際は社員が作詞した『満洲行進曲』を発表し慶應義塾《けいおうぎじゆく》大学の応援歌『若き血《わかち》』を作曲した一流の作曲家堀内敬三《ほりうちけいぞう》に作曲を依頼。翌一九三二年（昭和7）にはレコードが発売され、全国的に大ヒットした。内容は「満洲は日本の生命線（中国侵略と言われようとアメリカがなにを言おうと、絶対に死守しなければいけない）」というもので、まさに一九三一年に満洲事変を始めた陸軍にとっては絶好の応援歌になったことは間違い無い。もちろん、それに伴い新聞も売れに売れただろう。

そこで味を占めた朝日は、今度は「皇軍将士に感謝の歌」で戦争応援（＝部数拡大）を策して公募に踏み切ったわけだ。ところが、この歌詞もよく見ていただきたい。一番に「泥水すすり草を嚙み」とあり、二番には「十日も食べずに ゐたとやら」とある。つまり、最前線への補給が全然できていなかったと言っているわけだ。ほかの国の軍隊ならば当然「我が軍の兵站は安定している。前線の兵を餓えさせることなどあり得ない」と主張し、こうした歌が発表されることに難色を示すだろう。しかし、陸軍がそのような抗議をした形跡は無い。そもそも当選作を決めるにあたって、当然朝日は陸軍の意見を聞いているはずである。発表後に難色を示されたらレコード発売などその後のスケジュールが狂ってしまうからだ。にもかかわらずこれを第一席にしたということは、陸軍もそれでOKを出したということなのだ。なぜ、「よい」のか。その答えは四番の歌詞にあるのかもしれない。

四．

友よ　我が子よ　ありがたう
誉《ほま》れの傷の　ものがたり
何度聞いても　目がうるむ
あの日の戦《いくさ》に　散つた子も
けふは　九段《くだん》の櫻花《さくらばな》
よくこそ　咲いてくださつた

補給不足による飢餓などどうでもいい。むしろそういう苦戦で戦死してこそ名誉であり、靖国神社のある「九段の櫻花」になれるから、かえってよいということだ。恐るべきことである。これが国民の常識となってしまえば（つまりマスコミによる洗脳がここまで進んでしまえば）、兵站などどうでもいいということになり、実際そうした「前提」の下に始められた「苦戦覚悟の戦争」大東亜戦争では、ガダルカナルやインパールなどで日本陸軍は戦わずして多くの死者それも餓死者を出すことになった。戦争の効用ばかり強調して国民を洗脳するとこういう結果を生むのである。

■映画『バルトの楽園』で描かれたドイツ人捕虜との心の交流は本当にあったのか？

青島《チンタオ》要塞攻略戦は一九一四年（大正３）九月二日、日本陸軍が中華民国（当時）の山東半島北岸の都市である龍口に上陸した。ドイツが租借している膠州湾とは違ってここは純然たる中華民国領だから、中華民国は日本に対して激しく抗議したが、日本は戦略上の必要性があってやっていることだと突っぱね、ドイツがこの地に敷設した山東鉄道（膠済《こうさい》鉄道）を十月六日に押収した。これで完全に補給ルートを絶たれた（本国は補給する意思は無かったが）ドイツ軍は、青島に孤立した。

総司令官の神尾光臣陸軍中将が満を持して攻撃を開始したのが十月三十一日で、早くも十一月七日にドイツ軍は降伏し、要塞は十三日に明け渡された。これまで旅順要塞に関しては「攻防戦」と呼び、青島要塞に関しては「攻略戦」と区別してきたのは、旅順の戦いではロシア軍の抵抗も激しかったのに対し、青島の戦いではドイツ軍はほとんど抵抗らしい抵抗ができなかったからである。

かくして第一次世界大戦は「東洋」ではあっけなく終わったが、「西洋」ではまだまだ数年続いた。それも戦場はヨーロッパだけで無く大西洋まで広がり、アメリカの参戦を招くことにもなった。それについてはいずれ詳しく述べるとして、ここでは日本の対ドイツ戦の戦後処理と、その後事実上の日本領となった青島がどうなったか、それについて述べておこう。

補給を絶たれたドイツ軍が華々しい抵抗ができなかったということは、ドイツ軍の戦死者が少なく、多くは捕虜になったということである。そしてその後も大戦自体は終わらなかったということは、大量のドイツ人捕虜を収容する必要に迫られた、ということだ。日本いや大日本帝国においては初めて経験する事態であった。

ここで、東映映画『バルトの楽園』を思い出す人も少なくないのではあるまいか。現在はDVD化もされているが、その発売元である東映ビデオ株式会社の作品紹介を一部省略して引用する。

> この作品は第一次世界大戦中の徳島《とくしま》県鳴門《なると》市の板東《ばんどう》俘虜《ふりょ》収容所を舞台に、軍人でありながら、生きる自由と平等の信念を貫き通した所長・松江豊寿（まつえとよひさ）の指導によって、ドイツ人捕虜達が収容所員や地元民と文化的・技術的な交流を深め、ベートーベン作曲の『交響曲第九番　歓喜の歌』を日本で初めて演奏したという奇跡的な実話をベースに描く感動大作です。主人公・松江豊寿を演じるのは、今や国民的スターとなった松平健《まつだいらけん》。（中略）一方のドイツ兵役では、カンヌ国際映画祭監督賞受賞作『ベルリン・天使の詩』や『ヒトラー～最期の12日間～』で主役を務めた名優ブルーノ・ガンツが、ドイツ軍少将に扮するのを始め、（中略）世界に発信する大作映画に相応しい豪華な顔ぶれが揃っています。

公開は二〇〇六年（平成18）、監督出目《でめ》昌伸《まさのぶ》、脚本古田《ふるた》求《もとむ》、音楽池辺《いけべ》晋一郎《しんいちろう》がメインスタッフだが、テレビなどでも何回も放映されているので、それで見たという人も結構いるかもしれない。この映画はどの程度「実話」なのか？　まず、主人公松江豊寿（１８７２～１９５６）は実在の人物である。『日本人名大辞典』（講談社《こうだんしゃ》刊）には、次のようにある。

まつえ―とよひさ　１８７２―１９５６

明治―大正時代の軍人、政治家。明治5年6月6日生まれ。もと陸奥（むつ）会津（あいづ）藩（福島《ふくしま》県）藩士の子。歩兵第二十五連隊大隊長、第七師団副官などをへて、大正3年徳島俘虜（ふりょ）収容所長、6年板東俘虜収容所長となり、人道主義の精神で第一次大戦でのドイツ人捕虜を待遇。陸軍少将。11年福島県若松《わかまつ》市長となった。昭和31年5月21日死去。83歳。陸軍士官学校卒。

つまり、松江大佐も板東俘虜収容所長も実在し、「人道主義の精神でドイツ人捕虜を待遇」したことは歴史的事実なのである。では、その「中身」についてはどうか、映画に描かれたようなエピソードは本当にあったのか？

第一次世界大戦に参戦した日本は大正三年一一月にドイツの租借地であった青島を占領し、四千人余りのドイツ人将兵を捕虜として連行し、日本各地の収容所に隔離した。そのうち四国の愛媛《えひめ》県松山《まつやま》・香川《かがわ》県丸亀《まるがめ》、徳島に分散していた九五三人が大正六年新たに設けられた板野《いたの》郡板東俘虜収容所（現鳴門市）に収容された。兵士たちは青島で臨時召集された者も多く、さまざまな職歴を有し、技能をもつ者も多くいた。また収容所長松江豊寿は人道主義に基づき所内の運営を捕虜たちの自治にまかせたため、彼らは機関誌「ディ・バラッケ」を刊行したり、豚や牛の飼育やパンや製菓・乳製品づくりの方法を地元民に指導し、楽団を結成し演奏会を開いて徳島市内の西洋音楽愛好家らを集めて徳島エンゲル楽団を誕生させるなど、多彩な異文化間交流の実現に大きな役割を果した。
（『日本歴史地名大系』平凡社《へいぼんしゃ》刊「徳島県」の項より）

つまり、エピソードもおおむね事実なのである。ただ、この事実について詳しく取り上げたのは小説家中村彰彦《なかむらあきひこ》の『二つの山河《さんが》』のほうが先（一九九四年、文藝春秋刊。第111回直木《なおき》賞受賞作）であり、現在は『バルトの楽園』もDVDの説明書に『二つの山河』を参考資料として明記しているそうだ。また「バルト」とはバルト海のことでは無く、軍人の好んだ立派な口ひげを意味し、楽園は「がくえん」と読み「音楽の楽園」という意味があるようだ。

　これらの作品で注目すべき点は、松江大佐が会津出身だということにドラマの力点が置かれていることである。幕末の戊辰《ぼしん》戦争直後に生まれた松江は、父の所

ドイツ兵捕虜約1000名が収容された板東俘虜収容所には、パン工場や牧場などがあり、捕虜には生産労働や文化活動が許されていた。1918年（大正7）6月1日、収容所で結成されたヘルマン・ハイゼン楽団（写真）によってベートーベンの交響曲第九番が合唱付きで演奏され、これがわが国における「第九」の初の全曲演奏とされる（写真提供／毎日新聞社）

属する会津藩が奥州《おうしゅう》のまともに米も取れない斗南《となみ》の地に「国替《くにが》え」になったため、極貧の窮乏生活を強いられた。その体験がドイツ人捕虜に対するきわめて寛大で、その行動の自由をできるだけ尊重した態度につながったということだ。政治情勢の変化によって「朝敵」にされてしまった会津出身の軍人は、薩長《さっちょう》土肥《とひ》の出身者と違って独特の個性を持っている。「会津守護職始末」を世に問うて主君松平容保《まつだいらかたもり》の汚名を雪《すす》いだ山川浩《やまかわひろし》、『北京の55日』で会津若松城の経験を活かし北京を守り抜いた柴五郎《しばごろう》、そしてこの松江豊寿である。彼らの共通点として、「敗者の苦しみ」を知っていた人間だと言えるだろう。ずっとのちの話だが、海軍幹部のなかでナチス・ドイツとの同盟に反対した山本五十六《やまもといそろく》、米内光政《よないみつまさ》、井上成美《いのうえしげよし》の「三羽烏《さんばがらす》」は、それぞれ長岡、盛岡《もりおか》、仙台《せんだい》と、「負け組」奥羽越列藩《おううえつれっぱん》同盟に参加した藩の本拠が出身地である。奥羽越列藩同盟はそもそも会津藩を助ける同盟であったから、この三人の思いも会津藩出身の軍人に通じるものがあったはずである。このことについては、いずれ触れる機会があるだろう。

■日本チームが一度もゴールを奪えなかった我が国初のサッカー国際親善試合

もちろん、小説や映画はフィクションも含む。とくに映画のほうは史実と違う点が少なからずある。それについても触れておこう。この日本とドイツの交流を描くための最大の問題は、じつはドイツ人捕虜が収容されたのは板東だけで無く他に十五か所もあり、しかもほかの収容所では捕虜は強制的な労働を強いられるなど板東ほど人道的なところは一つも無かったということだ。しかし、ヒューマンなエピソードは必ずしも条件の整った場所で生まれるとは限らない。こうしたことは、じつは映画にする場合の最大の障害にもなる。映画というのは、二時間前後ですべてを「まとめ」なければならないからだ。では、実際にこの板東を含めて十六の俘虜収容所では、それぞれいったいどんなことがあったのか？　それをまとめたのが『青島《チンタオ》から来た兵士たち―第一次大戦とドイツ兵俘虜の実像』（瀬戸《せと》武彦《たけひこ》著　同学社《どうがくしゃ》刊）である。これを参考に映画と歴史上の事実の違いを述べると、もうお気づきの方もおられるかもしれないが、映画に登場するドイツの名優ブルーノ・ガンツが演じたドイツ軍最高司令官であるクルト・ハインリッヒ少将は実在しなかった。青島の最高司令官は何度も述べたようにマイアー・ワルデック大佐であって、しかも彼は当初は福岡《ふくおか》に収容され、その後も板東には行ったことは無い。では、なぜ架空の人物を登場させたかと言えば、それが「芝居のウソ」で、ドイツ側の最高司令官と松江大佐の心の交流を描きたかったからだろう。実際の第一次世界大戦はアメリカを含む世界を敵に回したドイツ帝国が敗戦に追い込まれ、不満を抱いたドイツ兵や民衆が反乱を起こし皇帝ヴィルヘルム２世を廃位および追放してドイツ帝国は滅んだ（ドイツ革命＝１９１８年）。この情報が伝わるとハインリッヒ少将は自殺を図る（未遂に終わる）のだが、こうした展開にもっていくためにはハインリッヒは「少将」でなければならない。ドイツ帝国においては将官は貴族の出身であることが多く、だからこそドイツ帝国崩壊を嘆いて自殺を図るというストーリー展開が活きてくる。映画では最後にハインリッヒ少将が松江大佐に愛用のステッキを贈るという「感動シーン」もあるが、フィクションとして「まとめる」ためにはこうした力技《ちからわざ》も必要なのである。

また、ドイツ人捕虜の協力によって板東俘虜収容所においてベートーベンの第九交響曲が演奏されたというのは事実だが、本格的なオーケストラ演奏が日本人聴衆に対し何度も催されたというのはじつは板東では無く、捕虜の扱いが「人道的」で無くドイツ人捕虜側からの評価もきわめて低かった九州の久留米《くるめ》のほうだった。

俘虜たちによる音楽活動では、演奏回数等で板東収容所を上回るものがあった。市内の久留米高等女学校講堂における演奏会では、ベートーヴェンの『第九』が演奏され、女学生を始めとして大勢の聴衆が耳を傾けた。

(『青島から来た兵士たち―第一次大戦とドイツ兵俘虜の実像』瀬戸武彦著　同学社刊)

こういうことがあるから、歴史は面白い。久留米は松江大佐などとはくらべものにならない高圧的な所長が常に捕虜の自由な、いや勝手な行動に目を光らせていたはずなのだが。

また、ドイツはいまでもサッカーが盛んな国だが、彼らが帰国するにあたってドイツ人捕虜（元捕虜と言うべきかもしれないが）選抜チームと日本人学生の選抜チームとの親善試合が行なわれた。ひょっとすると、日本初のサッカー国際親善試合かもしれない。それは一九一九年（大正8）一月二十六日のことで、試合の場所は当時の広島高等師範学校のグラウンドだった。

対戦したのは広島高等師範学校、広島県立師範、高等師範付属中、広島一中の生徒たちの合同チームと、似島《にのしま》収容所のドイツ兵俘虜たちだった。二試合行った試合の結果は、ドイツ兵俘虜チームの圧倒的な勝利で、日本の学生チームは一度もボールをゴールに入れることが出来なかった。

(引用前掲書)

ちなみに、似島収容所は広島湾内の似島にあった。また、少し遅れて名古屋《なごや》でも名古屋収容所の選抜チームと第八高等学校や明倫《めいりん》中学の生徒および卒業生の選抜チームが対戦した。これは日本対ドイツでは無く、双方が黒組と白組にメンバーを送り、混成チーム同士で対戦したものらしい。スポーツと言えば、ワンダーフォーゲルをご存じだろうか。特殊な登山用具は使わずにいわば山歩きをするスポーツで筆者も愛好者の一人だが、『青島から来た兵士たち』では、このワンダーフォーゲルの創始者であるカール・フィッシャーも捕虜の一人だったと述べている。彼は無事ドイツに帰国した。帰国せずに日本女性と結婚し、あるいは日本に永住して商売を始めた人間もいる。青島の捕虜は突然召集された根っからの軍人では無い人々が多かったからでもあるが、そのなかでカール・ユーハイムという菓子マイスターの生涯を紹介しておこう。

解放後は「明治屋《めいじや》」の菓子職人として月給三〇〇円の高給で迎えられ、やがて横浜《よこはま》でドイツ菓子店を開いた。関東大震災《かんとうだいしんさい》後は神戸《こうべ》に移ってドイツ菓子店「ユーハイム」を開業、バウムクーヘンで名を知られた。青島で生まれた一人息子は第二次大戦に従軍して、ウィーン郊外で戦死した。昭和二〇年（一九四五年）六月五日の神戸空襲で店は瓦解し、失意の内に八月一四日六甲《ろっこう》ホテルで死去した。戦後店は再建され、妻エリーゼ（一八九二〜一九七一）の奮闘によって発展し、現在もドイツ菓子の名店として広く知られている。

（引用前掲書）

まさに波乱万丈のドラマである。

■コロニアル文化の華が開いた日本統治下の青島

前節に引き続いて、労作『青島から来た兵士たち――第一次大戦とドイツ兵俘虜の実像』（瀬戸武彦著　同学社刊）より、解放後のドイツ人俘虜（捕虜）の動向について紹介しよう。

日本にバームクーヘンという菓子を定着させたのはカール・ユーハイムだが、同じく捕虜のハインリヒ・フロインドリーブは解放後、愛知県の敷島《しきしま》製パンに職人として招かれ製パン技術を指導し、後に独立して神戸で開業した。また、ドイツ本国でマイスターだったアウグスト・ローマイヤーは、東京の帝国ホテルに招かれハム・ソーセージの作り方を指導し後に独立した。「ロースハム」という言葉は彼が定着させた、と伝えられる。また、日本に「ホットドッグ」を広めたのは同じく捕虜出身の職人ヘルマン・ヴォルシュケで、彼はカール・ユーハイムとは友人だったようだ。どうも食べ物の話ばかりになってしまったが、彼ら〝青島から来た兵士たち〟は、戦争が起こる可能性は低いと考えていた場所で急遽徴兵された一般人が多かったので、こういう結果になった。

もちろん、芸術や学術部門など文化面で貢献した人々もいる。パウル・エンゲルは「バルトの楽園」板東俘虜収容所で音楽プロデューサーの役割を果たし、地元住民の西洋楽器演奏の習得にも力を尽くした。ジークフリート・ベルリーナー、ヘルマン・ボーナー、アレクサンダー・シュパン、といった人々は解放後も日本に残り、それぞれ東京帝国大学農学部、大阪外語専門学校、九州帝国大学で教鞭を執《と》った。

青島は港町で神戸に似た地形だが、広大な中国大陸には他にも良港となる地はたくさんあるので、ちょうど幕末の横浜のように寂《さび》れた場所だった。しかし、そういう土地こそ一から都市計画を立てることができる。ドイツは九十九年間の租借権を獲得すると、上下水道などを整備し美しい街を築いていた。そして大戦終了後の一九一九年（大正8）のベルサイユ条約によりドイツの権益を日本が引き継いだため、一時青島には四万人の日本人が住んでいた。

若い人には馴染みが無いかもしれないが、戦後日本で初めてアメリカの音楽雑誌『ビルボード』誌のランキングで一位となり（1963年）、しかも長期間トップの座を独占した『上を向いて歩こう』（なぜか『スキヤキ』とも呼ばれた。歌坂本九《さかもときゅう》）を作曲した中村八大《なかむらはちだい》（1931〜92）は、戦前の青島生まれである。父親は青島の日本人学校で校長を務めていたという。また、クロサワ映画の常連でもあった名優三船敏郎《みふねとしろう》（1920〜97）もそうだ。彼は、青島の三船写真館の息子だった。いまではあまり使われないが、コロニアル（文化）という言葉がある。主にアジアの国々が欧米列強の植民地だった時代、欧米の人々が現地に建てた建物などが独特な味わいを持っていることを指す。建物に限らないが、一言で言えば現地文化と欧米文化の融合である。現在この独特な雰囲気が実感としてはわかりにくくなっているが、そういう独特な感性を持つ人間は戦前の日本にもいた。現代であえて似た例を探せば帰国子女かもしれないが、やはりちょっと違う。たとえば、その後三船一家も移住した満洲では内地では華族か大富豪でなければ不可能な、暖炉《だんろ》のある広い家に住み使用人を何人も雇って暮らすような生活が中流でもできた。また、そうした「外地《がいち》」では日本人以外との交流も少なくなく、実際に会話するから外国語にも堪能になる。映画俳優としては東宝で三船の後輩であり日本ミュージカル俳優の草分けだった宝田明《たからだあきら》（1934〜2022）も満洲育ちだった。

ここで、青島要塞攻略戦以降の第一次世界大戦の経過と結果について触れておこう。

結果的に、大戦は青島要塞攻略戦終了後も約四年続いた。きっかけは、すでに述べたように一九一四年（大正3）六月二十八日である。ボスニアの首都サラエボでオーストリア皇太子夫妻がセルビアの一青年に暗殺されたため、まずオーストリアが一か月後の七月二十八日にセルビアに対して宣戦布告すると、セルビアを後援していたロシアが総動員令を下し臨戦態勢を整えた。ドイツよ、オーストリアに味方して参戦するなよ、という牽制である。しかし、おとなしく引き下がるドイツでは無い。ドイツは八月一日にロシアに宣戦布告し、八月四日にはフランスをも叩くため最短攻撃ルートのベルギーへ侵入した。しかしベルギーは中立国で、この中立は尊重するとの合意があったのでイギリスはこの合意無視を咎《とが》める形でドイツに宣戦布告した。そして日本が「日英同盟のよしみ」で実際は膠州湾をドイツから奪い、これを「人質」にして満洲の利権を確保するため参戦したのは、これまで述べてきたとおりだ。そして十一月七日、青島要塞攻略戦に勝利した。しかし、それは東洋あるいは南洋の島々からドイツの勢力が駆逐されたにすぎず、戦争はまだまだ続いたのである。

■青島要塞陥落後も約4年続いた第一次世界大戦の「落としどころ」

ドイツが電撃作戦で最短攻撃ルートのベルギーへ侵入（通過）作戦を取ったことは、イギリスに参戦の口実を与えてしまった。当然この事態は予測できていたのだが、それでもドイツがこの作戦に踏み切ったのは、シュリーフェン・プランというあらかじめ準備された戦略計画があったからだ。地図を見れば一目瞭然だが、ドイツは東にロシア、西にフランスという二大強国に挟まれている。そして、これもすでに述べたとおり二十世紀初頭のドイツは、さまざまな事情からロシア、フランスと対立を深めていた。そこで、この時期に露仏両国と同時に戦端が開かれた場合どうやって戦うべきかを陸軍参謀総長だったアルフレート・フォン・シュリーフェンが策定した。これがシュリーフェン・プランである。ドイツはまずフランスに対し可能な限り迅速に攻撃して主力を撃滅した後にロシアに侵入し、態勢が整わないうちに撃破するというもので、これがうまくいけば戦争はたった六週間で終わるはずだった。だが、世の中はすべてプランどおりにうまくいくとは限らない。しかも、この時点で肝心のシュリーフェンはこの世を去っていた。そこで、このプランは次の参謀総長「小モルトケ」ことヘルムート・ヨハン・ルートヴィヒ・フォン・モルトケによって実行されることになった。あの「大モルトケ」ヘルムート・カール・ベルンハルト・フォン・モルトケの甥である。「大」は普墺《ふおう》戦争（1866年）、普仏戦争（1870年）で祖国プロイセンを勝利に導きドイツ帝国の誕生に貢献した名将だが、「小」はその伯父の名を辱《はずかし》める出来の悪い甥だった。まずベルギーに侵入したのは最短ルートでフランスを撃破するためだったが、ベルギー軍の抵抗に遭ってなかなかフランスに入れなかった。愚図愚図しているうちにロシア軍が態勢を整えて攻めてきたので、慌てたモルトケは対フランスつまり西部戦線から数個師団を移動させ、

ドイツ陸軍参謀総長を務めたシュリーフェンは、ロシアとフランスを敵とする二正面作戦の研究に専念。「ベルギーとルクセンブルクの中立を無視してフランスに侵攻し、短期間で殲滅。その後ロシアに侵攻する」というシュリーフェン・プランと呼ばれる構想を策定した（写真提供／Mary Evans Picture Library/アフロ）

参戦させた。その甲斐あって対ロシアつまり東部戦線ではタンネンベルクの戦いに勝利した。

だが、その後がいけない。この師団移動で西部戦線が弱体化したため、九月に始まったフランスとのマルヌの戦いでドイツ軍は敗退してしまった。じつはシュリーフェン・プランの眼目は「緒戦は全力を集中して(手強い)フランス軍を叩け。ロシア軍はその後でいい」というものだったのに、モルトケは目先の勝利にこだわってシナリオを台無しにしてしまったのである。結局、西部戦線も東部戦線も膠着状態になってしまった。持久戦、消耗戦の様相を呈し、戦争は長期化することになった。

同月、モルトケは敗戦の責任を取る形で更迭され、後任の参謀総長にはエーリッヒ・ゲオルク・セバスチャン・アントン・フォン・ファルケンハインが就任した。彼は西部戦線重視の姿勢に徹した。フランスを集中的に攻撃して消耗戦に追い込み、まず戦争から脱落させようという作戦だ。そこで目を付けたのが、パリ防衛の要ともいえるヴェルダン要塞だった。簡単に言えば、この要塞を完全包囲し「兵糧攻め」して陥落させ、フランス軍の戦意を喪失せしめようということだ。この攻防戦、前に乃木希典の旅順要塞攻防戦を分析したときに何度も引き合いに出したのを覚えておられるだろうか。簡単に繰り返せば、「日本の陸軍参謀本部は乃木が旅順要塞を陥落させるため一万五千人も兵を失い、四か月もかかった」とまったく評価しなかったのだが、ロシア軍の総司令官つまり敵将アレクセイ・クロパトキンは、「あのように堅固な要塞をわずかの犠牲で、しかも四か月という短期間で陥落させるとは、乃木は名将の中の名将だ」と考えた。皮肉なことにエリートぞろいの陸軍参謀本部の考えよりも、敵将クロパトキンのほうが事態を正しく見ていたのだが、そのことは日本側の常識とはならなかった。

一九一六年（大正５）二月に始まったヴェルダン要塞攻防戦は、独仏軍合わせてなんと約二十六万人の戦死者が出た。二万六千人では無い、二十六万人である。そのうちドイツ軍の戦死者は十万人を数えた。「乃木は一万五千人の犠牲で旅順要塞を陥落させたが、ファルケンハインは十万人の戦死者をもってしてもヴェルダン要塞を落とせなかった」のである。もちろん要塞の構造などさまざまな相違点はあるが、この戦いで近代要塞の重要性というものが再認識された。とくにこの時点では兵器としての航空機がまだ初期の段階で、空からの効果的な爆撃というものが不可能だったので要塞が見直されることになった。

戦争が長期化すると、現在のウクライナ戦争もそうだが、「落としどころ」を誰もが考える。タッグを組んでいた英仏両国が取りあえず恐れたのは、ロシアが単独でドイツと講和を結ぶことだった。日本でも小牧・長久手の戦いに敗れた羽柴秀吉は、敵つまり徳川・織田連合軍の一方の盟主である織田信雄《のぶかつ》と単独講和を結ぶことによってピンチを免れたが、海千山千《うみせんやません》のロシアがなんらかの利益を得ることを条件に「対独包囲網」から離脱する可能性は、じゅうぶんにあった。ドイツに勝つには、西（フランスとイギリス）と東（ロシア）で挟《はさ》み撃《う》ちにしてこそ効果がある。そのロシアを離脱させないためには、なにか「アメ」を与える必要がある。

そこでイギリスが音頭を取って、一九一六年五月にサイクス＝ピコ協定が結ばれた。これは、勝利の暁《あかつき》にはドイツに味方したオスマン帝国をどのように分割するかというもので、イギリス代表マーク・サイクスとフランス代表ジョルジュ・ピコの名前で知られているが、じつはロシアも参加していた。というよりもイギリスがロシアを味方にとどめるために、「アメの分割協議」にロシアも「入れてやった」のだ。まるでケーキを切るように単純な直線でオスマン帝国を分断するというやり方は、後に中東問題の複雑化を招き、いまでもその悪影響は残っていると言えよう。中東問題の複雑化と言えば、アラブ民族にこの地にアラブ国家の建設を約束した一九一五年十月のフサイン＝マクマホン書簡と、ユダヤ人民族にはこの地にユダヤ国家を再建することに同意した一九一七年のバルフォア宣言、つまり後にイギリスの「三枚舌外交」が展開されたのも、この第一次世界大戦中である。勝つためには手段を選ばないということだ。

その点はドイツも同じである。ロシアでは帝政に対する国民の長年の不満が爆発し、ついに一九一七年、革命が起こった。それは最初のうちは小規模なものでリーダーであるレーニン（本名ウラジーミル・イリイチ・ウリヤノフ）もスイスにいたためいま一つ盛り上がらなかったのだが、革命成功の絶好のチャンスと見たレーニンは、「敵の敵は味方」とばかりにドイツと交渉した。われわれをドイツルートでロシアに送ってくれ、というのだ。ドイツはドイツ通過時に他の人間と一切接触しないことを条件に列車を仕立ててレーニンらをロシア国内へ送り込んだ。世に名高い「封印列車」である。

この「毒物の注入」は大成功で、ロマノフ王朝は倒されロシアはソビエト連邦となり戦線から離脱した。しかし、一方でアメリカが参戦しドイツに宣戦布告したため窮地に追い込まれたドイツでは反乱が起こり、帝政は崩壊した。この間オーストリアでも帝政が崩壊し、オスマン帝国は降伏していた。力尽きたドイツ（もはや帝国では無い）は一九一八年十一月十一日、事実上の降伏文書にサインし四年三か月にわたった大戦はようやく終結した。

あとは、戦後体制をどのように築くかである。

あとがき

井沢元彦

まずは、第一巻から継続して読んでいただいている読者に、改めて深く感謝の意を表したい。今回第二十八巻を上梓したわけだが、『週刊ポスト』での連載開始から数えれば三十年以上ご愛読くださっていることになる。

しかし、これだけ巻数を重ねると、残念ながら「弊害」も出てくる。たとえば、私が第一巻から第八巻あたりまでで精密に論考した「怨霊《おんりよう》信仰」「和」「言霊《コトダマ》」といった日本史の理解に欠かせない「日本教の概念」に関し、古くからの読者にとっては自明のことなのに、若い読者いや中年の読者ですら知らない人が多く、それに関連する話題を取り上げるときは一から説明しなければならなくなった。

今巻の重要な柱である「南北朝正閏《なんぼくちようせいじゆん》問題」がそれにあたる。これは日本の歴史学、歴史学界そして歴史学者の典型的な「弱点」の部分でもあって、これが明治《めいじ》になって問題化したのは、その根底には怨霊信仰があるからで、それを理解しない限りこの問題は語れない。

だが、歴史学者は中世史の研究者は中世史だけ、近代史の研究者は近代史しか知らず、宗教に対する基本知識も無いから日本史の全体の構造に気づかない。この点については、第一巻からの読者には問題無く理解していただけると思う。しかし、昨今はそういう読者ばかりでは無い。だから、もう一度説明しなければいけなくなる。当初からの読者はそんな説明を煩《わずら》わしく感じるかもしれない。私はいま、こうした「説明」について当初からの読者がどのようにお考えなのか、ぜひ編集部宛にご意見、ご要望を承《うけたま》りたいと思う。それらに完全に沿えるかどうかは別として、私もそうした読者を大切にしたいと考えているので、何卒よろしくお願いいたします。

逆に、中年以下の読者のなかには『逆説の日本史』のエッセンスを知りたいが、これまでの巻をすべて読むのは到底無理だとあきらめている人もいるかもしれない。最近、私はそういう人たちのためコミック版の『逆説の日本史』にも力を入れている。現在、五巻（戦国三英傑編、江戸大改革編、幕末維新《いしん》編、古代黎明《れいめい》編、古代暗闘編）を刊行した。戦国時代から始めたため中世編がいまだまとまっていないが、これが完成すれば全六巻で近代以前の歴史、それも『逆説の日本史』としての歴史が学べるようになる。とりあえず『逆説の日本史』のエッセンスを知りたいという方にはぜひおススメなのだが、じつはこれは当初からの読者にも読んでいただきたい。

私は今年七十歳を迎えた。ここで思い出すのは、葛飾北斎《かつしかほくさい》が九十歳で死ぬときに「あと十年生きられれれば、絵がもっとうまくなるのに」と言ったというエピソードである。私は当然、みなさんと同じように「冗談」か「負け惜しみ」に類する言葉だと思っていたが、最近は本気だったのではないかと思うようになった。というのは、誰でもそうだが歳をとればとるほど、それまで知らなかったさまざまな知識が蓄積される。たとえば、私があまり得意では無い経済学についても長年やっていれば身についてくる。経済学に限らず建築学でも医学でもそうだが、そうなると最初に書いたときには気がつかなかった歴史上の問題に気づくということもある。画家である北斎なら手足がちゃんと動くということが前提だろうが、歴史家である私の場合はボケさえしなければ、もっともっと歴史というものが明確に見えてくるような気がするのだ。一例を挙げれば、コミック版『逆説の日本史　古代黎明編』において私は、単行本および文庫の『逆説の日本史古代黎明編』で展開した分析を一部修正した。これは古くからの読者にも　ご興味が湧《わ》く論点ではないかと思う。また、それ以外にも気がついた点は、ＹｏｕＴｕｂｅに開設している『井沢元彦の逆説チャンネル』に逐次アップしている。次ページのＱＲコードからアクセスして無料で閲覧できるので、若い読者だけでなく古くからの読者にも見ていただきたい。

さて、本巻のもう一つの大きなテーマは「シーメンス事件」に端を発する「英米《えいべい》協調路線の排除」である。ごく簡単に流れを述べれば、英米協調路線のキーマンである海軍の山本権兵衛《やまもとごんべえ》や齋《さい》藤実《とうまこと》を、検察を配下に使った反対派が排除しようとしたため「リベラル」な元老西園寺公望《げんろうさいおんじきんもち》がなんとか阻止しようとしたが失敗した、ということだ。

ところで、この稿を書いている現在、ＮＨＫの「連続テレビ小説」は日本初の女性弁護士を主人公にした『虎《とら》に翼《つばさ》』（脚本・吉田恵里香《よしだえりか》、主演・伊藤沙莉《いとうさいり》）である。ドラマでは彼女の父親が「共亜《きょうあ》事件」というでっち上げの冤罪《えんざい》事件に巻き込まれ逮捕されるが、この事件のモデルはあきらかに英米協調路線の最後の大物だった斎藤実が内閣総辞職に追い込まれた「帝人《ていじん》事件」だろう。主人公の味方である新聞記者は事件の真相について、共亜事件が起きたせいで内閣が総辞職したのでは無く、内閣を総辞職させたい検察畑出身の貴族院議員水沼淳三郎《みずぬまじゅんざぶろう》あたりが事件を起こしたのだろう、と分析する。水沼淳三郎とは史実における平沼騏一郎《ひらぬまきいちろう》だろう。ドラマでも描かれていたとおり、自分たちのミスは決して認めようとしない検察庁が、第一審の無罪判決であっさり控訴を取りやめた。「倒閣」という目的を果たしたからである。こうした「流れ」を否定する歴史学者もいるようだが、そういう方々には「もっと全体像を見るべきだ」と忠告したい。

二〇二四年六月十七日記す

YouTube
井沢元彦の
逆説チャンネル

視聴覚障害その他の理由で活字のままでこの本を利用出来ない人のために、営利を目的とする場合を除き「録音図書」「点字図書」「拡大写本」等の制作をすることを認めます。その際は出版社までご連絡ください。

EYE LOVE EYE

●初出／『週刊ポスト』（小学館発行）二〇二二年七月十五日号〜二〇二四年一月十九日号に連載したものを再構成

●おことわり●
本文中に引用した文献の中に、現代では差別とされる表現がありますが、人権意識が低い当時の社会情勢を知るために、あえて原文のまま掲載いたしました。また、文中の敬称は略しました。——編集部井沢元彦（いざわ　もとひこ）　作家。1954年２月、愛知県名古屋市生まれ。早稲田大学法学部卒業。ＴＢＳ報道局記者時代の80年に、『猿丸幻視行』で第26回江戸川乱歩賞を受賞。現在は執筆活動に専念し、独自の歴史観で『逆説の日本史』を『週刊ポスト』にて好評連載中。『逆説の世界史』『日本史真髄』（ともに小学館）など著書多数。

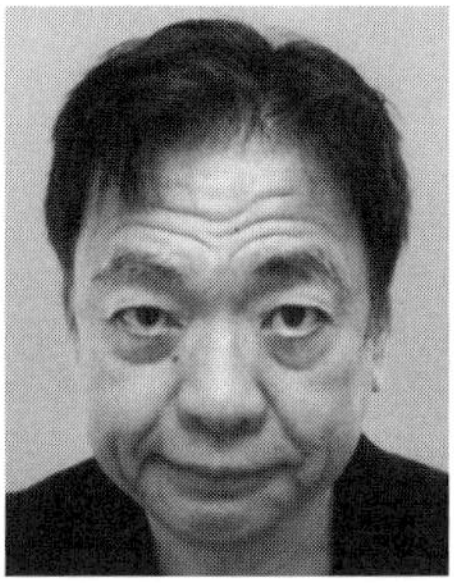

逆説の日本史　㉘大正混迷編
南北朝正閏論とシーメンス事件の謎

2024年７月31日　初版第１刷発行

著　者　井沢元彦

発行者　三井直也
発行所　株式会社　小学館
〒101-8001　東京都千代田区一ツ橋２―３―１
電話／編集　03（3230）5951
販売　03（5281）3555

編集担当　判治直人
印刷所　TOPPAN 株式会社
製本所　株式会社 若林製本工場
Printed in Japan

ISBN978-4-09-389165-3